REVUE SÉNÉGALAISE DE DROIT N°37

Directeur de publication

Professeur Isaac Yankhoba NDIAYE

REVUE SÉNÉGALAISE DE DROIT N°37

Sénégal
L'Harmattan

10 VDN, Sicap Amitié 3, Lotissement Cité Police, DAKAR

Direction@senharmattan.com
librairie@senlibrairie.com

ISBN : 978-2-336-40726-5
EAN : 9782336407265

Membres institutionnels de l'ASERJ

Ordre des avocats
Chambre des notaires
Ordre national des experts du Sénégal (ONES)
Ordre des huissiers
Ordre National des experts comptables et comptables agréés du Sénégal (ONECCAS)
Ordre des Commissaires-priseurs
Centre de formation Judicaire (CFJ)
Conseil constitutionnel
Cour Suprême
Cour des Comptes
Médiature de la République
Comité Sénégalais des Droits de l'Homme (CSDH)
Commission de protection des données personnelles (CDP)
Office national de lutte contre la fraude et la corruption (OFNAC)

Bureau de l'ASERJ

- **Président** : Pr. Isaac Yankhoba NDIAYE
- **Vice-Président** : Me Mahmoudou Aly TOURE, Notaire
- **Secrétaire Général** : Me Corneille BADJI, Avocat
- **Secrétaire Général Adjoint** : M. Isma Daddis SAGNA, Expert maritime
- **Trésorier Général** : Pdt. Ibou SARR, Magistrat
- **Trésorier Adjoint** : Pr. Cheikh Abdou Wakhab NDIAYE

ASSOCIATION SENEGALAISE D'ETUDES
ET DE RECHERCHES JURIDIQUES

Adresse électronique RSD : **rsdsenegal@gmail.com**

Sommaire

In memoriam Youssoupha Ndiaye

La bienséance a toujours été infidèle à l'éclat ; mais peut-on se passer ici du discours convenu, mettant en lumière les atouts et qualités du profil identifié que l'on veut honorer ?

Le Président Youssoupha Ndiaye l'aurait certainement soutenu. C'est le devoir qui nous pousse à contre-sens ; mais, pour en dire le moins possible, on peut se satisfaire de trois directions. Le Président Youssoupha Ndiaye a été un juge de renom et de valeurs basées sur de fortes convictions. Il a été aussi un acteur rayonnant dans le monde du sport. Et il fut, pour certains d'entre nous, un guide avisé dans l'apprentissage du droit.

Sa carrière au sein de la magistrature le place, à côté du Président Kéba Mbaye avec qui il a entretenu des relations particulières, parmi les célébrités qui ont marqué de leur empreinte la Justice sénégalaise : Vice–président (1974-1976) puis Président du tribunal de Dakar, membre du Conseil supérieur de la magistrature de 1976 à 1984, Conseiller (1985-1990), puis Secrétaire Général de la Cour suprême, Premier Président de la Cour d'appel (1991-1992) et de la Cour de cassation (1992-1993), Président du Conseil constitutionnel (1993-2000).

Parallèlement, il a toujours été sensible à la protection des droits humains ; à ce titre, on peut relever sa participation active à l'élaboration de la Charte Africaine des Droits de l'Homme et des Peuples (CADHP) ; il en a présidé la Commission, de même que le Comité Sénégalais des Droits de l'Homme (CSDH). Et c'est à lui que l'OUA avait confié la mission d'enquête sur les événements de Bangui (Centrafrique).

Sous un autre registre, il est établi que le sport ne lui était pas non plus étranger : il s'y était fait reconnaitre comme acteur et comme manager, tant au plan national que mondial.

Dans le football, il fait partie des plus illustres anciennes gloires. Il a été avec l'Union Sportive de Gorée et la Saint -Louisienne, avant de se retrouver meilleur buteur et médaillé d'or lors des Jeux de l'amitié en 1963. En fin de carrière comme joueur, il s'est retrouvé Président du CNP de football, Président de l'Union sportive de Gorée et Président de la Fédération Sénégalaise de Tennis, avant d'être nommé Ministre des sports. C'est certainement pour tout cela que le Centre d'excellence de la FIFA lui a été dédié.

Au niveau international, faut-il aussi rappeler qu'il a été arbitre au Tribunal Arbitral du Sport (TAS) ? Et on ne peut ne pas rapporter deux témoignages des plus hautes autorités du CIO où il a occupé diverses fonctions de responsabilité (membre du Comité international Olympique, président de la Commission d'éthique, membre de la commission juridique) : « Youssoupha Ndiaye a joué un rôle déterminant dans la mise en œuvre des réformes complexes de la commission d'éthique du CIO. Il a été un remarquable Président de commission, et sa loyauté sans faille et ses conseils avisés ont permis au CIO de prendre des décisions essentielles et de renforcer la crédibilité du mouvement olympique… »[1].Comme en écho ; il a été aussi fait remarquer ce qui suit : « Sous la direction de Monsieur Ndiaye, le statut et le règlement de procédure ont été considérablement améliorés, renforçant ainsi l'indépendance de la commission d'éthique du CIO. Sa sagesse a été un atout précieux pour mettre en place des normes élevées de bonne gouvernance au sein du Mouvement olympique »[2].

On pouvait alors être tenté de se demander, avec un agenda déjà si largement chargé, ce que le Président Youssoupha Ndiaye pouvait encore venir chercher à l'Université.

Il y a une trentaine d'années, j'avais pu écrire : « *… lorsque dans les profondeurs du Sénégal, on continue à répudier comme naguère, il n'y a pas lieu de s'en offusquer outre mesure : c'est le Code la famille que l'on applique sans le savoir* ». C'est que, déjà en 1979, le dédicataire de ces hommages, avait annoncé la charge en considérant le divorce pour incompatibilité d'humeur retenu par le Code de la famille comme un divorce-répudiation, et sous une forme plus brute, comme un divorce-saturation. Ce détour est donc un simple prétexte pour relever que l'élève, peut être en grossissant à l'excès ses propres propos, n'avait fait, en réalité, que reprendre le Maître. Nous avons eu, en effet, en 1978, l'avantage, avec d'autres, d'avoir bénéficié des enseignements du Président Youssoupha Ndiaye, lorsque le Droit de la famille était encore dispensé sous l'appellation de Statut personnel. Un juge à la faculté, ce n'était pas encore une pratique courante comme aujourd'hui ; pourtant ce juge y était connu bien avant son arrivée. Les professeurs Joseph Issa–

---

[1] Thomas Bach, Président du CIO.

[2] Ban Ki- moon, au nom de la commission d'éthique.

Sayegh et Serge Guinchard qui collaboraient avec lui ne cessaient de tresser des lauriers à son endroit. On avait donc hâte de le voir pour le… « découvrir ».

Notre satisfaction fut à la mesure de notre attente.

Mais le Président Youssoupha Ndiaye, dès son arrivée, avait pourtant pris le soin de fixer sa méthode, son périmètre d'intervention et de discussion ; ce qui lui a permis d'exercer facilement son *imperium* de juge, oubliant volontairement de se situer en milieu académique où l'expression est souvent bien moins révérencieuse. Sous ce regard, on le craignait plus qu'on ne l'adorait ; mais il a fini pourtant par nous séduire, par la clarté de ses propos, la rigueur de ses explications, son flegme et son sens du réel. Manifestement, la passion du Droit l'habitait et il savait la transmettre. Beaucoup d'entre nous se souviennent encore de son aura, de sa présence, du timbre de sa voix et de la profondeur de ses convictions. Son niveau d'exigence envers lui-même était extrêmement élevé bien que contrastant avec la bienveillance de ses appréciations et encouragements. A son contact, chacun avait envie de se surpasser ; il n'exigeait rien ; il donnait beaucoup. C'est bien dans la gratuité des gestes que réside toute leur valeur morale. Il aura suscité, sans aucun doute, de nombreuses ambitions parmi nous ; chacun a dû vouloir, inconsciemment ou non, être à sa place, lui ressembler, ou *a minima*, se rapprocher de lui.

Je crois avoir eu cette opportune proximité grâce à la contribution susvisée qu'il avait trouvée agréable à lire, avec en dessous, certainement, le sentiment d'avoir pu créer, chez moi, la curiosité de vouloir aller plus loin dans le même sens. Il m'a littéralement coopté dans le bureau de l'ASERJ pour qu'ensemble, et avec d'autres, reprenne la parution de la présente revue.

Aujourd'hui, personne ne peut nier le rôle majeur qu'il a joué dans la construction encore inachevée du droit de la famille. Et on peut même lui reconnaître d'avoir été l'artisan incontestable d'une certaine orientation « jurisprudentielle », qu'on pourrait dénommer la « Jurisprudence du juge Youssoupha Ndiaye ». En effet, à l'instar du juge Magnaud qui chercha l'équité au-delà du droit, le Juge Youssoupha Ndiaye a trouvé le réel dans le droit. Progressivement, mais inlassablement, il a eu, en sa qualité de juge du second degré à l'époque, à faire admettre aux autres juges sa propre lecture de la physionomie de l'incompatibilité d'humeur qui « présente cette particularité que l'époux demandeur ne formule aucun grief circonstancié, ni même justifié, contre son conjoint, mais affirme seulement qu'il ne peut plus supporter de lui rester uni par le mariage ». Et le législateur, sans en prendre conscience en réalité, est venu conforter cet attendu devenu, depuis, de style, à travers la loi 89-01 du 17 janvier 1989 prolongeant la période de paiement de la pension alimentaire due par le mari demandeur du divorce sur le fondement de l'incompatibilité d'humeur : selon l'exposé des motifs de ce texte, il faut éviter que l'incompatibilité d'humeur n'aboutisse en fait à ...une répudiation.

Même si les chemins empruntés n'ont pas changé et restent encore discutables, cette « jurisprudence du juge Youssoupha Ndiaye » continue à faire florès, ... dans l'attente d'une autre lecture que pourrait faire la Cour Suprême.

Ce bref rappel de son parcours n'a de sens que dans la mesure où il permet de bien saisir, au-delà des hautes et prestigieuses fonctions, la personnalité d'envergure que fût le Président Youssoupha Ndiaye.

Pour l'ASERJ, il s'est donné constamment à fond : le bénéfice de sa science, de son talent, de son renom et de son dévouement. On le retrouvait, à chaque fois, plus alerte, aussi vigoureux de corps et d'esprit, aussi ferme dans ses opinions, sans faire souffrance ni à son aménité, ni à sa courtoisie.

Mais l'heure d'aujourd'hui n'appelle pas que l'hommage à l'homme de Droit. C'est aussi celle, où tout ce qui dans la vie courante requiert un conseil, une intervention, engage une destinée ; chacun évoque la part qu'il doit à autrui, l'accueil qu'il en reçut. J'ai été le voir à la suite de ma nomination au Conseil constitutionnel. Bienheureux alors celui qui avait trouvé après le juge, le conseiller qui oriente. Car son sens de l'humain ne concevait la vie que dans sa forme positive, active, créatrice et optimiste.

Je garde à son égard des sentiments d'affectueuse et intemporelle reconnaissance. Rendre hommage à une telle personnalité pour l'œuvre accomplie, c'est surtout s'engager à perpétuer le Service qu'elle a si bien su incarner. Lui dédier ce numéro de la Revue sénégalaise de droit (RSD) est un symbole ; la qualité de Président honoraire de l'Association Sénégalaise d'Etudes et de Recherches juridiques (ASERJ) en est un autre. Mais c'est encore peu.

Pr. Isaac Yankhoba NDIAYE

Président de l'ASERJ Directeur de publication de la RSD

Doctrine

L'Afrique du droit et le droit en Afrique

Isaac Yankhoba NDIAYE

Professeur titulaire de Classe exceptionnelle, Agrégé des Facultés de droit Université Cheikh Anta Diop

Abdoul Aziz DIOUF

Professeur titulaire, Agrégé des Facultés de droit

Université Cheikh Anta Diop

Résumé

Les réflexions relatives aux rapports entre l'Afrique et le Droit ne sont pas nouvelles. Toutefois, dans cette époque contemporaine, elles s'expriment avec des reliefs singuliers. Traditionnellement questionné dans ses dimensions historico-anthropologiques, le Droit est aujourd'hui de plus en plus mobilisé dans sa capacité de norme de régulation sociale dans le continent africain. Cette nouvelle perspective ouvre un vaste chantier épistémologique pour l'approfondissement de la chose juridique en Afrique. Cette étude tout en abordant le Droit dans sa double physionomie de discipline et de norme de conduite sociale, essaie d'en saisir sa complexité, ses dynamiques et trajectoires en Afrique.

Abstract

Reflections related to the links between Africa and Law are not something new. However, they are expressed with telling singularities in this contemporary period. Traditionally questioned in its historical and anthropological dimensions, Law is nowadays more and more used in its capacity to serve as a norm of social regulation in the African continent. This new perspective puts forward a big epistemological scheme for the deepening of the juridical matters in Africa. While tackling Law in its double connotation of subject and norm of social conduct, this study attempts to grasp its complexity, dynamics and trajectories in Africa.

Interroger la centralité du Droit dans des sociétés humaines rythmées par les guerres civiles, les conflits armés, le terrorisme islamique, les crises institutionnelles… constitue une gageure. L'instabilité politique et sociale quasi-endémique du continent africain semble décrédibiliser le Droit dans sa fonction d'outil principal de régulation des relations humaines dans ledit espace géographique. Les enseignements de Hobbes[1] conservent toujours une certaine actualité en Afrique aux fins de construire un ordre social où la force et la puissance despotique des humains seraient fragilisées par la Toute-puissance du Droit. Et Achille Mbembé[2] dans « Sortir de la grande nuit » ne dit pas autre chose lorsqu'il questionne les mutations en cours dans cette Afrique post-coloniale. Dans une perspective historiographique, il ne serait pas incongru de se poser la question de savoir si l'Afrique s'est-elle réellement départie de son passé médiéval[3] ? Les normativités de type juridique dans le continent africain sont soit concurrencées, soit simplement contestées et remplacées par d'autres formes de régulation sociale estimées plus productrices de sens par les populations. Les considérations religieuses, confrériques, ethniques, régionalistes…, les réseaux militaires, politiques, économiques, néo-colonialistes…, contribuent parfois, par des voies détournées, à neutraliser l'effectivité des règles juridiques. De telles réalités du fait de leur grande prégnance sociale obscurcissent l'intelligibilité même du Droit. Le Droit dans cette Afrique contemporaine demeure un impensé. Sa traduction en un objet épistémologique semble encore non réalisée. L'identité du droit africain a été travestie ; il est nécessaire de la retrouver, voire de la restaurer.

Sous ce regard, le sombre tableau ci-haut dressé relatif au Droit en Afrique mérite d'être relativisé. Un parcours du dernier ouvrage du professeur Alioune Sall[4] invite à l'enthousiasme quant au devenir de la science juridique dans le continent africain. En empruntant à Senghor son

---

[1] T. HOBBES, *Le Léviathan*, éd., Folio, 2013, spéc., pp. 281-536.

[2] A. MBEMBE, *Sortir de la grande nuit. Essai sur l'Afrique décolonisée*, La Découverte, 2010, 243 p.

[3] A. KABOU, *Et si l'Afrique refusait le développement ?* L'Harmattan, 1991, 208 p. Sous un angle strictement économique, dans cet ouvrage cette auteure camerounaise essaye de comprendre la persistance du sous-développement dans le continent africain. V. spécialement la deuxième partie de son propos pp. 91-205.

[4] A. SALL, *Singularités juridiques africaines. Ce que l'Afrique apporte au droit*, L'Harmattan, 2023, 321 p.

aphorisme « ce que l'homme noir apporte... »[5], notre collègue tente de démontrer qu'au-delà des poncifs et idées reçues, l'Afrique en droit international comparé est initiatrice d'objets et d'institutions juridiques originaux rompant avec le mimétisme dont elle est traditionnellement accusée.

Cette renaissance du Droit en Afrique annoncée par le professeur Alioune Sall redonne à notre thème de réflexion un nouveau souffle. L'Afrique du droit et le droit en Afrique ! Une première saisie de cet énoncé incline à un double mouvement de pensée : le droit comme discours en Afrique d'abord et enfin le droit comme ordre normatif. Ces deux axes de notre objet d'étude peuvent ensemble converger autour de leur préoccupation dialogique, voire dialectale entre l'Afrique et le Droit. Il s'agit de mettre en perspective l'articulation entre l'Afrique du Droit et le Droit en Afrique. Autrement dit, quels rapports l'Afrique entretiendrait-elle avec le Droit ?

D'abord, il est rappelé à l'envi que l'Afrique est à la fois une et multiple, et le Droit, quelque puisse être sa physionomie, y prend les mêmes formes ; il n'y a donc pas un droit africain homogène et transversal, mais plusieurs droits africains variés et individualisés[6].

Mais alors à quel droit faudrait-il se référer ? Il s'avère pratiquement impossible d'en prendre un pour modèle, aucun ne pouvant représenter l'autre. Qu'il nous soit alors permis d'user d'un relatif arbitraire en cantonnant notre propos au droit des pays francophones de l'Afrique noire, territoires qui nous sont plus proches, et qui ont l'avantage de nous intéresser directement.

Ensuite, on pourra toujours s'interroger sur l'existence d'une Afrique du Droit qui ne renverrait pas à son existence. Par ailleurs, le Droit en Afrique serait-il vécu ou reçu autrement jusqu'à mériter que soient relevées ses spécificités, voire son particularisme pour emprunter une connotation négative ?

Et lorsque les potentialités disciplinaires telles l'anthropologie, la sociologie, l'épistémologie viennent à la rencontre du Droit, le périmètre de l'analyse devient un marécage où l'on peut facilement s'embourber, quoique puissent être les mesures de précaution envisagées.

---

[5] L. S. SENGHOR, « Ce que l'homme noir apporte », *Librairie Plon*, 1939.
[6] P.-F GONIDEC, *Les droits africains. Evolution et source*, LGDJ, 2e éd., 1976, p. 93.

Mais le Droit est un souffle de la vie : il ne peut dévoiler ses vertus ou ses vices que lorsqu'il se met en mouvement ; c'est dans l'action qu'il est loisible et utile de l'apprécier pour l'aduler ou le crucifier ; ce sont ces deux baromètres qui encadrent la pertinence du Droit.

Pour savoir ce qu'est le Droit africain, il faut à la fois le connaître et le comprendre en vue de sa meilleure appréciation, et lui trouver une place à la dimension de ce qu'il doit être.

Ainsi, dans la perspective d'approfondir les contours de notre réflexion, il est utile de préciser que le vocable « Droit », en l'espèce est envisagé tant dans sa dimension disciplinaire que dans sa fonction de norme de régulation sociale. Cette double acception du Droit rapportée à l'Afrique ouvre un vaste chantier dont l'intelligibilité s'entame à travers un arrière-plan historique.

Plus d'un demi-millénaire déjà, le continent africain se révèle au monde à travers le paradigme de l'extraversion[7]. La bibliothèque juridique en Afrique se nourrit d'archives et de ressources textuelles qui lui sont étrangères. Les civilisations orientale et occidentale de par leur longue présence en Afrique, en plus d'avoir réécrit l'imaginaire et les symboles, n'ont pas manqué d'impacter fondamentalement les savoirs juridiques dans ledit continent. A travers le temps long, le Droit en Afrique est enfant d'un ordre social porteur de traumas et de vulnérabilités.

La longue dépossession de l'Afrique de ses *capabilités* a fini de transformer ses sociétés humaines en un grand corps malade. Les stigmates des colonisations religieuses (Christianisme et Islam) et politiques (France, Portugal, Angleterre, Espagne…) restent encore vivaces au parcours des législations africaines. A l'épreuve de la psychanalyse, l'*homo juridicus* africain dans sa structure souffre d'aliénation[8].

---

[7] J.-F BAYART, *L'Etat en Afrique. La politique du ventre*, Fayard, 2006, pp. 41-55.

[8] Un des symptômes les plus marquants de l'aliénation juridique en Afrique noire francophone se constate à travers la transposition du Code civil français dans certains ordres juridiques tels que : le Bénin, le Cameroun, le Niger, le Togo… L'idée d'ordre juridique qui est consubstantielle à une souveraineté normative ne semble pas heurter la psyché de certains législateurs africains. Lorsque l'on sait que l'adhésion au droit positif par les populations doit d'abord se réaliser autour d'un imaginaire endogène faisant sens auprès de ses destinataires, les législateurs particulièrement en Afrique

Une lecture de Fanon[9] par les législateurs africains pourrait grandement contribuer à corriger les difformités du *corpus iuris*. C'est parce que leur construction est concomitante à différentes fragilités que les systèmes juridiques en Afrique se développent, à travers le temps, sous le registre de la résilience. En effet, malgré les différents assauts, critiques et contestations dont il est l'objet, le Droit constitue une des institutions régulatrices des sociétés africaines contemporaines.

Il en est ainsi dans la catégorie obligationnelle (droit des contrats, de la responsabilité civile, des quasi-contrats, du régime général des obligations) où la question de l'effectivité des règles juridiques est très peu exposée à la polémique. C'est plutôt dans les aspects civilisationnels[10] (droit des personnes et de la famille) et politiques (droit constitutionnel, droit électoral, libertés publiques…) que le Droit peine à imposer sa normativité à l'ordre social en Afrique. Ce déficit d'autorité du Droit africain trouve ses explications en partie dans ses fondements philosophiques. Le choix d'un modèle positiviste par les ordres juridiques africains provoque un divorce entre le Droit et le long héritage d'une conception naturelle du *ius* chez les populations[11]. Dans l'imaginaire collectif africain, le Droit souvent est perçu comme un legs des temps immémoriaux échappant à la volonté des contemporains qui ne sauraient par la fiction de la *Loi* imposer à la société humaine une norme contraignante[12].

La revendication d'une nature autopoïètique du Droit en cours dans les systèmes juridiques africains l'éloigne de ses destinataires plus enclins à puiser leurs références normatives dans des substrats métaphysiques[13]. Plus précisément, la réception d'un type de positivisme formaliste (normativisme kelsénien particulièrement) par les législateurs africains favorise une défiance, voire une méfiance du Droit.

---

francophone ne prennent pas au sérieux le rôle du Droit dans la construction de leurs sociétés.

[9] F. FANON, *Peau noire, masques blancs*, Points, 1971.

[10] A. A. DIOUF, « Repenser le droit civil en Afrique noire francophone », *RIDC*, 2-2022, pp. 369-387.

[11] J. POIRIER, « Les catégories de la pensée juridique et l'interprétation des droits coutumiers africains », *6e Congrès international des Sciences anthropologiques et ethnologiques*, Paris, 1962-1964, vol. 2, pp. 349-394.

[12] A. SUPIOT, *La gouvernance par les nombres. Cours au Collège de France (2012-2014)*, Fayard, 2018, pp. 86-90.

[13] S. MELONE, « Le poids de la tradition dans le droit africain contemporain », *Penant*, 1971, pp. 421-442.

La prégnance du paradigme kelsénien rend ténue l'accessibilité du langage juridique à l'ordre social. Dans cet ordre d'idées, le dialogue avec le Droit africain mène d'abord l'interprète à une œuvre de phénoménologie (I). La description du Droit dans les sociétés africaines renvoie inéluctablement à un travail de recensement pur et simple ayant pour objet à décliner les propriétés de la chose juridique.

La collecte des composantes du Droit africain confrontée aux singularités et attentes de son ordre social donne à voir une certaine insatisfaction. Vouloir gloser sur l'existence réelle d'une crise du juridique en Afrique n'est que sophisme ! L'insuccès du Droit en Afrique est un fait. Dans cette situation de quasi-impasse, la définition d'une nouvelle herméneutique de la chose juridique en Afrique constitue une nécessité. Dire et écrire le Droit au XXIe siècle en Afrique (II) semble être un impératif pour tous les acteurs des espaces juridiques.

I – Une phénoménologie juridique de l'Afrique

Le premier groupe nominal de notre réflexion à savoir « L'Afrique du droit » pourrait indirectement correspondre à une étude phénoménologique du Droit en Afrique. Le discours juridique en Afrique est incarné de façon plurielle. Le phénomène juridique vit à travers des législateurs et des professionnels des métiers du droit (A) mais aussi des écrits, symboles et lieux d'incarnation (B).

A – Des législateurs et des professionnels du Droit

Le matériau juridique dans une perspective positiviste procède d'un construit. En Afrique, la fabrique du Droit dans ses sources n'est aucunement singulière. Les racines substantiellement occidentales des systèmes juridiques africains ont eu pour conséquence de confier la production des règles de droit de préférence à des autorités politiques (pouvoir exécutif et pouvoir législatif). La loi – aussi bien au sens formel que matériel – est la figure juridique par excellence du Droit en Afrique. La jurisprudence, la doctrine et la coutume occupent une place résiduelle voire marginale dans leur capacité normative. L'hypertrophie du pouvoir politique en Afrique ne permet pas un grand épanouissement des sources indirectes (jurisprudence et doctrine). Le caractère inachevé de l'Etat de droit[14] en Afrique a pour corollaire de ne pas favoriser l'existence d'un certain pluralisme des sources productrices de normes juridiques.

[14] A. MBEMBE, *De la postcolonie. Essai sur l'imagination politique dans l'Afrique contemporaine*, Karthala, 2000, 293 p.

Les régimes politiques africains marqués par leur hyper-présidentialisme, en fragilisant l'effectivité d'une séparation réelle des pouvoirs, n'est pas sans incidences sur le dynamisme de la science juridique en général, et sur les sources du droit en particulier. Il en est ainsi du pouvoir normatif de la jurisprudence que l'analyste parvient difficilement à identifier dans la science juridique en Afrique.

Cette situation s'explique en partie par le déséquilibre de l'appareil judiciaire au profit du pouvoir exécutif, notamment à travers le Conseil supérieur de la magistrature[15]. La présence pesante du Président de la République, bien souvent avec son Ministre de la Justice dans les organes délibératifs de la magistrature, ne peut pas augurer une jurisprudence toujours orthodoxe, ou créatrice et innovante[16]. Il faut certainement aussi y ajouter le recours parfois excessif à la jurisprudence française pour résoudre des différends internes[17].

---

[15] E. G. NONNOU, « Le conseil supérieur de la magistrature et l'indépendance du pouvoir judiciaire dans les Etats francophones d'Afrique », *Les Cahiers de la justice*, éd., Dalloz, 2018/4, pp. 715-733.

[16] Il en est ainsi du Sénégal avec la loi organique n° 2017-11 du 17 janvier 2017 portant organisation et fonctionnement du Conseil supérieur de la magistrature plus précisément en son article 1er. V. en ce sens : C. T. LAM, *La modernisation de la justice au Sénégal. Vers la recherche de la performance*, L'Harmattan, 2019, pp. 104-105. A l'échelle du continent africain on peut à titre illustratif relever : le Burundi (la loi organique n° 1/02 du 23 janvier 2021 portant organisation et fonctionnement du Conseil supérieur de la magistrature notamment en son article 2 faisant du président de la République le président du Conseil supérieur de la magistrature et de l'article 13 faisant du ministre de la Justice le Secrétaire de ladite institution), Burkina Faso (loi organique n° 049-2015 portant organisation, composition, attributions et fonctionnement du Conseil supérieur de la magistrature v. notamment article 2), Congo Brazzaville (loi organique n° 29-2018 du 7 août 2018 portant Conseil supérieur de la magistrature v. notamment article 4), Cameroun (loi n° 82-014 du 26 novembre 1982 portant l'organisation et le fonctionnement du Conseil supérieur de la magistrature v. notamment l'article 1er), Centrafrique (loi n° 09-011 modifiant et complétant certaines dispositions de la loi n° 97-031 du 10 mars 1997 portant organisation et fonctionnement du Conseil supérieur de la magistrature v. notamment article 3), Niger (loi n° 2018-36 portant statut de la magistrature v. notamment article 5)…

[17] P. DEMAY de GOUSTINE, « Rapport sur le Congo », in Les Cours suprêmes en Afrique, (dir.), G. Conac, Economica, t. 4, 1990, p. 177, « (…) attendu que le législateur congolais ne s'est pas encore prononcé sur la règle de (…), que devant ce silence, conformément à la pratique suivie en cas de vide juridique manifeste, le droit français doit servir de base en tant que raison écrite », (arrêt n° 31, Cour suprême du Congo Brazzaville).

Au-delà de ce cas typique, il est toujours possible de considérer que globalement, les jurisprudences africaines sont restées « maintenues dans la ligne de la jurisprudence française »[18]. Ce qu'une auteure particulièrement avisée confirme, en toute sérénité, dans son rapport sur le Sénégal : « les magistrats cherchent la solution des problèmes juridiques dans la jurisprudence française (...), le droit se fait en France (...), il s'élabore trop peu en Afrique »[19]. C'est aussi certainement, ce qui fait écrire : « Une imitation globale et directe de la jurisprudence française n'est possible que là où la langue française est couramment pratiquée (...) ou là où, le code étant français, l'on se croit un devoir de l'interpréter à la française »[20].

Or, il est bien connu qu'une identité de textes peut correspondre à une multitude d'interprétations, surtout dans des environnements différenciés[21], et que la langue, comme le droit, est un marqueur d'identité.

S'agissant de la doctrine, sa jeunesse[22] dans l'histoire de l'académie africaine aussi bien francophone qu'anglophone ne permet pas de dresser un bilan très objectif dans sa fonction de critique du droit positif et éventuellement de productrice de visions normatives.

Toutefois, une observation des grandes tendances de la production doctrinale en Afrique noire francophone laisse perplexe. Une de ses fragilités tient à ses carences épistémologiques. Le tropisme français des universitaires africains contribue souvent à les éloigner des réelles préoccupations de leurs sociétés. Nombre d'acteurs de la doctrine en

---

[18] P.-F GONIDEC, *Les droits africains. Evolution et source*, ouvr. préc., p. 205.

[19] E. MICHELET, « Rapport de synthèse », in *Les Cours suprêmes en Afrique*, ouvr. préc., p. 175 et s.

[20] J.-C TAHITA, « La réception du langage juridique français », in *L'expression du droit. Le français, langue africaine et internationale. La jurisfrancité*, Actes de la 18e biennale de la langue française, Ouagadoudou 29 oct – 1er nov. 2000, p. 61.

[21] E. AGOSTINI, *Droit comparé*, PUF, 1988, p. 14.

[22] Au sortir des indépendances, l'absence d'une quantité suffisante d'universitaires africains a favorisé le recours à des professeurs occidentaux pour tenir et faire fonctionner les espaces académiques en Afrique. Le CAMES (Conseil Africain et Malgache pour l'Enseignement Supérieur) est suffisamment illustratif de cette réalité. En entamant son premier concours d'agrégation en 1983, le CAMES a vu naître les premiers agrégés africains à cette date. L'évaluation de la doctrine africaine après quarante ans d'existence quoique prématurée tout de même ne laisse pas l'observateur grandement enthousiaste.

Afrique définissent leurs objets de travail à partir de l'actualité juridique française[23].

Nos enseignements, nos analyses, observations et commentaires semblent avoir besoin, pour se fortifier, de cet appui exogène. Cette attitude nous a valu une description peu exagérée où on nous présente comme « … des juristes… rendus orphelins de leur culture et des éléments les plus authentiques de la discipline qui doit être la leur. Il n'est guère étonnant dans ces circonstances – qu'ils-soient incapables de développer des droits authentiquement africains réalisant la symbiose la mieux adaptée possible entre les exigences de développement et les caractères spécifiques de la réalité africaine »[24].

En marge de cette première limite, une critique d'ordre idéologique peut être formulée à l'égard de la doctrine africaine à savoir son manque de subversivité – élément essentiel à son existence. La fonction éminemment critique, voire dissidente, de la doctrine n'est pas souvent très assumée au parcours des travaux universitaires, même si des velléités se font jour progressivement au Sénégal et ailleurs. Il reste que nos voix devraient pouvoir se faire entendre davantage.

Eu égard aux sources indirectes (jurisprudence et doctrine), la coutume comme foyer direct de la production juridique occupe de plus en plus une place marginale dans les droits positifs africains. L'héritage romano-germanique privilégiant les sources écrites semble incompatible avec un rôle prépondérant de la coutume dans les systèmes juridiques africains. Le caractère périphérique qu'occupe la coutume dans

---

[23] P. JESTAZ, *Le droit*, Dalloz, 10e éd., 2018, p. 85 « Dans certains pays d'Afrique jadis colonisés qui ne peuvent encore s'offrir le luxe d'une production doctrinale, les usagers se trouvent aux prises de l'intimidante nudité des textes et n'ont souvent d'autre source que de puiser dans la doctrine des pays européens dont leur système juridique est inspiré ». Ces propos du professeur Jestaz renferment une condescendance insupportable à l'égard de la doctrine juridique africaine. Loin de défendre un corporatisme primaire, la doctrine en Afrique malgré toutes ses vulnérabilités se construit et s'affirme de plus en plus dans des entreprises décoloniales. V. en ce sens : F. R. BILONG NKOH, *Essai sur la méthodologie de la production normative en Afrique subsaharienne. L'exemple de la production du droit et de la science du droit*, éd., PUAM, 2023.

[24] J. VANDERLINDEN, *Les systèmes juridiques*, PUF, 1983 ; « Enseigner sans reproduire, innover sans tout détruire : propos hétérodoxes au départ de quelques constats élémentaires », *Afrilex*, 2003, n° 3, p. 1 et s. ; L. D. M. TSHIBENDE, « Les Gaulois, nos ancêtres ? Sur la circulation et l'influence du modèle juridique français en Afrique francophone », *OHADA D-07-02*.

l'architecture normative interpelle le Droit dans sa légitimité comme norme sociale. « Nul n'est censé ignorer la loi ! », cet adage de la théorie générale du droit rapporté aux sociétés africaines se transforme en un simple slogan malgré la nature injonctive de la science juridique. Dans un continent où l'analphabétisme et l'illettrisme sont loin d'être des épiphénomènes[25], la coutume même *contra legem* a une plus grande normativité sociale que n'importe quelle règle juridique du droit positif. La nature écrite du Droit en Afrique rend le langage juridique difficilement accessible à ses destinataires. Une meilleure prise en charge éventuelle de la coutume dans la fabrique du droit en Afrique contribuerait à réconcilier les populations avec la science juridique.

Le droit coutumier est un droit vivant ; il a préexisté à la colonisation, lui a survécu ; il serait inapproprié de soutenir que ce droit tire sa vie, sa force et sa juridicité d'une autorité étatique, législateur ou juge ; il a autant à prendre qu'à apporter au droit dit moderne.

La quête d'une sécurité juridique associée exclusivement à un droit écrit ou codifié (*law of book*) apparaît alors comme un mythe. La nature traditionnellement coutumière de la *common law* constitue un parfait exemple pour remettre en cause les racines justiniennes des systèmes juridiques d'Afrique francophone. La performance du Droit ne saurait dépendre de sa seule nature codifiée mais plutôt dans sa capacité à se mettre en scène dans l'ordre social[26].

Si le Droit africain a ses législateurs, il dispose également d'acteurs organisés autour de professions juridiques. Professeurs, avocats, notaires, huissiers, experts judiciaires, greffiers, magistrats… officient en Afrique au nom du Droit. A travers ces acteurs visés ci-haut, l'édifice juridique est professionnellement habité. Censés participer activement à la transformation socio-économique du continent, les professionnels des sciences juridiques peinent à convaincre leurs contemporains de leur utilité sociale[27]. A quoi servent les juristes sous les tropiques[28] ? Si l'utilité

---

[25] V. atlasocio.com/classements/education/alphabetization/classement-etats-par-taux-alphabetisation-afrique.php consulté le 4 juillet 2023.

[26] J. COMMAILLE, *A quoi nous sert le droit ?* Gallimard, Folio, 2015, pp. 56-64.

[27] Bourdieu qualifiait les juristes de gardiens de l'hypocrisie collective in, F. CHAZEL, J. COMMAILLE, « Normes juridiques et régulation sociale, LGDJ, 1991, *Droit et société*, pp. 95-99.

[28] J.-L. CORREA, « Troisième mandat : A quoi sert le droit sous les tropiques ? en ligne sur http://sudquotidien.sn consulté le 4 juillet 2023.

des médecins, des ingénieurs, des enseignants… n'est point contestée en Afrique, il en va autrement des juristes.

Certains praticiens déploient leurs activités en s'accrochant uniquement à ce qu'ils croient être les exigences formelles de la profession ; d'autres se satisfont de suivre, sans interrogation critique, l'évolution de leur expertise ; rares sont ceux qui ont pris, en pleine conscience, la juste mesure, que la pratique du droit c'est aussi un retour sur soi afin d'une meilleure exploitation.

L'actualité politico-judiciaire au Sénégal est suffisamment illustrative de l'image dégradée du Droit en Afrique.

Doit-on pour autant considérer que les professionnels du droit en Afrique s'apparentent à une noblesse d'Etat (Pierre Bourdieu) plus encline à collaborer avec les autorités politiques qu'à accompagner les populations dans leur quête de justice sociale ?

B – Des écrits, des symboles et des lieux

Devant lier les humains dans leur être et dans leur échange social, le Droit moderne exprime son discours substantiellement à partir des techniques écrites. Et le Droit en Afrique n'échappe pas à cette donnée quasi-universelle. Codes, décisions de justice, travaux doctrinaux (thèses, ouvrages, articles), exploits d'huissier, actes authentiques des notaires, conclusions d'avocats… incarnent le langage juridique en Afrique. Les présomptions de stabilité et d'intelligibilité de l'Ecrit devraient garantir aux ordres juridiques africains une grande crédibilité.

La réalité est toute autre ! Nos propos introductifs avaient souligné l'impuissance du Droit (Ecrit) à dénouer les conflits et autres crises en cours dans les sociétés africaines. En d'autres mots, l'Ecrit malgré sa clarté jouit d'une charge instituante assez faible.

Sa dimension anthropologique n'est pas très attestée. En Afrique, particulièrement dans les contentieux relevant du droit public (litiges relatifs aux droits civiques et politiques des citoyens, contentieux électoral, contentieux constitutionnel…), la technique interprétative qualifiée comme un accident dans la mise en œuvre des règles juridiques, s'est transformée en principe dans les prétoires. La « nébuleuse » des textes juridiques en Afrique est-elle inhérente à un problème de légistique[29] ou encore est-elle justifiée par la nature étrangère de leurs langues (français, anglais, portugais…) de rédaction ? La proximité rédactionnelle des textes de lois en Afrique avec ceux de leurs homologues européens et la très grande maîtrise des langues étrangères par les professionnels du droit en Afrique imposent de rechercher ailleurs les origines de la mise en œuvre problématique des règles juridiques.

En ce qui concerne les autres écrits provenant des praticiens (avocats, notaires, huissiers, greffiers, magistrats…), la puissance de plus en plus accrue des algorithmes constitue à terme une menace pour de telles ressources scripturaires. L'intelligence artificielle en Occident, par le biais des *legaltechs*, commence à automatiser les activités répétitives des cabinets juridiques. L'avenir de l'écrit juridique appartiendra en partie à la toute-puissance rédactionnelle des ordinateurs[30]. L'Afrique pourrait-elle échapper à ce destin numérique de l'écriture juridique ? Elle ne part cependant pas perdante si elle sait, à l'instar des autres, se prémunir de l'emprise de la Science sur l'esprit, de la domination de la création sur le créateur. Il est alors question pour l'Afrique de se donner la capacité et les moyens de s'adapter aussi judicieusement que possible dans un monde de plus en plus ouvert et compétitif.

Les marqueurs de la vie juridique en Afrique peuvent, au-delà des écrits, se recueillir à travers des symboles. Fortement associé à l'imaginaire, le Droit dans sa quête de performance sociale recourt souvent à des symboles, des rites, des constructions… A titre illustratif, l'on peut faire état de la toge comme un symbole vestimentaire chez les professeurs, avocats et magistrats, de la prestation de serment chez nombre de professions judiciaires, du concours d'agrégation chez les universitaires (rite de graduation) …

Cependant de toutes les professions juridiques, c'est certainement la magistrature qui emporte le plus de symboles et de rites (gavel, balance, *Thémis*, la surélévation des bâtiments abritant les cours et tribunaux…). Dans cette perspective d'inventaire des symboles du monde juridique, le choix des emplacements géographiques des professions juridiques véhicule aussi des allégories de pouvoir. Il en est ainsi de la Faculté des Sciences Juridiques et Politiques de l'Université Cheikh Anta Diop[31] qui

---

[29] I. Y. NDIAYE, « De l'art de mal légiférer : propos irrévérencieux sur les textes de lois », *Revue de l'Association sénégalaise de droit pénal*, juill-déc. 1995, pp. 53-62.

[30] P.-L. BOYER, « Vive ChatGPT, l'avenir de la doctrine ! », *D.* 2023, p. 797.

[31] Sur les conditions de création de création de la Faculté de droit de Dakar v. l'article très documenté du professeur Mamadou Badji, « La création de la Faculté de droit de

faisant face à la Faculté de Médecine[32], renseigne sur un vestige de la féodalité française relative aux racines aristocratiques des professions juridiques et médicales.

Dans les professions juridiques en Afrique c'est moins l'existence de symboles qui interpelle l'analyste que leur caractère exogène. Les symboles et rites constatés dans les espaces juridiques en Afrique empruntent leur esthétique au monde occidental. Il en est ainsi des toges[33], du concours d'agrégation, de la balance… Le caractère extraverti des symboles du monde juridique en Afrique constitue une des causes explicatives de la faible appropriation du Droit par les populations.

Le Droit ne peut être la chose du Peuple que lorsqu'il recourt à une herméneutique usant de symboles et signes accessibles à ses destinataires. Une des aliénations les plus marquantes du symbolisme juridique en Afrique se constate à travers la métaphore de *Thémis* empruntée pour exprimer la Justice. L'usage de la mythologie grecque dans l'esthétisme juridique en Afrique informe sur les carences des autorités publiques investies en premier lieu de la mission de construire un imaginaire des espaces juridiques susceptible de féconder du sens dans les représentations sociales. En lieu et place de *Thémis*, le choix de *Maât* (déesse de la Justice dans l'Antiquité égyptienne)[34] par les pouvoirs publics en Afrique noire aurait permis de mieux connecter les populations avec leurs origines pharaoniques[35]. L'usage de la cosmogonie africaine dans les représentations symboliques devra être inéluctablement une des

---

Dakar (1950-1960) », in *L'enseignement du droit en Afrique francophone, (dir.) Mamadou Badji, Olivier Devaux et Babacar Guèye, Revue Sénégalaise de Droit et de Science Politique*, Presse Universitaire de Toulouse 1 Capitole, 2014, pp. 17-34.

[32] Ces deux facultés du fait de leur proximité avec la Corniche de Dakar occupent des positions géographiquement stratégiques. A cet effet, elles jouissent d'une grande visibilité à l'opposé des facultés de lettres et sciences humaines, des sciences et techniques qui, dans la tradition académique française, étaient moins privilégiées.

[33] En ce qui concerne l'usage des toges dans le monde universitaire, il faut saluer l'effort de certains pays africains tels que la Côte d'Ivoire ou encore le Burkina Faso d'« africaniser » ce symbolisme vestimentaire. Ces exemples singuliers gagneraient à inspirer tous les pays de l'espace CAMES aux fins d'asseoir une meilleure proximité entre le monde académique et les populations africaines.

[34] O. N. MBAYE, *L'identité du droit africain. Le socle de l'Egypte Antique*, L'Harmattan, 2021, pp. 69-84.

[35] C. A. DIOP, *Nations nègres et culture. De l'antiquité nègre égyptienne aux problèmes culturels de l'Afrique Noire d'aujourd'hui*, Présence Africaine, 1979.

voies à emprunter par les législateurs pour une meilleure appropriation du Droit par ses sujets.

En Afrique, le Droit se révèle aussi à l'ordre social à travers des lieux. S'il est d'abord certes un imaginaire, le Droit n'est normatif, tout de même, que par des procédures d'incarnation territoriale. Les amphithéâtres des facultés de droit, les cours et tribunaux, les commissariats de police, les prisons, les cabinets d'avocats, de notaires, d'huissiers… sont autant de lieux d'apprentissage, de fabrication et d'application du discours juridique. De tels lieux existent en Afrique.

Une radioscopie des lieux d'expression du juridique en Afrique révèle leur fort ancrage à la rhétorique coloniale. A travers ses racines coloniales, la notion de « droit » dans le continent africain est fortement arrimée à une idée de *Pouvoir*.

Sous ce rapport, le Droit n'est pas pensé comme la propriété des populations – ses destinataires – mais plutôt comme un ordre de pouvoir relevant de la toute-puissance de l'appareil d'Etat. Dans une telle configuration, le Droit s'identifie comme un outil de contrôle des sujets de droit. Les territoires et lieux du Droit en Afrique incarnent, à suffisance, cette iconographie coloniale. Conçus comme des images de la puissance de l'Etat, les lieux du Droit en Afrique se particularisent par leur caractère intimidant. Une convocation à la police, une garde à vue, un procès devant un juge, un passage dans des lieux privatifs de liberté (maisons d'arrêt) … sont abordés comme des expériences traumatisantes par le lexique social.

Dans une telle représentation des lieux du Droit, il n'est pas surprenant de voir le fort succès de certains « psychologues » africains tels que les guérisseurs, « sorciers » les « fétichistes », les marabouts et autres mystificateurs … qui promettent de produire des talismans, des gris-gris, des amulettes … de nature à éviter aux individus, *ad vitam aeternam*, une convocation devant la police, le juge ou encore une condamnation en prison.

En arrière-plan de la nature intimidante des lieux et territoires du Droit se donne à voir le caractère inachevé de l'Etat de droit en Afrique. Ersatz de l'Etat autoritaire, ces lieux (police, tribunal, prison…) mettent en évidence l'importance du corps du sujet comme gage de son allégeance au Souverain politique. Foucault ne s'était point trompé à travers sa réflexion pionnière relative aux rapports entre l'Etat et le contrôle des corps sous le prisme du droit pénal[36].

L'empathie, la bienveillance, la générosité – traits caractéristiques de la justice traditionnelle africaine[37] - ont été anéanties par le droit colonial qui, malgré son abrogation officielle, continue d'influencer les bases juridiques de l'Etat moderne en Afrique. Les territoires du Droit en Afrique se transforment par moment en lieux de « non-droit ». Retour de parquet, irrégularités formelles et substantielles dans les actes d'état civil[38] (extrait de naissance, certificat de mariage, de décès ...), surpopulation carcérale ... sont autant de pratiques illégales ou contraires aux droits de l'homme, provenant des tribunaux, des états civils, de l'administration pénitentiaire.

Le phénomène juridique en Afrique dans ses pratiques et usages s'illustre à travers ses innombrables défaillances. Les multiples malfaçons qui traversent le *corpus iuris* dans ledit continent imposent de dire et d'écrire autrement le Droit.

II – Dire et écrire le Droit en Afrique au XXIe siècle

Être jurislateur ou simple scribe du Droit en Afrique invite nécessairement à saisir la quintessence du paradigme colonial pour s'en défaire ultérieurement (A). La rupture avec le modèle colonial, loin de ramener l'Afrique dans un paléolithique juridique, augurera un nouveau chantier relatif à l'établissement des nouvelles bases épistémiques pour le Droit (B).

A – Sortir du paradigme colonial

De quoi le droit colonial est-il le nom ? Cette question à l'allure naïve devrait, à notre sens, être gravée comme frontispice dans tous les lieux

---

[36] M. FOUCAULT, *Surveiller et punir. Naissance de la prison*, Gallimard, 2016, 360 p. ; F. BOULLANT, « Michel Foucault. Le réseau des corps », in *La tentation du corps, (dir.), Dominique Memmi, Dominique Guilo et Olivier Martin* pp. 47-69, spéc., pp. 50-54.

[37] F. K. CAMARA, *Pouvoir et justice dans la tradition des peuples noirs. Philosophie et pratique*, L'Harmattan, 2017, pp. 109-148.

[38] Le droit international privé, à travers le contentieux de la nationalité, constitue un bel angle d'observation des manquements administratifs des officiers d'état civil dans la tenue des documents relatifs à l'état des personnes. En France, nombre d'Africains peinent à se naturaliser, en ce que le ministère public français soulève souvent des irrégularités dans les actes d'état civil des Africains demandeurs de la nationalité française.

abritant le discours juridique en Afrique noire (amphithéâtres des facultés de droit, cours et tribunaux, commissariats de police, maisons d'arrêt correctionnelles…). Cet aphorisme aux relents interrogatifs s'éloigne du fétichisme rhétorique pour informer de la survivance du refoulé colonial dans toutes les structures de l'Etat moderne africain. Le droit colonial est une des superstructures de l'architecture coloniale. La colonisation dans son déploiement est globalement une entreprise de dépossession[39] (militaire, politique, économique et civilisationnelle). Dans sa mise en œuvre, elle procède par la technique de la dissociation, de la stratification, bref de la division entre les colons et les colonisés[40], entre les citoyens et les indigènes[41].

L'imaginaire colonial pensé dans la logique de l'*incapacitation* du sujet colonisé, le droit mobilisé à cette fin ne pouvait qu'emprunter une nature dogmatique. Le positivisme normativiste du fait de sa forte charge autoritaire était l'allié naturel du droit colonial. En justifiant sa normativité en marge des préoccupations et volontés des populations africaines, le *ius* colonial était fondamentalement un droit autoritaire[42]. Ses bases philosophiques tant dans ses fondements que dans ses finalités sont aux antipodes de la prise en compte des désirs et souhaits des masses populaires.

Le fondement principal du droit colonial n'est ni la morale, ni l'équité, ni la religion … mais tout bonnement le Pouvoir politique (législateur de la puissance colonisatrice). Quant à ses finalités, elles sont à explorer moins dans la justice ou encore dans l'utilité mais plutôt à constater dans la simple imposition de l'ordre et de l'autorité. Autrement dit, le modèle juridique colonial renvoyait à une conception marxiste du Droit : un instrument de domination utilisé par une élite bourgeoise (puissance coloniale) à l'encontre d'une masse prolétarienne (populations colonisées). Le fer de lance de la politique coloniale pouvait se ramener à un triptyque : exploiter, rentabiliser et mettre en valeur les colonies pour l'unique satisfaction de la puissance dominante.

---

[39] H. BRUNSCHWIG, *Le partage de l'Afrique noire*, Flammarion, 2009, 186 p.

[40] G. A. KOUASSIGAN, *Afrique : Révolution ou diversité des possibles*, L'Harmattan, 1985, p. 33.

[41] O. GUEYE, *Le code de l'indigénat. Historique en Afrique francophone 1887-1946*, L'Harmattan, 2019, spéc., pp. 67-88.

[42] J. JOHN-NAMBO, « Quelques héritages de la justice coloniale en Afrique noire », *Droit et Société*, 2002, n° 51-52, pp. 325-344.

Pour se convaincre de la nature autoritaire de l'Etat-colonial, il suffit de convoquer sa législation. Il en est ainsi du Code de l'indigénat, du décret du 7 décembre 1917 relatif aux pouvoirs disciplinaires des administrateurs coloniaux, du décret du 22 août 1928 portant sur le statut de la magistrature d'Outre-mer[43], de la loi du 11 avril 1946 (loi Houphouët Boigny) mettant fin au travail forcé[44]… L'idéologie répressive du droit colonial n'est pas une particularité dans l'historiographie des rapports entre les puissances publiques occidentales (France, Angleterre, Allemagne, Portugal, Espagne) et les peuples africains. En effet, le Code noir (1685)[45] exprimait déjà cette conception déshumanisante du Droit pendant le commerce des esclaves. Par la fiction du Droit, le Code noir qualifiait de biens meubles les esclaves[46].

La chosification de l'espace social – projet dont le droit colonial était porteur – malgré l'accession à la souveraineté internationale des Etats africains, n'a pas pour autant disparu dans les modes contemporains de régulation des relations humaines dans ledit continent.

La faible démocratisation du continent africain dans les années 1960 est une des causes justificatives de l'inexistence d'un droit réellement social. L'indépendance politique des Etats africains, plus formelle que réelle, a fait naître une élite dirigeante très peu comptable des populations locales. Une telle situation était plus visible en Afrique noire francophone que dans la partie anglophone du continent du fait de la nature assimilationniste de la colonisation française[47]. Les fortes relations d'allégeance existant entre les élites politiques d'Afrique noire

---

[43] M. BADJI, « Le statut des magistrats d'outre-mer : entre « libertés » coloniales et principes républicains », *Mélanges dédiés au Professeur Dominique Sarr, La trace et le sentier*, L'Harmattan, 2019, tome 1, pp. 57-99.

[44] G. MANCERON, *Marianne et les colonies. Une introduction à l'histoire coloniale de la France*, La Découverte, 2003, pp. 204-209 ; B. FALL, « Le travail forcé en Afrique occidentale française (1900-1946) », in *Civilisations, Revue internationale d'anthropologie et de sciences humaines*, 41/1993, pp. 329-336.

[45] J.-F NIORT, *Le Code noir : idées reçues sur un texte symbolique*, éd., Le cavalier bleu, 2015, 124 p.

[46] L'article 44 dudit code disposait que : « Déclarons les esclaves être des meubles, et comme tels entrer dans la communauté, n'avoir point de suite par hypothèque, se partager également entre les cohéritiers sans préciput et droit d'ainesse, n'être sujet au Douaire coutumier, au Retrait féodal et lignager, aux droits seigneuriaux et féodaux, aux formalités des décrets, ni au retranchement des quatre quints, en cas de disposition à cause de mort et testamentaire ».

[47] D. COSTANTINI, *Mission civilisatrice. Le rôle de l'histoire coloniale dans la construction de l'identité politique française*, La Découverte, 2008, pp. 89-91.

francophone et la France[48], ont permis une reféodalisation des masses populaires à travers la perpétuation du paradigme colonial.

En d'autres mots, la décolonisation n'a pas correspondu à une réappropriation concrète par les populations africaines des pouvoirs (politiques, économiques, symboliques) dont elles étaient dépossédées. Cette mise à distance des masses populaires dans la gestion de la chose publique peut-elle favoriser l'épanouissement du Droit ou plutôt de l'Etat de droit en Afrique ?

Seule une compréhension sans concession du paradigme colonial permettra de dénouer les impasses juridico-institutionnelles que traverse l'Afrique contemporaine.

Aujourd'hui, l'écho fort retentissant des *African studies* et des études *décoloniales* dans les sciences humaines et sociales particulièrement dans les universités nord-américaines remet sous les projecteurs la compréhension du paradigme colonial comme condition de la transformation des sociétés et civilisations originaires d'Afrique au sud du Sahara[49].

Dans la recherche juridique, la réactualisation du narratif colonial comme objet épistémologique n'est point une préoccupation du monde académique. Le manque d'intérêt voire parfois le mépris que les juristes africains manifestent à l'égard de l'Histoire comme activité disciplinaire est très saisissant[50].

---

[48] A. BOUKARI-YABARA et G. Y. TCHUISSEU, « Au service de la « modernisation » coloniale : la fabrique des nouvelles élites africaines », in *L'empire qui ne veut pas mourir. Une histoire de la Françafrique*, (dir.) Thomas Borrel, Amzat Boukar-Yabara, Benoît Collombat, Thomas Deltombe, Seuil, 2021, pp. 109-119. Dans cet article synthétique mais fort pénétrant, ces deux auteurs en empruntant la figure de Houphouët Boigny ainsi que celles des anciens députés africains de l'Assemblée nationale française, démontrent la survivance du paradigme colonial après les indépendances à travers une élite de dirigeants politiques africains grandement redevables à la France.

[49] B. JEWSIEWICKI, « Etudes africaines : France, Etats-Unis », *Le Débat*, 2001/1, n° 118, pp. 66-76 ; C. COQUERY-VIDROVITCH, *Enjeux politiques de l'histoire coloniale*, Agone, 2009, pp. 85-101. Par ailleurs, la *Revue d'études décoloniales* propose des publications très pénétrantes sur le décentrement des savoirs et des connaissances.

[50] S. THIAM, « La place de l'histoire dans l'enseignement du droit », in *L'enseignement du droit en Afrique francophone*, ouvr. préc. pp. 227-248.

La caractérisation du Droit en une science exclusivement positive chez les doctes africains a fortement contribué à invisibiliser le fait colonial comme une ressource nécessaire pour l'intelligibilité du phénomène juridique. Pourtant malgré la marginalisation du paradigme colonial par les chercheurs, c'est à partir de son encre que le droit positif en Afrique a été écrit dans ses pans les plus importants aussi bien en droit public (droit constitutionnel, finances publiques, droit administratif, droit international public ...) qu'en droit privé (droit des obligations, droit pénal, droit du travail, droit commercial ...).

L'infécondité du droit positif en Afrique noire francophone ou plutôt sa faible normativité sociale s'explique par l'hypertrophie du dispositif colonial dans les systèmes juridiques africains.

Les modalités de réalisation des activités économiques chez les populations sont très révélatrices de cet état de fait en Afrique noire francophone. L'économie dite « informelle » est la voie plébiscitée par les masses populaires malgré l'existence d'un droit commercial institutionnel incarné par l'OHADA. Le faible ancrage social des Actes uniformes chez les opérateurs économiques africains s'explique en partie par les racines coloniales du modèle juridique OHADA.

En effet, cette organisation communautaire doit son existence aux multinationales françaises soucieuses de maintenir en Afrique noire francophone une culture juridique française dans le domaine des affaires, et ce, pour pérenniser leurs avantages économiques dans un nouveau contexte marqué par la globalisation[51].

En attestent les 13 milliards de francs CFA investis par la France depuis 1993 dans l'accompagnement institutionnel de l'OHADA[52]. A l'image du franc CFA très décrié présentement comme une entrave à la souveraineté monétaire des Etats africains anciennement colonisés par la France[53], l'OHADA souffre également d'un déficit d'appropriation par les populations locales qui, en marge des Actes uniformes, organisent la vie des affaires en Afrique.

---

[51] P. BOUREL, « A propos de l'OHADA : libres propos sur l'harmonisation du droit des affaires en Afrique », *D.*, 2007, p. 969.

[52] T. BORREL, « Le droit au service de la France : l'OHADA, une « réussite africaine » très parisienne », in *L'empire qui ne veut pas mourir. Une histoire de la Françafrique,* ouvr. préc., pp. 744-745.

[53] F. PIGEAUD et N. S. SYLLA, *L'arme invisible de la Françafrique. Une histoire du franc CFA*, La Découverte, 2018.

La prégnance du paradigme colonial dans l'écriture du Droit en Afrique induit l'absence d'une souveraineté juridique qui, pourtant, est une condition essentielle de l'acceptation du droit positif par ses destinataires. La crise du phénomène juridique en Afrique invite, à cet effet, à établir de nouvelles bases épistémiques pour le Droit.

B – L'établissement de nouvelles bases épistémiques du Droit en Afrique

L'avenir de l'Afrique ne s'écrira pas en marge du Droit. Les multiples tensions et soubresauts qui affectent le continent africain renseignent d'une crise du Droit. Après Christophe Colomb (découverte des Amériques 1492), après la Conférence de Berlin (15 novembre 1884 – 26 février 1885), la réappropriation du vivre-ensemble en Afrique par les populations locales – problématique centrale de la post-colonie – redonne au Droit un regain d'intérêt. Plus que les religions, les arts ou encore l'économie, le devenir des peuples africains dépendra de la place axiologique qu'occupera le Droit comme mode de régulation sociale.

Comment faire société en Afrique au XXIe siècle ?

Le juridique plus que n'importe quelle autre normativité sociale semble être le canal le mieux indiqué. Dans une telle perspective, la refondation du discours juridique constitue une sur-priorité. L'agenda juridique dans sa traduction sociale en Afrique devra résoudre trois problématiques majeures : qu'est-ce le droit ? Quels sont ses fondements ? Quelles sont ses finalités ?

Ces questions ne sont pas propres au continent africain ; elles se sont posées à toutes les civilisations humaines ayant entretenu à travers le temps des rapports stratégiques avec leurs espaces. Consubstantielles à la philosophie juridique, ces trois problématiques revêtent une actualité et une importance singulières en Afrique. Abordées à partir de l'Afrique et pour les Africains, ces interrogations devront nécessairement recevoir une orientation épistémique.

D'abord la définition du phénomène juridique en Afrique semble moins préoccupante dans sa nature que dans ses propriétés et usages. Dans sa nature (*ontos*), la présentation du Droit comme un savoir (plus qu'une science) ayant pour objet la fabrique du lien social[54] peut génériquement satisfaire toute culture ou civilisation humaine[55].

En Afrique, la performance du Droit dépendra fondamentalement dans sa caractérisation comme une ressource publique (bien commun). Faire du Droit la chose du Peuple constitue le défi majeur des sociétés africaines. Le droit comme réalité sociale ne peut pas puiser sa normativité que dans sa seule positivité. La production juridique ne peut se départir d'une évaluation populaire.

La légitimité et l'effectivité sont inhérentes au Droit. Dans une telle configuration, seules des transformations radicales de l'ordre social en Afrique permettront une éclosion du Droit comme une propriété populaire. La bonne expression du Droit suppose une modification des structures qui lui adjacentes telles que : l'Etat, le pouvoir, la propriété, la citoyenneté, le territoire…

Un retour sur l'histoire politique comparée enseigne, toutefois, que les sociétés humaines ne se réforment pas radicalement par la simple mobilisation d'outils juridiques comme la Loi, mais plutôt par de longs processus de luttes et de revendications sociales souvent violents[56]. Aux fins d'accéder au règne du Droit, l'Afrique pourra-t-elle échapper à cette histoire mondiale de transformation des sociétés humaines ?

Quelle que puisse être la nature des voies et moyens empruntés pour asseoir l'épanouissement véritable du Droit, ces derniers devront à terme garantir une redistribution dans l'ordre social des pouvoirs matériels et symboliques. Le caractère très inégalitaire des sociétés africaines[57] est une limite naturelle à l'édification d'un pacte républicain fondé sur le Droit. L'écriture d'un roman national ne saurait se réaliser avec le maintien des structures très féodales des sociétés africaines. L'existence d'un Etat de droit subordonné à une égalité de tous les citoyens devant la loi, invite à questionner la nature très verticale des rapports sociaux en Afrique.

Une idée du Droit fondée sur des privilèges et des coteries est une aporie. La force du *ius* en Afrique impose de repenser substantiellement la notion de « pouvoir »[58]. Une des propriétés du Droit, le pouvoir dans

---

[54] Pas toutefois dans le sens du réalisme américain avec le *social engineering*.
[55] G. GURVITCH, *Traité de sociologie*, PUF, 1963, t. 2, p. 188.
[56] T. PIKETTY, *Une brève histoire de l'égalité*, Seuil, 2021, pp. 20-28.
[57] T. PIKETTY, *Capital et idéologie*, Seuil, 2019, pp. 350-360.
[58] M. KAMTO, *Pouvoir et droit en Afrique noire*, préf. Paul Isoart, LGDJ, 1987, 545 p.

ses représentations et usages contemporains en Afrique, semble trop herculéen. En Afrique, c'est le pouvoir qui détermine plus le Droit que l'inverse[59]. Cette confiscation du juridique par certains cercles de pouvoir (politique, économique, confrérique, militaire...) fragilise et retarde la construction de l'Etat de droit et de sociétés africaines stables.

Il est vrai que beaucoup sont passés par là, et continuent de légitimer leur force par le Droit. Ainsi, en se tournant vers l'horizon, il ne serait pas hors propos de faire remarquer, du haut des Nations Unies, que cinq pays, à eux seuls, nonobstant toute majorité, peuvent décider du sort du Monde, et que la Banque Mondiale, le FMI et plusieurs autres organisations de même rang, sont couverts d'un manteau semblable ; en plus dramatique encore, l'Allemagne hitlérienne et les *Afrikaners* ont tous eu l'aval de leurs organes délibérants légitimes pour commettre les atrocités que l'on a tardées à considérer pour certaines d'entre elles, comme des crimes contre l'humanité. Ce sont là les plus célèbres illustrations de l'injustice du Droit.

Les pays africains continuent, avec d'autres, à subir cette injustice du Droit ; mais ils en produisent aussi à floraison, et dans toutes les disciplines, même si les temps actuels mettent essentiellement à l'index les dérives récurrentes de la matière constitutionnelle, nid incandescent du « mauvais » Droit.

Certes le Droit n'est pas la Justice, mais lorsqu'on s'en sert pour des raisons autres que les siennes, il s'éloigne davantage de la Justice qui reste toujours un idéal empreint de valeurs fortes[60].

Dans une telle perspective, la démocratie comme modèle de gouvernance politique, plus qu'une simple alternative, constitue un horizon indépassable pour les devenirs des peuples africains. Quelle que puisse être ses limites, la démocratie de par ses caractéristiques inclusives

---

[59] La fameuse réponse de Blaise Compaoré à Barack Obama est très illustrative des attributs herculéens du pouvoir en Afrique. Le président Obama lors d'une allocution au Ghana (2009) avait prononcé cette célèbre phrase : « L'Afrique n'a pas besoin d'hommes forts mais plutôt d'institutions fortes ». Le président Compaoré dans son obsession de modifier l'article 37 de la Constitution burkinabé limitant l'exercice des mandats présidentiels à deux avait répondu contre la célèbre formule de Obama qu': « il n'y a pas d'institutions fortes, s'il n'y pas d'hommes forts pour poser les jalons de ces institutions, dans la durée ». La suite on la connait…

[60] J.-F SPITZ, « Le droit : un instrument de quelle qualité de justice ? in *Dictionnaire de la culture juridique*, (dir.) Denis Alland et Stéphane Rials, PUF/LAMY, 2003.

semble moins controversée que des modèles politiques tels que les régimes autoritaire, monarchique, théocratique…

La nature pluraliste des sociétés africaines – diversité religieuse, ethnique, raciale… - impose de penser des modèles juridiques enclins à prendre en charge l'altérité. A cette fin, l'inventivité humaine n'a pas encore découvert meilleur projet de société que la démocratie.

Ensuite, en marge de la définition du droit, la réflexion sur ses fondements dans cette Afrique contemporaine est aussi une urgence. En l'espèce, il est plus que vital de rompre avec la prétention kelsénienne présentant le Droit comme une autopoïèse. Le phénomène juridique *per se* ne porte pas sa propre normativité. La *grundnorm* dépend des spécificités sociales accueillant le système juridique et non d'une quelconque prétention prométhéenne du Droit. La présentation du Droit en une somme de normes autonomes s'imposant au corps social est souvent en vigueur dans des civilisations humaines sécularisées à l'image de la société occidentale.

La temporalité des sociétés africaines est très différente de celle de l'Occident. Les religions, la morale, le totémisme... constituent les centres d'imputation des relations sociales en Afrique subsaharienne. Malgré qu'elles soient encastrées dans une histoire globale, les populations africaines se pensent et se déterminent sur des substrats métaphysiques[61]. La performance du juridique dans un tel cas de figure ne peut être garantie que dans la prise en compte de la dimension subjective de l'ordre social.

Or, il apparaît que le droit africain contemporain est un droit hybride, marqué par une composante essentielle transplantée en abysse. On peut comprendre qu'il soit encore transfiguré.

La force de la norme juridique ne peut être justifiée que du seul fait de sa provenance du législateur ou d'une quelconque autorité investie du pouvoir normatif. En d'autres mots, la fonctionnalité de la règle de droit est intimement liée au fort ancrage social de ses fondements.

Dire que la norme juridique emprunte ses fondements à un texte biblique, coranique, à la morale, aux ancêtres bienveillants et protecteurs… en Afrique choquerait moins que de vouloir l'ancrer dans un législateur dont la légitimité normative peine encore à convaincre.

---

[61] M. RAYNAL, *Justice traditionnelle, justice moderne. Le devin, le juge, le sorcier*, L'Harmattan, 1994, pp. 43-45.

Faire dépendre au sacré[62] ce qui fait office de lois participerait à réconcilier en partie les populations avec le Droit. Le recours au mythe (métaphysique ou transcendance) comme structure fondatrice du Droit consoliderait ses fonctions anthropologiques et lui garantirait une forte réceptivité sociale. Il en est ainsi de l'article 53 de la Constitution du Bénin organisant la prestation de serment du président de la République.

Ce texte en disposant qu': « Avant son entrée en fonction, le président de la République prête le serment suivant : « devant Dieu, les Mânes des Ancêtres, la Nation, le Peuple béninois seul détenteur de la souveraineté… », associe des forces métaphysiques (Dieu, les Mânes des Ancêtres) comme préalable à l'exercice de la fonction présidentielle.

C'est rappeler qu'avant tout, le droit reste l'expression d'une culture ; il s'agit en effet de deux données consubstantielles : « (…) revendiquant son lieu et son temps, un droit s'inscrit inéluctablement en une culture juridique et, par son truchement, en une traduction juridique. Il est prescrit par elle »[63]. Cette culture juridique africaine mérite d'être réappropriée, sans renier les apports féconds des autres, sources reconnues d'enrichissement. C'est sur ce droit africain restauré, départi des mimétismes abrupts et bien souvent futiles, qu'il y a lieu de s'adosser[64]. Certes, il ne peut constituer en soi une panacée, mais il devrait surtout dépendre de la dynamique et de l'orientation qui l'accompagnent.

Enfin, s'agissant des finalités du *ius* en Afrique, la longue histoire d'inégalités constitutive même des rapports sociaux privilégie la justice plus que toute autre finalité (ordre, autorité, sécurité, utilité…) comme boussole des ordres juridiques africains. Produire le juste, plus qu'une simple déclaration d'intention, doit servir de feuille de route aux différents Etats africains. La longue inscription des peuples d'Afrique subsaharienne dans des régimes politiques autoritaires a contribué à fragiliser fortement la stabilité sociale et l'harmonie nationale[65]. En effet, l'amplification de la société verticale en Afrique se réalise à partir de logiques de distanciation des individus (seigneurie féodale, chefferie traditionnelle,

---

[62] K. MBAYE, « Sacralité, croyances, pouvoir et droit en Afrique », in *Sacralité, pouvoir et droit en Afrique, 4e colloque du Centre d'Etudes Juridiques Comparatives, éd. CNRS*, 1978, p. 14 et s.

[63] P. LEGRAND, *Le droit comparé*, PUF, 2éd., p. 6.

[64] D. ABARCHI, « Problématique des réformes législatives en Afrique : le mimétisme comme méthode de construction du droit », *Penant*, 2003, p. 85 et s.

[65] P. BIARNES, *Les Français en Afrique noire. De Richelieu à Mitterrand, 350 ans de présence française au sud du Sahara*, Armand Colin, 1987, pp. 355-432.

politisation du patriarcat[66], stratification des ethnies[67], des groupes sociaux…) génératrices elles-mêmes de soubresauts et d'instabilité de l'ordre politique. L'arrimage des Africains dans un récit civilisationnel de plus en plus global a, pour conséquence, d'entamer les craquements de son édifice social empreint d'autoritarisme. De façon irréversible, va advenir sur le continent un nouvel ordre social.

Les crises sociétales constatées ces deux dernières décennies dans le Maghreb (Printemps arabes), en Afrique de l'Ouest (Burkina Faso, Côte d'Ivoire, Mali, Nigéria, Guinée Bissau, Guinée Conakry…), dans le Centre (Centrafrique, Tchad, Rwanda…), à l'Est (Ethiopie, Soudan, Somalie…), expriment, derrière le chaos apparent, des besoins profonds de refondation de l'espace politique.

Ces crises vont-elles faire éclore le meilleur ? Les caractéristiques de ces nouvelles tectoniques de l'ordre social en Afrique peuvent augurer des perspectives diverses. Toutefois, aucune issue heureuse ne pourrait s'envisager sans un rôle majeur du Droit qui, lui-même, serait construit sur une finalité exclusive de justice sociale. Seule une mobilisation des ressources du Droit permettra d'obtenir une nouvelle orthopédie du corps social qui, depuis plus d'un demi-millénaire, souffre d'une désarticulation de ses différents membres.

A cet effet, la double perspective aristotélicienne de la justice (justice commutative et justice distributive)[68] pourrait servir de cadre de référence pour l'édification d'une nouvelle société politique en Afrique. Parce qu'elle est à la fois horizontale (arithmétique) et verticale (géométrique), l'idée de justice chez Aristote garantit une égalité de traitement des sujets en attribuant à chacun ce qui lui revient de droit (*suum cuique tribuere*)[69].

La reprise de cette acception du *juste* en Afrique pourrait largement contribuer à apaiser les relations humaines dans l'ordre social. Toutefois, cette mise en œuvre du *suum cuique tribuere* (distribution des biens et des honneurs) en Afrique devra se départir de tout critère prenant appui sur des considérations subjectives.

---

[66] A. A. DIOUF, « L'institution familiale, le discours juridique et l'ordre social : une critique du dogme patriarcal », *Mélanges en l'honneur du Professeur Tomasin*, Dalloz, 2022, pp. 625-643.
[67] M. DIOUF, *Sénégal. Les ethnies et la nation*, L'Harmattan, 1994, pp. 169-181.
[68] Aristote, *Ethique à Nicomaque*, Flammarion, 1992, pp. 141-154.
[69] M. VILLEY, *La formation de la pensée juridique moderne*, PUF, 2003, p. 81.

Le régime de la responsabilité civile personnelle du dirigeant social à l'égard des tiers dans la législation OHADA (libres propos sur l'article 161 de l'Acte uniforme relatif au droit des sociétés commerciales et du groupement d'intérêt économique)

KENMOGNE SIMO Alain

Agrégé des Facultés de droit
Professeur Titulaire CAMES
Université Yaoundé II
Chef du Département de droit des affaires et de l'entreprise
Directeur du Laboratoire d'études et de recherches en droit des affaires

Résumé : Du fait de la nature même de la société (personne morale), le dirigeant social présente une très grande importance puisque la société ne peut agir que par son biais. Pour lui permettre d'assumer ses importantes missions, le législateur l'a d'ailleurs doté d'énormes prérogatives. Dès lors, la question de la charge des préjudices qu'il peut causer à des tiers dans le cadre de l'accomplissement de ses missions se pose. Qui doit en répondre ? Est-ce toujours lui, la société ou les deux ? La réponse à la question présente des enjeux aussi bien pour les tiers et la société que pour les dirigeants sociaux eux-mêmes. D'où l'intérêt de voir quelle est la position adoptée par le législateur OHADA sur la question. Strictement interprété, l'article 161 semble assez proche du droit commun de la responsabilité civile, surtout lorsque la responsabilité d'un dirigeant social est seule en cause. Ce qui peut paraître très rigoureux pour les potentiels dirigeants sociaux. Si ce constat appelle implicitement à une modification de la position du droit OHADA en la matière, l'article va au-delà pour espérer une plus grande professionnalisation de la gestion des sociétés.

Bien que la notion de dirigeant social ne soit pas définie par le législateur OHADA[1], il peut être considéré, dans un sens large, qu'elle renvoie, normalement[2], à une personne désignée, en principe[3], par les associés pour la conduite des affaires sociales, c'est-à-dire pour gérer, administrer ou diriger la société[4]. En fonction de la forme de la société, cela peut renvoyer à une diversité de personnes pouvant elles-mêmes être des personnes physiques et/ou morales selon les cas[5] : gérant, administrateur, administrateur général, directeur général, directeur général adjoint… En tout état de cause, ce qui est sûr c'est que le dirigeant social dispose de prérogatives étendues et de larges pouvoirs, quelle que soit la forme de société considérée qui font de lui un véritable organe de

---

[1] Il n'est d'ailleurs pas le seul à ne pas la définir ; la situation est la même pour le législateur français, par exemple.

[2] À côté de ce dirigeant dit de droit, il convient de signaler l'existence d'autres types de dirigeants, spécialement, le dirigeant de fait, que connaît le droit des procédures collectives et qui renvoie à une personne qui s'est comportée comme un dirigeant sans avoir été préalablement désignée à la fonction. On pourrait y ajouter les notions de dirigeant apparent et de dirigeant occulte.

[3] Le législateur supplée souvent la volonté des associés lorsqu'ils ne l'ont pas exprimée. C'est ainsi que dans le cas de la SNC, si ces derniers n'organisent pas la gérance, il répute tous les associés gérants (cf. article 276 alinéa 4 l'Acte uniforme relatif au droit des sociétés commerciales et du groupement d'intérêt économique). De même dans la même situation dans la SCS, il considère que tous les commandités sont gérants (article 298 de l'Acte uniforme précité).

[4] À titre de droit comparé, il ressort d'une décision de la Cour d'appel de Paris que c'est une personne qui exerce de façon positive, déterminante et indépendante des fonctions de direction, de gestion, d'administration dans la conduite des affaires sociales (Paris, 11 juin 1987, *Bulletin Joly* 1987, 719). L'indépendance dont jouit le dirigeant social limite le rapprochement que l'on aurait pu faire entre sa situation et celle du préposé, caractérisée essentiellement par sa subordination. Néanmoins, de manière générale, les droits applicables dans plusieurs pays de l'espace OHADA ont tendance à retenir largement la responsabilité du commettant. Au Sénégal, par exemple, cela ressort des articles 147 et 148 du Code des obligations civiles et commerciales. Le premier article le rend responsable dès lors que « le préposé a agi, au moins apparemment, dans l'exercice de ses fonctions » alors que pour le second, « en cas d'abus de fonction, un lien de causalité ou de connexité avec l'exercice des fonctions suffit à rendre le commettant responsable ».

[5] Si le gérant d'une SNC ou l'administrateur d'une SA, par exemple, peut être une personne physique ou morale (cf. article 276 alinéa 2 de l'Acte uniforme précité), le gérant de la SARL, le président-directeur général, le président du conseil d'administration, le directeur général et le directeur général adjoint d'une SA ne peuvent être qu'une personne physique (cf. articles 323 alinéa 1, 462 alinéa 2, 470 alinéa 1, 477, 485 alinéa 1 et 485 alinéa 2). Lorsqu'une personne morale est désignée, elle doit se faire représenter par une personne physique (pour les administrateurs de SA, voir article 421 de l'Acte uniforme précité).

décision. En tant que tel, la fonction s'accompagne nécessairement de la prise de risques. Savoir diriger convenablement, c'est d'abord et avant tout, savoir prendre des risques[6]. En contrepartie des énormes pouvoirs qui sont les siens[7] et des risques qu'il est appelé à prendre, le dirigeant social a d'ailleurs droit à une rémunération dont le niveau élevé ou la structure suscite quelquefois des débats, notamment en Occident. Mais aussi, et conformément à l'article 1382 du Code civil applicable au Cameroun, dont l'idée se trouve aussi dans les codes et lois de nombreux pays de l'espace OHADA, ne doit-il pas assumer les conséquences dommageables de ses actes ou alors, doit-on considérer que, puisqu'il agit pour le compte de la personne morale, c'est cette dernière qui doit en répondre ? La question présente de nombreux intérêts théoriques et pratiques : sur le plan théorique, la réponse peut, par exemple, déteindre sur la conception même que l'on a du dirigeant social : simple mandataire ou véritable organe social ?[8] Sur le même plan, elle peut aussi influencer la nature ou la fonction que l'on assigne à la responsabilité civile en la matière (indemnitaire ou normative[9]) ou la conception même que l'on a du droit (suivisme des faits ou indication du cap). Sur le plan pratique, elle pourrait dissuader les potentiels dirigeants sociaux ou inciter à l'inertie ceux qui acceptent les fonctions qui, par peur de voir leur responsabilité personnelle engagée, prendraient peu d'initiatives. Ce qui serait dommageable pour la croissance des sociétés. Et même pour le développement économique des pays, compte tenu de l'important rôle que les sociétés jouent dans l'économie nationale[10]. D'un autre côté, si pour les

---

[6] Les plus grands succès seraient d'ailleurs solidaires des plus grands risques (citation de J. GUITTON, *La pensée et la guerre*, Desclée de Brouwer, 1969, 228p.

[7] Il lui revient d'accomplir les actes pour la gestion interne et externe de la société.

[8] Dans le premier cas, comme pour tout mandataire et en vertu du principe de transparence du mandat, le mandant ne répondrait que des actes qui sont demeurés dans les limites des pouvoirs conférés. Or, le dirigeant social tient certains de ses pouvoirs de la loi et, en vertu de l'article 121 de l'Acte uniforme précité, les restrictions statutaires apportées à ces pouvoirs sont inopposables aux tiers de bonne foi.

[9] Il convient de rappeler que dans la vieille coutume de représailles à l'époque primitive, punition de l'activité coupable et réparation du préjudice causé étaient confondues. C'est au moment de la rédaction du Code civil que la première fonction a été abandonnée à la responsabilité pénale (lire, L. BACH, *Droit civil*, éditions Sirey, Tome 1, 13e édition, 1999, p. 529).

[10] Pourvoyeuses d'emplois, elles contribuent à la lutte contre le chômage. Ce qui constitue un élément contribuant au bien-être des populations. Par ailleurs, de par les impôts qu'elles payent, elles donnent les moyens aux pouvoirs publics pour réaliser les investissements sociaux. On peut ajouter que les services et biens qu'elles rendent ou vendent peuvent améliorer la qualité de vie.

rassurer une immunité leur était accordée, cela pourrait les déresponsabiliser au détriment de la société et des associés. Ce qui pourrait être tout aussi dommageable pour la croissance des sociétés et le développement des pays[11]. C'est dire que la question est complexe et délicate et la réponse doit tenir compte de la nécessité de concilier les différents intérêts en jeu : les intérêts des tiers certes, mais aussi ceux de la société et des associés[12]. Quelle est la position adoptée par le législateur OHADA en la matière ?

Fort logiquement, il prévoit que le dirigeant social peut engager sa responsabilité civile[13]. Le Livre 3 de la Partie 1 de l'Acte uniforme précité est d'ailleurs consacré à l'action en responsabilité civile contre les dirigeants sociaux. Il y est distingué deux types d'action en responsabilité civile contre ces derniers : l'action sociale qui concerne la réparation du dommage subi par la société et qui, en principe, est intentée par les dirigeants sociaux[14] mais qui peut aussi être intentée par un ou plusieurs associés à certaines conditions[15] ; et l'action individuelle qui vise la réparation du dommage subi par un associé[16] ou par un tiers[17]. Des trois catégories de potentielles victimes (société, associés et tiers), seule la responsabilité civile individuelle du dirigeant social à l'égard de la dernière catégorie de personnes et dans le cadre des sociétés *in boni* sera examinée ici[18]. Relativement à elles, la réponse du législateur OHADA est contenue dans l'article 161 de l'Acte uniforme qui dispose que :

---

[11] Une immunité des dirigeants sociaux ferait peser la réparation des dommages causés par leurs fautes uniquement sur les sociétés. De ce fait, ces dernières pourraient être exposées à des faillites dues à des charges financières de réparation élevées.

[12] Et même ceux de l'assurance et de la collectivité nationale dans une perspective de l'analyse économique de la question. Il ne faudrait alors pas faire comme si la question se résumait à un rapport uniquement créancier-débiteur.

[13] Il convient d'ajouter qu'il peut aussi engager sa responsabilité pénale. D'ailleurs, le développement qu'a connu ce type de responsabilité à un moment a suscité un mouvement en faveur de la dépénalisation du droit des affaires en général et, en particulier, du droit pénal des sociétés.

[14] Cf. article 166 de l'Acte uniforme précité.

[15] Il s'agit, notamment, de la mise en demeure préalable des organes compétents non suivie d'effet dans les 30 jours (cf. article 167 alinéa 1 de l'Acte uniforme précité).

[16] Il doit s'agir d'un dommage distinct de celui de la société.

[17] Cf. article 162 de l'Acte uniforme précité.

[18] Pour une analyse sur sa responsabilité civile en général en droit OHADA, lire, en plus des ouvrages de droit des sociétés OHADA, A. AKAM AKAM, « La responsabilité civile des dirigeants sociaux en droit OHADA », *Revue internationale de droit économique*, 2007/2, (T. XXI, 2), pages 211-243 ; Y. BI MANH, *La*

« Sans préjudice de la responsabilité éventuelle de la société, chaque dirigeant social est individuellement envers les tiers des fautes qu'il commet dans l'exercice de ses fonctions.

Si plusieurs dirigeants sociaux ont participé aux mêmes faits, leur responsabilité est solidaire à l'égard des tiers. Toutefois, dans les rapports entre eux, la juridiction compétente détermine la part contributive de chacun dans la réparation du dommage ».

Ce texte, qui est applicable même au dirigeant déjà retiré tant que la prescription ne lui est pas acquise, aborde la question de la responsabilité civile personnelle d'un dirigeant social aussi bien lorsqu'elle est seule en cause que lorsqu'elle est couplée à celle d'une autre personne. En matière de responsabilité civile, il est supposé être un texte spécial. De ce fait, pour qu'il ait du sens et un intérêt, il devrait être dérogatoire au droit commun. Peut-on affirmer que tel est le cas ? Pour y répondre, il a fallu analyser le texte. Et le résultat de l'analyse ne permet pas de répondre par l'affirmative. Il semble, en effet, y avoir plutôt un quasi alignement de la responsabilité civile du dirigeant social sur le droit commun en la matière, qu'il s'agisse de l'hypothèse dans laquelle sa responsabilité personnelle est en cause seule (I) ou celle dans laquelle elle est partagée avec une autre personne (II).

I – Le quasi alignement de la responsabilité personnelle du dirigeant social seule en cause sur le droit commun

Pour vérifier le particularisme de la responsabilité civile personnelle du dirigeant social telle qu'elle est énoncée dans l'article 161 précité ou, au contraire, son alignement sur le droit commun de la responsabilité, il faudrait comparer le régime qu'il institue à celui du droit commun. Autrement dit, il faudrait comparer les conditions dans lesquelles la responsabilité civile personnelle du dirigeant social peut être engagée à celles dans lesquelles la responsabilité civile d'une personne peut être engagée en droit commun. Traditionnellement, les conditions de la responsabilité civile sont au nombre de trois : le dommage, le fait générateur et le lien de causalité. Même si le législateur OHADA ne parle que de la faute, il est clair que la responsabilité civile consistant à répondre des conséquences dommageables de ses actes, la question de celle du dirigeant social ne peut se poser que s'il y a un préjudice subi par un tiers.

---

responsabilité civile des dirigeants sociaux en droit OHADA, thèse éditée, 2019, 348p ; Cl. ETOULA ESSOH, « Regard sur le statut du dirigeant social en droit OHADA », *Revue de droit uniforme*, volume 21, août 2016, pages 309-331.

Aucune précision n'étant faite à ce sujet dans le texte, on peut considérer que le droit commun s'appliquera. De ce fait, le dommage invoqué devra remplir les caractères habituels[19], peu importera le type de dommage[20] et il reviendra au tiers-victime d'en apporter la preuve. La principale condition intéressante à analyser est le fait générateur de la responsabilité civile personnelle du dirigeant social. À ce sujet, l'article 161 dans son alinéa 1 déclare qu'il est responsable envers les tiers des fautes qu'il commet dans l'exercice de ses fonctions. En dehors du fait qu'en droit commun, les dommages ne sont pas nécessairement causés dans l'exercice d'une fonction, deux idées principales ressortent de cette disposition : elle ne permet d'engager la responsabilité civile individuelle du dirigeant social que s'il a commis une faute. Il y a donc exigence d'une faute personnelle (A). Mais le texte permet d'engager sa responsabilité civile, *a priori*, pour toute faute personnelle commise dans l'exercice de ses fonctions (B).

A – La soumission de la responsabilité individuelle du dirigeant social à la commission d'une faute personnelle

L'analyse de l'alinéa 1 de l'article 161 de l'Acte uniforme en cause ici permet de relever deux différences au niveau des conditions d'engagement de la responsabilité personnelle du dirigeant social par rapport au droit commun de la responsabilité civile :

- Premièrement, le texte vise uniquement la faute du dirigeant. Or, si pendant longtemps la faute était le seul fondement de la responsabilité civile en droit commun[21], l'on n'est plus responsable aujourd'hui seulement des fautes que l'on commet[22]. Il y a eu un mouvement d'objectivation de la responsabilité civile qui a abouti à l'institutionnalisation de responsabilités indépendantes de la faute ou sans

[19] Il devra être certain, direct et légitime.

[20] Aussi bien le dommage matériel que le dommage corporel et moral. Même si, *a priori*, l'hypothèse d'un dommage physique peut ne pas être courante.

[21] Cela s'explique parce qu'à la rédaction du Code civil, bien que désormais distinguée de la responsabilité pénale, la théorie de la responsabilité civile était demeurée dominée par des idées morales. À la question de savoir pourquoi l'on devait répondre d'un dommage, la réponse évidente ne pouvait alors être que parce que l'on a commis une faute. Quitte à ce qu'il s'agisse même d'une faute simplement présumée.

[22] Cette évolution semble compréhensible car, si la faute pouvait suffire à fonder la responsabilité civile au moment où il n'y avait à la disposition de l'homme que des outils simples dont il pouvait prévoir les conséquences au moment de leur utilisation, pouvait-elle encore suffire à une époque où celui-ci manipule des engins très puissants ou complexes qu'il ne maîtrise pas toujours complètement ?

faute, en passant par des responsabilités pour faute présumée. Le lien qui existait jadis entre la faute et la responsabilité semble avoir été rompu puisqu'à l'heure actuelle, il peut y avoir des responsabilités sans faute[23] et, à l'inverse, des fautes sans responsabilité[24]. Tout fait de l'homme, qu'il soit fautif ou non, qui cause à autrui un dommage l'oblige à le réparer, dit l'article 1382 du Code civil dans sa version applicable au Cameroun. Qu'en serait-il des actes non fautifs du dirigeant social accomplis dans l'exercice de ses fonctions mais qui ont causé un préjudice à un tiers ? Le texte ne le rendant responsable que pour ses fautes, cela signifie-t-il qu'il ne saurait encourir de responsabilité dans ce cas ou que le droit commun s'appliquerait au cas ? À notre avis, cette dernière solution, qui conduirait à un alignement total de la responsabilité civile du dirigeant social sur le droit commun, ne serait pas indiquée. Le dirigeant social ne devrait pas en répondre. Mais pour que la victime ne soit pas privée de réparation, il devrait revenir à la société de supporter directement la charge de la réparation de ce préjudice.

- Deuxièmement, dans le droit commun, la responsabilité civile n'est pas liée seulement au fait personnel ; on peut aussi répondre du fait d'autrui[25]. Le dirigeant social peut-il répondre pour autrui en cette qualité ? La question mérite d'autant d'être posée qu'il peut y avoir pluralité de dirigeants sociaux. Cette hypothèse pouvant être le fait volontaire des associés qui décident de nommer plusieurs gérants ou résulter d'une défaillance de leur part[26] puisque le législateur OHADA, pour la société en nom collectif et la société en commandite simple, considère respectivement que lorsque les statuts n'ont pas organisé la gérance, tous les associés ou tous les associés commandités sont réputés gérants[27]. Tel

---

[23] C'est le cas, notamment, des responsabilités fondées sur le risque, comme en matière de produits défectueux.

[24] Cela aurait pu être le cas du dirigeant social justement si le législateur lui avait accordé une immunité pour ses fautes commises dans l'exercice des fonctions. Dans les systèmes où le commettant répond des fautes de son préposé sans pouvoir se retourner contre lui, on peut considérer que c'est le cas (solution de l'arrêt Costedoat du 25 février 2000 où la Cour de cassation française affirme que « n'engage pas sa responsabilité à l'égard des tiers le préposé qui agit sans excéder les limites de la mission qui lui a été impartie par son commettant »).

[25] Cf. articles 1384 et suivants du Code civil applicable au Cameroun.

[26] À ces hypothèses, il faut d'ailleurs ajouter celle des organes sociaux nécessairement collégiaux comme le conseil d'administration d'une société anonyme. En effet, aux termes de l'article 416 de l'Acte uniforme précité, cet organe doit comprendre trois membres au moins.

[27] Cf. articles 276 alinéa 4 et 298 cités ci-dessus.

que l'article 161 de l'Acte uniforme précité est rédigé, le dirigeant social ne pourrait répondre que de sa faute personnelle puisque ce texte énonce que chaque dirigeant social est responsable envers les tiers des fautes qu'il commet dans l'exercice de ses fonctions. Donc, la faute commise par un dirigeant social ne saurait engager un autre dirigeant. Si un dirigeant social devait être amené à réparer pour la faute d'un autre, ce ne pourrait être que dans l'hypothèse de pluralité de dirigeants fautifs et de manière provisoire[28].

En exigeant une faute personnelle du dirigeant social pour l'engagement de sa responsabilité civile individuelle, l'article 161 de l'Acte uniforme semble se démarquer des conditions du droit commun de la responsabilité où on peut être responsable, non seulement, sans avoir commis de faute, mais aussi pour la faute commise par quelqu'un d'autre. Mais dès lors qu'il y a faute du dirigeant social, y a-t-il d'autres particularismes de sa responsabilité civile par rapport au droit commun ?

B – La possibilité d'engager la responsabilité personnelle d'un dirigeant social pour toute faute qu'il a commise

En disant que « chaque dirigeant social est responsable individuellement envers les tiers des fautes qu'il commet dans l'exercice de ses fonctions », le texte ne semble soumettre sa responsabilité civile individuelle qu'à la condition qu'il ait commis une faute dans l'exercice de ses fonctions, sans distinguer. Or, par rapport à la faute, comme condition d'engagement de la responsabilité civile, il peut y avoir plusieurs interrogations :

- Premièrement, sur qui pèse la charge de la preuve ? Est-ce au demandeur d'apporter la preuve de la faute commise par le défendeur ou à ce dernier de prouver qu'il n'a pas commis de faute ? Une des particularisations possibles de la responsabilité civile individuelle du dirigeant social aurait pu résider en la matière. Mais en l'absence de toute précision, et sauf création prétorienne, il reviendra au demandeur d'établir la faute du défendeur. Sa situation sera plus ou moins facile selon les cas. Par exemple, si la faute reprochée au dirigeant social consiste en une violation d'une loi ou des statuts, cela devrait, *a priori*, être plus facile à apprécier. D'ailleurs, pour certains d'entre eux, le législateur indique clairement qu'ils sont responsables individuellement ou solidairement des infractions aux dispositions législatives ou réglementaires et des

[28] Voir ci-dessous, le cas de la pluralité de dirigeants fautifs.

violations des statuts. C'est le cas, par exemple, pour les gérants de SARL et les administrateurs de S.A.

- Deuxièmement, en parlant simplement de fautes sans aucune précision, le législateur voudrait-il que le dirigeant social réponde de toute faute sans distinction dès que celle-ci est commise dans l'exercice de ses fonctions ? Peu important qu'il s'agisse d'une faute volontaire ou d'une faute involontaire, d'imprudence ou de négligence ? D'une faute intentionnelle ou d'une faute non intentionnelle ? D'une faute légère ou d'une faute grave ou lourde ? À s'en tenir strictement aux termes de l'article, il n'y a pas à distinguer. Ne dit-on pas que là où la loi n'a pas distingué, nous ne devons pas distinguer ? Seulement, si une telle approche qui verrait le dirigeant social répondre de toute faute peut se recommander du fait que la gestion de la société devient de plus en plus une affaire de professionnels, n'est-elle pas trop rigoureuse pour quelqu'un qui n'agit généralement pas pour son compte et surtout dans un contexte où la gestion de la société devient de plus en plus complexe ? Tout ici dépend aussi de la conception que l'on a du droit car, à l'observation de la pratique dans les pays membres de l'OHADA, peut-on vraiment dire, à l'exception des filiales des multinationales, que la gestion des sociétés se professionnalise ? Si le droit doit être uniquement calqué sur les réalités sociales, le constat de la non-professionnalisation de la gestion dans l'immense majorité des cas[29] condamnerait l'idée de justifier une conception lâche de la responsabilité civile individuelle des dirigeants sociaux par l'expertise qui serait généralement la leur. Par contre, si l'on considère que le droit doit aussi montrer la direction à suivre, et non pas seulement être à la remorque des faits, il devient tout à fait compréhensible que l'on cherche par une telle approche à pousser les promoteurs d'entreprises à recourir à des professionnels pour la gestion de leurs unités économiques. Néanmoins, rendre le dirigeant social responsable pour toute faute alignerait sa responsabilité civile personnelle sur le droit commun de la responsabilité civile. Dès lors, il pourrait se poser la question de l'intérêt de l'article 161 de l'Acte uniforme. Un droit spécial ne doit-il pas exister que s'il déroge au droit commun ? Quel serait l'intérêt d'un texte spécial qui prévoirait la même chose que le droit commun ? À titre de droit comparé, il convient de signaler qu'en droit français, avec des dispositions presque similaires, la jurisprudence civile,

---

[29] Le tissu économique est constitué en grande partie de PME (dans certains pays, la proportion de ces dernières dépasse 80%) ou d'entreprises à caractère familial dans lesquelles la gestion n'est pas nécessairement confiée à des professionnels de l'art.

en s'inspirant du droit administratif où il est distingué la faute personnelle de la faute de service[30], a dégagé la notion de faute détachable du service pour ne retenir la responsabilité personnelle du dirigeant social que dans le cas d'une faute détachable ou séparable. Bien que louable, cette attitude jurisprudentielle a suscité un abondant débat doctrinal avec des critiques assez acerbes, notamment sur le fait qu'il s'agit d'une création *contra legem*. En droit OHADA, la question peut-elle se résoudre en fonction de la conception retenue de la notion de « faute commise dans l'exercice des fonctions » ? À ce sujet, la faute commise dans l'exercice des fonctions ne devrait pas être confondue avec la notion de faute de gestion[31] : si *a priori* une faute de gestion est généralement commise dans l'exercice de ses fonctions ou, à tout le moins à l'occasion de l'exercice de celles-ci, toute faute commise dans l'exercice des fonctions du dirigeant social n'est pas nécessairement une faute de gestion. Et, plus généralement, s'il y a des cas dans lesquels on peut être certain soit que la faute du dirigeant social n'a rien à voir avec ses fonctions (le cas du dirigeant qui pocherait l'œil de son voisin au quartier), soit qu'elle est dans l'exercice ou liée à l'exercice de ses fonctions (le cas d'un faux commis à l'occasion de la délivrance d'un titre pour payer une commande de la société), il pourrait y avoir d'autres dans lesquels l'hésitation pourrait être permise (accident causé par un dirigeant sur le chemin compris entre son domicile et le siège de la société). Mais le législateur OHADA permettant de retenir les deux responsabilités, la question ne présenterait véritablement d'intérêt que dans l'hypothèse d'une éventuelle action récursoire de la société contre son dirigeant social. Et même, à la vérité, la prise en compte des considérations liées à l'assurance pourrait amener à relativiser les enjeux de la question. En effet, l'admission de la responsabilité personnelle des dirigeants sociaux a eu pour conséquence une réaction de protection de leur part consistant en la souscription d'une assurance responsabilité civile professionnelle. Or, lorsque, comme assez souvent, les primes d'assurance sont assumées par la société, cela amenuise l'intérêt de la question de

---

[30] Seule la première étant susceptible d'engager la responsabilité personnelle de l'agent.

[31] Dans certaines de ses dispositions, l'Acte uniforme parle plutôt de faute commise dans la gestion. C'est le cas dans les articles 330 et 740 qui déclarent les gérants des SARL et les administrateurs des SA responsables, individuellement ou solidairement, soit des infractions aux dispositions législatives ou réglementaires applicables, soit des violations des statuts, soit des fautes commises dans leur gestion. Du moment que les fonctions d'un dirigeant social consistent à gérer la société, cette notion de faute dans la gestion semble plus proche, voire identique à celle de faute dans l'exercice des fonctions.

savoir si l'on doit condamner le dirigeant social seul, la société ou les deux, ou de savoir si l'on doit condamner le dirigeant social plus facilement ou de manière exceptionnelle puisque, sauf dans l'hypothèse où la condamnation dépasserait le plafond de garantie de l'assurance, c'est la société qui en réalité assume finalement le coût financier de la réparation.

Au fond, lorsque l'on se retrouve dans un cas où la responsabilité civile individuelle d'un dirigeant social peut être engagée au regard du texte spécial et au regard du droit commun, c'est-à-dire dans l'hypothèse d'une responsabilité pour faute, il semble ne pas avoir de différence de régime entre les deux. Qu'en est-il lorsque sa responsabilité civile individuelle s'accompagne de celle de quelqu'un d'autre ?

II – Le quasi alignement de la responsabilité civile individuelle du dirigeant social en cause avec celle d'une autre personne sur le droit commun

À côté de l'hypothèse dans laquelle la responsabilité civile individuelle du dirigeant social pourrait être seule recherchée, l'article 161 cité ci-dessus consacre la possibilité où elle peut être recherchée avec celle d'une autre personne. Celle-ci peut être la société (A) ou un autre dirigeant social (B).

A – La coexistence de la responsabilité civile individuelle du dirigeant social avec celle de la société

La possibilité de cette coexistence de la responsabilité civile individuelle du dirigeant social avec celle de la société réside dans l'alinéa 1 de l'article 161 cité-ci-dessus. En disant que "sans préjudice de la responsabilité éventuelle de la société, chaque dirigeant social est responsable…», si le texte signifie indiscutablement que la responsabilité du dirigeant social peut être engagée sans que celle de la société le soit[32], il signifie aussi que l'engagement de sa responsabilité individuelle n'exclut pas l'engagement de celle de la société et vice-versa[33]. Mais l'article 161 se contente d'affirmer cette possible coexistence sans l'organiser. Pourtant, plusieurs questions que le texte n'aborde pas peuvent se poser. En parlant de "responsabilité éventuelle" de la société, cela signifie que cette responsabilité n'est pas automatique. Autrement dit, la responsabilité du dirigeant social peut être seule engagée. À l'inverse, celle de la société

[32] Puisque la responsabilité de la société n'est qu'éventuelle, elle peut donc ne pas être engagée.

[33] D'où l'expression « sans préjudice » qui est utilisée dès l'entame de l'article.

peut-elle être seule engagée ? Lorsque les conditions de la responsabilité civile individuelle du dirigeant social examinées ci-dessus ne sont pas remplies, la responsabilité de ce dernier ne pourrait être engagée. Mais si son acte a causé un préjudice à un tiers, la société devrait pouvoir en répondre seule. Par exemple, un acte non fautif du dirigeant social accompli dans l'exercice de ses fonctions mais qui a causé un préjudice à un tiers. Il convient de dire que l'article 1382 du Code civil applicable au Cameroun, qui énonce le principe général de la responsabilité civile, parle de tout fait quelconque qui cause à autrui un dommage alors que, selon l'article 161, c'est des fautes qu'il commet dans l'exercice de ses fonctions que le dirigeant social répond[34]. En plus de cette première question, deux autres peuvent être soulevées :

- Premièrement, dans quels cas cette coexistence est-elle possible ? Est-ce que ce sera dans toutes les hypothèses ou sera-ce seulement dans certaines ? Dans ce dernier cas, quelles sont les hypothèses concernées ?[35] Il ne devrait pas avoir de doute que pour les actes du dirigeant ayant fait l'objet d'une autorisation préalable ou d'une ratification (par l'assemblée générale ou, pour le cas de la SA, par le conseil d'administration). La responsabilité de la société devrait pouvoir être engagée. Mais il n'y a aucune raison de la limiter à ces hypothèses alors que, conformément à l'article 121 de cet Acte uniforme, le dirigeant social n'a pas besoin d'un mandat spécial pour engager la société. Quels sont alors les cas dans

---

[34] Si en disant que, « est responsable celui qui par sa faute cause un dommage à autrui », l'article 118 du Code sénégalais des obligations civiles et commerciales peut donner l'impression que le fondement de la responsabilité civile y est seulement la faute, il n'en est rien en réalité puisqu'il ne s'agit que du principe général du droit commun de la responsabilité. D'autres dispositions retiennent la responsabilité sans égard à la faute. D'ailleurs, l'article 142 de ce texte dit bien que l'on est responsable non seulement du dommage que l'on cause par son « propre fait » (et non pas seulement par sa propre faute), mais encore de celui qui est causé par le fait des personnes dont on doit répondre.

[35] Pour un auteur (A. AKAM AKAM, cité ci-dessus, p.231), c'est lorsque la faute du dirigeant social ne serait pas dépourvue de tout lien avec les fonctions sociales que la responsabilité de la société et celle du dirigeant seraient retenues. *A contrario*, lorsqu'elle en serait dépourvue, le dirigeant devra répondre seule. La notion de faute détachable ou séparable des fonctions n'aurait donc pas l'effet énergique que la jurisprudence française a voulu lui accorder en s'inspirant de la jurisprudence administrative dans la mesure où, même rattachable à ses fonctions, la faute du dirigeant social ne l'exonérerait pas de responsabilité. Elle ajouterait la responsabilité de la société à la sienne et ferait profiter à la victime de la solidarité entre les deux. La solution concilierait le souci de ne pas déresponsabiliser les dirigeants sociaux avec celui de la protection des victimes et de la société.

lesquels ses actes posés en vertu de cette habilitation légale générale pourraient aussi engager la responsabilité de la société ? Faudrait-il qu'il s'agisse d'actes rentrant uniquement dans l'objet social ? Une réponse négative devrait s'imposer puisqu'en vertu de l'article 122 de l'Acte uniforme, dans les rapports avec les tiers, les actes du dirigeant social contraires à l'objet social engagent en principe la société[36]. Ce principe reçoit néanmoins une dérogation en ce qui concerne les sociétés à risque illimité[37]. Faudrait-il qu'il s'agisse uniquement d'actes accomplis dans l'intérêt de la société ? Si le souci indemnitaire, qui semble être à la base de l'affirmation de la possible coexistence des deux responsabilités, devait l'emporter, il ne faudrait pas avoir une approche étroite des hypothèses de coexistence[38].

- Deuxièmement, en supposant que l'on soit en présence d'une hypothèse de possible coexistence, quelles en sont les modalités ? S'agira-t-il d'une responsabilité conjointe ou d'une responsabilité solidaire entre la société et le dirigeant social ? [39] Contrairement à l'hypothèse de la pluralité de dirigeants fautifs qui sera analysée ci-dessous, le texte ne dit rien. Comment comprendre ce silence ? D'emblée, il faut rappeler que la question du silence sur la solidarité n'est pas traitée de la même façon en droit civil et en droit commercial. Pour le premier, du fait que la solidarité

---

[36] La société ne pouvant échapper à la responsabilité qu'en prouvant que, compte tenu des circonstances, le tiers savait ou ne pouvait ignorer que l'acte dépassait l'objet social. Sans d'ailleurs que la seule publication des statuts suffise à établir cette preuve.
[37] Aux termes de l'article 277-1 de l'Acte uniforme, dans les rapports avec les tiers, le gérant d'une SNC engage la société par les actes entrant dans l'objet social. En vertu de l'article 293-1 de l'Acte uniforme, les dispositions applicables aux SNC étant aussi applicables aux SCS sous réserve de leurs dispositions particulières, cette règle est aussi valable pour cette forme de société. Dans les groupements d'intérêt économique, les administrateurs engagent aussi le groupement pour tout acte entrant dans son objet (cf. article 879 alinéa 3 de l'Acte uniforme).
[38] En guise de rapprochement avec la situation du préposé en droit sénégalais, il convient de signaler qu'aux termes de l'article 149 du Code des obligations civiles et commerciales, la responsabilité du commettant n'exclut pas celle du préposé et tous deux sont solidairement responsables du dommage causé.
[39] Aux deux questions ci-dessus, on pourrait ajouter celle liée à une éventuelle action récursoire de la société contre le dirigeant fautif déjà évoquée ci-dessus. Il va de soi que, sauf disposition contraire, l'action devrait être admise. Or, l'article 161 étant muet sur la question, le droit commun devrait s'appliquer. Par rapport à la relation commettant-préposé, signalons qu'en droit sénégalais, l'article 149 du Code des obligations civiles et commerciales autorise le commettant à exercer un recours contre son préposé. Serait-il logique d'admettre le recours contre le préposé et le refuser contre le dirigeant social ?

ne se présume pas, elle n'existe que si elle est prévue. Pour les besoins de crédit et de sécurité qui ont justifié son émergence, le droit commercial consacre l'inverse : ici elle n'a pas besoin d'être prévue pour exister puisqu'elle se présume. La question dès lors revient à savoir si l'on se trouve en matière commerciale ou en matière civile. À ce sujet, on peut penser que si le législateur n'a rien dit pour cette hypothèse de coexistence de la responsabilité du dirigeant social avec celle de la société, ce serait probablement parce que, pour lui, l'on serait nécessairement en matière commerciale[40]. En application de la règle qui prévaut dans ce champ, la solidarité se présumerait ; le dirigeant social et la société pourraient alors être condamnés solidairement à l'égard des tiers-victimes. Même une disposition statutaire excluant la solidarité ne serait pas opposable aux tiers de bonne foi. Néanmoins, dans ce rapport qui opposerait un tiers (qui peut être commerçant ou non) à la société (qui est commerciale et dont les actes sont considérés comme étant des actes de commerce par nature[41]) et à son dirigeant (qui n'est pas commerçant), est-on nécessairement en matière commerciale ? Peut-on, sur la base d'une sorte de commercialité objective, considérer que c'est le cas du seul fait que le préjudice est causé dans l'exercice des fonctions du dirigeant social, surtout qu'en vertu de l'article 3 de l'Acte OHADA portant sur le droit commercial général, les actes effectués par les sociétés commerciales sont des actes de commerce par nature ?[42] Si tel devait être le cas, le raisonnement n'aurait-il pas été aussi applicable au cas de pluralité de dirigeants fautifs ? Auquel cas le législateur n'aurait probablement pas éprouvé la nécessité d'instituer explicitement la solidarité entre eux. Elle irait de soi parce que présumée. Le fait qu'il ait explicitement prévu la solidarité[43] peut alors laisser penser

[40] La durée de la prescription de ces actions en responsabilité civile contre les dirigeants sociaux, qui est dérogatoire du droit commun (cf. articles 164 alinéa 2, 170 alinéa 2, 332 et 743), aurait pu être vue comme un indice en ce sens. Mais non seulement il existe des dérogations à la durée de droit commun même en matière civile, mais aussi, la durée de la prescription de ces actions déroge même au droit commercial commun.

[41] Cf. dernier tiret de l'article 3 de l'Acte uniforme portant sur le droit commercial général.

[42] Que doit-on entendre par « actes » ? À ce sujet, les articles 631 et 632 du Code de commerce qui déclaraient commerciaux par accessoire les engagements ou les obligations des commerçants pouvaient sembler plus clairs puisqu'ils ne les limitaient pas aux engagements contractuels (voir en ce sens, E. THALLER, *Traité élémentaire de droit commercial*, Librairie nouvelle de droit et de jurisprudence, 1898, p.51 et 52, n°55).

[43] Voir ci-dessous.

qu'il ne considère pas que l'on est nécessairement en matière commerciale lorsque l'on est en présence d'un préjudice causé par la faute d'un dirigeant social agissant dans le cadre de l'exercice de ses fonctions. Si la société et le dirigeant social étaient tous les deux des commerçants[44], la question aurait été un peu plus simple puisqu'au minimum, on aurait été en présence d'un "acte mixte" et, conformément aux règles régissant ce type d'actes, les codébiteurs étant commerçants, c'est le droit commercial qui aurait été appliqué à la question. Certes, les théories de la personnalité morale et de la représentation de la société par ses dirigeants peuvent permettre à l'acte à la base du préjudice causé par le dirigeant social d'avoir le caractère d'acte mixe lorsque le tiers-victime n'est pas un commerçant[45]. Mais, à moins de considérer que l'acte à la base du dommage communique son caractère à l'action en réparation du préjudice à laquelle il donne naissance, cela ne résoudrait pas la question[46]. Or, si à l'inverse, l'on n'est pas en matière commerciale, le silence du législateur dans cette hypothèse signifierait l'absence de solidarité entre le dirigeant social et la société ; chacun d'eux ne pourrait alors être poursuivi ou condamné que pour sa part. Ce qui serait dangereux pour les tiers car ils seraient exposés au risque de ne pas recevoir une complète réparation du fait de l'éventuelle insolvabilité de l'un des débiteurs[47]. La simplicité de l'énoncé de la possible coexistence à l'égard des tiers de la responsabilité du dirigeant social avec celle de la société peut être source de difficultés dans sa mise en œuvre. Compte tenu du souci de protection des tiers, qui a certainement guidé l'admission de cette possibilité par le législateur OHADA, même si

[44] Si la société concernée ici est commerciale, la qualité de dirigeant social, contrairement à celle d'associé dans certaines formes de société (dans la SNC, par exemple) ne confère pas celle de commerçant.

[45] D'ailleurs, la théorie de l'accessoire objectif permet à certains actes d'être considérés simplement comme des actes de commerce, et non comme des actes mixtes, avec comme conséquence, le déclenchement de l'application du droit commercial (à l'exception des règles applicables uniquement aux actes passés entre commerçants). Mais n'est-on pas en présence plutôt d'un accessoire subjectif ici ?

[46] Tout ceci témoigne des difficultés suscitées par la théorie des actes des commerces. Lesquelles difficultés ont amené un auteur à la qualifier de stérile et d'incohérente (C. CHAMPEAUD, *Cours de droit commercial*, Rennes, 1980, p. 68) et un autre à affirmer qu'il ne s'agit pas de la meilleure construction du droit commercial (O. POMIES, « Chronique de droit de l'arbitrage », *Revue juridique de l'Ouest*, 1994, p.203).

[47] Dans un contexte d'entreprises personnelles ou familiales, comme celui des pays de l'espace, cela pourrait être indifféremment l'insolvabilité du dirigeant social ou celle de la société puisque la situation patrimoniale personnelle du dirigeant social peut être meilleure que celle de la société si celle-ci est criblée de dettes.

d'aventure il était considéré qu'il n'y a pas de solidarité légale dans ce cas[48], le juge devrait faire jouer la responsabilité *in solidum* afin de faire profiter à la victime les effets principaux de la solidarité qui sont au cœur de l'hypothèse dans laquelle la responsabilité civile individuelle du dirigeant social coexiste avec celle d'un autre dirigeant social[49].

B – La coexistence de la responsabilité civile individuelle de plusieurs dirigeants sociaux

Avec l'utilisation de l'adjectif indéfini « chaque »[50] à l'alinéa 1 de l'article 161, il était déjà possible de considérer que le législateur sous-entend ou admet la possibilité d'une pluralité de dirigeants sociaux fautifs puisque cet adjectif est utilisé pour isoler un élément appartenant à un ensemble[51]. Lorsqu'on lit l'alinéa 2 consacré à cette hypothèse, la possibilité se transforme en certitude. Cet alinéa énonce clairement que « si plusieurs dirigeants ont participé aux mêmes faits, leur responsabilité est solidaire à l'égard des tiers ». Contrairement à l'hypothèse où il y a coexistence entre la responsabilité civile individuelle du dirigeant social et celle de la société, il n'y a pas de doute ici : les différents dirigeants sociaux fautifs seront solidairement responsables. La solidarité qu'institue cet alinéa est celle dite passive, c'est-à-dire celle qui a lieu entre plusieurs débiteurs, contrairement à celle qui a lieu entre plusieurs créanciers et qui est dite active. Malgré que l'on pourrait (ou même devrait) voir d'abord les conditions susceptibles de la justifier, on s'arrêtera d'abord sur ses conséquences telles que tracées dans ce texte.

Lorsqu'elle existe entre plusieurs débiteurs, la solidarité produit des effets variables selon qu'il s'agit des rapports entre le créancier et les codébiteurs solidaires (l'obligation à la dette) ou les rapports de ces derniers entre eux (la contribution à la dette). En ce qui concerne le premier groupe de rapports (créancier-débiteurs), la solidarité produit des deux types d'effets : des effets dits principaux et ceux dits secondaires.

---

[48] Mais s'agissant d'un préjudice causé par un acte d'une société commerciale, et étant donné que cet acte est, selon l'article 3 de l'Acte uniforme, un acte de commerce par nature, la solidarité devrait être présumée.

[49] Une solution privant la victime du bénéfice au moins des effets principaux serait difficile à comprendre dans un contexte où, comme il a été dit ci-dessus, la solidarité est généralement consacrée entre le commettant et le préposé lorsque leurs deux responsabilités sont retenues (cf. article 149 du Code sénégalais précité).

[50] Et non l'article défini « le ».

[51] En soi, l'hypothèse ne devrait pas surprendre puisque, comme il a été rappelé ci-dessus, une société peut avoir plusieurs dirigeants.

Seuls les premiers présentent un certain intérêt ici[52]. En effet, compte tenu du contenu de l'alinéa 2 de l'article 161 qui institue la solidarité dans cette hypothèse, les effets secondaires, qui reposent sur l'idée d'une représentation mutuelle entre les codébiteurs solidaires, ne présentent aucun intérêt. Néanmoins, même si cela n'appelle pas de remarques particulières ici, il n'y a pas de doute qu'ils sont aussi applicables dans le cas d'espèce[53]. S'agissant des effets principaux, seuls abordés ici, ils sont présentés traditionnellement comme reposant sur deux idées : l'unité d'objet et la pluralité de liens. L'unité d'objet, qui est un élément essentiel de l'obligation solidaire donne le droit au créancier de réclamer la totalité de sa créance à n'importe lequel des débiteurs solidaires. C'est ce qui ressort explicitement de l'article 1200 du Code civil. Le tiers-victime de la faute de plusieurs dirigeants sociaux fautifs pourra donc demander la réparation de l'intégralité du préjudice qu'il a subi du fait de la faute de plusieurs dirigeants sociaux à n'importe lequel d'entre eux, sans être tenu de mettre en cause les autres ou même seulement de les avertir. Le dirigeant poursuivi ne peut invoquer un quelconque bénéfice de division, c'est-à-dire qu'il ne peut prétendre ne payer que sa part. Néanmoins, il peut appeler en garantie ses codébiteurs. Étant donné qu'ils doivent la même chose et que la victime ne peut être réparée au-delà du préjudice subi, si le dirigeant poursuivi paie, le paiement qu'il a effectué libère les autres à l'égard du tiers-victime à due concurrence. De plus, il peut opposer au créancier les exceptions qui sont inhérentes à la dette[54]. Mais, en vertu de l'idée de la pluralité de liens, qui signifie que malgré l'unité de la dette, chaque débiteur a avec le créancier un lien distinct de celui des autres, si le dirigeant social poursuivi peut opposer au tiers-victime les exceptions qui lui sont personnelles[55], il ne peut lui opposer les exceptions qui sont personnelles à un autre codébiteur. Ayant le droit de les poursuivre simultanément ou successivement, si le tiers opte pour cette dernière solution, l'action intentée contre l'un ne peut valoir renonciation à agir contre les autres. De même, l'éventuelle irrecevabilité de l'action contre l'un ne l'empêche pas, *a priori*, de poursuivre un autre.

---

52 Sur les effets de la solidarité passive en général, voir les ouvrages de droit des obligations.

53 De ce fait, la mise en demeure adressée à l'un produira des effets à l'encontre des autres, l'interruption de la prescription à l'égard de l'un vaudra aussi à l'égard des autres, la chose jugée avec l'un sera opposable aux autres en principe…

54 Le cas de la prescription, par exemple.

55 Par exemple, la compensation avec une éventuelle créance qu'il aurait sur le dirigeant poursuivi.

Si du fait de l'unité d'objet, chacun des codébiteurs solidaires est tenu au tout à l'égard du créancier, cela ne signifie pas que la charge définitive de la dette totale pèse sur lui. Au contraire, dans les rapports entre les codébiteurs solidaires, il y a une contribution à la dette qui permet à celui qui a payé le tout ou plus que sa part dans la dette de se retourner contre les autres pour leur faire partager la charge correspondante. La solidarité étant instituée uniquement dans l'intérêt du créancier, ce recours contributif a lieu, dit le Code civil, pour la part et portion de chacun. Le dirigeant fautif qui a tout payé ne peut donc pas invoquer la solidarité pour réclamer à l'un des autres la totalité du paiement qu'il a effectué. Par ailleurs, le recours n'a lieu qu'entre codébiteurs solvables. En conséquence si l'un des dirigeants fautifs est devenu insolvable, la charge en résultant sera supportée ensemble par ceux qui sont solvables. La question de la détermination de la part contributive de chacun des débiteurs peut se poser. Il s'agira assez souvent de parts viriles, sauf convention contraire. Mais dans le cas de plusieurs dirigeants sociaux ayant causé un préjudice à un tiers, il est difficile d'imaginer une telle convention entre eux. Son existence préalable à la réalisation du préjudice se conçoit difficilement puisque cela suppose qu'ils se soient entendus pour causer un préjudice à un tiers au point de prévoir les proportions que chacun d'eux supporterait une fois le préjudice causé et la condamnation à réparer intervenue. Au sujet de la détermination de cette part de chacun des dirigeants fautifs, la deuxième partie de l'alinéa 2 de l'article 161 énonce que : « Toutefois, dans les rapports entre eux, la juridiction compétente détermine la part contributive de chacun dans la réparation du dommage ». Il est ainsi renvoyé au juge pour la détermination de la part de chaque dirigeant social fautif dans la dette. Il est néanmoins possible de se demander si cette précision présente un quelconque intérêt puisque, de toutes les façons, même en son absence, il serait toujours revenu au tribunal compétent de déterminer la part contributive de chacun conformément aux règles mêmes du droit commun de la solidarité. En effet, il est admis en droit commun que le tribunal peut trouver dans l'inégalité des intérêts des codébiteurs dans la dette ou dans l'inégalité de leur responsabilité des raisons suffisantes pour opérer une répartition inégale entre eux. D'ailleurs, l'article 1216 du Code civil applicable au Cameroun envisage même le cas extrême dans lequel l'affaire pour laquelle la dette solidaire a été contractée ne concernerait qu'un seul des coobligés solidaires. Dans ses rapports avec les autres, celui-ci assumerait seul la charge de la dette puisque les autres ne seraient considérés à son égard que comme étant des cautions. Un texte spécial ne devrait-il pas exister uniquement s'il déroge au droit commun ? Quel est l'intérêt d'un texte spécial qui parle pour dire exactement la même chose que le droit commun ? La question mérite d'autant d'être posée que ce texte ne comprend aucune indication dont le tribunal pourra tenir compte pour la répartition de la charge entre la pluralité des dirigeants fautifs. Sur la base de quoi le tribunal se fondera pour la répartition, si ce n'est sur les mêmes critères qu'en droit commun ? Il est fort probable d'ailleurs que, comme en droit commun, si le tribunal ne trouve pas un critère pertinent, il aura tendance à répartir la charge à parts égales. S'il pouvait être reproché au législateur de n'avoir rien dit sur les modalités de la coexistence de la responsabilité civile individuelle du dirigeant social avec celle de la société et d'avoir peu dit sur les conditions de sa responsabilité personnelle, ici, il pourrait plutôt lui être reproché d'avoir trop dit pour rien. Cela dit, à quelle condition des dirigeants sociaux peuvent-ils être engagés solidairement à l'égard d'un tiers ?

L'alinéa 2 de l'article 161 qui institue la solidarité entre des dirigeants fautifs s'ouvre par : « si plusieurs dirigeants sociaux ont participé aux mêmes faits ». Le « si » utilisé ici étant une conjonction qui introduit une condition, cet alinéa dégage implicitement une condition pour que des dirigeants sociaux puissent être tenus solidairement à l'égard d'un tiers. Pour cela, ils doivent avoir participé aux mêmes faits. Il faudrait rapidement rappeler que, même si l'alinéa 2 ne le dit pas, conformément à l'alinéa 1 qui parle de faute du dirigeant social, il doit s'agir de faits fautifs. Cela dit, il peut être déduit de cette condition de l'alinéa 2 que dans le cas où chacun des dirigeants aurait commis une faute à l'occasion de faits séparés ou distincts, ils en répondraient tous et chacun, mais pas de manière solidaire. En conséquence, le tiers-victime serait obligé de poursuivre chacun d'eux séparément et uniquement pour sa part. Il ne bénéficie de la solidarité que si les dirigeants sociaux fautifs ont participé aux mêmes faits. Mais que doit-on entendre par « avoir participé aux mêmes faits » ? En d'autres termes, quand est-ce que des dirigeants peuvent être considérés comme ayant participé aux mêmes faits ? La notion de « mêmes faits » est une notion qui est aussi connue dans d'autres disciplines, notamment en droit pénal où le principe « *non bis in idem* » interdit de punir deux fois pour les mêmes faits. Elle y soulève quelques difficultés d'application. Peut-on penser qu'elle n'en soulèvera pas ici ? Rien ne permet de le penser[56]. Dans plusieurs formes de société, lorsqu'il

[56] L'article ne définit pas la notion, ni n'en donne même une simple esquisse. Mais, même sous prétexte de prévisibilité et de sécurité, il faudrait se garder de la tentation

existe plusieurs dirigeants soit par décision volontaire des associés, soit par abstention des associés qui n'en ont pas désignés, chacun d'eux a le droit d'agir comme s'il était seul et chacun a le droit de s'opposer aux actes des autres à la condition de le faire avant que l'acte ne soit conclu. Dans ces cas, la participation aux mêmes faits suppose-t-elle qu'ils aient conclu matériellement l'acte ensemble ou suffit-il que l'acte, quoique conclu matériellement par un seul d'entre eux, l'ait été avec l'accord des autres ? La notion de dirigeant social étant comprise au sens large, elle peut renvoyer dans certaines formes de société à un organe collégial[57]. Dans ce cas, pour qu'il y ait participation des dirigeants sociaux aux mêmes faits, faut-il que la décision préjudiciable ait été prise par le l'organe collégial ? Étant donné que la faute peut consister en une violation des textes légaux ou statutaires, cela ne nous semble pas nécessaire. Si une violation des textes est commise par quelques-uns des membres du conseil d'administration d'une société anonyme, par exemple, causait préjudice à un tiers, celui-ci pourrait bénéficier contre eux de la solidarité instaurée par l'article 161 alinéa 2. Il n'est pas nécessaire que tous les membres du conseil d'administration aient commis une violation à travers la décision prise. Par ailleurs, dans l'hypothèse où le préjudice serait consécutif à une délibération régulièrement prise mais pas à l'unanimité des administrateurs, faudrait-il rechercher la responsabilité uniquement de ceux ayant voté en faveur de la décision ou permettre à ceux ayant voté contre de dégager leur responsabilité ?

Au total, interprété strictement, le régime de responsabilité du dirigeant social contenu dans l'article 161 de l'Acte uniforme semble très proche du droit commun. Ce qui, non seulement peut relativiser l'intérêt de cet article, mais aussi peut paraître assez rigoureux pour les dirigeants sociaux dans l'espace, surtout si l'on a à l'esprit le faible développement de l'assurance responsabilité civile professionnelle. Mais le législateur n'étant que l'une des sources du droit, en attendant une éventuelle évolution législative, les juges OHADA, dans la limite de leurs pouvoirs, pourrait apporter leur contribution à l'édification d'un droit de la responsabilité civile individuelle du dirigeant social plus équilibré. C'est ce que la Cour commune de justice et d'arbitrage de l'OHADA semble avoir entrepris de faire. Dans l'arrêt rendu dans l'affaire « Succession

---

d'attendre du législateur qu'il définisse toutes les notions qu'il utilise. Au risque même de créer l'effet de blocage que Cornu redoutait de la codification (mal faite).

[57] C'est cas du conseil d'administration dans la société anonyme

Johnson-Ansah c/ Orabank Togo »[58], elle se rallierait à la thèse de la faute détachable. En effet, elle y évoque la notion de fautes détachables pour refuser de condamner des dirigeants sociaux, sans que l'article 161 de l'Acte uniforme ait été visé à aucun moment[59]. On peut y lire ceci : « Attendu cependant que, d'une part, la BTD ayant été absorbée, n'existe plus et ne peut être attraite ni condamnée en justice ; que, d'autre part, les astreintes de 5.000.000 FCFA par jour de retard dans l'exécution du jugement et le taux d'intérêt conventionnel de 17% sur les sommes allouées aux consorts *Johnson* ne trouvent aucune justification ; qu'il en est de même de la condamnation des dirigeants sociaux à l'égard desquels il n'est démontré ni de fautes commises, détachables de leurs fonctions, ni le lien de causalité entre lesdites fautes et le préjudice subi ;

Attendu qu'il échet, par conséquent, de reformer sur ces points le jugement querellé et, statuant à nouveau, de déclarer irrecevable la demande de condamnation solidaire de la *BTD*, d'annuler le prononcé des astreintes ainsi que les intérêts au taux susvisé, et de condamner *Orabank Togo*, à l'exclusion de ses dirigeants, à payer les montants en principal fixés par le Tribunal de Première Instance de Lomé ». Le fait de le faire sans que l'article 161 de l'Acte uniforme ait été visé peut traduire une gêne ou une hésitation. En dépit du but légitime poursuivi, ne risque-t-on pas de lui reprocher d'aller *contra legem* ? En attendant qu'elle assoit sa religion en la matière, puisse la sévérité du régime textuel actuel contribuer à accentuer le réflexe assurantiel dans l'espace, même si d'un point de vue de l'analyse économique, le problème pourrait demeurer entier ?[60] De manière plus fondamentale, et quel que soit le régime finalement bâti, puisse-t-il contribuer à pousser à la professionnalisation de la gestion des entreprises dans l'espace OHADA. Tout le monde y gagnerait : les sociétés qui croitraient plus parce que leurs produits augmenteraient pendant que les charges baisseraient (ne seraient-ce que celles liées à la réparation des préjudices) ; les associés dont les dividendes augmenteraient en conséquence ; les victimes dont la réparation serait plus sure, sans compter les pays qui encaisseraient plus d'impôts, les clients qui bénéficieraient de services et de produits de meilleure qualité, les fournisseurs qui auraient des cocontractants plus crédibles et les populations qui trouveraient plus d'emplois et de qualité décente.

---

[58] Arrêt n°226/2019 du 10 octobre 2019.

[59] Ni par les parties, ni par les juges.

[60] Du fait que le coût global de la réparation ne serait pas nécessairement modifié ; seule la charge serait répartie autrement.

Le crowdfunding, une alternative au financement institutionnel des entreprises

Cheikh Abdou Wakhab NDIAYE

Agrégé des Facultés de droit
Université Cheikh Anta Diop

Résumé : Malgré les efforts déployés, le financement des entreprises reste un problème à solutionner. Le contexte est marqué par un accès au crédit bancaire qui demeure extrêmement problématique, surtout pour les PME, du fait d'un système inadapté. Ainsi, devant des sources traditionnelles de financement encore inaccessibles et une demande de plus en plus croissante, le *crowdfunding* peut être une alternative si certains obstacles juridiques sont levés et une certaine protection installée.

Mots-clés : Entreprise – Financement – Foule – Internet.

A l'indépendance, le Sénégal s'était fixé, entre autres objectifs, la mise en place d'un système juridique qui ne soit plus un frein au développement socio-économique du pays[1]. Il fallait un arsenal juridique capable de porter les ambitions de développement du jeune Etat. Une telle religion va justifier certains choix dans le Code de la famille mais aussi dans le Code des obligations civiles et commerciales[2]. Elle fondera aussi l'intégration du Sénégal à l'UMOA et à l'OHADA. Avec cette dernière, il est question d'offrir aux Etats membres un climat des affaires propice à leur développement économique. Cependant, qui dit développement dit financement. Le financement de l'activité économique est une pièce maîtresse dans le processus de développement, pour peu que l'on admette

[1] S. GUINCHARD, « Réflexions critiques sur les grandes orientations du Code sénégalais de la famille », *Penant* 1978, n° 760, p. 181.
[2] Cf. C. A. W. NDIAYE, « L'écrit dans le Code de la famille », *Annales africaines*, 2014, vol. 1, p. 95 et s.

que le développement nécessite des investissements. « On ne peut (en effet) devenir entrepreneur qu'en devenant auparavant débiteur. Le premier besoin de l'entrepreneur est un besoin de pouvoir d'achat »[3], un besoin de crédit.

Essentiel pour l'entrepreneur en cela qu'il lui permet de mettre en œuvre ses innovations, « le crédit est l'âme du commerce »[4]. De là, le dispensateur de crédit est le moteur de toutes les activités de son temps car, par l'office du crédit, il ouvre à l'entrepreneur le champ des biens économiques, avant même qu'il ait normalement le droit d'y puiser. Malheureusement, au Sénégal, comme dans beaucoup de pays africains, l'offre de crédit au secteur privé est très faible alors que les entreprises et en particulier les Petites et Moyennes Entreprises (PME)[5] dominent le tissu économique. L'absence ou l'insuffisance des garanties des PME requises par les institutions financières est l'une des principales causes de rejet des demandes de financement. Ainsi, suivant les recommandations de l'UEMOA de 2003, le Sénégal s'est même doté d'un Fonds de Garantie des Investissements Stratégiques (FONGIP) en 2013. La volonté de l'Etat de rendre accessible le financement ne saurait alors être critiquée avec raison. Mais n'est-il pas possible d'explorer d'autres pistes pour mieux la concrétiser ? Tel est le prétexte de cette réflexion pour une intégration du *crowdfunding* dans notre arsenal juridique.

Le *crowdfunding* ou financement participatif est une autre façon pour les entreprises et les particuliers de financer leurs activités par le prêt, l'apport ou le don. Le but étant de récolter des fonds de la part de plusieurs investisseurs, afin de mettre en place un projet. En d'autres termes, il s'agit de mettre en contact des investisseurs et des porteurs de projets. A partir d'une plateforme *Internet*, des individus ou des entreprises financent leurs projets en sollicitant des « contributeurs ».

---

[3] J. A. SCHUMPETER, *The Theory of Economy Development*, Oxford University Press, London 1969, p. 70, cité par A. A. DIENG, *Le rôle du système bancaire dans la mise en valeur de l'Afrique de l'Ouest*, NEA 1982, p. 33.

[4] S. THIAM, *Les indigènes paysans entre maisons de commerce et administration coloniale : Pratiques et institutions de crédit au Sénégal (1840-1940)*, Thèse Montpellier I et Gaston BERGER, 2001, p. 103.

[5] Dans le dispositif prudentiel applicable aux établissements de crédit, une PME/PMI est définie comme étant une entreprise autonome, productrice de biens et/ou services marchands, immatriculée au registre du commerce, dont le chiffre d'affaires hors taxes annuel n'excède pas un milliard (1.000.000.000) de FCFA et qui se conforme à l'obligation légale de produire des états financiers selon les dispositions comptables en vigueur.

Selon l'association *Finpart*, c'est un financement par la foule de projets présentés publiquement pouvant collecter de très nombreuses participations de petits montants auprès d'un public très étendu, généralement rendu possible par l'utilisation d'internet[6]. L'idée est que ces investisseurs injectent des fonds dans les projets qu'ils jugent à fort potentiel pour plus tard se faire rembourser par les porteurs avec ou sans intérêt.
C'est donc un système de financement basé sur une désintermédiation des acteurs traditionnels de la finance comme les banques. Il s'agit d'offrir la possibilité à chaque membre de la communauté d'investir une certaine somme d'argent qui, cumulée à celle des autres membres, permet de financer une activité. L'intérêt de l'approche repose donc sur la rencontre entre un projet et la conviction des internautes.
Le *crowdfunding* possède certains avantages par rapport aux solutions de financement classiques. Outre le fait qu'il soit un moyen pour lever des fonds très souvent sans frais initiaux, il permet d'économiser en termes de publicité par le truchement du public qui investit. Ce dernier peut faire la promotion du projet d'entreprise auprès de ses réseaux. Ce qui constitue une véritable promotion alternative. Par ailleurs, le mécanisme offre la possibilité d'améliorer l'offre grâce aux *feedbacks* de la foule. C'est aussi une belle occasion pour tester le marché et l'accueil du public vis-à-vis du produit ou du service. En somme, il combine des solutions de financement, des outils de solidarité mais également une solution d'épargne innovante. Ses avantages semblent fonder aujourd'hui l'engouement. En France, par exemple, en 2012, entre 25 et 40 millions d'euros auraient transité sur les plateformes dédiées à cette nouvelle forme de financement. Ce chiffre aurait atteint 80 millions d'euros l'année suivante[7]. Le financement participatif y reste en développement constant depuis plusieurs années, passant de 167 millions d'euros collectés en

---

[6] A. DES ABBAYES (dir), *Le crowdfunding, un nouveau marché ? Décryptage et potentiel de marché*, Arnaud Franel Editions Inc, 2015, p. 13. « Le concept de crowdfunding trouve son origine dans le concept plus large de crowdsourcing, qui utilise la foule pour obtenir des idées, un retour et des solutions de manière à développer des activités d'entreprise », S. CIEPLY et A.-L. LE NADANT, « Le crowdfunding : modèle alternatif de financement ou généralisation du modèle de marché pour les *start-up* les PME ? », *Revue d'économie financière* 2016/2 (n°122), p. 257.

[7] J. L. CAPDEVILLE, « La réforme du crowdfunding en droit français : les aspects du droit bancaire », *Revue générale du droit*, www.revuegeneraledudroit.eu.

2015 à plus d'un milliard d'euros en 2020. Les projections prévoyaient même deux milliards d'euros en 2022[8].
Les avantages indéniables du *crowdfunding* ne sauraient autoriser de passer sous silence ses limites. Si, pour le porteur de projet, l'inconvénient majeur réside dans le vol d'idée en cela qu'avec les plateformes, les projets sont accessibles à tous, pour les investisseurs, il est beaucoup plus à rechercher dans la protection des fonds investis.
Ce tableau interpelle le cadre juridique pour ce modèle de financement. La pratique est déjà connue au Sénégal où elle trouve un terreau fertile[9]. Des plateformes de financement participatif existent déjà et donnent la possibilité de participer au projet d'un particulier, d'un entrepreneur ou d'une association en lui apportant un soutien financier avec ou sans contrepartie[10]. Se pose cependant la question de la réponse juridique apportée ; le droit intervenant bien souvent, en matière économique, une fois que la pratique s'est instaurée. La réglementation favorise-t-elle le développement du *crowdfunding* ?
Alternative de financement pour les petites et moyennes entreprises et, en même temps, facteur de croissance et d'expansion des grandes entreprises, le *crowdfunding* doit être accompagné, aussi bien au niveau de son régime juridique que de son environnement global, pour son développement afin d'en faire un tremplin pour l'essor économique des

---

[8] Source : financeparticipative.org. En mars 2014, Kickstarter, la première plate-forme américaine de finance participative dépassait le milliard de dollars collectés ; A. DES ABBAYES (dir*), Le crowdfunding, un nouveau marché ? Décryptage et potentiel de marché*, op. cit., p. 11.

[9] Les porteurs de projets peinent à se financer dans les circuits traditionnels malgré les efforts des puissances publiques (mise en place de la Direction de l'entreprenariat rapide, du Fonds de garantie des investissements prioritaires, *etc.*). Au même moment, la générosité privée s'intensifie pour pallier les carences de l'initiative publique à l'image de « *Touba ca Kanam* ». Association à but non lucratif crée en 2017, il vise le développement socio-économique de Touba, ville sainte de la communauté Mouride. Des contributions volontaires (dont un montant minimum et forfaitaire de 1000 FCFA) de ses membres mais aussi de toutes les personnes convaincues, ont permis à l'association de financer l'essentiel de ses activités et projets. En trois ans, elle a pu faire des travaux d'assainissement de Touba, réaliser trois postes de santé avec un équipement professionnel médical, offrir un lot de motopompes ainsi que cinq (5) camions poubelles à la ville de Touba pour lutter contre les inondations, aménager plusieurs kilomètres d'espaces verts urbains dans la cité religieuse, rénover 100 Daaras (école d'enseignement coranique) en dur avant de débloquer 100 millions FCFA pour les travaux de construction de l'Université de Touba, *etc.* La collecte de fonds se fait de façon manuelle avec remise de reçus, par transferts électroniques ou par virements bancaires.

[10] Exemple de https://sunuinvest.com/.

entreprises sénégalaises, en particulier, et de celles de la région UMOA en général. Une belle occasion pour un pays qui entend pleinement œuvrer à l'édification d'un environnement stratégique, institutionnel et juridique propice au développement des *startups* qui animent l'écosystème numérique[11]. Sécurité, rentabilité et accessibilité sont les trois piliers pour son développement. Il sera alors question de revenir sur le droit applicable en la matière afin de déceler les obstacles suscités ainsi que les moyens pour les franchir.

Le *crowdfunding* recouvre des mécanismes bien différents. Les fonds mobilisés peuvent l'être par le biais de conventions diverses avec leurs conséquences sur la pratique professionnelle de l'activité. Les différents contrats qui constituent le support du *crowdfunding* sont déjà organisés par le droit sénégalais. Il s'agit de la donation[12] *(crowdfunding),* du prêt[13] (*crowdlending*) et de la souscription au capital[14] *(crowdequity).* Cependant, d'une analyse de la législation communautaire et interne, il est permis de constater ce qui pourrait être apprécié comme un retard législatif par rapport au *crowdfunding.* Le droit sénégalais, qui ne s'intéresse pas directement à la question, ne semble pas être un terreau fertile pour sa pratique professionnelle encore moins offrir (suffisamment) de mécanismes de protection adaptés pour les parties prenantes. La réglementation actuelle est un obstacle juridique pour le développement de l'activité. Les conditions d'exercice du *crowdfunding* gagneraient à être allégées (I) et une protection certaine des parties installée (II).

I – L'allégement des conditions d'exercice du *crowdfunding*

Offrir au *crowdfunding* un régime favorable implique une action sur les acteurs. L'opération doit être accessible et sécurisée. Il en découle une nécessité d'alléger les conditions appliquées à l'intermédiaire – la

---

[11] Loi n° 2020-01 du 6 janvier 2020 relative à la création et à la promotion de la startup au Sénégal, *JORS* n° 7259 du 20 janvier 2020. La *startup* est une entreprise innovante et agile, légalement constituée depuis moins de huit ans, dotée d'un fort potentiel de croissance à la recherche d'un modèle économique disruptif et de mécanismes de financement adaptés à sa spécificité en vue de déployer sa capacité exceptionnelle de création de valeurs.

[12] Articles 654 et s. du Code de la famille.

[13] Articles 527 et s. du Code des obligations civiles et commerciales (article 540 et s. COCC pour le prêt avec stipulation d'intérêt).

[14] Il n'est pas à confondre avec le *royalty crowdfunding* où les investisseurs n'entrent pas dans le capital de l'entreprise mais reçoivent en contrepartie, une certaine somme correspond à un pourcentage du chiffre d'affaires, prédéfini avec l'entreprise concernée.

plateforme – (A) mais aussi une délimitation du périmètre des sociétés pouvant profiter du *crowdequity* (B).

A – L'allégement des conditions appliquées à la plateforme

Le droit applicable à la plateforme est tributaire de la nature juridique de l'activité exercée à titre de profession. Un dénominateur commun se dégage de la pratique du *crowdfunding*. Dans ses trois représentations, il sera question de recueillir des fonds de la foule. Ce qui pose la question de la nature d'une telle activité. Une analyse de l'activité offre l'opportunité d'en découvrir des opérations de banque dans le sens général du terme. La loi n° 2008-26 du 28 juillet 2008 portant règlementation bancaire dispose en son article 2 que la réception de fonds du public est une opération de banque, par ricochet relève du monopole bancaire. Les fonds qu'une personne recueille d'un tiers, notamment sous forme de dépôts, avec le droit d'en disposer pour son propre compte, mais à charge pour elle de les restituer[15] sont considérés comme fonds reçues du public. Dans le cadre du *crowdfunding*, les fonds récoltés le sont pour le compte du porteur de projet. En effet, l'opération est triangulaire du fait de la présence de l'intermédiaire, la plateforme. Outre la publication des projets, elle est chargée de recevoir l'argent. La réception de fonds du public au sens du droit bancaire devrait alors être écartée dans ce cas.

Cependant, il est utile de se demander si l'opération ne pourrait pas être qualifiée d'émission de bons de caisse[16]. L'interrogation retrouve toute sa pertinence dans l'hypothèse des plateformes de prêts aux entreprises. Analyser avec raison par la jurisprudence française comme « n'étant pas des valeurs mobilières mais des titres exprimant une reconnaissance de dette »[17], elles sont qualifiées d'opération de banque par l'UMOA car les fonds provenant d'une émission de bons de caisse sont considérés comme reçus du public[18].

La réception de fonds du public n'est pas la seule opération de banque susceptible d'être retrouvée dans l'opération de crowdfunding. La loi portant réglementation bancaire qualifie de moyens de paiement, tous les instruments qui, quel que soit le support ou le procédé technique utilisé, permettent à toute personne de transférer des fonds. Il s'agit notamment

---

[15] Art. 5 al. 1 de la loi n° 2008-26 du 28 juillet 2008 portant règlementation bancaire.

[16] « Les bons de caisse sont des titres nominatifs et non négociables comportant engagement par un commerçant de payer à échéance déterminée, délivrés en contrepartie d'un prêt » ; art. L223-1 du Code monétaire et financier (France).

[17] Cass. Com., 27 mars 2012, 11-15.316.

[18] Art. 5 al. 2 de la loi n° 2008-26 du 28 juillet 2008 portant règlementation bancaire.

des chèques bancaires, chèques de voyage, cartes de paiement et de retrait, virements ou avis de prélèvement, cartes de crédit et transferts électroniques de fonds[19].
La réception des fonds sur un compte spécifique pour la réalisation d'un projet, ouvert auprès d'un teneur de compte installe une intermédiation et est qualifiable de fourniture de services de paiement, au moins quand l'opération est à titre onéreux. Une telle situation place l'intermédiaire dans le statut de gérant de moyens de paiement.
La présence d'opération de banque a pour conséquence de faire du *crowdfunding* une opération des banques. Le droit UMOA accorde un monopole aux établissements de crédit (banques et établissements financiers à caractère bancaire)[20], aux systèmes financiers décentralisés (SFD) et aux établissements émetteurs de monnaie électronique pour la pratique professionnelle des opérations de banque. Il découle de cette situation une obligation pour l'intermédiaire d'être agréé. Cependant, les conditions actuelles de cet agrément ne semblent pas favoriser un essor du *crowdfunding* car installent un monopole verrouillé.
« Dans l'optique de la promotion d'un système bancaire et financier sain et solide, susceptible de contribuer efficacement au financement du développement économique des Etats-membres de l'UMOA »[21], le Conseil des Ministres de l'Union, en sa session ordinaire du 17 septembre 2007, a décidé de relever le capital social minimum applicable aux banques et établissements financiers à 10 milliards et 3 milliards respectivement[22]. En raison de son coût élevé, le capital minimum exigé des établissements de crédit considéré comme une condition d'exercice de la profession et de l'octroi de l'agrément, se trouve être une barrière à l'exercice de la profession. Le verrou parait difficile, voire impossible, à lever pour les aspirants à la pratique professionnelle du *crowdfunding*.
Fondés sur des motivations telles que celles d'affranchir les populations d'un système informel contraignant (usuriers), de contribuer à

---

[19] Art. 7 de la loi n° 2008-26 du 28 juillet 2008 portant règlementation bancaire.
[20] Art. 13 de la loi n° 2008-26 du 28 juillet 2008 portant règlementation bancaire.
[21] Avis n° 01/2007/RB du 2 novembre 2007 aux banques et établissements financiers relatif au relèvement du capital social minimum des établissements de crédit de l'UMOA.
[22] A noter qu'en guise de mesure transitoire, le capital social minimum était porté, dans une première phase, à 5 milliards pour les banques et à 1 milliard pour les établissements financiers, à compter du 1er janvier 2008. Les banques et établissements financiers en activité devant se conformer à ces nouveaux seuils au plus
tard le 31 décembre 2010.

l'émancipation d'une catégorie de population (femmes, jeunes...), de fournir des services financiers indispensables à la réussite de programmes plus larges de développement[23], les SFD paraissent beaucoup plus adaptés au *crowdfunding*. Le statut est plus accessible. Même s'ils ne peuvent faire que certaines opérations de banque (collecte de dépôts, opérations de prêts et opérations d'engagement par signature), la loi ne leur fixe pas un capital minimum. Il appartient à l'assemblée générale de fixer le capital sous réserve d'avoir à respecter le montant minimum exigé compte tenu de la forme de société adoptée.

Néanmoins, la cherté des services offerts par les SFD favorisera difficilement tout développement du *crowdfunding*. Dans la région UMOA, le taux de l'usure est déterminé de façon uniforme par le Conseil des Ministres de l'Union, qui l'avait fixé dans un premier temps, le 3 juillet 1997, à 18% pour les banques et à 27 % pour tous les autres acteurs de la vie économique (dont les SFD). Par Décision N° CM/UMOA/011/06/2013 du 28 juin 2013, il a revu à la baisse les taux d'usure initiaux qui passent à 15% pour les banques et à 24 % pour tous les autres acteurs de la vie économique (dont les SFD).

Ces différents obstacles notés dans le droit des établissements de crédit et dans celui des SFD vont à l'encontre d'un développement du *crowdfunding* et justifient la réflexion autour d'un régime dérogatoire pour les plateformes. Cet assouplissement souhaité ne serait pas une nouveauté en droit UMOA.

Durant l'année 2015, deux instructions de la BCEAO sont venues « bouleverser » le champ du monopole bancaire. D'une part, nous avons l'instruction n° 008-05-2015 régissant les conditions et modalités d'exercice des activités des émetteurs de monnaie électronique dans les Etats membres de l'UMOA. D'autre part, il y a l'instruction n° 013-11-2015 relative aux modalités d'exercice de l'activité de transfert rapide d'argent en qualité de sous-agent au sein de l'UMOA.

La pratique du *crowdfunding* doit pouvoir trouver un socle juridique ou, au moins, une source d'inspiration dans ces deux activités qui brillent par la souplesse de leur régime.

---

[23] L. LHERIAU, *Le droit des systèmes financiers décentralisés dans l'Union Economique et Monétaire Ouest Africaine*, Thèse de doctorat, Université de Picardie Jules Verne, juin 2003 p. 7 et ss : « L'objectif des SFD est donc de fournir en premier des services d'épargne et de crédit pour des populations non bancarisées parce qu'étant en dessous des critères d'éligibilité du secteur bancaire existant que l'on qualifiera de secteur bancaire classique ».

A titre principal, le transfert rapide d'argent[24] est l'affaire de prestataires habilités ; il s'agit des acteurs classiques[25]. Cependant, pour mieux favoriser son essor, il a été institué le statut de sous-agent. C'est la personne physique ou morale qui exerce l'activité de transfert rapide d'argent sous la responsabilité d'un intermédiaire agréé ou d'un système financier décentralisé[26]. Il est aussi appelé mandataire car le fondement de sa relation avec le prestataire habilité est un contrat de mandat.

Dans le *crowdfunding*, la plateforme pourrait agir au nom et pour le compte d'une institution financière agréée. Son autonomie sera certes limitée mais l'accès sera facilité et la pratique sécurisée.

L'ouverture de la pratique professionnelle des opérations de banque est beaucoup plus affirmée dans le cadre de la monnaie électronique[27] où, outre les établissements de crédit et les systèmes financiers décentralisés, est créé le statut d'établissement de monnaie électronique. C'est toute personne morale, autre que les banques, les établissements financiers de paiement et les systèmes financiers décentralisés, habilitée à émettre des moyens de paiement sous forme de monnaie électronique et dont les activités se limitent à l'émission et à la distribution de monnaie

---

[24] Le transfert rapide d'argent est l'opération par laquelle une somme d'argent déposée par un donneur d'ordre au guichet d'un prestataire habilité ou d'un sous-agent, est remise, dans un bref délai, à un bénéficiaire, à un autre guichet d'un prestataire habilité ou d'un sous-agent, grâce à un système informatique sécurisé fonctionnant en temps réel ou quasiment ; Art. 1, BCEAO, Instruction n° 013-11-2015 relative aux modalités d'exercice de l'activité de transfert rapide d'argent en qualité de sous-agent au sein de l'UMOA. Cette opération qui ne fait intervenir ni compte bancaire, ni compte de monnaie électronique, atteste d'une certaine souplesse dans la réglementation du transfert d'argent.

[25] Les prestataires habilités sont les personnes autorisées à fournir des services de transfert rapide d'argent conformément à la réglementation en vigueur. Au sein de l'UMOA, sont notamment des prestataires habilités, les intermédiaires agréés et les systèmes financiers décentralisés (SFD) ayant obtenu une autorisation à cet effet. L'intermédiaire agréé est un établissement de crédit installé sur le territoire d'un Etat membre de l'UMOA et justifiant d'un agrément en qualité d'intermédiaire délivré par le Ministre chargé des Finances ; Art. 1, BCEAO, Instruction n° 013-11-2015, op. cit.

[26] Art. 1, BCEAO, Instruction n° 013-11-2015, op. cit.

[27] La monnaie électronique est une valeur monétaire représentant une créance sur l'émetteur qui est stockée sur un support électronique ou sur un support de même nature, émise sans délai contre la remise de fonds d'un montant dont la valeur n'est pas inférieure à la valeur monétaire émise et acceptée comme moyen de paiement par des personnes physiques ou morales autres que l'émetteur ; art. 1re du Règlement 15/2002 et art. 1re de l'Instruction n° 008-05-2015 régissant les conditions et modalités d'exercice des activités des émetteurs de monnaie électronique dans les Etats membres de l'UMOA.

électronique[28]. Il doit obligatoirement obtenir un agrément de la BCEAO avant le démarrage de ses activités et avoir son siège social sur le territoire de l'un des Etats membres de l'UMOA. Mais, contrairement aux établissements de crédit, le capital minimum d'un établissement de monnaie électronique est au minimum de trois cents millions de FCFA (300 000 000 FCFA)[29].

L'allégement des conditions semblent être le tremplin du développement de la monnaie électronique et du transfert rapide d'argent. Pour preuve, le marché a connu une évolution rapide au cours de ces dix dernières années. Selon l'état des services financiers 2016 produits par la BCEAO, au cours de l'exercice 2016, le nombre de comptes de monnaie électronique ouverts, en forte progression de 42,6%, a permis de porter à 36,5 millions, le nombre de souscripteurs dans l'Union, contre 25,6 millions en 2015 et 18,2 millions en 2014.

Le nombre de transactions en 2016 s'est chiffré à 735 millions contre 501 millions en 2015, et 259 millions en 2014, soit environ trois fois plus d'opérations réalisées entre 2014 et 2016. Ainsi, environ 2 millions d'opérations ont été traitées en moyenne par jour contre 1,4 million en 2015 par l'ensemble des plateformes de paiement mobile existantes dans l'Union. La valeur de ces transactions s'est élevée à 11.500 milliards de francs CFA, en hausse de 55,1% par rapport à fin décembre 2015. La valeur moyenne journalière des opérations est de 32 milliards de francs CFA à fin décembre 2016 contre 20,6 milliards de francs CFA en 2015, 10,3 milliards de francs CFA en 2014 et 4,4 milliards de francs CFA en 2013.

Dans son rapport annuel 2022 au titre de l'exercice clos le 31 décembre 2021, la BCEAO informe qu'il a été recensé 131 millions de comptes de monnaie électronique dans l'Union en 2021 sur lesquels ont transité plus de 5 146 000 transactions pour un montant total estimé à 63,895 milliards de francs CFA. La monnaie électronique a été un des principaux supports utilisés durant la sombre période de la *Covid* 19.

La pratique professionnelle du *crowdfunding* peut ainsi trouver des arguments pertinents dans ces deux régimes dérogatoires[30] que sont celui

---

28 Art. 1er de l'instruction n°008-05-2015 régissant les conditions et modalités d'exercice des activités des émetteurs de monnaie électronique dans les Etats membres de l'UMOA.

29 Art. 11 de l'instruction n°008-05-2015, op. cit.

30 En France, l'option du régime dérogatoire a été retenue. Un statut d'intermédiaire en financement participatif a été créé pour les plates-formes de prêts et/ou de dons ;

de l'émission de monnaie électronique et celui de l'activité de transfert rapide d'argent.
Outre le statut juridique de la plateforme, le *crowdequity* devra être rediscuté par rapport à la forme sociale de la société bénéficiaire des fonds.

B – La délimitation du périmètre de la forme sociale des bénéficiaires dans le *crowdequity*

Le *crowdequity* est déjà présent dans la pratique des affaires au Sénégal[31]. A l'image des entreprises d'investissement à capital fixe[32], il est un mode d'investissement en fonds propres par le truchement d'une souscription au capital.
Dans le cadre du *crowdfunding* par souscription au capital, la plateforme recherche des souscripteurs pour le compte du porteur de projet et reçoit des ordres de souscription de la part des internautes. En d'autres termes, les investisseurs apportent des fonds à une société par le biais de la plateforme et acquièrent, en contrepartie, la qualité d'associé. Ces fonds qui seront intégrés dans le capital social vont contribuer au financement de la société.
Addition des valeurs des apports effectués par les associés au moment de la constitution de la société, le capital social est une masse abstraite de biens qui remplit une fonction économique au bénéfice d'une entreprise, sans pour autant renier une fonction civile frugifère[33]. Il est ainsi le patrimoine initial permettant à la société d'engager la réalisation de son objet social. M. Goré expose en ce sens qu'« au point de vue économique, le capital social d'une entreprise est l'élément de base de financement de l'activité que l'entreprise exerce »[34].
Appréciées à l'aune des réformes opérées en droit OHADA, les fonctions – de financement et de garantie - du capital social suscitent l'interrogation

Ordonnance n° 2014-559 du 30 mai 2014 relative au financement participatif, JORF du 31 mai 2014.

[31] Sunu Invest SARL (https://sunuinvest.com/), REISE (https://reisemarket.com/), Diapci (https://fr.diapci.sn/), etc.

[32] « Entreprises qui font profession habituelle de concourir, sur ressources propres ou assimilées, au renforcement des fonds propres et assimilés d'autres entreprises » ; Art. 3 de la loi uniforme relative aux entreprises d'investissement à capital fixe.

[33] R. SAVATIER, *Le droit comptable au service de l'homme*, éd. Dalloz, 1969, n°119.

[34] F. GORE, « La notion de capital social », *Etudes offertes à René Rodière*, éd. Dalloz, 1981, p. 85, n° 1. Le même article fut présenté au colloque de l'université Paris II de 1977, « Le capital social : grandeur ou décadence ? ».

par rapport à leur réalité actuelle[35]. Cependant, le capital social est loin d'être symbolique. La société est un réel moyen pour réunir des capitaux[36] surtout qu'on assiste aujourd'hui à l'émergence des associés-investisseurs[37] favorisée par le régime des valeurs mobilières.
L'essor du *crowdequity* en droit sénégalais reste cependant tributaire de la nature de la société bénéficiaire des fonds. Le formalisme qui entoure la cession des titres dans les sociétés de personnes et dans la SARL ne semble permettre d'envisager le *crowdequity* que pour les sociétés anonymes et les sociétés par actions simplifiées. Le financement par la foule n'est pas une nouveauté en droit des sociétés de capitaux. Sous certaines conditions, une société peut faire une « offre au public » de ses titres[38]. Sans préjudice des dispositions pouvant régir la bourse des valeurs et l'admission des valeurs mobilières à cette bourse, les sociétés constituées ou en cours de formation faisant appel public à l'épargne par émission de titres sont à la fois régies

[35] Aujourd'hui, sauf pour la SA, en droit sénégalais, il n'y a plus de minimum requis dans la fixation du capital social. Aussi bien dans la SAS et la SARL que dans les sociétés de personnes (SNC et SCS), les parties fixent librement le montant du capital social. Il y a une volonté de déconnecter l'acte de création lui-même de la recherche des fonds nécessaires au financement de l'activité d'entreprise. Par ailleurs, la consécration du capital variable est, sans conteste, une limite au moins à la fonction de garantie qui était attachée au capital social. Pour une étude, C. A. W. NDIAYE, *Droit des sociétés de capitaux*, L'Harmattan, 2ème éd., 2021, p. 193 et s.

[36] G. RIPERT et R. ROBLOT, par M. GERMAIN et L. VOGEL, *Traité de droit commercial*, t. 1, 17e éd., LGDJ, 1998, p. 792.

[37] C. A. W. NDIAYE, *Droit des sociétés de capitaux*, op. cit., p. 91 et s.

[38] Aux termes des dispositions de l'article 81 AUDSC-GIE, sont réputées faire publiquement appel à l'épargne :

- les sociétés dont les valeurs mobilières sont admises à la négociation sur la bourse des valeurs d'un Etat partie, à dater de l'admission de ces titres ;
- les sociétés ou toute personne qui offrent au public d'un Etat partie des valeurs mobilières dans les conditions suivantes :
    - une communication adressée sous quelque forme et par quelque moyen que ce soit à des personnes et présentant une information suffisante sur les conditions de l'offre et sur les valeurs mobilières à offrir, de manière à mettre une personne en mesure d'envisager d'acheter ou de souscrire ces valeurs ;
    - un placement de valeurs mobilières par des intermédiaires financiers dans le cadre soit d'une émission soit d'une cession.

Lorsqu'un marché financier couvre plusieurs Etats parties, ceux-ci sont considérés comme constituant un seul Etat partie.

par les règles générales gouvernant la société anonyme[39] et les dispositions particulières prévues aux articles 823 et s. AUDSC-GIE.
Le *crowdfunding* avec collecte de fonds auprès d'un large public ne saurait méconnaitre le droit de « l'offre au public » qui relève d'une conjugaison des normes OHADA et UEMOA. Cependant, la procédure de l'appel public à l'épargne se singularise par sa lenteur mais aussi par des moyens financiers nécessaires. Le capital minimum de la société dont les titres sont inscrits à la bourse des valeurs d'un ou plusieurs Etats parties ou faisant publiquement appel à l'épargne pour le placement de leurs titres dans un ou plusieurs Etats parties est de cent millions (100.000.000) de francs CFA. Aussi, les fondateurs publient avant le début des opérations de souscription des actions une notice dans les journaux habilités à recevoir les annonces légales de l'Etat partie du siège social et, le cas échéant, des Etats parties dont l'épargne est sollicitée[40]. Aucune souscription ne peut être reçue si les formalités relatives à la notice et au projet de statuts n'ont pas été observées.
En considération de ces différentes exigences, le statut de société faisant appel public à l'épargne ne paraît pas répondre à la spécificité du *crowdfunding*. Ce qui, en l'état actuel du droit sénégalais, laisse une marge réduite à cette technique de financement. En effet, dans les sociétés non cotées, le *crowdfunding* doit pouvoir s'exercer dans l'hypothèse organisée par l'article 81-1 de l'AUDSC-GIE qui dispose que, ne constitue pas une offre au public, l'offre qui porte sur des valeurs mobilières :

a) dont le montant total dans les Etats parties est inférieur à cinquante millions (50.000.000) de francs CFA, ce montant étant calculé sur une période de douze (12) mois ;
b) ou qui est adressée uniquement à des investisseurs qualifiés[41] agissant pour compte propre, ou a moins de cent (100) personnes physiques ou morales agissant pour compte propre, autres que des

---

[39] La société par actions simplifiée ne peut faire publiquement appel à l'épargne ; art. 853-4 AUDSC-GIE.
[40] Art. 825 AUDSC-GIE.
[41] Au sens de l'AUDSC-GIE, un investisseur qualifié est une personne ou une entité disposant des compétences et des moyens nécessaires pour appréhender les risques inhérents aux opérations sur instruments financiers, telle que les établissements de crédit et autres intermédiaires ou établissements financiers agrées ou règlementés dans les Etats parties, les organismes de placement collectif ainsi que leurs sociétés de gestion, les entreprises d'assurance et de réassurance, les sociétés de groupe d'assurance, les mutuelles et unions de mutuelles et les institutions de prévoyance (art. 81-2 AUDSC-GIE).

investisseurs qualifiés, par marché boursier régional des Etats parties ou, pour les Etats parties qui ne sont pas membres d'un tel marché, par Etat partie.

L'utilisation des exceptions à l'appel publique à l'épargne pour procéder à une opération de financement participatif a déjà fait ses preuves dans des pays comme la Chine. Alors qu'une offre faite à moins de 200 personnes n'exige pas l'établissement d'un prospectus visé par la *China Securities Regulatory Commission*, SeedAsia, une plateforme de financement participatif par souscription de titre, exigeant un investissement minimum de 2000 dollars pour respecter le plafond, permettra à la société *Décision Fuel* de récolter 1,25 million de dollars en 2011[42].

La France a aussi opté pour l'adaptation du régime et du périmètre des offres au public de titres financiers réalisées dans le cadre du financement participatif[43].

Au Sénégal, par contre, une confrontation entre le droit des sociétés et les faits, offre le théâtre de pratiques *contra legem.* Les plateformes déjà présentes ne prennent pas en considération les limites posées par le droit OHADA des sociétés commerciales. Par exemple, avec « *SUNU INVEST* » qui intervient dans des domaines variés (Broderie, transport, aviculture, agriculture, enseignement, clinique médicale, poissonnerie, *etc.*), l'offre de valeurs mobilières dépasse souvent le plafond fixé par l'AUDSC-GIE[44].

Par ailleurs, ces plateformes n'offrent pas d'informations sur la nature juridique des sociétés réceptrices des fonds. Elles se limitent à donner la nature du projet à financer, la valeur et le nombre de titres en vente, *etc.*

Si le *crowdfunding* par apport est envisageable lorsque l'opération d'investissement est qualifiée de « placement privé », il paraît difficilement conciliable avec le régime rigoureux de l'appel public à l'épargne.

---

[42] B. FRANCOIS, « Le financement participatif par souscription de titres : étude en droit comparé » in, Anne-Valérie Le Fur (dir.), *Le cadre juridique du crowdfunding – Analyses prospectives*, édition Société de législation comparée, 2015, p. 174.

[43] Ordonnance n° 2014-559 du 30 mai 2014, relative au financement participatif, JO du 31 mai 2014, p. 9075 ; C. mon. fin., art. L. 411-2, I bis, 1°.

[44] Pour l'entreprise « CONFECTION AFRICA BRODERIE (CAB) », le nombre d'actions disponibles sur la plateforme est de 5038, pour 25 000fcfa la valeur de l'unité, soit 125 950 000 FCFA ; https://sunuinvest.com/, consulté le 5 mai 2023. Cette offre n'est pas un cas isolé. « SUNU IMPORT EXPORT » propose 1627 actions pour 50 000FCFA l'unité.

L'allégement des conditions d'exercice du *crowdfunding* n'épuise cependant pas le champ des mesures nécessaires à l'essor de cette technique de financement.

II – La protection des parties à l'opération de *crowdfunding*

La pratique du *crowdfunding* n'est pas sans exposer les parties prenantes. Porteurs de projet et investisseurs encourent des risques exacerbés en raison de la spécificité de l'opération. Une situation que ne peut être passée sous silence par un droit qui souhaite promouvoir l'activité. Offrir au *crowdfunding* un terrain fertile pour son développement nécessite des mesures protectrices en faveur des intervenants. Si la protection des données personnelles est une nécessité pour toutes les parties, certains risques sont spécifiques. Protéger les investisseurs (A) et les porteurs de projet (B) se présente alors comme un impératif.

A – La protection des investisseurs

Qu'il intervienne par don, prêt ou apport, l'investisseur a besoin de la main protectrice du droit. Dans le *crowdfunding*, la dématérialisation des échanges entraîne une démultiplication des risques. L'avoir de l'investisseur doit alors être protégé aussi bien dans le *crowdequity* (1) que dans le *crowdlending* (2).

1 – La protection de l'investisseur dans le *crowdequity*

Le financement participatif présente des risques spécifiques pour l'investisseur. Ainsi, l'objectif du *crowdfunding* doit être de lui donner l'information la plus complète possible et de le rémunérer pour le risque qu'il prend. Ces risques sont notamment la perte de tout ou partie du capital investi, l'absence de cotation des titres compliquant l'appréciation de leur valeur de cession ou l'endettement excessif des porteurs de projet recourant à ce type de financement[45].

Dans le cadre *crowdequity* par placement privé ces limites du *crowdfunding* peuvent être minimisées par un renforcement du contrôle dans la société et sur le terrain de la liberté contractuelle.

Le *crowdfunding* par apport sans appel public à l'épargne trouve dans la société anonyme une protection de l'investisseur. Outre les mesures classiques de protection des actionnaires (par exemple, l'alerte et l'expertise de gestion[46]), d'une part, elle est la seule société commerciale

---

[45] France, Financement participatif, DGCCRF- OCTOBRE 2019, p. 2.

[46] Sur la question, C. A. W. NDIAYE, *Droit des sociétés de capitaux*, op. cit., p. 266 et s.

avec l'obligation de désigner un commissaire aux comptes dès sa constitution. D'autre part, son mode d'organisation installe un contrôle interne rigoureux des organes[47].

Si ces mesures peuvent permettre de protéger les investisseurs dans une société déjà constituée, au moment de la constitution, les fonds provenant de la souscription des actions de numéraire sont déposés par les personnes qui les ont reçus pour le compte de la société en formation, soit chez un notaire, soit dans un établissement de crédit ou de microfinance dument agréé domicilié dans l'État partie du siège de la société en formation, sur un compte spécial ouvert au nom de cette société. Le dépôt des fonds doit être fait dans un délai de huit (08) jours à compter de la réception des fonds[48].

Le retrait des fonds provenant des souscriptions en numéraire ne peut avoir lieu qu'après l'immatriculation de la société au RCCM. II est effectué, selon le cas, par le président-directeur général, le directeur général ou l'administrateur général, sur présentation au dépositaire du certificat du greffier ou de l'organe compétent de l'État partie attestant l'immatriculation de la société au RCCM.

Par ailleurs, « se lancer dans une aventure entrepreneuriale n'est jamais chose aisée. Elle se révèle être, bien souvent, une expérience complexe et stimulante. Fonder sa structure, s'associer, organiser le capital, l'actionnariat, la distribution des bénéfices ou le refinancement de l'entreprise, garantir le contrôle ou prévoir sa transmission sont autant d'éléments cruciaux dans la vie d'une société. Le pacte d'actionnaire est un instrument essentiel pour construire cette ambition »[49]. Il pourra être le réceptacle de clauses comme la clause de non-dilution pour garantir un actionnaire contre une dilution de sa participation dans la société, la clause de *pari passu*[50], la clause de sortie alternative, *etc.* La liberté contractuelle pourra aussi permettre une *clause de ratchet,* c'est-à-dire une garantie de valeur qui permet de se prémunir contre une baisse de valorisation de la société. Par ailleurs, le partage des bénéfices n'étant pas une obligation,

[47] C. A. W. NDIAYE, *Droit des sociétés de capitaux*, op. cit., p. 349 et s.

[48] Art. 393 AUSCGIE.

[49] O. COUSI, *Pactes d'actionnaires et privilèges statutaires*, Gh. BOUILLETCORDONNIER et autres, éd. EFE, 3e éd., p. 11.

[50] Les dirigeants fondateurs et les autres associés s'engagent à faire en sorte que les titres souscrits par les associés-investisseurs bénéficient, a minima, dans le cadre de toute opération financière, des mêmes droits particuliers que ceux qui seraient éventuellement attachés aux titres créés dans le cadre de dite opération.

une clause de répartition des bénéfices sera l'occasion de protéger les associés minoritaires des reports à nouveau.
La SA se présente ainsi comme l'un des meilleurs réceptacles du *crowdequity*.
Gouvernée par la liberté reconnue aux associés, la société par actions simplifiée (SAS) qui souhaite s'ouvrir au *crowdfunding* devrait se soumettre aux mêmes exigences en termes d'organisation interne.
Née de la révision de l'Acte uniforme, la SAS est le terrain de prédilection de la liberté contractuelle des associés. C'est une société instituée par un ou plusieurs associés et dont les statuts prévoient librement l'organisation et le fonctionnement sous réserve des règles impératives du livre 4-1 de l'Acte uniforme[51].
Comme dans la société anonyme, la société par actions simplifiée est une société dans laquelle la responsabilité est limitée aux apports. Cependant, même si elle émet des actions, contrairement à la société anonyme, les propriétaires des actions sont des associés, pas des actionnaires.
Les règles applicables à la société anonyme concernant la souscription et la libération des actions sont cependant applicables à la société par actions simplifiée[52].
Par rapport à la SA, la SAS présente l'avantage d'être une structure modulable avec une souplesse de fonctionnement. C'est une société « sur mesure » pouvant apporter des réponses adaptées[53]. Elle offre alors la possibilité d'asseoir des coopérations interentreprises, la mise en place de holding ou de filiale commune, etc.
Les sociétés de capitaux offrent ainsi un terreau fertile pour le développement du *crowdequity* contrairement aux sociétés de personne[54] qui, dominées par l'*intuitu personae,* sont composées d'associés qui se connaissent et se font confiance. Dans la société en nom collectif, société de personne par excellence, tous les associés sont commerçants et sont tenus solidairement et indéfiniment des dettes sociales[55]. En cela que c'est la qualité d'associé qui y accorde celle de commerçant, chaque associé doit avoir la capacité d'être commerçant pour intégrer cette forme de société. Par ailleurs, le capital social est divisé en parts sociales qui ne

---

[51] Art. 853-1 AUSCGIE.
[52] Art. 853-3 AUSCGIE.
[53] C. A. W. NDIAYE, *Droit des sociétés de capitaux*, op. cit., p. 453 et s.
[54] Il existe deux sociétés de personnes, à savoir, la société en nom collectif (SNC) et la société en commandite simple (SCS).
[55] Art. 270 AUSCGIE.

peuvent être cédées qu'avec le consentement unanime des associés[56]. Ces exigences s'ajoutent aux règles organisant la gérance et la continuation de la société en cas de décès d'un associé[57] pour finir par instaurer une véritable incompatibilité avec les règles qui gouvernent le *crowdequity*. Dans les sociétés de capitaux, les mesures de contrôle interne doivent toutefois être conjuguées avec des mesures externes, des obligations à la charge des plateformes. Par exemple, en France, pour ce qui concerne le financement participatif sous forme de titres financiers, l'ordonnance crée un nouveau statut de conseiller en investissements participatifs et prévoit des règles de compétence et d'honorabilité pour les dirigeants. Elles sont également soumises à des règles de bonne conduite dans la délivrance des conseils qu'elles fournissent à leurs clients, notamment en matière de présentation des risques, de réalisation de tests d'adéquation, de transparence sur les prestations fournies aux émetteurs et les frais perçus ainsi qu'à une obligation de gestion des conflits d'intérêts. Ces professionnels sont également soumis aux dispositions du Code monétaire et financier pour ce qui concerne le démarchage bancaire, les obligations relatives à la lutte contre le blanchiment et le financement des activités terroristes[58].

La protection des fonds se complique avec le prêt et le don.

2 – La protection de l'investisseur dans le *crowdlending*

La rédaction actuelle du Code des obligations civiles et commerciales ne favorise pas un essor du *crowdlending* à titre onéreux. En effet, si la pratique professionnelle du prêt rémunéré relève du monopole bancaire, pour les particuliers, la stipulation d'intérêt doit être écrite. Le prêt stipulé avec intérêt, lorsqu'il a été fait en argent, doit faire l'objet d'un contrat écrit, visé par un notaire ou une personne habilitée[59] devant lequel a lieu

[56] Art. 274 AUSCGIE. Les statuts peuvent, cependant, aménager une procédure de rachat pour permettre le retrait de l'associé cédant.

[57] C. A. W. NDIAYE, *Droit des sociétés de capitaux*, op. cit., p. 50 et s.

[58] Rapport au Président de la République relatif à l'ordonnance n° 2014-559 du 30 mai 2014 relative au financement participatif, *JORF* n° 0125 du 31 mai 2014.

[59] Il s'agit des Gouverneurs de Région et des Préfets, ou des fonctionnaires par eux désignés à cet effet, des Maires ou leurs adjoints délégués à cet effet et des chefs d'arrondissements ; cf. art. 1er du Décret n° 68-948 du 31 août 1968 fixant la liste des personnes habilitées à viser les contrats de prêt d'argent à intérêt et celle des établissements dispensés des formalités prévues à l'article 542 du Code des obligations civiles et commerciales.

la numération des deniers en présence des parties[60]. Lorsque cette formalité n'est pas respectée, l'écrit ne saurait être retenu comme moyen de preuve du prêt mais vaut commencement de preuve par écrit. Aussi, toute stipulation d'intérêts, dans le prêt d'argent, qui n'est pas constatée par l'écrit visé est nulle de nullité absolue[61]. Une telle situation se concilie difficilement avec la pratique du *crowdfunding* eu égard à la dématérialisation qui le caractérise et à l'intervention de la foule. Le visa n'est apposé par l'une des personnes habilitées que si, devant elle et en présence des parties, les espèces ont été comptées et si la somme transférée à l'emprunteur est exactement sans retenue ni commission égale à celle qui est portée dans le contrat écrit[62].

Par ailleurs, dans le *crowdlending* le risque se retrouve essentiellement dans l'absence de dépôt des fonds auprès d'un établissement financier contrôlé et dans celle de garantie d'affectation des fonds collectés au projet ainsi que de remboursement. Au motif qu'elle a droit à une commission, la plateforme qui gère l'encaissement des fonds devrait être un civilement responsable. Le problème demeure dans l'hypothèse où elle se limite uniquement à proposer un service de mise en relation des personnes qui versent un financement avec celles qui apportent un projet. En outre, si dans le cadre du don il peut être exigé la tenue d'une comptabilité régulière, pour le prêt, l'autre solution serait d'externaliser le risque à un tiers comme un fonds de garantie.

Pour permettre aux PME et aux groupements de femmes et de jeunes d'accéder au crédit bancaire et de contribuer à résorber significativement le gap de financement de ces PME, le décret n°2013-691[63] a créé le Fonds de Garantie des Investissements Prioritaires (FONGIP).

Cette structure a pour missions :

- d'intervenir dans l'octroi de garanties pour le financement de projets porteurs de croissance dans des secteurs prioritaires ;
- de bonifier les prêts des institutions financières en faveur des PME, des groupements de femmes et de jeunes dans les secteurs prioritaires par l'intermédiaire de prêts à court, moyen et long

---

[60] Les établissements de crédit ainsi que les établissements de microfinance sont dispensés de cette formalité ; cf. art. 2. du Décret n° 68-948, op. cit.

[61] Art. 542 al. 3 du Code des obligations civiles et commerciales.

[62] Art. 1er in fine du Décret n° 68-948, op. cit.

[63] Décret n°2013-691 du 17 mai 2013 portant création et fixant les règles d'organisation et de fonctionnement du Fonds de Garantie des Investissements Prioritaires.

termes pour les institutions financières en échange d'un plafonnement des taux d'intérêts pour les clients ;

- d'assurer le conseil, l'assistance technique, l'accompagnement et le suivi des entreprises bénéficiaires de la garantie du FONGIP ;
- d'entreprendre tout projet de partenariat avec les institutions intervenant dans le domaine de la promotion de l'entreprenariat (sociétés privées de conseil et d'analyses financières, incubateurs, associations, écoles de formation) ;
- de gérer des Fonds de garantie pour le compte des tiers.

Elle constitue alors une belle opportunité pour le développement du *crowdlending* car les caractéristiques des prêts garantis[64] sont en adéquation avec cette activité. Si la durée du prêt est de 1 à 5 ans, la quotité de garantie est de 70% maximum, du capital restant dû, pour les entreprises en création et 50% maximum, du capital restant dû, pour les entreprises en extension. Le montant plafond de la garantie est fixé à 500 millions de FCFA pour les crédits d'investissement et 200 millions de FCFA pour les crédits d'exploitation. La commission de garantie est 1 à 1.5% HT/an sur le capital garanti.

Sont éligibles à la garantie du FONGIP, les crédits accordés aux Petites et Moyennes Entreprises telles que définies dans la loi en vigueur sur les petites et moyennes entreprises régulièrement immatriculée au RCCM, ayant leur siège social au Sénégal et un capital social détenu à 50%, au moins, par un ou des ressortissants sénégalais. Sont aussi concernés, les porteurs de projets notamment les femmes et jeunes de nationalité sénégalaise pris individuellement ou regroupés en GIE régulièrement immatriculés au registre du commerce et du crédit mobilier et disposant d'un NINEA[65].

---

[64] Il sera question des garanties individuelles. A noter que le FONGIP, pratique aussi la garantie portefeuille.

[65] Ne sont pas éligibles à la garantie du FONGIP :

- les projets faisant mention d'un caractère politique ou religieux ;
- les projets qui sont exclusivement réalisés ou exploités à l'étranger ;
- les projets dont l'utilité pour l'économie nationale n'est pas bien prise en compte notamment ceux qui ne s'inscrivent pas dans le cadre général du Plan Sénégal Emergent ou qui ne comportent pas de création d'emplois;
- les entreprises admises en redressement judiciaire ou en liquidation des biens tels que prévus par l'Acte Uniforme OHADA sur les procédures collectives ;
- le porteur de projet qui exerce une fonction de représentant légal et/ou d'entrepreneur individuel dans une entreprise admise en redressement judiciaire ou en liquidation des biens tels que prévus par l'Acte Uniforme OHADA sur les procédures collectives.

Une adaptation de la réglementation des *startups* serait aussi une opportunité cohérente pour le développement du *crowdfunding*. La loi de 2020 sur la question a mis au profit des startups labellisées, des fonds, d'origine publique et privée, destinés principalement à financer directement les startups éligibles et à garantir[66] :

- dans la limite d'un plafond fixé par décret, les prêts, financements et participations au capital des startup, consentis ou réalisés par des sociétés d'investissement, quelle que soit leur forme, et de tout autre organisme d'investissement selon la législation en vigueur ;
- les prêts consentis aux startups par les établissements de crédit et autres institutions financières assimilées ;
- l'exécution de marchés.

La quotité des prêts accordés aux startups labellisées, garantis par l'Etat se présente comme suit :

- 80% pour les financements bancaires ;
- 60% pour les institutions de microfinance.

L'investisseur n'est pas la seule partie à protéger pour un développement du *crowdfunding*.

B – La protection des porteurs de projet

Le *crowdfunding* présente deux difficultés majeures pour le porteur de projet. D'une part, il y a le coût du financement (1) et, d'autre part, le vol d'idée (2).

1 – Le nécessaire encadrement du coût du financement

Le besoin de financement peut placer le porteur de projet dans une situation de faiblesse dans ses rapports avec la plateforme. Agissant à titre onéreux, celle-ci peut imposer ses règles surtout en l'absence d'alternative. L'égalité qui était considérée comme un paradigme de la théorie de l'autonomie de la volonté (cette égalité doit permettre aux parties d'être les meilleurs juges de leur intérêt)[67] s'est révélée une

---

[66] Art. 10.1 de la loi n° 2020-01 du 6 janvier 2020 relative à la création et à la promotion de la startup au Sénégal.

[67] E. GOUNOT, *Le principe de l'autonomie de la volonté en droit privé, contribution à l'étude critique de l'individualisme juridique*, Thèse Dijon, 1912.

utopie[68]. Contrairement au propos de Fouillée, « entre le fort et le faible, c'est la liberté qui opprime, … »[69].

Le montant des commissions doit être encadré sur le fondement de l'ordre public de direction. La liberté contractuelle devrait s'exercer dans le respect d'un plafond pour lutter contre des spéculations qui freineraient tout engouement pour le *crowdfunding*. En effet, en plus de la commission, le porteur de projet aura payé la taxe sur les activités financières (TAF).

Pour mettre à contribution tous les acteurs évoluant dans le secteur financier, il est prévu la TAF qui a remplacé, depuis 2012, la taxe sur les opérations bancaires. Elle s'applique, outre les opérations bancaires, à toutes les autres activités financières réalisées par des assujettis qui n'ont pas le statut légal de banque ou d'établissement financier[70]. Il s'agit notamment des commissions et des intérêts perçus sur les crédits, prêts, avances, transferts d'argent réalisés à partir du Sénégal à l'exclusion du mandat postal[71].

Le taux de la TAF est de 17%. Cependant, les avantages du *crowdfunding* militent en faveur de la mise en place d'un régime dérogatoire pour amoindrir le coût du financement. Mais, en l'état actuel de la réglementation, en considération de leur objet social, certaines sociétés pourront déjà bénéficier du régime faveur.

Pour des raisons de politique économique, le taux de 17% n'est qu'un principe. Il est réduit à 7% lorsqu'il s'agit de financer des opérations de ventes à l'exportation. Par ailleurs, sont exonérés de la TAF, les intérêts et commissions sur prêts d'une durée de cinq ans au moins, consentis à des entreprises de production de biens industriels, agricoles, du secteur de

---

[68] La théorie de l'autonomie de la volonté, « loin de faire régner l'ordre et la justice dans le commerce juridique, permettait l'écrasement du plus faible par le plus fort et qu'il en résultait des désordres graves portant atteinte au groupe tout entier », H., L. et J. MAZEAUD, *Leçons de droit civil*, t. II, vol.1, Obligations, Théorie générale, 8e éd. Par F. CHABAS, Montchrestien 1991, spéc., n° 28, p. 24 et s.

[69] F. ROUVIERE, « L'analyse économique des vices du consentement : une nouvelle vision d'une théorie classique », *Revue de la recherche juridique*, 2008, p. 2488.

[70] Sont assujettis à la TAF les banques et établissements financiers agréés au Sénégal, les personnes physiques ou morales réalisant de l'intermédiation financières, les personnes physique ou morales réalisant des opérations de transfert d'argent, les opérations de change ; art. 401 du Code général des impôts.

[71] Art. 400 du Code général des impôts. L'assiette de la TAF est constituée par le montant brut des intérêts, agios, commissions et autres rémunérations, la taxe elle-même étant exclue de la base d'imposition ; art. 403 du Code général des impôts.

la pêche ou du tourisme[72]. C'est aussi le cas sur les opérations réalisées avec les entreprises établies dans la zone franche industrielle de Dakar.
Un coût allégé du financement nécessite aussi, dans le cadre du *crowdlending*, de prendre en compte le taux d'intérêt qui est conventionnellement fixé par les parties. Certes, un encadrement du taux effectif global d'intérêt conventionnel est posé par l'article 541 al. 1 du Code des obligations civiles et commerciales qui considère qu'en toute matière, à peine de nullité absolue de la stipulation, il ne peut dépasser le double du taux d'escompte de la Banque Centrale des Etats de l'Afrique de l'Ouest, en vigueur à la date de conclusion du prêt. Cependant, la marge de liberté qui reste aux parties ne devrait être l'occasion de pratiques léonines.
Un parallélisme peut être trouvé dans le droit appliqué aux startups. Les modalités de remboursement des prêts accordés à ces entités ainsi que les taux d'intérêts sont fixés par la structure de financement en rapport avec la Commission d'évaluation, d'appui et de coordination. Si la durée du crédit ne peut excéder cinq (5) ans, un différé de remboursement de douze (12) mois est accordé à la startup et un amortissement de son emprunt sur une période d'un (1) à cinq (5) ans[73].
A côté du coût du financement, le porteur de projet s'expose, dans le cadre du *crowdfunding* au vol de ses idées.

2 – La protection des idées du porteur de projet

Le droit sénégalais offre la possibilité aux porteurs de projet, dans le cadre du *crowdfunding*, de parfaire leurs idées par le truchement du régime des *startups*. Une plateforme de formation et de renforcement de capacités réservée aux startups légalement enregistrées mise en place par la structure d'appui et de coordination permet notamment l'accès à une base de données et à une liste d'experts, de formateurs et de mentors qui accompagnent la mise à niveau des porteurs de projets sur des thématiques variées telles que la finance, le marketing, la communication, l'élaboration de business plans[74].
Aussi, le *crowdfunding* pose le problème de la protection des projets déposés. En effet, le porteur s'expose au plagiat. Si une clause de

---

[72] Art. 402 du Code général des impôts.
[73] Art. 31 du décret n° 2021-1772 portant application de la loi n° 2020-01 du 06 janvier 2020 relative à la création et à la promotion de la *startup* au Sénégal.
[74] Art. 9.5 de la loi n° 2020-01 du 6 janvier 2020 relative à la création et à la promotion de la *startup* au Sénégal.

confidentialité peut aider à le protéger contre la plateforme (au moins avant la publication du projet), le danger est réel par rapport aux internautes. S'installe alors une nécessité de protéger les droits des créateurs avant la production officielle de leurs créations, mais aussi de veiller à ce que les projets présentés sur la plateforme n'enfreignent pas eux-mêmes les règles élémentaires de la propriété intellectuelle.
Si l'idée ne peut pas être protégée en tant que telle, les outils de protection intellectuelle tels que les brevets, dessins et modèles, marques ou droits d'auteur, permettent de protéger sa matérialisation.
En 2013, l'un des pionniers de l'impression 3D, l'entreprise américaine *3D Systems*, avait décidé de poursuivre pour violation de brevet l'entreprise en démarrage (start-up) *Formlabs*, qui a sollicité un financement sur la plateforme Kickstarter15. La plainte allègue que *Formlabs* aurait porté atteinte à un brevet d'impression détenu par *3D Systems*. En octobre 2012, 2 068 internautes avaient réussi à réunir 2,9 millions de dollars. Kickstarter prélevant 5% des montants récoltés, *3D Systems* a considéré que la plateforme était complice de la violation supposée de brevet et a donc également porté plainte contre celle-ci[75]. Par ailleurs, dans le cadre des activités bancaires, la protection des informations peut se faire sur le terrain du secret professionnel.
Pour préserver la confiance du public dans le système bancaire, les personnes concourant à l'administration, au contrôle, à la direction, à la gérance ou au fonctionnement de l'établissement sont tenues au secret professionnel. Il leur est interdit d'utiliser les informations confidentielles dont elles ont connaissance dans le cadre de leur activité, pour réaliser directement ou indirectement des opérations pour leur propre compte ou en faire bénéficier d'autres personnes[76].
Il est interdit aux mêmes personnes d'utiliser les informations confidentielles dont elles ont connaissance dans le cadre de leur activité, pour réaliser directement ou indirectement des opérations pour leur propre compte ou en faire bénéficier d'autres personnes. La sanction de l'utilisation d'une information privilégiée se justifie en cela qu'elle fausse la confiance dans l'égalité des investisseurs dans le marché. Le personnel des établissements financier peut ainsi être poursuivi pour le délit d'initié.

---

[75] S. ONNEE et S. RENAULT, « Le financement participatif : atouts, risques et conditions de succès », Revue gestion, 2013/3 (vol. 38), p. 62 ; https://www.cairn.info/revue-gestion-2013-3-page-54.htm.
[76] Art. 30 de la loi portant réglementation bancaire ; art. 21 de l'instruction n° 008-05-2015 régissant les conditions et modalités d'exercice des activités des émetteurs de monnaie électronique dans les Etats membres de l'UMOA.

Le secret professionnel n'est pas seulement l'affaire de la loi bancaire. Aux termes de l'article 363 du Code pénal sénégalais, hors le cas où la loi les oblige ou les autorise à se porter dénonciateurs, les personnes dépositaires, par état ou par profession ou par fonctions temporaires ou permanentes, des secrets qu'on leur confie, qui auront révélé ces secrets, seront punis d'un emprisonnement d'un à six mois et d'une amende de 50.000 à 300.000 francs. Sous le prisme du secret professionnel, la plateforme sera tenue d'apprécier les informations à divulguer pour récolter des fonds « sans dévoiler les secrets, les informations essentielles à son bon développement et les idées par hypothèse non protégeables »[77].

Conclusion

Une diversification des sources de financement installe une compétition économique profitable aux PME. Loin d'affaiblir le système financier, le développement de nouvelles techniques de financement est un tremplin pour l'essor d'une économie en quête de ressources financières. Sans avoir à réinventer la roue, il est venu l'heure pour le droit UMOA, en harmonie avec les règles de l'OHADA, d'adapter sous nos tropiques ces nouveaux mécanismes qui ont déjà fait leurs preuves ailleurs. Cette nécessité est plus qu'un impératif au risque de devenir une lettre morte devant la recrudescence de pratiques *contra legem*. Apres la finance islamique participative, n'est-il pas arrivé le moment d'un financement par la foule dans une région où l'association tontinière ne cesse de donner satisfaction ? Par ailleurs, la réglementation des startups devrait transcender les « activités fondées sur des technologies et processus innovants » pour être un véritable vecteur du *crowdfunding*.

[77] D. DEDIEU, « Risques et responsabilités : comment la loi peut en protéger les acteurs du crowdfunding ? » *in*, Anne-Valérie Le Fur (dir.), *Le cadre juridique du crowdfunding – Analyses prospectives*, op. cit., p. 59.

La responsabilité pénale des personnes morales en droit sénégalais : contribution à l'étude de l'article 45-1 du Code pénal

Papa Assane TOURE

Magistrat hors Hiérarchie
Docteur en Droit Privé et Sciences criminelles
Secrétaire général adjoint du Gouvernement
Chargé des Affaires juridiques

« *sociétas delinquere non potest* » : la société n'a pas le pouvoir de commettre de délit.

Résumé : La consécration de la responsabilité pénale des personnes morales par l'article 45-1 du Code pénal, issu de la loi n° 2021-33 du 23 juillet 2021 modifiant la loi n° 65-60 du 21 juillet 1965 portant Code pénal, constitue une grande innovation du régime de la responsabilité pénale en général. Ce texte instaure, pour la première fois, un système général de responsabilité pénale des personnes morales ayant vocation à s'appliquer à toutes les infractions pénales et à toutes les entités morales, à l'exception des personnes morales de droit public. Toutefois, l'institution de la responsabilité pénale des êtres moraux, à l'image d'un séisme dont les vibrations se propagent sur une bonne partie de la surface terrestre, a des impacts non négligeables sur le système pénal. Elle appelle fatalement d'autres réformes de l'édifice pénal.

Le droit pénal sénégalais a pendant longtemps été marqué par un dogme tenace : le principe de l'irresponsabilité pénale des personnes morales[1]. Ainsi, les personnes morales ne pouvaient encourir qu'une responsabilité civile ou administrative. Déjà en 1883, la Cour de

[1] Sur la question, V. P. A. TOURÉ, « Réflexion critique sur le principe de l'irresponsabilité pénale des personnes morales (de droit privé et de droit public), in *Bulletin d'information de la Cour suprême*, n° 15-16, mars 2020, p. 99 et s.

Cassation française, par une formule devenue célèbre, a énoncé que « *l'amende est une peine et toute peine est personnelle, sauf les exceptions prévues par la loi ; elle ne peut donc être prononcée contre un être moral, lequel ne peut encourir qu'une responsabilité civile* »[2]. À cet égard, le principe de l'irresponsabilité pénale des personnes morales, exprimé par l'adage « *sociétas delinquere non potest* »[3], était étayé par plusieurs arguments[4].

En premier lieu, il a été soutenu, conformément à la théorie de la fiction, que les personnes morales sont des fictions juridiques désincarnées, des êtres dépourvus d'enveloppe charnelle, des sortes de créations métaphysiques du droit qui n'auraient donc pas de volonté propre. Admettre leur responsabilité serait « *un puéril anthropomorphisme* », parce qu'il n'y a pas de responsabilité sans être doué de volonté : l'absence de l'élément psychologique de l'infraction serait ainsi un des principaux obstacles à la responsabilité des personnes morales[5]. En deuxième lieu, certains faisant valoir que, selon le principe de la « *spécialité* », les personnes morales n'existent et n'agissent que dans la limite de leur objet social ; or la commission d'infractions pénales n'entre pas dans ledit objet social. En conséquence, elles ne seraient pas légalement capables de commettre des infractions. En troisième lieu, le régime des peines était présenté comme inapplicable aux groupements. Il n'aurait été conçu que pour les personnes physiques qui, seules, peuvent être privées de liberté par l'emprisonnement ou privées de vie par la peine de mort ; la sanction pénale ne pourrait donc atteindre aucune de ses finalités traditionnelles, à savoir l'amendement ou l'intimidation. En quatrième lieu, la responsabilité pénale des entités morales porterait atteinte au principe de la personnalité des peines, dès lors qu'elle a pour effet de punir indistinctement tous les membres d'un groupement, y compris ceux qui n'avaient pas voulu la commission de l'infraction[6].

---

[2] Cass. crim. 8 mars 1883, *DP*, 1884, 1, p. 428.

[3] Cette maxime signifie que la société n'a pas le pouvoir de commettre de délit.

[4] Sur l'ensemble de cette question, V. F. DESPORTES ET F. LE GUNEHEC, *Droit pénal général*, Paris, Économica 16e éd. 2009, n° 572 et 573.

[5] P. FAIVRE, « La responsabilité pénale des personnes morales », *RSC* 1958, p. 553.

[6] Sur ces arguments, V. notamment, M. ORTOLAN, *Éléments de droit pénal*, t. 1, 1886, Paris, Plon, p. 203, n° 492 ; J. VIDAL, *Cours de droit criminel et de science pénitentiaire*, 1902, Paris, Rousseau, n° 65 bis ; J.-A. ROUX, *Rapport Congrès Assoc. Int. dr. pénal* 1929, *RID pén.* 1930, p. 60 ; G. VIDAL et J. MAGNOL, *Cours de droit criminel et de science pénitentiaire*, t. 1, 1940, Paris, Rousseau, p. 80, n° 65-2.

Le législateur sénégalais a même parfois consacré expressément la solution de l'irresponsabilité pénale des personnes morales. Ainsi, en matière de détournement de prêts consentis ou garantis par l'État, l'article 386, alinéa 2 du Code pénal énonce que lorsque le bénéficiaire du prêt, de l'avance, de la garantie ou de l'aval est une personne morale, ses directeurs, gérants, administrateurs ou mandataires sont pénalement responsables de l'infraction. En outre, en matière de presse, l'article 276 du Code pénal prévoit que : « *Lorsque le responsable de l'infraction sera une personne morale, les poursuites seront exercées à l'encontre du président-directeur général ou du directeur, ou de l'administrateur délégué ou du gérant* ».

Le juge pénal sénégalais a eu l'occasion, dans certaines espèces, de rappeler le principe de l'irresponsabilité pénale des personnes morales. Dans un arrêt rendu par la Cour d'Appel de Dakar le 19 octobre 2016, un client reprochait à la société *Carrefour Automobiles SA* de lui avoir vendu un véhicule qui présentait des défaillances techniques (fuites d'huile du moteur). La cour a confirmé le jugement d'instance qui a relaxé la société du chef d'escroquerie au motif que « *la responsabilité pénale des personnes morales n'est pas prévue par le Code pénal sénégalais* »[7]. Dans un autre arrêt rendu par la chambre correctionnelle de la Cour d'Appel de Dakar le 11 janvier 2017[8], il a été jugé que le directeur et la gérante d'une société à responsabilité limitée, poursuivis pour abus de confiance, ne peuvent être déclarés responsables de l'inexécution du contrat de gérance d'un immeuble signé entre le propriétaire et le directeur-gérant, *en qualité* de représentant de la société. Selon la cour d'appel, « *nul n'est responsable pénalement que de son propre fait et que la responsabilité pénale des personnes morales n'est pas encore consacrée par la législation sénégalaise* ».

Mais l'immunité pénale accordée aux personnes morales était d'autant plus discutable que les arguments sur lesquels était traditionnellement fondé le principe de l'irresponsabilité pénale des êtres moraux étaient de plus en plus contestés. Premièrement, la jurisprudence ne considère plus

---

[7] CA Dakar, ch. corr. n° 654 du 19 octobre 2016, *MP et S. S. S. c/ A. B. rep. Carref. Auto., inédit* ; CA Dakar, ch. corr. n° 374 du 08 décembre 2016, *MP et I. B. et N. K. et autres c/ A. D. inédit* : « *en l'état actuel de la législation sénégalaise, la personne morale de la BSIC ne peut commettre d'infraction pour que son représentant légal en réponde pénalement* ».

[8] CA Dakar, ch. corr. n° 25 du 11 janvier 2017, *MP et S. A. K. c/ Th. MB., M. ND. et Ch. Ch. MB., inédit.*

les personnes morales comme des êtres fictifs depuis 1954. La jurisprudence de la Cour de Cassation française s'est fixée en faveur de la théorie de la réalité. Dans un arrêt célèbre de la chambre civile du 28 janvier 1954, elle a jugé que « *la personnalité civile n'est pas une création de la loi* », mais « *appartient, en principe, à tout groupement pourvu d'une possibilité d'expression collective pour la défense d'intérêts licites, dignes, par suite, d'être juridiquement protégés* »[9]. Les personnes morales sont capables d'intelligence et de volonté, à travers leurs organes et leurs représentants. Cette volonté collective est capable de décider de commettre une infraction pénale. Par exemple, un blanchiment de capitaux peut être la conséquence d'une décision prise à l'occasion d'une réunion de conseil d'administration d'une société commerciale. Deuxièmement, le principe de la spécialité des personnes morales ne peut pas être interprété comme faisant obstacle à la responsabilité pénale des groupements. Si aucune personne morale ne comporte, dans son objet social, la commission d'infractions, l'être moral peut néanmoins être le cadre d'une activité infractionnelle favorisée par le fonctionnement même de ses organes, de sorte que celle-ci en soit l'objet secret. Troisièmement, l'argument tiré de l'inadaptation du régime des sanctions pénales ne résiste pas à l'évolution de la pénologie des personnes morales. En effet, la personne morale dispose de droits et d'un patrimoine. Des sanctions déjà existantes peuvent parfaitement être appliquées à de tels groupements, notamment, l'amende, la fermeture d'établissement ou la dissolution, *etc.* De nouvelles sanctions peuvent aussi être infligées à l'entité morale, telles que l'exclusion des marchés publics, les interdictions professionnelles, *etc*. Quatrièmement, la responsabilité pénale de la personne morale ne heurte qu'en apparence le principe de la personnalité des peines. Sans doute, les salariés, les actionnaires minoritaires, les créanciers sociaux, *etc*. risquent de subir, à des degrés divers, les conséquences imméritées de la sanction pénale infligée à la personne morale. Mais le même argument peut être invoqué concernant les personnes physiques, leur famille ou leurs créanciers subissant aussi les conséquences de la sanction pénale. En réalité, toute condamnation est susceptible d'avoir des répercussions sur des tiers. Les éclaboussures de la répression pénale rejaillissent souvent sur l'entourage du condamné. L'incarcération d'une personne ou sa condamnation à une lourde amende peut priver sa famille de tout revenu.

---

[9] Cass. 2e civ., 28 janvier 1954, *D.* 1954, jur., p. 217, note G. Levasseur ; *JCP* G 1954, II, 7978, concl. P. Lemoine.

Le dogme de l'irresponsabilité pénale des personnes morales est d'autant plus anachronique que l'admission de la responsabilité pénale des êtres collectifs est justifiée par des arguments pragmatiques, tirant les conséquences d'une réalité criminologique. D'abord, de nos jours, avec le développement de la vie des affaires, l'on assiste à l'essor d'une criminalité ayant pour cadre l'entreprise devenue un instrument de passage à l'acte. De plus en plus, des acteurs hyper-adaptés du monde des affaires utilisent l'enveloppe qu'offre l'être moral, comme écran pour réaliser des infractions de toutes sortes. Ensuite, les êtres moraux possèdent souvent des moyens importants et donc des capacités de nuisance à l'ordre public qui ne sont qu'imparfaitement appréhendés par le mécanisme de la responsabilité pénale des personnes physiques[10]. Enfin, l'institution de la responsabilité pénale des personnes morales est justifiée par un souci d'équité. Il s'agit ainsi de cantonner dans les plus justes limites la responsabilité personnelle des dirigeants sociaux afin de mieux assurer le respect du principe selon lequel nul ne répond que de son propre fait. La consécration de la responsabilité pénale des personnes morales permettra de circonscrire les cas d'engagement de la responsabilité des dirigeants, à propos d'infractions dont ils ignorent parfois l'existence[11]. Elle permet aussi de mieux garantir la réparation du préjudice causé à la victime par des actes infractionnels générés par les personnes morales, ces dernières étant bien souvent plus solvables que leurs dirigeants.

En vue de faire reculer la délinquance générée par les groupements moraux, le législateur, sous l'influence du droit international[12] et du droit communautaire[13], a eu l'occasion d'effriter, par couches successives, le

[10] V. les motifs du projet de Code pénal de 1986, cités par F. DESPORTES et F. Le GUNEHEC, op. cit. n° 4, spéc. n° 576 ; V. également J.-H. ROBERT, « La responsabilité pénale des personnes morales », *Dr. pén.* 2000, hors-série n° 3, p. 20 ; S. GEEROMS, « La responsabilité pénale de la personne morale : une étude comparative », *RID comp.* 1996, p. 533 ; J.A.E. VERVAELE, « La responsabilité pénale de et au sein de la personne morale aux Pays-Bas, mariage entre pragmatisme et dogmatisme juridique », *RSC* 1997, p. 325.

[11] F. DESPORTES et F. LE GUNEHEC, op. cit., n° 577 ; D. GUERIN, « L'introduction en droit français de la responsabilité pénale des personnes morales », *LPA* 11 déc. 1996, n° 149, p. 4.

[12] V. notamment, l'art. 12 de la Convention de Budapest sur la cybercriminalité et l'art. 10 de la Convention de Palerme sur la criminalité transnationale organisée.

[13] V. art. 114 de la Directive n° 02/CM/UEMOA du 02 juillet 2015 relative à la lutte contre le blanchiment de capitaux et le financement du terrorisme dans les États de

principe de l'irresponsabilité pénale des êtres collectifs, par des consécrations spécifiques de la responsabilité pénale des êtres moraux. Il en est ainsi notamment en matière de blanchiment de capitaux et de financement du terrorisme[14], d'infractions de presse[15], de faux monnayage[16], d'infractions prévues par le Code miner[17], de cybercriminalité[18], d'infractions à la réglementation des relations financières extérieures des États membres de l'UEMOA[19] et d'infractions relatives aux prix et à la protection du consommateur[20].

Dans ce cadre, la Chambre d'Accusation de la Cour d'Appel de Dakar avait déjà jugé que la *CBAO Attijariwafa Bank*, ne pouvait, en tant que personne morale, être inculpée des chefs de faux et usage de faux en écriture privée de commerce et de tentative d'escroquerie, « *puisque la responsabilité pénale des personnes morales ne peut être engagée que dans les cas prévus par la loi* »[21].

---

l'UEMOA ; art. 27 de la Directive C/DIR/1/08/11 du 19 août 2011 portant lutte contre la cybercriminalité dans l'espace de la CEDEAO.

[14] V. art. 124 de la loi n° 2018-03 du 23 février 2018 relative à la lutte contre le blanchiment de capitaux et le financement du terrorisme.

[15] V. art. 122 de la loi n° 2017-27 du 13 juillet 2017 portant Code de Presse.

[16] V. art. 19 de la loi n°2018-02 du 23 février 2018 relative à la répression du faux monnayage et des autres atteintes aux signes monétaires.

[17] V. art. 138 de la loi n° 2016-32 du 08 novembre 2016 portant Code minier.

[18] V. ancienne loi n° 2008-11 du 25 janvier 2008 portant sur la cybercriminalité (art. 431-62 du CP). Mais par la suite, la loi n° 2016-29 du 08 novembre 2016 modifiant le Code pénal a procédé à la suppression malencontreuse du principe de responsabilité pénale des personnes morales en matière de cybercriminalité.

[19] V. art. 20 de la loi uniforme n° 2014-12 du 28 février 2014 sur le contentieux des infractions à la réglementation des relations financières extérieures des États membres de l'UEMOA ; également, art. 15 de la loi n° 2014-14 du 28 mars 2014 relative à la fabrication, au conditionnement, à l'étiquetage, à la vente et à l'usage du tabac; loi n° 2015-09 du 04 mai 2015 relative à l'interdiction de la production, de l'importation, de la détention, de la distribution, de l'utilisation de sachets plastiques de faible micronnage et à la gestion rationnelle des déchets plastiques.

[20] V. art. 120 et 121 de la loi n° 2021-25 du 12 avril 2021 sur les prix et la protection du consommateur.

[21] CA Dakar, ch. acc. n° 237 du 20 juillet 2017, *MP et B. S. D. c/ M. O. et la CBAO*, *inédit* ; dans le même sens, CA Dakar, ch. acc. n° 101 du 24 mars 2015, *MP et M. F. c/ Y. M. A. C. Q. D., inédit.* Dans une autre espèce, la société *SENTEL GSM* et la société d'Aménagement et de Gestion d'Équipements Fonciers dite *SAGEF*, prises en la personne de leurs directeurs généraux respectifs, ont été citées directement devant le Tribunal correctionnel de Dakar, sous la prévention d'escroquerie et de faux. Par une décision en date du 17 juillet 2007, le tribunal a déclaré l'action publique irrecevable. Selon le juge : « en droit positif sénégalais, la responsabilité pénale d'une

Les rédacteurs de la loi n° 2021-33 du 23 juillet 2021 modifiant la loi n° 65-60 du 21 juillet 1965 portant Code pénal[22] ont fixé un régime général de responsabilité pénale des personnes morales, en insérant un article 45-1 dans ledit code[23]. En vertu de ce texte, les personnes morales sont pénalement responsables des infractions, commises pour leur compte, par leurs organes ou représentants[24]. En outre, la responsabilité des personnes morales n'exclut pas celle des personnes physiques auteurs ou complices des mêmes faits.

En droit pénal sénégalais, la consécration de la responsabilité pénale des personnes morales constitue une grande innovation du régime de responsabilité pénale[25]. Désormais, les personnes morales pourront être

---

personne morale ne peut être valablement recherchée que si elle est prévue par une disposition spéciale pour l'infraction considérée ; (...) Que cependant ni les textes susvisés (textes sur l'escroquerie et le faux), ni aucune autre disposition légale ou réglementaire ne prévoient expressément que la responsabilité pénale des personnes morales puisse être engagée à raison de telles infractions » TGIHC Dakar, n° 3106 du 17 juillet 2007, *MP et M. L. D. c/ Soc. Sentel GSM et la société SAGEF, inédit*).

[22] JORS n° 7444 du 30 juillet 2021, p. 1049.

[23] Sur l'ensemble de cette question, P. A. TOURÉ, *Droit pénal général sénégalais, tome 2 : la responsabilité pénale et la sanction pénale*, Dakar, L'Harmattan 2023, n° 76 et s.

[24] Sur cette question, J.-H. ROBERT, « La responsabilité pénale des personnes morales », *Dr. pén.* 2000, hors-série n° 3, p. 20 ; D. GUERIN, « L'introduction en droit français de la responsabilité pénale des personnes morales », *LPA* 11 décembre 1996, n° 149, p. 04 ; P. FAIVRE, « La responsabilité des personnes morales », *RSC* 1958, p. 547 ; G. ROUJOU DE BOUBÉE, « La responsabilité pénale des personnes morales », Colloque de la Baule sur « la dépénalisation dans la vie des affaires », *RJ com.* 2001. 11 ; J. TRICOT, « Le droit pénal à l'épreuve de la responsabilité des personnes morales, l'exemple français », *RSC* 2012. 19 ; B. MERCADAL, « La responsabilité pénale des personnes morales et celle des personnes physiques, auteurs ou complices des mêmes faits », *RJDA* 1994, p. 375 s. ; V. WESTER-OUISSE, « La responsabilité pénale des personnes morales et les dérives anthropomorphiques », *Rev. pénit.* 2009, p. 63; O. SAUTEL , « La mise en œuvre de la responsabilité pénale des personnes morales, entre litanie et liturgie », *D.* 2002, p. 1147 ; du même auteur, « La responsabilité pénale des personnes morales », *LPA* 18 juin 2008, p. 7 ; G. GIUDICELLI-DELAGE, « Repenser la responsabilité pénale des personnes morales », *Mélanges R. Koering-Joulin*, p. 249; F. MEYER, « Réflexions sur la responsabilité pénale des personnes morales de droit public à la lumière des premières applications jurisprudentielles », *RFD adm.* 1999, p. 920.

[25] Le législateur de l'OHADA n'a pas consacré expressément un principe de responsabilité pénale des personnes morales (En ce sens ; V. A. RABANI, « Plaidoyer pour une responsabilité pénale des personnes morales en droit OHADA », *Revue de l'ERSUMA*, n° 2, mars 2013 ; A. RABANI, *L'imputation des infractions d'affaires*, Thèse, Bordeaux 4, 2009 ; S. YAWAGA, « Politique criminelle de

condamnées par les tribunaux répressifs à certaines peines comme l'amende, la fermeture d'établissement, l'interdiction d'émettre des chèques, l'exclusion des marchés publics et la dissolution, *etc*.

Le législateur sénégalais, après avoir consacré un principe général de responsabilité pénale des personnes morales (I), a pris le soin de fixer le dispositif de mise en œuvre applicable à cette forme de responsabilité pénale (II).

I – La consécration d'un principe général de responsabilité pénale des personnes morales

En disposant, dans son premier alinéa, que « *les personnes morales, autres que l'État, les collectivités territoriales, les établissements publics, les agences d'exécution et les structures administratives similaires sont pénalement responsables des infractions, commises pour leur compte, par leurs organes ou représentants* », l'article 45-1 du CP institue une responsabilité pénale générale quant aux infractions (A) et une responsabilité spéciale quant aux personnes morales concernées (B).

A – Une responsabilité générale quant aux infractions

---

l'OHADA », in P-G. POUGOUE, *Encyclopédie du droit OHADA*, Paris, Lamy, 2011, p. 1389 ; également, J. A. NDIAYE, « L'OHADA et la problématique de l'harmonisation du droit pénal des affaires : bilan et perspectives d'un modèle de politique criminelle communautaire », in *Bulletin d'information, Cour suprême*, n° 03, décembre 2011, p. 82). Mais la loi uniforme de l'OHADA de ne semble pas pour autant exclure la possibilité d'engager la responsabilité pénale d'une entité morale. À titre d'exemple, d'abord, l'art. 891 de l'AUSCGIE énumère parmi les personnes susceptibles de commettre le délit d'abus de biens ou du crédit de la société, les administrateurs et l'administrateur général qui peuvent être des personnes morales et peuvent donc voir leur responsabilité pénale engagée. Ensuite, les art. 902 à 904 de l'AUSCGIE prévoient des incriminations relatives à la liquidation des sociétés commerciales imputables au liquidateur. Or, selon l'art. 207 de l'AUSCGIE, le liquidateur d'une société commerciale peut être une personne morale. Enfin, l'art. 886 de l'Acte uniforme précité incrimine le fait pour les fondateurs, le président-directeur général, le directeur général, l'administrateur général ou l'administrateur général adjoint d'une société anonyme d'émettre des actions avant l'immatriculation ou à n'importe quelle époque lorsque l'immatriculation est obtenue par fraude ou que la société est irrégulièrement constituée. D'après, l'art. 421 de l'AUSCGIE, une personne morale peut être nommée administrateur d'une société anonyme. Toutefois, si le droit uniforme OHADA n'exclut pas la possibilité d'exercer des poursuites pénales contre une personne morale, force est de constater qu'au Sénégal, les peines prévues par la loi n° 2018-13 du 27 avril 2018 relative à la répression des infractions prévues par les actes uniformes (emprisonnement et amende) ne semblent pas adaptées à la nature désincarnée de la personne morale.

L'article 45-1 du Code pénal a consacré un principe général de responsabilité pénale des personnes morales. Mais, le principe de l'application de la responsabilité pénale des êtres moraux à toutes les infractions pénales (1) comporte quelques limites (2).

1 – Le principe de l'application de la responsabilité pénale des personnes morales à toutes les infractions

La responsabilité pénale des personnes morales a vocation, en principe, à s'appliquer à toutes les infractions pénales (crimes, délits et contraventions). Il s'agit d'un principe général de responsabilité pénale des personnes morales[26]. Le droit pénal sénégalais n'a pas consacré un principe de spécialité qui signifie que, pour être engagée, la responsabilité pénale de la personne morale doit avoir été spécialement prévue par le texte qui définit et réprime l'infraction[27]. Cependant, il a été soutenu qu'en raison de leur nature même, certaines infractions ne pourraient pas être imputées à une personne morale. Il semblerait *a priori* absurde d'imaginer qu'une personne morale puisse se rendre coupable de viol, de meurtre ou de coups mortels[28]. Pourtant, cette justification n'est pas convaincante, puisqu'elle procède d'une analyse inexacte du mécanisme de la responsabilité pénale des personnes morales. En effet, cette responsabilité n'est pas directe : elle ne peut être engagée que pour des infractions commises pour le compte de la personne morale, par ses organes ou représentants, personnes physiques. Il en résulte que toutes les infractions susceptibles, en principe, d'être commises par une personne physique, comme auteur, coauteur ou complice, peuvent être imputées également à

---

[26] H. MATSOPOULOU, « La généralisation de la responsabilité pénale des personnes morales », *Rev. soc.* 2004, p. 283 ; J.-C. PLANQUE, «Plaidoyer pour une suppression réfléchie de la spécialité de la responsabilité pénale des personnes morales », *LPA* 7 janv. 2004, p. 3, n° 4 à 10 ; S. STOLOWY, « La disparition du principe de spécialité dans la mise en cause pénale des personnes morales », *JCP* G. 2004, I, 138, n° 13 à 17 ; M.-E. CARTIER, « De la suppression du principe de spécialité de la responsabilité pénale des personnes morales, libres propos », *Mélanges Bouloc*, p. 97 ; C. MASCALA, « L'élargissement de la responsabilité pénale des personnes morales : la fin du principe de spécialité », *Bull. Joly Sociétés* 2006, n° 1, p. 5 ; M.-C. SORDINO, « La disparition du principe de spécialité de la responsabilité pénale des personnes morales », *Gaz. pal.* 11 sept. 2004, p. 13.

[27] J.-F. SEUVIC « Responsabilité pénale des personnes morales », *RSC*, n° 4, 2003, p. 827 ; N. STOLOWY, « La disparition du principe de spécialité dans la mise en cause pénale des personnes morales », *JCP* 2004, éd. G, I, 138.

[28] En ce sens, B. BOULOC, « Le domaine de la responsabilité pénale des personnes morales » in, *La responsabilité pénale des personnes morales,* Paris, Dalloz, 1993, p. 291 ; M.-L. RASSAT, préc. n° 4, spéc. n° 465 et 472.

des personnes morales. À titre d'exemple, on peut concevoir que le dirigeant d'une agence de voyages engage la responsabilité pénale de celle-ci pour complicité de viol ou d'attentat à la pudeur avec violence si l'objet de son activité est le « *tourisme sexuel* »[29].

Une personne morale pourra être déclarée pénalement responsable d'une infraction consommée ou d'une infraction tentée, qu'il s'agisse d'un crime ou d'un délit dont la tentative est punissable. Il en sera ainsi lorsque l'organe ou le représentant de la personne morale aura été interrompu dans la commission de l'infraction au stade du commencement d'exécution, alors qu'elle devait être réalisée pour le compte de cette dernière[30]. La responsabilité pénale d'une personne morale, en qualité d'auteur principal, est engagée lorsque ses organes ou représentants ont commis, pour son compte, en tant qu'auteurs principaux, les éléments matériel et moral d'une infraction[31]. La responsabilité pénale d'une personne morale, en tant que complice, est engagée par les actes de complicité commis pour son compte par ses organes ou représentants. En principe, la responsabilité pénale d'une personne morale, en tant qu'auteur ou complice, suppose que soit établie la responsabilité pénale, en tant qu'auteur ou complice, d'une ou de plusieurs personnes physiques la représentant.

Ainsi, le fait, pour un gérant, de commettre des escroqueries en vendant de prétendus « *produits miracles* » fabriqués par sa société engage la responsabilité pénale de celle-ci comme auteur, puisque le gérant est lui-même auteur de l'escroquerie. En revanche, la personne morale sera poursuivie en qualité de complice, chaque fois que ses organes ou représentants se seront eux-mêmes rendus complices d'un tiers, notamment en lui donnant des instructions, pour qu'il commette une infraction au profit de l'être moral. Il s'agit par exemple de l'hypothèse d'un vol de documents de fabrique commis, sur instruction des dirigeants d'une société dans les locaux d'une société concurrente. Rien ne s'oppose à ce que plusieurs personnes morales soient coauteurs d'une infraction ou qu'une personne morale soit complice d'une autre personne morale ou encore qu'une personne physique soit complice d'une personne morale et inversement.

---

[29] F. DESPORTES et F. LE GUENEHEC, op. cit., n° 598-4.

[30] L. SAENKO, « De l'imputation par amputation ou le mode allégé d'engagement de la responsabilité pénale des personnes morales », *Dr. pén.* 2009. étude 14.

[31] F. DESPORTES et F. LE GUNEHEC, op. cit.. n° 615.

Dans toutes ces hypothèses, les relations de complicité ou de coaction devront normalement préexister entre des personnes physiques, ce qui soulève la question du cumul des responsabilités de la personne morale et des personnes physiques. Mais malgré la consécration d'un principe général de responsabilité pénale des personnes morales prévu par l'article 45-1 du Code pénal, l'application de ce principe à toutes les infractions se heurte à des limites.

2 – Les limites de l'application du régime de responsabilité pénale des personnes morales à toutes les infractions

Le régime général de la responsabilité pénale des personnes morales prévu par l'article 45-1 du CP n'a pas vocation à s'appliquer à toutes les infractions pénales.

En premier lieu, même si le droit douanier n'exclut pas la possibilité d'engager la responsabilité pénale des personnes morales, le régime prévu par l'article 45-1 du CP ne devrait pas s'appliquer aux infractions douanières[32]. En effet, le droit douanier, droit dérogatoire, a forgé des règles de responsabilité pénale spécifiques et autonomes, ayant pour objectif d'étendre considérablement le spectre des personnes responsables[33]. Le Code des Douanes ne spécifie pas que les personnes morales sont seulement responsables des infractions commises pour leur compte par leurs représentants, mais prévoit des mécanismes particuliers d'engagement de la responsabilité pénale qui n'excluent pas les êtres moraux. En effet, en vertu de la théorie de l'intéressement à la fraude, tous ceux qui ont participé comme intéressés d'une manière quelconque à un délit de contrebande ou à un délit d'importation ou d'exportation sans déclaration sont passibles des mêmes peines que les auteurs de l'infraction[34]. L'intéressé à la fraude désigne celui qui, sans participer à la commission de l'infraction, a aidé à sa conception, à son organisation ou à assurer l'impunité des fraudeurs et/ou qui y a trouvé un intérêt sans y avoir personnellement mis la main[35]. Or, selon l'article 376 du Code des Douanes, sont réputés intéressés, notamment les entrepreneurs, membres d'entreprise, assureurs, assurés, bailleurs de fonds, propriétaires de

[32] Sur les infractions douanières, A. O. DIENG, *Le contentieux dans la loi n° 2014-10 du 28 février 2014 portant Code des douanes du Sénégal : un équilibre réussi ?*, Dakar, 2014.

[33] V. M. FAYE, *Le droit douanier sénégalais*, Paris, L'Harmattan, 2015, p. 109 et s.

[34] B. NEEL, « L'intérêt à la fraude », *JCP* 1990. I. 3448 ; B. BOULOC, « Intérêt à la fraude en matière douanière », *RTD com.* 1997, p. 160.

[35] V. art. 1er du Code des Douanes.

marchandises, et, en général, ceux qui ont un intérêt direct à la fraude. Or, ces acteurs peuvent avoir le statut de personnes morales. En outre, l'article 373 du Code des Douanes rend pénalement responsables les commissionnaires en douane agréés des opérations en douane effectuées par leurs soins. Or, selon l'article 2 du Règlement n° 10/2008/CM/UEMOA du 26 septembre 2008 relatif aux conditions d'agrément et d'exercice des commissionnaires en douane, sont considérés comme commissionnaires en douane agrées, les personnes morales faisant profession d'accomplir pour autrui les formalités de douane concernant la déclaration en détail des marchandises[36]. Dans une espèce, une cour d'appel avait retenu la responsabilité d'une société sur le fondement de l'ancien article 291 du Code des Douanes, qui rend les commissionnaires en douane responsables pour les opérations effectuées par leurs soins. Dans un arrêt rendu le 23 septembre 2008[37], la Cour suprême a rejeté le pourvoi formé contre cet arrêt au motif que « *la cour d'appel a retenu la responsabilité de la société C., non pour une faute quelconque de ses préposés, mais bien pour non-respect de l'engagement personnel qu'elle avait contracté de réexporter vers le Mali, pour le compte de la S., des marchandises admises en entrepôt fictif en suspension des droits et taxes* ». En France, la Cour de Cassation a jugé, dans un arrêt rendu le 29 juin 2016[38], à propos du délit douanier d'importation en contrebande de marchandises fortement taxées, que le régime de la responsabilité pénale des personnes morales « *ne s'applique pas à la matière douanière* »[39].

En deuxième lieu, la généralisation du domaine de la responsabilité pénale des personnes morales à toutes les infractions[40] ne signifie pas que toute infraction est imputable à une personne morale[41]. La responsabilité

---

[36] M. FAYE, *op. cit.*, p. 116-117. L'auteur écrit que le droit douanier a institué une responsabilité pénale des personnes morales et « *loin d'être un sujet purement théorique, la responsabilité pénale des personnes morales invite à revoir au préalable les classiques de la responsabilité pénale, de l'infraction à la sanction en passant par l'imputabilité* ».

[37] CS ch. crim. n° 01 du 23 septembre 2008, *SDV (CATA) c/ A. C c/Adm. des Douanes*, *inédit*.

[38] Crim. 29 juin 2016, n° 15-82.164.

[39] J.-H. ROBERT, « Les gabelous gardent jalousement leurs privilèges », *Dr. pén.* 2016. Comm. 129.

[40] H. MATSOPOULOU, « La généralisation de la responsabilité pénale des personnes morales », *Rev. soc.* 2004, p. 283.

[41] H. DONNEDIEU DE VABRES, « Les limites de la responsabilité pénale des personnes morales », *RID pén.* 1950, p. 342.

pénale des personnes morales ne devrait en principe pas avoir vocation à s'appliquer en matière d'infractions commises par tous moyens de diffusion publique. En effet, l'article 270 du CP a aménagé un régime spécial de responsabilité pénale appelé responsabilité pénale en cascade qui déroge aux règles ordinaires d'engagement de la responsabilité pénale prévues par le Code pénal. En effet, afin d'éviter que la responsabilité pénale d'une personne morale ne puisse aboutir à une répression excessive en matière de presse, matière pour laquelle il existe déjà des règles spéciales de responsabilité des personnes physiques (responsabilité de plein droit du directeur de publication), les dispositions de l'article 45-1 du CP devraient être écartées en ce qui concerne les infractions de presse. Mais curieusement le Code de la Presse semble admettre une coexistence entre le régime de la responsabilité en cascade, qui a été même étendu à la presse audiovisuelle[42], et celui de la responsabilité pénale des personnes morales. En effet, l'article 220 dudit code consacre le principe de la responsabilité pénale des personnes morales pour les infractions qu'il prévoit ; même si les dispositions de ce code n'ont vocation à régir que « *les professionnels des médias ainsi que toutes les activités relatives à la presse écrite, à la communication audiovisuelle et à la presse en ligne exercées sur le territoire sénégalais* »[43]. Ainsi, lorsque ces infractions sont commises par des professionnels des médias ou à l'occasion des activités relatives à la presse écrite, à la communication audiovisuelle et à la presse en ligne, le système de responsabilité en cascade devrait être combiné avec la responsabilité pénale des personnes morales. En pratique, cette combinaison ne manquera pas de poser de délicats problèmes juridiques[44].

En troisième lieu, si l'article 45-1 du Code pénal a consacré un régime général de responsabilité pénale des personnes morales, ce texte constitue en quelque sorte le droit commun de la responsabilité pénale des personnes morales. Il faut rappeler que certains textes spécifiques, bien avant la consécration du principe général de responsabilité pénale des personnes morales par la loi n° 2021-33 du 23 juillet 2021, avaient déjà prévu la responsabilité pénale des êtres moraux dans des matières particulières (blanchiment et financement du terrorisme, mines, presse, faux monnayage, etc.). Il est évident que dans ces matières, il est possible

---

[42] V. art. 224 du Code de la Presse.

[43] V. art. 1er du Code de la Presse.

[44] P. A. TOURÉ, *Droit pénal général sénégalais, tome 2 : la responsabilité pénale et la sanction pénale*, Dakar, l'Harmattan 2023, n° 81.

d'engager la responsabilité pénale d'une personne morale, mais il est tout aussi certain que le régime général instauré par l'article 45-1 du Code pénal contenu dans le livre deuxième du Code pénal intitulé « *Des personnes punissables, excusables ou responsables pour crimes ou pour délits* » n'aura pas vocation à s'appliquer en vertu de la règle *specialia generalibus derogant* (la loi spéciale déroge à la loi générale). Il faut d'ailleurs préciser que les régimes de responsabilité pénale des personnes morales aménagés par l'article 45-1 du Code pénal et par les textes spéciaux dans les matières précitées ne sont pas tout à fait identiques. À titre d'exemple, contrairement au Code pénal, en matière de faux monnayage, seul l'État est exclu du champ de la responsabilité pénale à l'exclusion des autres personnes morales de droit public (collectivités territoriales, établissements publics, agences d'exécution et structures administratives similaires ou assimilées) [45]. En outre, du point de vue des sanctions, l'interdiction d'émettre des chèques autres que ceux certifiés ainsi que l'exclusion des marchés publics constituent des peines énumérées par l'article 45-1 du Code pénal ; mais, elles ne sont pas prévues par le Code minier[46].

Mais si le Code pénal a mis en place une responsabilité générale quant aux infractions, il a institué un régime spécial de responsabilité quant aux personnes.

B – Une responsabilité spéciale quant aux personnes morales

En droit sénégalais, le législateur a consacré une application différenciée de la responsabilité pénale aux personnes morales. En effet, ce principe ne concerne que les personnes morales de droit privé (1), ce qui exclut les personnes morales de droit public (2).

1 – L'application de la responsabilité pénale aux personnes morales de droit privé

La responsabilité pénale des personnes morales a vocation à s'appliquer à toutes les personnes morales de droit privé. Seuls les groupements de droit privé, ayant la personnalité morale, sont susceptibles d'être déclarés pénalement responsables d'une infraction. La Cour de Cassation française a jugé, après avoir rappelé que seules les sociétés disposant de la personnalité morale sont susceptibles d'être pénalement condamnées, que l'établissement secondaire d'une société ne

---

[45] V. art. 19 de la loi n°2018-02 du 23 février 2018 relative à la répression du faux monnayage et des autres atteintes aux signes monétaires.

[46] V. art. 136 du Code minier.

dispose pas de la personnalité morale et ne peut donc pas être condamné pénalement[47].

La responsabilité des personnes morales s'applique, sans exclusion, aux personnes morales de droit privé[48]. Il se déduit de la généralité des termes utilisés par le législateur qu'aucune personne morale de droit privé n'échappe à la responsabilité pénale. Sont donc notamment concernées les personnes morales à but lucratif, la recherche du profit exposant à des risques infractionnels importants : il s'agit des sociétés civiles ou commerciales et des groupements d'intérêt économique. Sont également concernées les personnes morales à but non lucratif. Il en est ainsi des associations régulièrement déclarées reconnues d'utilité publique ou non, des syndicats[49], des organisations non gouvernementales (ONG), des fondations, etc. Les personnes morales de droit privé précitées sont souvent des groupements volontaires, en ce qu'ils ont été créés par la volonté de personnes physiques (ou d'autres personnes morales).

L'octroi de la personnalité juridique, qui constitue l'aboutissement d'un processus, est généralement conditionné par l'accomplissement d'une ou plusieurs formalités. À titre d'exemple, l'article 819 du COCC prévoit que l'association dont les statuts ont été régulièrement déposés et dont la déclaration a été enregistrée possède la personnalité morale. S'agissant des sociétés commerciales, l'acquisition de la personnalité juridique est subordonnée à leur inscription au registre du commerce et du crédit immobilier. En vertu de l'article 98 de l'AUSCGIE, toute société commerciale dispose de la personnalité juridique à compter de son immatriculation au registre du commerce et du crédit immobilier, sauf si la loi en dispose autrement. En ce qui concerne les organisations non gouvernementales (ONG), l'article 1er du décret n° 2015-145 du 04 février 2015 fixant les modalités d'intervention des organisations non gouvernementale (ONG) énonce que seules peuvent bénéficier de l'agrément en qualité d'ONG, toute association nationale régulièrement déclarée depuis au moins deux ans et toute association étrangère justifiant d'une expérience de deux années d'exercice au Sénégal après autorisation d'exercer (implantation) ou autorisation de création. Mais, les ONG, étant souvent des associations, leur agrément est sans influence sur leur capacité juridique (personnalité juridique) qui est acquise dès leur

47 Cass. crim. 21 nov. 2018, n° 17-83.400, *JurisData* n° 2018-020776.

48 Y. GUYON, « Les personnes morales de droit privé », *Rev. soc.* 1993, p. 235.

49 V. A. DIOH, *Les syndicats de travailleurs au Sénégal*, Paris, l'Harmattan, 2002, p. 203 et s.

déclaration conformément à l'article 819 du COCC. Quant au syndicat, qui constitue une forme particulière d'association, l'article L 8 du Code du Travail renvoie aux formalités de constitution prévues par l'article 812 du COCC[50]. Une fois accomplies les formalités de constitution, l'article L. 15 du Code du Travail énonce que « *les syndicats professionnels jouissent de la personnalité civile* ».

A priori, la personnalité morale existe seulement à compter du moment déterminé par la loi. La responsabilité pénale de l'entité créée ne peut être recherchée que pour des faits accomplis à partir de ce moment et d'éventuelles infractions commises antérieurement, pendant la période de formation de la personne morale, ne pourraient être imputées qu'aux personnes physiques qui en seraient les auteurs matériels. Cette solution découle du principe de la responsabilité pénale personnelle, prévu par l'article 45 du CP, qui prohibe l'engagement de la responsabilité pénale d'une personne du fait d'autrui.

La disparition de la personne morale peut être consécutive à sa dissolution. De même que la disparition d'une personne physique entraîne l'ouverture d'une succession, la disparition d'une personne morale ouvre, sauf exception, une période de liquidation. Toutefois, alors que le décès d'un individu met immédiatement fin à la personnalité juridique de celui-ci[51], il n'en est pas de même des personnes morales dont la personnalité « *survit* » pendant la période de liquidation pour les besoins de l'accomplissement de certaines formalités. Plusieurs textes législatifs prévoient que la dissolution d'une personne morale n'entraîne pas immédiatement la disparition de la personnalité, qui survit pour les besoins de la liquidation, jusqu'à sa clôture. Aux termes des dispositions de l'article 201, alinéa 3 de l'AUSCGIE : « *La personnalité morale de la société subsiste pour les besoins de la liquidation et jusqu'à la clôture de celle-ci* »[52]. Toutefois, le mécanisme de la responsabilité pénale des personnes morales exclut les personnes morales de droit public de son champ.

2 - L'exclusion des personnes morales de droit public du champ de la responsabilité pénale

---

[50] V. A. DIOH, *Les syndicats de travailleurs au Sénégal*, Paris, L'Harmattan, 2002, p. 91, note n° 143.

[51] V. art. 1er du Code de la Famille : « *La personnalité commence à la naissance et cesse au décès* ».

[52] V. également art. 205 de l'AUSCGIE.

Le système de responsabilité pénale des personnes morales écarte de son champ l'État et les autres personnes morales de droit public, à savoir les établissements publics (établissements publics à caractère administratif, industriel et commercial, professionnel, technologique, de santé, etc.), les collectivités territoriales[53] ainsi que les agences d'exécution et les structures administratives similaires.

Il faut préciser que les textes sur le secteur parapublic évoquent à la place la notion de « *structures administratives similaires ou assimilées* » qui sont des entités relevant du secteur parapublic. Selon l'article 8 de la loi d'orientation n° 2022-08 du 19 avril 2022 relative au secteur parapublic, au suivi du portefeuille de l'État et au contrôle des personnes morales de droit privé bénéficiant du concours financier de la puissance publique[54], les autres structures administratives similaires ou assimilées « *désignent des structures dont les modes d'organisation et de fonctionnement s'apparentent à ceux des agences d'exécution sans en prendre la dénomination* » ; il s'agit notamment de certains fonds, des délégations générales, des hautes autorités ou offices[55]. Il en est ainsi notamment du Fonds d'Entretien routier et de la Délégation générale à la protection sociale, etc. L'exclusion de l'État du domaine de la responsabilité pénale est classiquement justifiée par le fait qu'il a le monopole du droit de punir et ne saurait s'auto-incriminer, l'amende étant perçue au profit du trésor public de l'État[56]. La poursuite et la

---

[53] C. MONDOU, « La responsabilité pénale des collectivités territoriales », *AJDA* 1993, p. 539 s.

[54] JORS, n° 7516 du 21 avril 2022, p. 353.

[55] Sur cette question, V. P. A. TOURE, « La réforme du secteur parapublic : évolution ou révolution administrative ? 1ere partie », *Le Soleil* n° 15585 du 10 mai 2022, p. 16.

[56] J.-C. PLANQUE, *La détermination de la personne morale pénalement responsable*, Paris, L'Harmattan, 2003, n° 128 à 130 ; H. DONNEDIEU DE VABRES, « Les limites de la responsabilité pénale des personnes morales », *RID pén.* 1950, p. 339 ; Y. GUYON, « Quelles sont les personnes morales de droit privé susceptibles d'encourir une responsabilité pénale ? », *Rev. soc.* 1993, p. 235 ; J. MOREAU, « La responsabilité pénale des personnes morales de droit public », *LPA* 1996, n° 149, p. 41 ; J.-Y. MARECHAL, « Plaidoyer pour une responsabilité pénale directe des personnes morales », *JCP* 2009. Doctr. 249 ; F. MEYER, « Réflexions sur la responsabilité pénale des personnes morales de droit public à la lumière des premières applications jurisprudentielles », *RFD adm.* 1999, p. 920 ; E. DREYER, « Irresponsabilité ou responsabilité pénale des personnes morales de droit public ? », *JCP* G 2016, 1256 ; F. GARTNER, « L'extension de la répression pénale aux personnes publiques », *RFD adm.* 1994, p. 126 ; E. PICARD, « La responsabilité pénale des personnes morales de droit public. Fondements et champ d'application », *Rev. soc.* 1993, p. 261 ; Ch. BOERINGER et A. MILERAND, « La responsabilité

condamnation des auteurs d'infractions pénales sont effectuées au nom et par l'État qui ne pourrait donc en être lui-même l'objet. Sur le plan des sanctions, il a été soutenu que la condamnation de l'État à une peine n'aurait pas de sens, dès lors qu'il s'autopunirait, par exemple, en procédant au règlement du montant d'une amende entre ses propres mains[57]. Pour d'autres auteurs, c'est moins l'État en tant que personne morale qui se trouve exclu de la responsabilité que la puissance publique qui n'est pas personnalisable[58]. Toutefois, l'exclusion pure et simple de l'État de toute responsabilité pénale n'est pas pleinement satisfaisante parce qu'elle conduit à une inégalité de traitement entre personnes morales[59]. Il n'apparaît pas justifié qu'un accident du travail entraînant la mort ou des blessures de personnes puisse faire l'objet de poursuites s'il survient dans l'atelier d'un établissement privé alors que ce ne sera pas le cas s'il se produit dans une structure gérée par une circonscription administrative (gouvernance, préfecture, etc.)[60]. D'un point de vue pratique, il n'est nullement inconcevable qu'une infraction pénale, notamment une infraction d'imprudence, puisse être commise dans le cadre du fonctionnement d'un ministère ou d'un établissement public. Il aurait donc été souhaitable que le législateur, plutôt que d'exclure purement et simplement la responsabilité pénale de l'État, procède à une distinction selon la nature de l'activité exercée et à l'occasion de laquelle l'infraction a été commise, en permettant la mise en jeu de la responsabilité de l'État en dehors des activités relevant de ses prérogatives de puissance publique[61].

Le droit sénégalais se démarque ainsi du droit français, puisqu'en France, le législateur a admis la possibilité d'engager la responsabilité pénale des collectivités territoriales pour des infractions commises dans

---

pénale des personnes morales : une casuistique diverse au sein d'une jurisprudence cohérente », *Dr. pén.* 2014, Étude, n° 5.

[57] V. F. GARTNER, « L'extension de la répression pénale aux personnes publiques », *RFD adm.* 1994, p. 126.

[58] E. PICARD, art. préc. n° 1.

[59] V. J. MOREAU, « La responsabilité pénale des personnes morales de droit public en droit français », *LPA* 11 déc. 1996, p. 41.

[60] V. sur ce point, J.-C. PLANQUE, op. cit. n° 3, spéc. n° 125 et 126 ; F. MEYER, « Réflexions sur la responsabilité pénale des personnes morales de droit public à la lumière des premières applications jurisprudentielles », *RFD adm.* 1999, p. 920.

[61] V. en ce sens, F. MEYER, art. préc. n° 16 ; J.-C. PLANQUE, préc. n° 3, spéc. n° 152 ; V. également, E. DREYER, art. préc. n° 15, in fine.

l'exercice d'activités susceptibles de délégation de service public[62]. En effet, l'article 121-2, alinéa 2, du CP énonce que : « *les collectivités territoriales et leurs groupements ne sont responsables pénalement que des infractions commises dans l'exercice d'activités susceptibles de faire l'objet de conventions de délégation de service public* ». Le législateur a donc souhaité restreindre la responsabilité pénale de ces personnes publiques aux infractions commises dans le cadre d'activités pouvant être exercées par des personnes privées[63].

En tout état de cause, la consécration par le législateur d'un régime général de responsabilité pénale des personnes morales ne suffit pas. Il a paru nécessaire de mettre en place un véritable dispositif ayant pour objet d'assurer la mise en œuvre de ce mécanisme.

II – La mise en œuvre de la responsabilité pénale des personnes morales

Les rédacteurs de la loi n° 2021-33 du 23 juillet 2021 modifiant le Code pénal ne se sont pas contentés d'instituer un principe de responsabilité pénale des personnes morales. Le législateur a pris le soin de fixer le cadre de mise en œuvre de ce mécanisme[64] qui s'articule autour de la fixation des modalités d'engagement de la responsabilité pénale des personnes morales et de la détermination des peines encourues par ces êtres moraux (B).

A – La fixation des modalités d'engagement de la responsabilité pénale des personnes morales

En énonçant, de façon lapidaire, que les personnes morales sont responsables pénalement des «*infractions commises, pour leur compte, par leurs organes ou représentants* » et que la responsabilité des personnes morales n'exclut pas celle des personnes physiques auteurs ou complices des mêmes faits, l'article 45-1 du CP fixe les conditions

---

[62] C. MONDOU, « La responsabilité pénale des collectivités territoriales », *AJDA* 1993, p. 539 s. ; E. PICARD, « La responsabilité pénale des personnes morales de droit public », *Rev. soc.* 1993, p. 261.

[63] Cass. crim., 18 janv. 2000, *JurisData* n° 2000-000995; *Bull. crim.* n° 28; *Dr. pén.* 2000, comm. 72, note M. Véron ; *D.* 2000, p. 636 note J.-C. Saint-Pau ; *JCP* G 2000, II, 10395 , note F. Debove ; *JCP* E 2001, p. 278 , note Marmoz ; *RSC* 2000, p. 816, obs. B. Bouloc ; J.-B. THIERRY, « La responsabilité pénale des établissements de santé », *Act. jur. pén.* 2012, p. 376 ; J. JORDA, « La responsabilité pénale des personnes morales de droit public à la lumière de la jurisprudence », *Gaz. pal.* 13 févr. 2001, p. 4 ; J.-H. ROBERT, *Droit pénal général,* Paris, PUF 6e éd. 2005, p. 377.

[64] N. RONTCHEVSKY, « La mise en œuvre de la responsabilité pénale des personnes morales, à la lumière de la jurisprudence récente », *RJDA* 1998, p. 175.

d'imputabilité d'une infraction à une personne morale (1) et détermine les incidences de la responsabilité des êtres moraux sur celles des personnes physiques (2).

1 – Les conditions d'imputabilité d'une infraction à une personne morale

Le législateur a enfermé la responsabilité des êtres moraux dans des conditions précises. Il résulte des termes de l'article 45-1 du CP que la responsabilité pénale d'une personne morale ne peut être engagée que si une infraction a été commise par un représentant ou un organe (a) pour le compte de la personne morale (b).

a – La commission d'une infraction par un représentant ou un organe de la personne morale

L'article 45-1 du CP exige qu'une infraction soit commise par un organe ou un représentant pour le compte de l'être moral. Le législateur a donc pris acte du fait qu'un être moral, étant désincarné, ne peut, *a priori*, commettre par ses propres moyens des faits constitutifs d'une infraction, lesquels doivent donc être réalisés, en son nom, par un être humain.

L'intervention d'une personne physique apparaît donc nécessaire pour que l'être moral soit rendu responsable pénalement[65]. L'engagement de la responsabilité pénale du groupement suppose la commission d'une infraction pénale par l'organe ou le représentant de la personne morale pour son compte. Il est donc nécessaire que l'infraction poursuivie ait été caractérisée dans tous ses éléments, matériel et intellectuel, à l'encontre d'un organe ou d'un représentant. Il n'est pas nécessaire qu'une infraction, qu'elle soit intentionnelle ou non, ait donné lieu à la condamnation effective d'un organe ou d'un représentant de la personne morale pour que la responsabilité pénale de celle-ci soit engagée[66]. Il y a d'ailleurs des cas où une déclaration de culpabilité est impossible, par exemple, en cas de disparition de la personne physique, organe ou représentant. Il n'est pas non plus indispensable que la personne physique, organe ou représentant, soit systématiquement identifiée. Cette identification n'est d'ailleurs pas toujours possible. Il en est ainsi notamment en cas de décision fautive prise par un organe collectif sans indication du vote de chacun des

---

[65] M. DELMAS-MARTY, « Les conditions de fond de mise en jeu de la responsabilité pénale des personnes morales », *Rev. soc.* 1993, p. 301 ; R. SALOMON, « Conditions d'engagement de la responsabilité pénale de la personne morale », *Dr. sociétés* 2014, comm. 196.

[66] Cass. crim. 1er déc. 1998, *Bull. crim.*, n° 325, *JCP*, 1998, éd. E, Actualités, p. 194, *RSC*, 1999, p. 337, obs. Giudicelli-Delage.

membres. Il est vrai que, lorsque l'infraction imputée à la personne morale est intentionnelle, l'identification sera souvent nécessaire, puisque la preuve que la loi pénale a été violée en connaissance de cause par l'organe ou le représentant pourra difficilement être rapportée si l'on n'identifie pas celui-ci.

En matière de délit intentionnel, la responsabilité de la personne morale paraît pouvoir être engagée même en l'absence d'identification de la personne physique, dès lors, que, d'une part, l'élément intentionnel du délit résulte de la nature même des agissements poursuivis et que, d'autre part, l'on est certain que l'infraction a été commise par un organe ou un représentant, quel qu'il soit. Ainsi, a pu être imputée à une société, sans qu'ait été identifié l'organe ou le représentant coupable, la violation d'une loi d'amnistie, par la production, au cours d'une instance prud'homale d'un document rappelant une sanction disciplinaire amnistiée[67].

Lorsqu'il est reproché à la personne morale une faute d'imprudence ou de négligence[68], il est possible de lui imputer un tel manquement sans que soit identifiée la personne physique fautive puisque l'on sait que le devoir de faire respecter la réglementation méconnue pèse nécessairement sur un organe ou un représentant de la personne morale : soit le dirigeant, soit en cas de délégation de pouvoirs, le délégataire, lequel peut être considéré comme un représentant au sens légal du terme[69]. Ainsi, la chambre criminelle de la Cour de Cassation française a approuvé la condamnation d'une société pour homicide involontaire dans le cadre du travail, bien que l'identité de la personne physique ayant agi « *pour le compte* » de la personne morale n'ait pas été mentionnée. La haute juridiction a relevé que les motifs de l'arrêt attaqué suffisent à établir « *que le président de la société ou son délégataire en matière de sécurité n'avait pas accompli toutes les diligences normales pour faire respecter la réglementation* »[70]. Mais un tel raisonnement ne saurait être étendu à tous les délits d'imprudence. Il n'est admissible que dans l'hypothèse très précise où l'accident trouve sa cause dans un manquement à des prescriptions légales

---

[67] Crim. 21 mars 2000, *Bull. crim.*, n° 128, *JCP* E, 2001, n° 3, p. 133, obs. J.-H. Robert, Rapp. C. Cass. 2000, p. 443.
[68] J. CONSIGLI, « La responsabilité pénale des personnes morales pour les infractions involontaires : critères d'imputation », *RSC* 2014, p. 297 ; J-H. ROBERT, « À la recherche d'une implication concrète des personnes morales dans la commission des infractions non intentionnelles », *JCP* 2014, n° 746.
[69] Rapp. C. cass. 1998, p. 303.
[70] Crim. 1er déc. 1998, précité.

ou réglementaires que le chef d'entreprise ou son délégataire avaient personnellement l'obligation de respecter ou de faire respecter. En dehors de cette hypothèse, la caractérisation de la faute d'imprudence ou de négligence d'un organe ou d'un représentant de la personne morale nécessite souvent l'identification de celui-ci, à moins que les circonstances de fait ne fassent apparaître de manière évidente que l'accident est le résultat de l'incurie d'un ou plusieurs dirigeants. Ainsi, a été censurée une décision qui, pour retenir la responsabilité pénale de la *Société des Chemins de Fer* (SNCF), mise en cause après qu'un piéton eut été heurté par un train, s'était bornée à énoncer que « *des agents* » de la société ayant la maîtrise des décisions avaient commis des imprudences ou des négligences[71].

L'infraction doit être commise par un organe ou un représentant de la personne morale pour engager sa responsabilité pénale. La notion d'organe de droit d'une personne morale ne soulève pas de difficultés particulières ; il suffit de se reporter, soit à la législation ou à la réglementation concernant la personne morale considérée, soit aux statuts de celle-ci[72]. Ces organes sont constitués par une ou plusieurs personnes physiques auxquelles la loi ou les statuts donnent une fonction particulière dans l'organisation de la personne morale en les chargeant de son administration ou de sa direction. Ainsi, les organes des personnes morales de droit privé sont, s'agissant des sociétés, notamment, le gérant, le président-directeur général, le conseil d'administration ou le directeur général. S'agissant des associations ou des syndicats, les organes sont le président, le bureau, le congrès ou l'assemblée générale. Ainsi, le délit de discrimination a pu être imputé à une société d'habitations à loyer modéré pour avoir été commis au cours d'une délibération de la commission d'attribution des logements de cet organisme[73]. Dans une affaire de corruption d'agents publics étrangers, une société pétrolière a été condamnée pour des actes commis par son « *comité exécutif* », organe collectif créé pour les besoins du fonctionnement de la société[74].

---

[71] Crim. 18 janv. 2000, *Bull. crim.*, n° 28, *Dr. pén.,* 2000, n° 72; *RJDA*, 2000, p. 417.

[72] J. LASSERRE CAPDEVILLE, « La notion d'organe ou de représentant de la personne morale », *Act. jur. pén.* 2018, p. 550.

[73] Cass. crim., 11 juill. 2017, n° 16-82.426, *JurisData* n° 2017-014118.

[74] Cass. crim., 14 mars 2018, n° 16-82.117, *JurisData* n° 2018-003623; *JCP* G 2018, 389, obs. J.-M. Brigant; *JCP* E 2018, 1363 , note E. Dreyer ; *Dr. pén.* 2018, comm. 110, note J.-H. Robert.

Les organes de fait, en pratique, les dirigeants de fait, qui ne sont pas nommés conformément à la loi ou aux statuts, peuvent-ils valablement engager la responsabilité pénale de la personne morale ? La doctrine est divisée sur cette question. Quoi qu'il en soit, dès lors que l'organe doit agir *« pour le compte de »* la personne morale, il n'y a pas de raison de ne pas rendre le groupement responsable du fait d'un dirigeant de fait. Admettre le contraire reviendrait à créer une inégalité devant la loi pénale puisqu'il suffirait de placer à la tête de l'être moral un prête-nom pour échapper à toute responsabilité[75]. La Cour de Cassation française, dans un arrêt du 17 décembre 2003, a approuvé la condamnation pour escroquerie d'une société, fondée sur le fait que l'auteur des faits intervenait en tant que dirigeant de fait de la société et la représentait, notamment, dans ses relations avec une autre société ; le pourvoi soutenant que l'intéressé était un simple salarié non pourvu d'une délégation de pouvoirs a été rejeté[76]. Dans une affaire de prêt illicite de main-d'œuvre et de marchandage dans laquelle le gérant de fait d'une société et cette dernière ont été condamnés, le moyen du pourvoi, qui invoquait notamment l'absence de caractérisation de la commission de l'infraction par un organe ou un représentant, a été rejeté ; ce qui confirme que le gérant de fait est bien apte à engager la responsabilité pénale de la personne morale[77].

Les représentants sont des personnes ayant le pouvoir d'agir au nom de la personne morale (directeur général, président-directeur général d'une société commerciale, président d'une association, etc.)[78]. La notion de représentant se confond pour partie avec celui d'organe dans la mesure où

---

[75] E. DREYER, *Droit pénal général*, préc., n° 1146 ; M. DELMAS-MARTY, « Les conditions de fond de mise en jeu de la responsabilité pénale des personnes morales », *Rev. soc.* 1993, p. 301 ; J.-C. PLANQUE, op. cit.. n° 15, spéc. n° 353, *contra*, J. PRADEL, op. cit., n° 74, spéc. n° 543.

[76] Cass. crim., 17 déc. 2003, n° 00-87.872 ; V. également CA Douai, 26 févr. 2003, *JurisData* n° 2003-214506. Cette solution a été confirmée ultérieurement dans le cas du dirigeant de fait d'une société poursuivie du chef de blessures involontaires, Cass. crim., 13 avr. 2010, n° 09-86.429, *JurisData* n° 2010-006671 ; *Dr. pén.* 2010, chron. 9, n° 2 , note M. Segonds ; *Dr. soc.* 2010, p. 854 , obs. F. Duquesne ; Cass. crim., 11 juin 2013, n° 12-84.499, *JurisData* n° 2013-014219 ; *Dr. pén.* 2013, chron. 10, n° 2 , note M. Segonds), de celui d'une société poursuivie pour escroquerie (Cass. crim., 16 oct. 2013, n° 12-81.532, *JurisData* n° 2013-022379) ou encore de celui d'une association (Cass. crim., 10 avr. 2013, n° 12-82.088, *Rev. pénit.* 2013, p. 350 , obs. X. Pin).

[77] Cass. crim., 11 juill. 2017, n° 16-86.092, *JurisData* n° 2017-014055.

[78] PH. CONTE, « Notion de représentant de la personne morale », *Dr. pén.* 2018, comm. 124.

la plupart des organes d'une personne morale, et particulièrement ceux qui, en pratique, risquent d'engager la responsabilité pénale de celle-ci, sont des organes de représentation, c'est-à-dire des représentants légaux. Toutefois, il existe des hypothèses dans lesquelles les représentants d'une personne morale n'en sont pas les organes[79]. En effet, il y a des personnes ayant la qualité de représentants de la personne morale sans être pour autant des organes légaux ou statutaires. Dans certaines situations, des personnes physiques peuvent recevoir une mission de représentation de la personne morale sans en devenir des organes[80]. Il en est ainsi des mandataires judiciaires, administrateurs ou liquidateurs d'une société ou d'une association dans le cadre d'une procédure collective[81] et de l'administrateur provisoire, sauf à considérer qu'il s'agit là d'un organe, puisque sa mission, bien qu'accidentelle, est prévue par la loi[82]. Le représentant peut également être le « *chef d'entreprise* », qui désigne la personne à laquelle les organes ont donné pour mission générale de gérer et de représenter la personne morale. Il en est ainsi, par exemple, du directeur général d'une société à responsabilité limitée. Le représentant peut encore être un mandataire spécial, extérieur à la personne morale, mais chargé de la représenter auprès des tiers. Il peut s'agir également d'un employé de celle-ci dont les fonctions impliquent la représentation[83].

La responsabilité pénale de la personne morale est exclue en cas d'infraction commise par un de ses préposés ou salariés[84]. La condition posée par l'article 45-1 du CP interdit qu'une personne morale soit déclarée pénalement responsable des infractions commises, même à son profit, par l'un de ses membres si celui-ci n'a pas la qualité d'organe ou n'est pas qualifié pour la représenter. Il en résulte que l'employé d'une société, l'adhérent d'une association ou le membre d'un syndicat, qui commet une infraction, n'engage pas la responsabilité pénale de la personne morale. La responsabilité de la personne morale prévue par

---

[79] F. DESPORTES et F. LE GUENEHEC, op. cit., n° 607.

[80] H. MATSOPOULOU, « Responsabilité pénale des personnes morales », *Rép. soc.* Dalloz, n° 41.

[81] CA Nîmes, 20 avr. 2001, *JurisData* n° 2001-150204.

[82] C. RUELLAN, « La responsabilité pénale des administrateurs provisoires et judiciaires du fait de leur administration », *Dr. pén.*, 2000, chr. 25, spéc. p. 8.

[83] F. DESPORTES et F. LE GUENEHEC, ibid.

[84] J-C. SAINT-PAU, « La responsabilité pénale d'une personne physique agissant en qualité d'organe ou représentant d'une personne morale » in *Mélanges B. Bouloc,* Paris, Dalloz 2007, p. 1011 ; G. ROUJOU DE BOUBEE, « La responsabilité pénale des personnes morales, essai d'un bilan », in *Mélanges offerts à André Decocq,* Paris, Litec 2004, p. 535.

l'article 45-1 du CP est une responsabilité indirecte ou « *par ricochet* » dans la mesure où elle ne peut être mise en cause que par le truchement de personnes physiques[85]. Le législateur n'a pas institué, en effet, un mécanisme permettant d'imputer directement des faits délictueux à une personne morale. La nécessité d'établir l'existence d'une infraction commise par une personne physique résulte des termes de l'article 45-1 du CP, qui énonce que les personnes morales « *sont responsables des infractions commises l...] par leurs organes ou représentants* ».

Dire qu'une personne morale est pénalement responsable d'une infraction ne signifie donc nullement qu'elle a commis elle-même l'infraction. Cela veut dire seulement que l'infraction lui est imputable. Le législateur définit ainsi les conditions dans lesquelles une infraction commise par une personne physique peut être imputée à une personne morale. Il s'ensuit que ce n'est pas à l'encontre de la personne morale que doivent être caractérisés les éléments constitutifs de l'infraction, tant matériels qu'intellectuels, mais à l'encontre de la personne physique, organe ou représentant. Le juge pénal n'a pas à se demander si la personne morale a voulu l'infraction ou si elle a commis une imprudence, ces questions n'ayant guère de sens. Il doit rechercher dans un premier temps si une infraction a été commise par une ou plusieurs personnes physiques et examiner ensuite si les circonstances dans lesquelles cette infraction a été commise permettent de l'imputer à la personne morale. Indirecte, la responsabilité pénale des personnes morales n'est cependant pas une responsabilité du fait d'autrui comme en connaît le droit civil ou le droit administratif. En effet, le droit pénal est dominé par le principe de la responsabilité personnelle, qui s'applique tant aux personnes physiques qu'aux personnes morales pénalement poursuivies[86]. D'ailleurs, à la faveur de l'adoption de la loi n° 2021-33 du 23 juillet 2021 modifiant le Code pénal, le législateur a réaménagé les dispositions de l'article 45 du CP qui consacre désormais le principe de la responsabilité pénale personnelle ou principe de la personnalité de la responsabilité pénale. Aux

---

[85] P. A. TOURÉ, « Réflexion critique sur le principe de l'irresponsabilité pénale des personnes morales (de droit privé et de droit public), in *Bulletin d'information de la Cour suprême*, n° 15-16, mars 2020, p. 99 et s ; J.-Y. CHEVALIER, « Plaidoyer pour une responsabilité pénale directe des personnes morales », *JCP* 2009. chron. 249.

[86] Sur cette question, A. VITU, « La responsabilité des personnes morales et la responsabilité du fait d'autrui » VIIe Congrès Int. de droit pénal, Paris, éd. Cujas, 1957.

termes de ce texte : « *Nul n'est pénalement responsable que de son propre fait* »[87].

L'acte infractionnel posé par le représentant ou par l'organe ou représentant et pour le compte de la personne morale est, en réalité, imputé directement à l'entité morale[88].

b – La commission d'une infraction pour le compte de la personne morale

La responsabilité pénale de la personne morale n'est engagée, aux termes de l'article 45-1 du CP, que si l'organe ou le représentant a agi « *pour le compte* » de celle-ci. Cette expression légale, non définie, doit être entendue au sens large, c'est-à-dire que l'infraction doit être commise dans l'intérêt direct ou indirect de la personne morale. Cet intérêt peut évidemment consister dans la réalisation ou l'espérance d'un profit financier, qu'il s'agisse d'obtenir un gain ou d'éviter une perte[89]. La doctrine considère que « *l'intérêt de la personne morale s'entend de l'intérêt dans l'activité à l'occasion de laquelle est commise l'infraction et non de l'intérêt dans l'infraction* »[90]. En d'autres termes, « *pour le compte* » signifie « *dans l'exercice d'activités ayant pour objet d'assurer l'organisation, le fonctionnement ou les objectifs du groupement doté de la personnalité morale, et ce, même si la personne morale n'y a trouvé aucun intérêt, même s'il n'en est résulté pour elle aucun profit* »[91] ou encore « *que l'acte délictueux, engageant la responsabilité pénale de la*

[87] J.-Y. LASSALLE, « Réflexions à propos de l'article 121-1 du futur Code pénal consacrant le principe de la personnalité de la responsabilité pénale », *JCP* G. 1993, I, 3695 ; J-H. ROBERT, « Principe de la responsabilité personnelle », *Juris-class. pén.* code, art. 121-1, fasc. 20, 2021 ; E. DREYER, « Que reste-t-il de la responsabilité pénale personnelle des personnes physiques ? », *Le nouveau Code pénal,* Paris, LGDJ, 2014, p. 97 ; B. PEREIRA, « Responsabilité pénale », *Rép. dr. pén. proc. pén.*, Dalloz, 2017.

[88] E. FORTIS, « Le fait personnel de la personne morale », *RSC* 2004, p. 339.

[89] J. PRADEL, préc. n° 46, spéc. n° 547 ; F. DESPORTES et F. LE GUNEHEC, préc. n° 4, spéc. n° 612 ; J.-C. SAINT-PAU, « La responsabilité des personnes morales, réalité et fiction » in *Le risque pénal dans l'entreprise*, art. préc. n° 4, spéc. n° 146 ; E. DREYER, « Responsabilité pénale des personnes morales : question d'imputation ou d'imputabilité ? » *Gaz. pal. spécialisée*, 2015, n° 305 à 307, p. 24.

[90] J.-C. SAINT-PAU, art. préc. n° 36, spéc. n° 147.

[91] J. CONSIGLI, « La responsabilité pénale des personnes morales pour les infractions involontaires : critères d'imputation », *RSC* 2014, p. 297.

personne morale, doit être en relation avec les fonctions ou les missions confiées à ses organes ou représentants »[92].

L'intérêt de la personne morale peut aussi être d'ordre juridique, lorsque l'infraction participe à son organisation ou à son fonctionnement ou a eu lieu dans le cadre d'activités relevant de l'objet social de l'être moral, même s'il n'en a retiré aucun profit ou intérêt[93]. Toutefois, il est clair que la responsabilité de la personne morale n'est pas engagée si l'auteur de l'infraction n'a agi que dans son intérêt exclusif, pour son propre compte, même s'il a agi dans le cadre de ses fonctions et même à l'encontre des intérêts de la personne morale ; par exemple, en cas de détournements de fonds ou valeurs à des fins personnelles. Ainsi, le dirigeant qui détourne des fonds n'engage évidemment pas la responsabilité pénale de la société qui est victime de ces agissements. La Cour de Cassation française a rejeté le pourvoi formé contre un arrêt d'appel qui a prononcé la relaxe d'un office de tourisme municipal en raison de documents listant des établissements dans lesquels l'accueil de clients ayant des noms à consonance maghrébine n'était pas souhaité, ces documents ayant été rédigés « *de la propre initiative d'une salariée, sans en référer à sa hiérarchie et non titulaire d'une délégation de pouvoirs* »[94].

Une personne morale peut-elle voir sa responsabilité pénale engagée lorsque son organe ou représentant agit en dehors de ses fonctions ? S'agissant de l'organe de la personne morale, une réponse affirmative s'impose. En effet, limiter la capacité délictuelle de la personne morale au domaine restreint des attributions fonctionnelles de l'organe qui a agi risquerait « *de créer de larges zones d'irresponsabilité pénale injustifiées* »[95]. En outre, l'article 45-1 du CP prévoit la possibilité d'ordonner, à titre de sanction, la dissolution de la personne morale lorsque celle-ci a été « *détournée de son objet* » pour commettre l'infraction. Or, par définition,

---

[92] H. MATSOPOULOU, « Responsabilité pénale des personnes morales », *Rép. soc.*, Dalloz n° 36.

[93] T. corr. Versailles, 18 déc. 1995, *JCP* 1996. II. 22640, note J.-H. Robert, pour une infraction de marchandage commise dans le cadre d'une stratégie adoptée par la personne morale ; il en est ainsi en particulier en matière d'atteintes involontaires aux personnes par défaut de surveillance, de prudence ou de sécurité ; V. crim. 13 mars 2001, n° 99-86. 256 ; Crim. 25 sept. 2007, n° 06-85.945.

[94] Crim. 29 janv. 2008, n° 07-80.264.

[95] R. MERLE et A. VITU, *Traité de droit criminel, problèmes généraux de la science criminelle, droit pénal général,* Paris, Cujas, 7e éd. 1997, n° 647.

dans une telle hypothèse, l'organe n'a pas agi dans les limites de ses attributions.

Lorsque le dépassement de pouvoir est le fait d'un représentant, la réponse est peut-être moins évidente et les tribunaux pourront être amenés à faire preuve d'une souplesse en tenant compte de la qualité du représentant[96].

2 – Les incidences de la responsabilité pénale des personnes morales sur celle des personnes physiques

Le législateur a posé le principe que la responsabilité pénale des personnes morales se cumule avec celle des personnes physiques (a). Cependant, cette règle est susceptible de faire l'objet d'un certain nombre de tempéraments (b).

a – Le principe du cumul des responsabilités

La responsabilité des personnes morales ne se substitue pas à celle des personnes physiques, mais peut, au contraire, se cumuler avec elle. C'est le principe du cumul des responsabilités pénales de la personne morale et de la personne physique qui a été consacré[97]. L'imputation de la responsabilité à l'être collectif n'a pas un caractère exclusif. L'article 45-1 du CP énonce, en effet, que « *la responsabilité des personnes morales n'exclut pas celle des personnes physiques, auteurs ou complices des mêmes faits* ». Les personnes physiques concernées sont celles ayant la qualité d'organe ou de représentant de la personne morale, mais également toute autre personne qui agirait sur leurs instructions ou tout coauteur. Ainsi, des poursuites pénales peuvent être dirigées en même temps contre la personne morale et la personne physique[98]. La jurisprudence a admis le

---

[96] F. DESPORTES et F. LE GUNEHEC, op. cit., spéc. n° 609 ; *contra*, H. MATSOPOULOU, « Responsabilité pénale des personnes morales », *Rép. soc.* Dalloz, n° 36.

[97] Crim. 11 mars 2003, *Bull. crim.*, n° 65.

[98] G. COUTURIER, « Répartition des responsabilités entre personnes morales et personnes physiques », *Rev. soc.* 1993, p. 307 ; B. BOULOC, « Le domaine de la responsabilité pénale des personnes morales », *Rev. soc.* 1993, p. 291; Y. MAYAUD, « L'articulation des responsabilités pénales entre personne morale et personnes physiques- Une logique d'artifices », *Act. jur. pén.* 2018, p. 546 ; M. FAVERO, « Responsabilité pénale des personnes morales et responsabilité des dirigeants : responsabilité alternative ou cumulative ? », *PA*, 8 déc. 1995, p. 15, spéc. p. 18 ; A. OUTIN-ADAM, « La responsabilité pénale de la personne morale et le cumul avec la responsabilité individuelle », *Gaz. pal.* 1999, 1, doctr. p. 364 ; J. SIMON, « Responsabilité pénale des personnes morales et des personnes physiques, coauteurs ou complices des mêmes faits », *D. affaires* 1995, p. 101 ; B. GENDRY,

principe du cumul de la responsabilité pénale des personnes morales et de celle des personnes physiques[99]. Les poursuites à l'égard de la personne physique et de la personne morale se caractérisent par leur complète autonomie, de sorte que la relaxe de la personne physique ne fait point obstacle à la condamnation de la personne morale[100]. De même, la relaxe de la personne morale ne fait point obstacle à la condamnation de la personne physique[101].

La règle du cumul est justifiée à plusieurs égards. En premier lieu, le cumul s'impose, puisque la responsabilité pénale des personnes morales présuppose le plus souvent la responsabilité préexistante d'une personne physique ayant commis l'infraction « *pour le compte* » de l'être moral. Or, le fait de commettre une infraction pour le compte d'un tiers n'a jamais été, au regard du droit pénal, une cause d'irresponsabilité. Il est donc normalement impossible qu'une personne morale soit condamnée si une personne physique n'est pas également susceptible de l'être. Le législateur n'ayant pas voulu que la responsabilité pénale des êtres moraux apparaisse comme se substituant à celle des personnes physiques ; il a prévu que cette responsabilité ne devait pas exclure celle des individus auteurs ou complices des mêmes faits[102]. En second lieu, il importe d'éviter, dans un souci d'efficacité, que la responsabilité pénale des groupements constitue un écran utilisé pour masquer des responsabilités personnelles. La responsabilité pénale des personnes morales ne peut avoir pour effet d'exonérer « *de leur propre responsabilité, les auteurs de l'infraction commise pour le compte de celle-ci, en masquant le caractère délictueux de leurs agissements personnels* »[103]. On n'imagine pas, en effet, que le représentant d'une personne morale coupable d'une escroquerie bénéficie d'une immunité pour la seule raison qu'il aurait agi pour le compte de la personne morale. La chambre criminelle de la Cour de Cassation française a jugé que la relaxe prononcée en faveur des organes ou représentants de la personne morale n'exclut pas nécessairement la responsabilité de cette

---

« Responsabilité pénale des personnes morales et responsabilité pénale des dirigeants : alternative ou cumul », *PA* 20 nov. 1996, p. 7.

[99] Cass. crim., 11 mars 2003, n° 02-82.352, *JurisData* n° 2003-018408 ; *Bull. crim.* n° 65 ; *Dr. pén.* 2003, comm. 84, obs. M. Véron.

[100] Cass. crim., 8 sept. 2004, n° 03-85.826, *JurisData* n° 2004-025158 ; *Dr. pén.* 2005, comm. 11, obs. M. Véron ; *D.* 2005, p. 1527, obs. G. Roujou de Boubée.

[101] Cass. crim., 26 oct. 2004, n° 03-86.970, *Bull. crim.* n° 254.

[102] G. COUTURIER, « Répartition des responsabilités entre personnes morales et personnes physiques », *Rev. soc.* 1993, p. 307.

[103] G. COUTURIER, ibid.

dernière[104]. Cette règle paraît logique dans la mesure où une personne morale est un cadre juridique à qui on impute une infraction nécessairement commise par une ou des personnes physiques qui en sont membres ou qui, plus exactement, ont la qualité d'organe ou de représentant de cette entité juridique[105].

b – Les tempéraments au principe du cumul des responsabilités

L'article 45-1 du CP permet de retenir cumulativement la responsabilité de la personne morale et celle de son organe ou représentant, mais il n'impose pas cette solution[106]. La responsabilité de la personne morale, étant autonome, il est toujours loisible de la dissocier de celle de la personne physique, l'objectif étant d'alléger la responsabilité des dirigeants en certaines matières[107]. La responsabilité pénale des personnes morales doit, en effet, permettre de limiter celle encourue par les personnes physiques, notamment par les dirigeants, dans les cas où une faute pourrait effectivement être prouvée à leur encontre.

C'est pour les infractions d'imprudence ou purement matérielles que le principe du cumul des responsabilités de la personne physique et de la personne morale est susceptible de connaître des limitations. Pour rappel, dans ces cas, il n'est d'autre moyen pour l'employeur de s'exonérer de sa responsabilité pénale que de rapporter la preuve d'une délégation de pouvoirs. Dans l'hypothèse où un accident apparaîtrait comme la conséquence d'un défaut d'organisation de l'entreprise imputable à des décisions collectives successives, il est possible de ne retenir que la seule responsabilité de la personne morale[108]. Dans une espèce, une société a été poursuivie pour blessures involontaires en même temps qu'un de ses organes qui a été relaxé en raison de l'absence de commission d'une faute délibérée ou caractérisée. L'arrêt d'appel, relaxant également la personne morale, a été cassé par la chambre criminelle de la Cour de Cassation française. Selon la haute juridiction « *les personnes morales sont responsables pénalement de toute faute non intentionnelle de leurs organes ou représentants ayant entraîné une atteinte à l'intégrité physique constitutive du délit de blessures involontaires, alors même*

[104] Cass. crim., 8 sept. 2004, n° 03-85.826, *JurisData* n° 2004-025158; *Dr. pén.* 2005, comm. 11, note M. Véron ; *D.* 2005, p. 1527, obs. G. Roujou de Boubée.

[105] Crim. 1er mars 2016, n° 14-86.601; crim. 29 juin 2016, n° 15-83.523.

[106] F. DESPORTES et F. LE GUENEHEC, op. cit., n° 620.

[107] Crim. 26 oct. 2001, *Bull. crim.*, n° 254.

[108] J. H. ROBERT, « À la recherche d'une implication concrète des personnes morales dans la commission des infractions non intentionnelles », *JCP* 2014, n° 746.

qu'en l'absence de faute délibérée ou caractérisée au sens de l'article 121-3, alinéa 4, nouveau, la responsabilité pénale des personnes physiques ne pourrait être recherchée »[109]. En l'espèce, s'agissant d'un accident du travail, le juge de cassation a reproché aux juges du fond de ne pas avoir recherché si un défaut de surveillance ou d'organisation du travail n'était pas imputable au chef d'établissement ou à son délégataire en matière de sécurité, ce manquement étant susceptible, nonobstant l'absence de faute délibérée ou caractérisée, d'engager la responsabilité pénale de la société[110]. En outre, des considérations liées notamment à l'opportunité des poursuites sont susceptibles de tempérer le principe du cumul des poursuites. Ainsi, le procureur de la République peut, en vertu de ce principe, ne poursuivre que la personne morale ou le représentant, personne physique de l'être moral.

On peut toutefois se demander si les parquets n'auront pas plutôt tendance à poursuivre, pour plus de sécurité juridique, tant les dirigeants de la société que la société elle-même devant le tribunal correctionnel. En tout état de cause, en cas d'ouverture d'une information judiciaire, le juge d'instruction, qui est saisi *in rem*, a toujours la possibilité d'inculper le dirigeant, même si seule la personne morale est visée dans le réquisitoire introductif ou la plainte avec constitution de partie civile.

B – La détermination des peines encourues par les personnes morales

Les personnes morales ne sont pas des êtres de chair et de sang, mais de simples fictions juridiques et ne sauraient à l'évidence être soumises à des peines privatives de liberté. La peine d'emprisonnement n'est pas

---

[109] Cass. crim., 24 oct. 2000, *JurisData* n° 2000-007078*; Bull. crim.* n° 308 ; *JCP* G 2001, II, 10535 , note M. Daury-Fauveau ; *Dr. pén.* 2001, comm. 29 , note M. Véron ; *D.* 2002, p. 514, note J.-C. Planque ; *RSC* 2001, p. 156, obs. Y. Mayaud, p. 371, obs. B. Bouloc, p. 399, obs. A. Cerf-Hollender et p. 824, obs. G. Giudicelli-Delage. La solution a été réaffirmée dans les mêmes termes par plusieurs arrêts de la Cour de Cassation française : Cass. crim., 4 déc. 2007, n° 07-81.072, *JurisData* n° 2007-042285 ; cass. crim., 19 nov. 2013, n° 12-86.554, *JurisData* n° 2013-026180 ; cass. crim., 13 déc. 2016, n° 15-80.181, *JurisData* n° 2016-026856 ; cass. crim., 6 mars 2018, n° 16-87.031, *JurisData* n° 2018-003644.

[110] Sur cette question, G. ROUJOU DE BOUBEE, « La responsabilité pénale des personnes morales, essai d'un bilan » in *Mélanges A. Decocq*, p. 535 ; P. CONTE, *Droit pénal spécial*, Paris, Lexisnexis, 5e éd., 2016, n° 79 ; J. CONSIGLI, « La responsabilité pénale des personnes morales pour les infractions involontaires : critères d'imputation », *RSC* 2014, p. 297 ; E. DREYER, *Droit pénal général*, op. cit., n° 1173.

envisageable contre un être fictif. Comment, en effet, priver de liberté un être dépourvu d'enveloppe charnelle ? [111]. En outre, l'accomplissement d'un travail au bénéfice de la société, la suspension du permis de conduire et le retrait du permis de chasse ne peuvent pas être appliqués à une personne morale. C'est pourquoi le législateur a aménagé des peines spécifiques à la nature désincarnée des êtres moraux[112]. Avant d'étudier la consistance des peines encourues par les personnes morales, (2) il importe au préalable d'analyser leurs caractères généraux (1).

1 – Les caractères généraux des peines encourues par les personnes morales

Les peines encourues par les personnes morales présentent des particularités par rapport à celles prévues pour les personnes physiques. En premier lieu, le législateur, en prévoyant les peines encourues par les personnes morales, ne fait aucune distinction entre les peines criminelles, correctionnelles et contraventionnelles ; il y a une identité des peines criminelles correctionnelles et contraventionnelles. Que la personne morale commette un crime, un délit ou une contravention, elle encourt les mêmes peines prévues par l'article 45-1 du CP. Il s'agit là d'une grande particularité par rapport aux peines encourues par les personnes physiques. Alors que la qualification des infractions commises par les personnes physiques dépend de la gravité de la peine encourue, il est impossible de s'attacher aux seules peines encourues par les personnes morales, pour savoir si l'infraction considérée constitue un crime, un délit ou une contravention. Le dispositif prévu dans le Code pénal ne fait pas de différence entre les crimes, les délits et les contraventions, lorsqu'ils sont imputés à une personne morale. Ainsi, la qualification pénale de

---

[111] P. DELEBECQUE, « Les sanctions pénales applicables aux personnes morales. Les sanctions de l'article 131-39, 3°, 5°, 6° et 7° », *Rev. soc.*1993, p. 349 ; V. not. G. ROUJOU DE BOUBÉE, « Les sanctions, in *L'avant-projet de révision du Code pénal, RID pén.* 1980. 23 ; P. CONTE, *Du particularisme des sanctions en droit pénal de l'entreprise, IXe Congrès de l'Association française de droit pénal*, Lyon, 26-28 nov. 1987 ; P. LE CANNU, « Les sanctions pénales applicables aux personnes morales. Dissolution, fermeture d'établissement et interdiction d'activités », *Rev. soc.* 1993, p. 341 ; F. LE GUNÉHEC, « Peines applicables aux personnes morales, Peines criminelles et correctionnelles », *Juris-class. pén.*, art. 131-37 à 131-49, fasc. 10, 2002.

[112] B. BOULOC, « Généralités sur les sanctions applicables aux personnes morales », *Rev. soc.* 1993, p. 327 ; C. DUCOULOUX-FAVARD, « Quatre années de sanctions pénales à l'encontre des personnes morales », *D.* 1998, p. 395 ; M. BOIZARD, « Les sanctions pénales applicables aux personnes morales. Amende, confiscation, affichage ou communication de la décision », *Rev. soc.* 1993, p. 330.

l'infraction imputée à la personne morale doit être déterminée par référence aux peines encourues par les personnes physiques[113]. On voit que ce système de fixation des peines n'est pas très satisfaisant même si l'on peut compter sur la vigilance des juges pour éviter des décisions choquantes liées, notamment, à l'absence de distinction entre les peines criminelles, les peines correctionnelles et les peines contraventionnelles.

En second lieu, contrairement aux peines prévues pour les personnes physiques, s'agissant des personnes morales, il n'existe ni de peines complémentaires ni de peines accessoires. Toutes les peines prévues par le législateur sont, en quelque sorte, des peines principales que le juge peut librement combiner entre elles[114]. Dans l'arrêt rendu le 06 mars 2014[115], la chambre criminelle de la Cour suprême a eu l'occasion, pour la première fois, à notre connaissance, d'appliquer le régime de la responsabilité pénale des personnes morales. En l'espèce, deux sociétés commerciales ont été reconnues coupables comme bénéficiaires du produit de la commission de l'infraction de blanchiment de capitaux. Ainsi, le juge suprême, statuant en première instance, a condamné chacune à une peine d'amende d'un milliard cent trente millions (1 130 000 000) francs CFA, correspondant au taux égal au quintuple de celles encourues par les personnes physiques (soit deux cent vingt-six millions francs CFA fois cinq (226 000 000 X 5). En outre, lesdites sociétés ont été condamnées à l'exclusion des marchés publics pour une durée de cinq (5) ans, à l'interdiction pour une durée de cinq (5) ans d'exercer directement ou indirectement une ou plusieurs activités professionnelles ou sociales à l'occasion de laquelle l'infraction a été commise et enfin à la fermeture définitive des établissements ayant servi à commettre les faits incriminés, conformément à l'article 42 de l'ancienne loi uniforme n°2004-09 du 06 février 2004 relative à la lutte contre le blanchiment de capitaux.

Ainsi, le juge suprême a procédé à la combinaison de trois peines, pour sanctionner l'infraction de blanchiment de capitaux reprochée à une personne morale.

2 – La consistance des peines encourues par les personnes morales

Le législateur a prévu une diversité de peines applicables aux personnes morales qui prennent en compte sa nature désincarnée. Parmi

---

[113] En ce sens, F. DESPORTES et F. LE GUNEHEC, op. cit., n° 858.
[114] En ce sens, F. DESPORTES et F. LE GUNEHEC, op. cit., n° 859.
[115] CS, ch. crim. n°33 du 06 mars 2014, MP et AJE c/ Ch. G. et autres, *inédit*.

les peines encourues par les personnes morales, il y a notamment des peines pécuniaires, des peines restrictives de droits et des peines portant atteinte à la réputation de la personne morale. L'article 45-1 du CP évoque l'amende, la confiscation, la fermeture d'établissement, la dissolution, l'interdiction d'exercer une activité professionnelle ou sociale, l'exclusion des marchés publics, l'interdiction de faire appel public à l'épargne, l'interdiction d'émettre des chèques ou d'utiliser des cartes de paiement ainsi que l'affichage ou la diffusion de la décision de condamnation. Parmi les sanctions d'ordre pécuniaire figurant dans l'arsenal pénologique des personnes morales, l'amende pénale est la plus importante. Elle est définie comme l'obligation faite à un condamné, en vertu d'une décision pénale, de payer à l'État, plus précisément au Trésor, une certaine somme d'argent[116]. Les personnes morales encourent une amende dont le taux maximum est égal au quintuple de celui prévu pour les personnes physiques par la loi qui réprime l'infraction. Le législateur a consacré la règle du quintuplement du montant de l'amende. Ainsi, dès lors que l'infraction est punie d'amende pour les personnes physiques, l'amende encourue par les personnes morales résulte d'un simple calcul.

L'article 45-1 du CP prévoit également la confiscation de la chose qui a servi ou était destinée à commettre l'infraction ou de la chose qui en est le produit. La confiscation est l'attribution à l'État de tout ou partie des biens appartenant au condamné ou sous réserve des droits du propriétaire de bonne foi, dont il a la libre disposition[117]. Elle se traduit par une privation de la propriété sur un ou plusieurs biens au profit de l'État.

Le législateur vise, parmi les sanctions encourues par les personnes morales, la fermeture définitive ou pour une durée de cinq (5) ans au plus d'un ou de plusieurs des établissements de l'entreprise ayant servi à commettre les faits incriminés[118]. La loi exige l'existence d'un rapport entre l'établissement concerné et la commission de l'infraction, le premier devant avoir servi à consommer cette dernière. De manière plus précise,

---

[116] Cl. DUCOULOUX-FAVARD, « L'amende et son rapport avec le profit illicite », *LPA* 2004, no 54, p. 3 s.

[117] J. C. DUCOULOUX-FAVARD et D. GERIN, « La confiscation en droit pénal français », *LPA* 31 oct. 1982, p. 9 et s. ; H. MATSOPOULOU, « La confiscation dans le nouveau Code pénal », *RSC* 1995. 301 ; J. H. ROBERT, « La confiscation en droit pénal français », *La criminalité d'argent. Quelle répression ?*, *Actes du colloque tenu à la première chambre de la Cour d'Appel de Paris*, 14 nov. 2003, Paris, Montchrestien, 2005, p. 195 ; A. BEZIZ-AYACHE, « Confiscation », *Rép. pén. proc. pén.* 2017.

[118] X. PIN, « Fermeture d'établissement », *Jcl. pén.* code, art. 131-33, fasc. 20.

l'article 45-1 du CP prévoit que la peine consiste dans l'interdiction d'exercer dans l'établissement l'activité à l'occasion de laquelle l'infraction a été commise, ce qui a pour conséquence que la fermeture de l'établissement se rapproche de la peine d'interdiction d'exercer une activité, sans se confondre avec elle. En effet, la fermeture d'établissement, mesure à caractère réel, vise un établissement situé à un endroit déterminé et qui a été utilisé pour commettre l'infraction alors que l'interdiction d'exercer une activité constitue la privation d'un droit, quel que soit l'endroit où ce dernier est susceptible d'être mis en œuvre.

La dissolution de la personne morale déclarée pénalement responsable apparaît, au premier abord, comme une sorte de peine capitale, à l'image de la peine de mort pour les personnes physiques, de nature à mettre fin définitivement à toute délinquance par l'élimination du groupement[119]. Pourtant, les effets de cette peine ne sont pas comparables à ceux de la peine de mort, puisque la dissolution de la personne morale n'empêche pas la poursuite de l'activité du groupement, soit en dehors de toute structure juridique (par exemple, sous la forme d'une entreprise individuelle), soit sous une autre forme juridique, ce qui permet de relativiser sa portée juridique. La peine de dissolution ne peut être prononcée que dans deux cas : lorsque la personne morale a été créée pour commettre des infractions ou lorsqu'elle a été détournée de son objet. L'hypothèse la plus simple, mais aussi probablement la plus rare, est celle où le groupement est constitué pour commettre des infractions. L'on pense inévitablement à une sorte d'association de malfaiteurs prenant une apparence de légalité par la création d'une personne morale régulièrement constituée. Plus simplement, la situation peut être celle de sociétés-écrans constituées afin de masquer des mouvements de fonds illicites[120]. Dans tous les cas, il appartient aux juges d'établir que la personne morale a été créée afin de commettre l'infraction, ce qui est une question de fait qui peut se heurter à des difficultés de preuve parce que, par hypothèse, l'objet réel de la personne morale demeure caché. En pratique, la difficulté sera d'autant plus grande, lorsque le groupement a été utilisé également pour des opérations licites. D'ailleurs, dans la stratégie générale de fraude, l'accomplissement d'activités licites peut même servir à masquer

---

[119] P. LE CANNU, « Les sanctions pénales applicables aux personnes morales. Dissolution, fermeture d'établissement et interdiction d'activités », *Rev. soc.* 1993, p. 341 ; J.-H. ROBERT, *Droit pénal général*, 6e éd. 2005, p. 455.

[120] V. par ex., dans une affaire de travail dissimulé, CA Paris, 1er mars 2010, *JurisData* n° 2010-002874 ; dans une affaire d'escroquerie et de blanchiment aggravé, Cass. crim., 2 déc. 2009, n° 09-81.088, *JurisData* n° 2009-050989.

l'objectif réel. En d'autres termes, si une société sert exclusivement à des transferts de fonds frauduleux, il est possible d'en déduire qu'elle a été créée dans ce but. En revanche, si elle est utilisée à cette fin, mais aussi pour une activité légale, il reste possible de démontrer qu'elle a été créée pour commettre des infractions, même si cela semble plus difficile à établir[121]. La dissolution est encore possible si la personne morale a été détournée de son objet pour commettre les faits incriminés et lorsqu'il s'agit d'un crime ou d'un délit puni en ce qui concerne les personnes physiques d'un emprisonnement supérieur à cinq (5) ans. Dans une affaire dans laquelle une société civile immobilière a été condamnée pour blanchiment du produit d'un trafic de stupéfiants, une cour d'appel, approuvée par la Cour de Cassation française, a relevé que, si la création de la société était antérieure de quelques mois aux faits d'infractions à la législation sur les stupéfiants, elle a été détournée de son objet à partir du moment où elle a permis le blanchiment d'une somme en espèces d'un montant de 160 000 euros provenant de ce trafic[122]. L'interdiction d'exercer une activité professionnelle ou sociale, frappant une personne morale, est susceptible de conduire à la disparition forcée de celle-ci lorsque son objet consiste précisément dans l'exercice de ladite activité[123]. Le législateur n'a prévu aucune restriction, contrairement à la dissolution, ce qui n'est guère logique compte tenu des effets potentiellement très graves de la peine d'interdiction d'une activité professionnelle ou sociale. Il n'est pas concevable d'interdire à une société privée exerçant une mission de service public, condamnée, par exemple, pour homicide involontaire, d'exercer son activité. De toute évidence, il serait opportun d'exclure le prononcé de cette peine au moins à l'égard des personnes morales de droit privé exerçant des missions de service public, comme les associations déclarées d'utilité publique.

L'article 45-1 du CP prévoit, au titre des peines encourues par les personnes morales, l'exclusion des marchés publics à titre définitif ou pour une durée de cinq (5) ans au plus[124]. La peine d'exclusion des

---

[121] V. P. LE CANNU, « Les sanctions pénales applicables aux personnes morales. Dissolution, fermeture d'établissement et interdiction d'activités », *Rev. soc.* 1993, p. 341.

[122] Cass. crim., 16 déc. 2015, n° 14-85.667, *JurisData* n° 2015-028193, *Bull. crim.* n° 312.

[123] P. LE CANNU, art. cité n° 38.

[124] C. FARDEL, *Les incapacités professionnelles en droit pénal français*, thèse, Lyon, 1940 ; L. HOCINE, *Contribution à l'étude de l'interdiction professionnelle en droit pénal français*, thèse, Grenoble, 1975 ; L. ANCEL, *Les interdictions professionnelles*

marchés publics emporte interdiction d'accéder à la commande publique, en privant la personne qui la subit du droit de participer directement ou indirectement à tout contrat à titre onéreux avec des personnes morales de droit public pour répondre à leurs besoins en matière de travaux, de fournitures ou de services[125]. Cette sanction vise à moraliser la commande publique en privant certains opérateurs économiques du droit d'y accéder[126]. L'exclusion des marchés publics emporte interdiction de participer, directement ou indirectement, à tout marché conclu par une autorité contractante, à savoir notamment, l'État, les établissements publics, les collectivités territoriales, les sociétés publiques, les agences d'exécution et les structures administratives similaires ou assimilées (fonds, offices, délégations générales, *etc.*). La peine relative à l'exclusion des marchés publics présente une grande sévérité, au moins pour certaines sociétés commerciales qui exercent parfois la majeure partie de leurs activités dans le cadre des marchés publics et pour lesquelles la privation de l'accès à ces marchés peut équivaloir à la fin de toute activité et signifier leur disparition[127]. Ainsi, une société déclarée coupable de blessures involontaires, de travail dissimulé, de prêt de main-d'œuvre à but lucratif et de marchandage, s'est vue infliger une exclusion des marchés publics pour une durée de cinq ans[128].

---

et les interdictions d'exercer certaines activités, rapp. synthèse congrès Lecce (1965), *RSC* 1967, p. 242; P. COUVRAT, « La durée des interdictions professionnelles prononcées par les juridictions pénales », *RSC* 2003, p. 598 ; P. FAIVRE, « Incapacités et interdictions professionnelles », *Rép. dr. pén. proc. pén.*, Dalloz, 1978 ; J. -Y. LASSALE, « Les interdictions professionnelles en droit des affaires », *RSC* 1989. 474 ; A. LEBRUN, « Une nouvelle sanction pénale : l'interdiction d'exercer une profession », *RID pén.* 1938. 250 ; A. LEGAL, « Politique criminelle et profession », *Mélanges H. Donnedieu de vabres*, Paris, Cujas, 1960, p. 81.

125 X. PIN, « Exclusion des marchés publics », *Juris-class. pén. code*, art. 131-34, fasc. 20, 2021 ; Ph. GUELLIER et A. EKINCI, « Exclusion de la procédure de passation et modalités de vérification des motifs d'exclusions », *Le Moniteur, Contrat public*, 2019, n° 201, p. 12 et s. ; J. BRULAS, « L'interdiction de soumissionner liée à une condamnation pénale : un contrôle renforcé », *Le Moniteur, Contrats publics*, n° 187.

126 V. E. BONIS et V. PELTIER, *Droit de la peine,* Paris, LexisNexis, 3e éd., 2019, n° 209 et 483.

127 V. J.-H. ROBERT, op. cit. n° 41, spéc. p. 457.

128 Cass. crim., 21 juin 2005, n° 04-87.596 ; Cass. crim., 5 déc. 2006, n° 06-83.527 : pour une affaire d'infraction à la législation sur les installations classées, la cour d'appel a prononcé une exclusion des marchés publics pour une durée d'un an (Cass. crim., 5 déc. 2006, n° 06-83.527).

L'article 45-1 du Code pénal a aussi prévu, au titre des peines encourues par les personnes morales, l'interdiction, à titre définitif ou pour une durée de cinq (5) ans au plus, de faire appel public à l'épargne[129]. Force est de constater que cette peine a vocation à s'appliquer aux sociétés commerciales habilitées à faire appel public à l'épargne, conformément aux dispositions de l'AUSGIE. Elle est assez redoutable, puisqu'elle peut avoir pour effet de priver certaines sociétés commerciales d'une source non négligeable de financement de leurs activités.

Le législateur a prévu que les personnes morales peuvent être condamnées à l'interdiction d'émettre des chèques autres que ceux permettant le retrait de fonds par le tireur auprès du tiré ou ceux qui sont certifiés ou d'utiliser des cartes de paiement. Cette sanction, qui consiste à priver la personne morale d'un moyen de paiement, apparaît beaucoup moins sévère que la peine d'interdiction d'exercer une activité professionnelle ou d'exclusion des marchés publics. En effet, la personne condamnée pourra disposer d'autres moyens, comme les lettres de change ou les virements, pour effectuer des opérations bancaires. Mais l'intérêt de cette sanction réside dans le fait qu'elle constitue un moyen de surveillance d'une sanction d'interdiction professionnelle qu'elle peut donc compléter[130]. Les juges peuvent priver la personne morale du droit d'émettre des chèques et d'utiliser des cartes de paiement pour une durée maximale de cinq ans.

Le législateur a prévu, à titre de peine encourue par la personne morale, l'affichage de la décision prononcée ou la diffusion de celle-ci, soit par la presse écrite, soit par tout moyen de communication au public par voie électronique. Il s'agit d'une peine visant à porter atteinte à la réputation de la personne condamnée et elle peut, à ce titre, s'avérer assez grave pour une société commerciale renommée par les conséquences patrimoniales possibles en termes de perte de clientèle notamment[131]. Cette sanction semble donc bien adaptée à la situation des personnes morales[132]. Le législateur a prévu une alternative entre l'affichage et la diffusion de la

---

[129] J.-P. SORTAIS, « Observations à propos de la définition des sociétés faisant publiquement appel à l'épargne », *JCP* G. 1968, I, 2194 ; B. BREHIER et H. BOUCHITA, « La réforme de l'appel public à l'épargne », *JCP* E. 2009, 1191 ; Th. GRANIER, « La réforme de l'appel public à l'épargne par l'ordonnance n° 2009-80 du 22 janvier 2009 », *RD bancaire et fin.* 2009, n° 2, p. 7.

[130] J.-H. ROBERT, préc. n° 41, spéc. p. 457.

[131] V. M. BOIZARD, art. cité n° 16, n° 2.

[132] V. pour une publication de l'intégralité de la condamnation du chef d'homicide involontaire, Cass. crim., 14 juin 2016, n° 15-80.880, *JurisData* n° 2016-011588.

décision, règle qui n'est pas toujours respectée par les juges du fond, puisque la Cour de Cassation française a censuré, à plusieurs reprises, des cours d'appel qui avaient prononcé cumulativement les deux modalités de la publicité de la décision de condamnation[133]. La diffusion peut se réaliser non seulement dans la presse audiovisuelle, c'est-à-dire à la radio ou à la télévision, mais également par un moyen de communication électronique, notamment sur un site internet[134]. Dans tous les cas, les juges doivent désigner les publications ou services de communication au public par voie électronique chargés de la diffusion, qui ne peuvent s'y opposer.

Conclusion

En droit pénal sénégalais, la consécration de la responsabilité pénale des personnes morales constitue une grande innovation du régime de la responsabilité pénale en général. L'institution de ce nouveau régime de responsabilité pénale a donné l'opportunité à notre pays de se conformer à ses engagements internationaux résultant de la ratification de la convention de Mérida sur la corruption, de la convention de Palerme sur la criminalité organisée et de la convention de Budapest sur la cybercriminalité. Il est certain que l'innovation que constitue la responsabilité pénale des personnes morales ne sera pas sans incidences sur le régime de répression pénale en général. Il ne viendrait à l'idée de personne de contester que certaines institutions pénales conçues bien avant la consécration de la responsabilité pénale des personnes morales pourront trouver à s'appliquer sans grande difficulté aux entités morales. En effet, la condamnation prononcée contre la personne morale, une fois devenue définitive, doit être exécutée. Elle peut donner lieu à extinction dès lors que les modes d'extinction des peines, comme la grâce, la prescription de la peine, la réhabilitation ou même l'amnistie, peuvent être transposés aux personnes morales. Toutefois, s'agissant des modes d'aménagement des peines, force est de constater que plusieurs techniques prévues par le Code pénal s'avèrent inapplicables aux personnes morales pour concerner les peines privatives de liberté qui, par nature, ne peuvent être infligées aux êtres moraux. Il s'agit de la semi-

---

[133] Cass. crim., 15 févr. 2005, n° 04-80.806 ; Cass. crim., 7 févr. 2006, *JurisData* n° 2006-032534 ; Cass. crim., 12 juin 2007, *JurisData,* n° 2007-040092 ; *Bull. crim.,* n° 156 ; Cass. crim., 24 mai 2016, n° 15-81.886, *JurisData* n° 2016-009892.

[134] CA Pau, 18 sept. 2008, *JurisData* n° 2008-372642.

liberté, du placement à l'extérieur, du placement sous surveillance électronique et du sursis probatoire. En revanche, peuvent être appliqués aux personnes morales le fractionnement de l'amende, l'ajournement et la dispense de peine et le sursis simple. Mais il semble que le législateur n'a pas pris pleinement la mesure de l'institution de la responsabilité pénale des personnes morales pour en tirer toutes les conséquences pénales. Au titre des causes d'extinction de l'action publique, l'article 6 du Code de procédure pénale ne prévoit que le décès du délinquant. Or, à la faveur de la consécration du principe de la responsabilité pénale des personnes morales, la dissolution de l'être moral entraîne également la fin de la personnalité juridique. Ainsi, la dissolution, en dehors du cas où il s'agit d'une peine prononcée contre la personne morale, entraîne l'extinction de l'action publique, lorsqu'elle intervient avant le prononcé de la peine. L'action publique ne peut être mise en mouvement si elle n'avait pas encore été déclenchée ; elle s'arrête au jour de la dissolution, si le parquet l'avait déjà intentée. Sous ce rapport, les dispositions de l'article 6 du CPP devraient être modifiées en vue d'y prévoir expressément la dissolution de la personne morale. En outre, après le prononcé de la peine, la dissolution de la personne morale entraîne l'extinction de la peine. Pour rappel, l'article 45-1 du CP prévoit que la dissolution peut être prononcée, à titre de peine, en cas d'engagement de la responsabilité pénale de la personne morale. Bien évidemment, cette forme de dissolution de la personne morale prononcée, à titre de sanction pénale, ne saurait nullement entraîner l'extinction de la peine[135]. En ce qui concerne les causes d'aggravation de la peine, le régime de la récidive suppose nécessairement une adaptation afin de pouvoir s'appliquer aux personnes morales. En effet, le premier terme de la récidive doit être constitué d'une condamnation à une peine privative de liberté, au sens technique de ce terme. La jurisprudence en déduit qu'une simple amende ne peut servir de base à la récidive[136]. S'agissant de la preuve de la récidive, il faut préciser que le législateur, en instituant la responsabilité pénale des personnes morales, se devait de créer un casier judiciaire spécial pour les personnes morales condamnées afin de conserver la mémoire des décisions pénales rendues à leur encontre. En effet, il n'est pas admissible que les condamnations dont les personnes morales ont fait l'objet ne soient pas prises en compte par le juge au moment du prononcé d'une nouvelle

---

[135] En ce sens, C. SAAS, « Décès du condamné dissolution de la personne morale », *Juris-class. pén.* code, art. 133-1, fasc. 20, 2016, n° 11.

[136] Cass. crim., 5 janv. 1965, *Bull. crim.*, n° 3; Cass. crim., 23 mars 1981, n° 80-95.101, *Bull. crim.*, n° 103; *JCP* G 1981, IV, p. 211.

sanction. Pour emprunter une terminologie sismologique, la réforme introduite par la responsabilité pénale des personnes morales en droit sénégalais s'apparente à un séisme dont les vibrations se propagent sur une bonne partie de la surface pénale. Dès lors, cette réforme en appelle fatalement d'autres réformes du système pénal.

La vie privée à l'épreuve des données personnelles en droit positif sénégalais

Jean-Louis CORRÉA

Agrégé des Facultés de Droit

Université numérique Cheikh Hamidou Kane (UN-CHK)

Résumé : L'étude met l'accent sur le déplacement de l'intérêt juridique et judiciaire de la vie privée vers les données personnelles, en raison de la digitalisation croissante de nos modes de vie et de la publicisation de la vie privée. Cette dernière semble se résumer dans les données personnelles qui se présentent ainsi comme leur horizon certain, cependant que cette expression paradoxale pourrait signifier la fin de la vie privée.

La quatrième révolution industrielle[1], avec sa civilisation du partage, ses *likes* et ses vues, impose un nouveau rapport à soi-même et à autrui. A rebours des standards et des codes surannés de la vie en société, désormais, il faut tout montrer, tout partager, avec ses *followers*, ses « amis ». Pour vivre heureux, il ne faut plus vivre caché. A l'ère de l'ouverture, se traduisant par l'anglicisme « *open* » préfixe à la mode et

---

[1] Plusieurs étapes que l'on peut considérer comme de véritables révolutions dans l'histoire de l'humanité peuvent être relevées. Il y a d'abord la révolution cognitive marquée par la domination de *sapien*s sur les autres espèces. La deuxième étape est la révolution de l'écriture et de l'alphabet qui permet un échange et un stockage plus important de l'information. La troisième étape est marquée par la révolution de l'imprimerie qui participe à la diffusion large de la connaissance. Enfin, la dernière grande étape concerne la révolution du numérique avec la découverte d'internet et du web et la multiplication des capacités de calcul de l'ordinateur. V. Y. N. HARARI, *Sapiens, une brève histoire de l'humanité*, Paris, Albin Michel, 2015, 512 p.

prétexte à de nombreuses politiques publiques, *open access*[2], *open data*[3], *open science*[4], l'action non révélée équivaut à une action suspecte voire à une action non réalisée. On assisterait à une interversion dans l'ordre des valeurs s'exprimant insidieusement dans la substitution de la notion de données personnelles à la notion de vie privée[5].

Notion à l'historicité certaine[6], l'évolution de la vie privée épouse celle des sociétés occidentales. Elle coïncide, dans le début du 19ème siècle, avec une affirmation plus grande de l'individu contre le groupe[7]. La société d'ordre française subissant une profonde désintégration qui vit les ordres royaux, religieux et les diverses bourgeoisies[8] entrer dans une nouvelle ère de rapports soumis à l'horizontalité dont le point culminant sera la Révolution française de 1789.

Les conquêtes de la vie privée renseignent aussi sur les grandes étapes de la liberté de la presse[9]. A l'effet d'en circonscrire la portée et préserver

---

[2] J. VAYR ; S. SAINT-AUGUSTE, « Pour un droit toujours plus ouvert », *Petites affiches*, 22 Mai 2019 ; .

[3] L. CADIET, C. CHAINAIS et J.-M. SOMMER (dir.), S. JOBERT et E. JOND-NECAND (rapp.), *La diffusion des données décisionnelles et la jurisprudence, Rapport remis à la première présidente de la Cour de cassation et au procureur général près la Cour de cassation* - juin 2022 : https://lext.so/sNG_-D. Cité par L. GARNERIE, « Avec l'Open data, les décisions de fond pourraient gagner leurs galons », *Gaz. du Palais*, 06 sept. 2022; L. GARNERIE, « Open data des décisions de justice : encore beaucoup d'inconnues », Gaz. du Palais, 05 oct. 2022 ; E. CALZOLAIO, « Intelligence artificielle et décisions de justice : dans une perspective comparatiste », *Rev. Lamy, Dr. civ.* n° 175, 1er nov. 2019.

[4] J. SCHOEPFEL ; R. FABRE ; B. JACQUEMIN, « Libre accès et données de la recherche. Quelle résonnance dans le SIG ? *in* Études de communication », 2019/1, n° 52, p. 248.

[5] K.-F. LEE, *I.A. La plus grande mutation de l'histoire, qui dominera l'I.A. dominera le monde*, Paris, Les Arènes, 2019, 445 p. spéc. pp. 244 et s.

[6] Il est possible de remonter à la civilisation grecque pour identifier les prémices de ce qui deviendra la vie privée avec la distinction entre *oikos* (la maison) et *polis* (la cité). V. « La vie privée à l'ère des *big data* : dangers et opportunités de la révolution numérique » in Les études du Centre Jean Gol, disponible sur ww.cjg.be/wp-content/uploads/2018/12/CJG-ETUDE-Big-Data-Page-par-page.pdf , consulté le 20/05/2023.

[7] J.-L. HALPERIN, « Protection de la vie privée et *privacy* : deux traditions différentes », *Lextenso, Les nouveaux cahiers du Conseil constitutionnel,* 2015/3, n° 48, pp. 59-68, p. 61 et s.

[8] V. T. PIKETTY, *Capital et idéologie*, Paris, Seuil, 2019, 1199 p. spéc. pp. 89 et s.

[9] J.-L. HALPERIN, « Diffamation, vie publique et vie privée en France de 1789 à 1944 », *Droit et culture*, 2013/1, 65, p. 149.

l'honneur et la dignité des personnes, l'infraction de diffamation[10] vint pour protéger ce que l'individu avait de plus intime[11]. La notion de vie privée est apparue dans ce contexte, au détour d'une loi pénale[12]. Subséquemment, l'évolution de la société française a permis le passage de la diffamation à la faute puis à la violation du droit à l'image[13]. Mais l'apparition de la vie privée s'inscrit aussi dans un contexte plus large d'affirmation de la liberté et d'individualisation de la société occidentale. Au fil de l'histoire, un rapport singulier avec la question de la liberté s'est installé. Héritier de la philosophie des *Lumières*, l'Occident a fait de la liberté la vertu pivotale et fondamentale de toute son organisation sociale, « la valeur œcuménique par excellence[14] ». Au prix de guerres aussi violentes que sanglantes, d'insurrections et de révolutions, l'Occident a su ériger la liberté en valeur, en étalon de mesure de l'économie, devenue entre-temps libérale, et de la démocratie, dans toutes ses déclinaisons. Ce faisant, la liberté se présente comme une axiologie fondatrice et d'entendement des sociétés occidentales modernes[15], une limite à l'exercice inconsidéré du pouvoir, notamment politique. Pour autant, le Code civil des Français de 1804, élaboré au sortir du siècle des *Lumières*, ne porte pas de référence à la vie privée. Ce n'est qu'en 1970 que l'article 9, tel que connu de nos jours, a pris en compte la protection de la vie privée[16], sans la définir[17]. Concomitamment à cette évolution sur la vie privée, le corps humain est devenu objet d'étude et de réflexion

---

[10] Nous verrons plus tard comment la notion de diffamation a évolué en droit français, sous l'impulsion du juge européen. V. nos développements sur « les vices et vertus d'une conception pénale de la vie privée », deuxième partie.
[11] F. CORDIER, « L'atteinte à l'intimité de la vie privée en droit pénal et les médias », *Légicom*, 1999, n°20, pp. 85-93.
[12] J.-L. HALPERIN, « Diffamation, vie publique et vie privée en France de 1789 à 1944 », op. cit., pp. 145-163.
[13] J.-L. HALPERIN, « Protection de la vie privée et *privacy* : deux traditions différentes », op. cit p. 61 et s.
[14] M. FABRE-MAGNAN, *L'institution de la liberté*, Paris, PUF, Quadrige, 2ème ed., 2023, 371 p. spéc. pp. 45 et s.
[15] « L'homme agit, de manière, non pas à protéger son intérêt individuel à posséder des biens matériels, mais de manière à garantir sa position sociale, ses droits sociaux, ses avantages sociaux. » ; v. K. POLANYI, *La grande transformation, aux origines politiques et économiques de notre temps*, Paris, Gallimard, 1983, 420 p. spéc. pp. 74-75.
[16] V. Loi 70-643 du 17 juillet 1970-art. 22, JORF 22 juillet 1970.
[17] P. KAYSER, *La protection de la vie privée par le droit : protection du secret de la vie privée*, Presses universitaires d'Aix-Marseille, Economica, 3e éd., 1995, 343 p. spéc. pp. 117 et s.

scientifiques pour les sciences sociales, en parallèle des dynamiques sociétales et anthropologiques. L'étude des « techniques du corps » a contribué au renforcement de l'individuation au détriment des logiques purement collectivistes[18]. Les avancées des études sur la corporéité renseignent sur celles de la vie privée dans les sociétés occidentales. De nouvelles formes de régulation sont souhaitées non pas tant économiques ou juridiques mais bien plutôt une régulation des humanités. Le numérique dicte de renouveler notre humanité, « du sens qu'on lui donnait, de ses relations à autrui, aux autres êtres vivants, aux « choses », de son rapport à la mort[19] », une *forma mentis* renouvelée[20].

Notion aux contenu et contours dégagés par le juge, la vie privée s'entend de la préservation de l'intimité de la personne. Relèvent de ce domaine, les informations relatives à l'image, au sexe, à la vie familiale, aux origines, les convictions personnelles, philosophiques ou religieuses, la santé, le domicile, la voix *etc.* La vie privée est la sphère d'intimité de la personne, le pli intérieur de l'individu[21]. Elle se définit par opposition à la vie publique[22]. Cette sphère a vocation à rester à l'abri du regard

---

[18] D. MEMMI, D. GUILO, O. MARTIN, *La tentation du corps, corporéité et sciences sociales*, Éd. de l'EHESS, Paris, 2009, 276 p.

[19] R. SÈVE, « Le transhumanisme, une utopie utile », in *Vers de nouvelles humanités ? L'humanisme juridique face aux nouvelles technologies*, *Archives de philosophie du droit*, 2017/1, Tome 59, pp. 10-29, spéc. p. 10.

[20] S. BERNATCHEZ, « Une révolution scientifique en droit ? Les fondements cybernétique des théories juridiques contemporaines », *R.I.E.J.*, 2023/1, vol. 90, pp. 3-41,

[21] R. REDEKER, *Réseaux sociaux : La guerre des Léviathans*, Paris, Edit. du Rocher Idées, 2021, 280 p. spéc. pp. 28.

[22] Les personnes morales n'ont pas de vie privée. D'ailleurs, les juridictions françaises se sont souvent gardées de reconnaître une vie privée à ces catégories de personnes, malgré les propos de Gutman qui disait que « la nature humaine du sujet n'est…pas, malgré l'intuition commune, une condition de jouissance du droit au respect de la vie privée ». Cela a été dit et rappelé par la Cour de cassation française. Dans un arrêt important rendu en 2016, la Haute juridiction estimait que « seule une personne physique pouvait se prévaloir d'une atteinte à la vie privée au sens de l'article 9 du Code civil » ; en ce sens, Cass. 1ère civ., 17 mars 2016, n° 15-14072. Cette décision a été confirmée en 2018 avec la précision, cependant, que les personnes morales « disposent, notamment, d'un droit à la protection de leur nom, de leur domicile, de leurs correspondances ; v. P. PIOT, « Vie privée et personnes morales », *Gaz. du Palais*, n°36 du 28 décembre 2018. Notons, tout de même, une décision remarquée du Conseil d'État français dans laquelle la protection de la vie privée d'une fondation reconnue d'utilité publique a permis de ne pas procéder à la communication des documents administratifs reçus de la fondation par l'administration ; en ce sens, M.

d'autrui. Le droit au respect de la vie privée est protégé au titre des droits de la personnalité. Notion inconnue de la culture juridique anglo-saxonne, une mauvaise traduction pourrait cependant amener à recourir à la notion de *privacy* comme équivalent ou synonyme. La jurisprudence outre-Atlantique a, depuis des affaires célèbres et se basant sur le quatrième amendement de la Constitution américaine et des textes législatifs[23], affirmé la primauté de la protection de la vie privée sur les impératifs de l'enquête pénale[24]. Issues de traditions et de cultures différentes, les deux notions seraient de « faux-amis, des pièges pour traducteurs[25] », même si « une opposition frontale » entre les deux est à exclure[26]».

En Afrique, la marche vers la liberté et l'individuation a été plus contrariée. L'émergence de l'individu, le *sui*, y a été plus difficile et reste un marqueur de l'entrée dans une modernité aux accents occidentaux. Pour Louis Dumont, les sociétés rétives à l'individuation demeurent des sociétés non modernes, traditionnalistes qui mettent l'accent sur « le tout social, elles sont holistes et hiérarchiques ». L'Afrique reste prisonnière de cette description. Si la liberté y a existé et continue de gagner des espaces autorisant une méditation sur « L'Afrique des individus[27] », la communauté et ses forces d'attraction demeurent des pôles contraires à l'émergence d'un individu support méthodologique d'une « modernisation individualisante », pour reprendre Durkheim[28]. En Afrique, faire société fait sens, l'individu y demeure un construit, une catégorie issue du rapport tourmenté à l'Occident, une édification qui a du mal à s'y frayer un espace autonome. La liberté, les moyens de production demeurent largement sociaux en Afrique traditionnelle,

---

CIROTTEAU, « Documents administratifs et vie privée des personnes morales, le remède est-il pire que le mal ? », *D.* 2022, p. 2208.

[23] *Code of fair information practices* de 1973 et le *Privacy act* de 1974.

[24] Cour suprême des États-Unis, *aff. Katz c. États-Unis*, 1967 ; *aff. Schmerber c. Californie*, 1966 où les juges rappellent que « la fonction primordiale du quatrième amendement est de protéger la vie privée et la dignité contre l'intrusion injustifiée de l'État ».

[25] J.-L. HALPERIN, « Protection de la vie privée et privacy : deux traditions différentes », op cit., pp. 59-68.

[26] On peut faire référence à l'article fondateur de Warren et Brandeis où la notion de *privacy* est, pour la première fois, convoquée et définit comme « *the right to be let alone* » S. WARREN ; L. BRANDEIS, « The right to privacy », *Harvard Law Review*, 1890, n° 4, pp. 193-220.

[27] A. MARIE (éd.), *L'Afrique des individus*, Paris, Khartala, 1997, 440 p. spéc. p. 19.

[28] E. DURKHEIM, *De la division sociale du travail*, Paris, PUF, 2013, 420 p.

comme ailleurs[29]. Les relations sociales englobent l'économie et non le contraire[30]. Avec l'uniformité des modèles économiques, apparaissent une expression et une respiration quasi-unanime des sociétés et des « villes mondiales », une subjectivation identique[31]. En Afrique, comme ailleurs, l'intrusion des technologies numériques dicte une altérité nouvelle, une société nouvelle et un faire société autre. Les éventualités de surveillance de masse que Foucault avait prédites dans « Surveiller et punir » avec son célèbre panoptique, la possibilité d'un contrôle permanent des usagers des technologies numériques, grâce à la traçabilité, ouvrent une nouvelle ère où l'aliénation de la liberté consentie par des

---

[29] Dans les sociétés non occidentales ou pré-capitalistes, les relations sociales sont fondées sur des principes de réciprocité, de redistribution et d'administration domestique, que l'on peut résumer ainsi : donner-recevoir-rendre où, avec Mauss, don et contre-don. V. M. MAUSS, *Essai sur le don, forme et raison de l'échange dans les sociétés archaïques*, L'Année sociologique, t. I (1923-1924), p. 30-186, rééd. dans Sociologie et anthropologie, Paris, 1968, pp. 145-279.

[30] On peut, à la lecture des travaux de Karl Polanyi, affirmer que l'économie telle qu'elle se présente à nous comme une science économique et non plus comme une économie politique a rendu possible la considération de ces trois éléments que sont la terre, le travail et la monnaie comme étant des marchandises. V. K. POLANYI, *La grande transformation*, Paris, Tel Gallimard, 2021, 463 p., p. 321 et s. V. A. SUPIOT, *L'esprit de Philadelphie, la justice sociale face au marché total*, Paris, Seuil, 2010, 179 p. spéc. pp. 75 et s. En Afrique, les travaux de Guy Kouassigan démontrent comment le rapport de l'homme africain à la terre était originellement marqué du sceau métaphysique. En Afrique traditionnelle, il y avait pour l'homme une « impossibilité… de se comporter en maitre absolu de la terre qui le nourrit. » Ce n'est qu'avec l'évolution de la société que la terre a été conçue comme un bien économique. V. G. KOUASSIGAN, *L'homme et la terre, droit fonciers coutumiers et droit de propriété en Afrique occidentale*, Collection ORSTOM, n° 8, 1966, 289 p. spéc. p. 10 ; *adde* E. LE BRIE, E. LE ROY, F. LEIMDORFER, *Enjeux fonciers en Afrique noire*, ORSTOM-Karthala, 1983, 431 p., spéc. p. 26 et s. On peut rajouter la conception de la terre en Amérique latine où dans certains espaces on considère la terre comme une mère. « Une mère, on la partage. C'est un commun. Nous sommes plusieurs de ses enfants et dès l'instant qu'on inscrit la terre dans l'imaginaire de la maternité, de la mère, des interdits, des tabous indépassables se mettent en place : l'appropriation privative et exclusive ; G. GIRAUD, F. SARR, *L'économie à venir*, Ed. Les liens qui libèrent, 2021, 207 p., spéc. p. 164.

[31] A. TOURRAINE, *La société de communication et ses acteurs*, Paris, Seuil, 2021, 203 p. Pour l'auteur, « pour faciliter l'accès à l'idée de subjectivation, c'est à dire à la découverte, à l'affirmation et à la défense par les êtres humains eux-mêmes de l'idée qu'ils sont les créateurs d'un monde qui n'existerait pas sans leur intervention toujours plus créatrice et transformatrice » spéc. p. 45.

victimes qui s'ignorent[32] a comme contrepartie la commodité et le confort qu'offrent les applications de l'informatique[33]. Ce qui fait dire à Hunyadi[34] que nous serions passés du « sujet de droit au sujet libidinal[35] » nouvel « être anthropologique » guidé par « le principe de commodité. » Dès lors, les firmes privées transnationales prometteuses d'une vie quotidienne plus pratique grâce à la technologie sont celles qui menacent le plus les libertés individuelles et la vie privée[36].

Le Droit, en général, la Constitution, en particulier, en Afrique noire francophone, ont semblé imperméables à cette fonction anthropologique du droit[37], à l'institution et à la fondation de l'*homo juridicus* par le droit. La réception du droit en Afrique s'est faite sans une réflexion sur cette liaison fondatrice de tout ordre juridique entre le biologique et le symbolique[38]. L'Homme du droit occidental, sujet à travers les âges du *vitam instituere*[39], icône de nos instruments constitutionnels, est *imago dei*

---

[32] C'est ce que J. JARVIS appelle « le paradoxe de la vie privée ». Que l'on pourrait traduire comme la « contradiction au moins apparente entre, d'une part, l'inquiétude générale ressentie par les individus vis à vis de la protection de leur vie privée dans un monde numérique et, d'autre part, leur pratique quotidienne de dévoilement volontaire… » ; V. https://www.internetactu.net/2010/03/02/la-vie-privee-peut-tuer/ . Consulté le 08/07/23.

[33] M. FABRE-MAGNAN, *L'institution de la liberté*, spéc. pp. 16 et s.

[34] M. HUNYADI, « Du sujet de droit au sujet libidinal, l'emprise du numérique sur nos sociétés », Esprit, 2019/3, pp. 114-118.

[35] Pour Hunyadi, le mot « libidinal » n'est pas utilisé au sens freudien de sexuel mais bien plutôt dans le sens de Saint-Augustin, c'est à dire, toute force désirante, toute appétence ; v. M. HUNYADI, op. cit. p. 6.

[36] P. PHARO, *Les data contre la liberté*, Paris, PUF, 2022, 269 p. spéc. pp. 183 et s.

[37] A. SUPIOT, *Homo juridicus. Essai sur la fonction anthropologique du droit*, Paris, Seuil, 2005, 333 p. spéc. pp. 10 et s.

[38] P. LEGENDRE, *Sur la question dogmatique en occident*, Paris, Fayard, 1999, 365 p. spéc. pp. 75 et s.

[39] Sur la signification exacte de *vitam instituere*, voir les travaux de Pierre Legendre qui soutient que cette expression signifie que le droit a pour fonction d'instituer la vie. Le contrepoint a été apporté par Yan Thomas qui estime que cette formule signifie simplement que le maitre d'école enseigne les préceptes de la vie éthique et pratique à ses élèves ; v. Y. THOMAS, « Droit romain et histoire de la science juridique en Occident », *Annuaire de l'EHESS*, (en ligne), 2008, pp. 554-556. Une synthèse de ces questions est proposée par Anne-Marie Leroyer dans son ouvrage sur le droit de la famille ; v. A.-M. LEROYER, *Droit de la famille*, Paris, PUF, Thémis, 2022, 929 p., spéc. pp. 24 et s.

, avatar du divin, « il est unique et identique, sujet souverain, esprit incarné[40] ».

Les Constitutions de ces États, héritières de la tradition constitutionnelle française, notamment de la 4ème et de la 5ème République, ont réceptionné une tradition juridique fille du droit romain et du droit canon[41] dans leur ordre social, en s'épargnant les contraintes d'une réflexion aboutie sur les chances de réussite de la greffe ainsi réalisée[42]. Comme une prothèse, le droit allogène est aussi venu se greffer à ce substrat autre[43], foncièrement en rupture avec le contexte socio-historique de naissance de ce droit[44].

---

[40] G. COURTOIS, « L'institution du lien social : A propos des ouvrages d'Alain Supiot, *Homo juridicus*, essai sur la fonction anthropologique du droit et Tisser le lien social », Alain Supiot (éd.), *Droit et culture*, 54, 2007-2, pp. 243-249.

[41] La place du droit canon dans l'édification du droit civil est souvent tue. Contrairement à ce qui peut être affirmé, le fait d'être lié par sa parole, ce que traduit la notion de consensualisme, n'est pas une invention du droit romain, qui est un droit formaliste, mais bien plutôt du droit canon qui cherchait un moyen de lutter contre le serment. D'ailleurs, Loysel, dont l'adage rapporté est souvent incomplètement cité, dit bien « on lit les bœufs par les cornes et les hommes par la parole, autant vaut une simple promesse et convenance que les stipulations du droit romain.» ; v. X. PREVOST, « La réticence des humanistes envers le consensualisme », *RDC*, 2015, n° 1, p. 140.

[42] Relevons, cependant, que certains États comme le Sénégal ont, dès le début des indépendances, fait un travail d'adoption de textes devant suppléer la législation française. C'est le cas du Code de la famille et du Code des obligations civiles et commerciales (COCC) censés remplacer les dispositions relatives au Code civil des Français ; v. I. Y. Ndiaye, J. L. Corréa, A. A. Diouf, *Le Code des obligations civiles et commerciales : cinquante ans après*, Dakar, L'Harmattan, 2018, vol. 1 et 2, 664 p.

[43] Pour De Béchillon, qui conteste, comme Yan Thomas, la fonction anthropologique du droit développée par Alain Supiot (et Pierre Legendre), « l'espace des relations inscrites entre l'anthropologie et le Droit…ne réside pas dans la certitude que le savoir sur l'Homme peut apporter beaucoup à la connaissance du Droit, mais dans la conviction que la connaissance du Droit peut apporter beaucoup au projet d'un savoir sur l'Homme. » ; v. D. DE BÉCHILLON, « La valeur anthropologique du droit, éléments pour reprendre un problème à l'envers », *RTD Civ.* 1995, p. 835.

[44] V. F. RENUCCI, F. ÉBOUÉ, « Les coutumes dans la fabrique des droits africains », D. Collection tiré à part, 2021, 128 p. in C. GAU-COBÉE, *RTD Civ.* 2023, p. 983.

Dès lors, les États[45] ont entrepris d'organiser la protection de la liberté et de la vie privée de leurs citoyens. Au Sénégal, dès 2008[46], une loi sur la protection des données à caractère personnel[47] a été adoptée. Dès son exposé des motifs, la loi n° 2008-12 s'inscrit dans la nécessité de respecter les droits fondamentaux, la dignité des personnes physiques dans tout processus de traitement des données à caractère personnel[48]. A l'article 1er, le législateur affirme que la présente loi a pour ambition de lutter contre les atteintes à la vie privée susceptibles d'être engendrées lors de la collecte, de traitement, de la transmission, du stockage et de l'usage des données à caractère personnel. La loi veille, lors d'une opération de traitement des données personnelles, à la préservation de la vie privée[49].

---

[45] Selon le Bulletin d'information de *Africa Data Protection*, trente-sept (37) pays africains ont adopté des lois sur la protection des données personnelles : Afrique du Sud, Algérie, Angola, Benin, Botswana, Burkina Faso, Cap-Vert, Comores, République du Congo, Cote d'Ivoire, Égypte, Eswatini, Gabon, Ghana, Guinée, Guinée équatoriale, Kenya, Lesotho, Madagascar, Mali, Maroc, Maurice, Mauritanie, Niger, Nigeria, Ouganda, Rwanda, Sao Tomé-et-Principe, Sénégal, Seychelles, Tchad, Togo, Tunisie, Zambie et Zimbabwe. Voir https://africadataprotection.com/liste-des-lois.html Consulté le 8/06/23. Les Nations-unies, à travers le Conseil des droits de l'homme, ont élaboré la Résolution 28/16 du 1er avril 2015 sur le droit à la vie privée à l'ère du numérique. https://documents-dds-ny.un.org/doc/UNDOC/GEN/G15/068/79/PDF/G1506879.pdf?OpenElement .

[46] Loi n° 2008-12 du 25 janvier 2008 portant sur la protection des données à caractère personnel. JO n° 6406 du 03 mai 2008. Rappelons qu'un projet de loi de révision de la loi de 2008-12 est déjà en circulation et devrait être voté par l'Assemblée nationale.

[47] Aux termes de l'article 4, 6) , on entend par données à caractère personnel « toute information relative à une personne physique identifiée ou identifiable, directement ou indirectement, par référence à un numéro d'identification ou à un ou plusieurs éléments, propres à son identité physique, physiologique, génétique, psychique, culturelle, sociale ou économique.

[48] « Avec le développement de l'informatique et de ses applications, le domaine traditionnel de la vie privée s'enrichit chaque jour de nouveaux éléments. Partie intégrante de ces éléments, les données à caractère personnel se révèlent être des ressources très convoitées. Leur traitement doit se dérouler « dans le respect des droits, des libertés fondamentales, de la dignité des personnes physiques… « De ce fait, la législation sur les données à caractère personnel s'avère être un instrument de protection générale des droits et libertés fondamentaux de la personne. »

[49] Le vocable traitement est le terme générique qui englobe toute « opération ou ensemble d'opérations portant sur des données personnelles, quel que soit le procédé utilisé (collecte, enregistrement, organisation, conservation, adaptation, modification, extraction, consultation, communication par transmission ou diffusion ou toute autre forme de mise à disposition, rapprochement)». V. https://www.cnil.fr/fr/definition/traitement-de-donnees-personnelles. Consulté le 23/06/22.

En référence à ce contexte, notre propos est d'étudier la capacité de résistance de la vie privée au débordement insistant et permanent des données personnelles.

En droit sénégalais, la notion de vie privée trouve son ancrage dans la Constitution du 22 janvier 2001[50]. En plusieurs articles, le constituant consacre, en creux, le droit à la vie privée en renvoyant aux éléments constitutifs de celui-ci[51]. Il en est ainsi de la protection du secret des correspondances et de l'inviolabilité du domicile[52]. Plusieurs instruments internationaux auxquels le Sénégal est partie, de même que le Code pénal et une série d'autres textes portant sur le numérique et des domaines qui lui sont connexes, font écho à cette consécration constitutionnelle de la vie privée[53]. Mais à la lecture du droit positif sénégalais, un paradoxe est perceptible relativement à la place véritable de la vie privée dans son rapport avec les données personnelles. Les principaux textes qui constituent le droit sénégalais sur la question ne semblent pas clairement opter pour une primauté de la vie privée sur les impératifs économiques propres aux données personnelles. Les avancées technologiques impriment leur pas au droit et à sa rigueur.

---

[50] Loi n° 2001-03 du 22 janvier 2001 portant Constitution, modifiée. *JORS* numéro spécial 5963 du 22 janvier 2001, p. 27.

[51] C'est aussi le cas en droit français et en droit italien. Dans ces systèmes juridiques, le constituant n'a pas défini la vie privée mais renvoie à ses éléments constitutifs. Par contre, pour les constituants grecs, espagnols, néerlandais, portugais, entre autres, la vie privée est expressément consacrée par la Constitution. V. M. DE ARCANGELIS, *L'internet et la vie privée : analyse de droit comparé entre Italie et France*, Les fils d'Ariane, 2002, 158. p. spéc. p. 21.

[52] Voir respectivement les articles 13 et 16 de la Constitution.

[53] Le Sénégal a ratifié, en 2016, la Convention de l'Union africaine sur la cybersécurité et la protection des données à caractère personnel du 27 juin 2014, dite Convention de Malabo. Cette convention, dont l'entrée en vigueur était soumise à la ratification de quinze (15) États membres de l'Union africaine, a vu la Mauritanie soumettre, le 9 mai 2023, un projet de ratification. Dès lors, la Convention de Malabo devrait entrer en vigueur le 08 juin 2023. V. la loi 2016-29 du 08 novembre 2016 portant Code pénal en ses articles 363 bis, 431-27, 431-60, entre autres. V. Acte additionnel /01/10 relatif à la protection des données à caractère personnel dans l'espace CEDEAO. Disponible sur A/SA.1https://africadataprotection.com/lois/acte-additionnel-cedeao-donnees-a-caractere-personnel.pdf. Consulté le 08/06/23. On peut également citer le Code de la presse qui pose le respect de la vie privée comme limite à l'action du journaliste. V. Loi n° 2017-27 du 13 juillet 2017 portant Code la presse, *J.O.* n° 7036 du samedi 19 août 2017.

Il y aurait, plus qu'un phénomène de mode, un déplacement de l'intérêt juridique et judiciaire de la vie privée vers les données personnelles. Si d'un point de vue pratique la numérisation fonde un nouvel *habitus*[54], la fonction de protection de l'individu contenue dans la notion de vie privée devrait toujours continuer à servir leurs fins. La fonction téléologique assignée aux données personnelles de préserver la vie privée semble s'essentialiser leur procurant ainsi une existence propre, autonome, détachée de sa fonction première. Vivant de plus en plus digitalement, il est à craindre que la vie privée s'incarne essentiellement dans les données personnelles se présentant alors comme l'avenir de la vie privée (I). Une telle occurrence pourrait engendrer la fin de la vie privée (II).

I – Les données personnelles, avenir de la vie privée

La vie privée continue de régner sur un empire certain (A) même si l'emprise des données personnelles tend à en effriter de grandes parts, ce qui pose la question des nouvelles frontières de la vie privée (B).

A – L'empire de la vie privée

La vie privée est une notion à l'actualité si vivante qu'on en oublierait la portée véritable. Même sertie du plus grand classicisme (1) elle s'ajuste aux réalités de la vie numérique quotidienne (2).

1 – Le classicisme du champ d'application

Le recours à la notion de vie privée est inversement proportionnel à la précision du sens du vocable. En dehors de la Constitution sénégalaise qui en a dégagé les gros traits, les autres textes qui y renvoient se contentent d'évoquer la notion. Pas que le sens d'une notion demeure imperceptible sans sa définition, mais l'existence de cette dernière participe de sa circonscription.

Avec la vie privée, le constituant sénégalais a dégagé des éléments clefs révélateurs de sa compréhension. En s'attachant à la protection du

[54] M. HUNYADI, *La tyrannie des modes de vie : sur le paradoxe moral de notre temps*, *BDL*, 2015, 104 p., spéc. p. 12 et s.

domicile[55], au secret des correspondances[56] et à la préservation de l'intimité de la personne, le texte fondateur demeure dans la conception classique de la vie privée, fréquemment dégagée par les textes français originels. Une véritable constitutionnalisation de la vie privée est à l'œuvre, sans que le texte constitutionnel n'ait pris le soin de la nommer.

Dans le réduit de la vie privée, le domicile constitue l'une des forteresses. Il est le lieu où l'individu s'extirpe du paraître, enlève fard et costumes pour redevenir lui-même, s'adonner à des activités banales, loin des exigences surfaites de la vie en société. Le clos domiciliaire est ainsi protégé contre les intrus, les regards extérieurs et les nuisances. Il est un sanctuaire dont seule la main forte du droit pénal peut en ouvrir les portes, sous certaines conditions[57]. En dépit de la difficulté propre au contexte africain pour le déterminer et le fixer avec certitude, des variations quant à son rôle, sa place et ses usages, un ensemble de conséquences juridiques protectrices y demeurent attachées.

Acolyte du domicile, les correspondances sont une composante fondamentale de la vie privée. A ce titre, elles sont protégées par la loi et frappées du sceau du secret[58]. Si son champ d'application traditionnel reste la lettre missive classique[59], droit de la personnalité, sanctionnée

[55] « Il ne peut être ordonné de perquisition que par le juge ou par les autres autorités désignées par la loi. Les perquisitions ne peuvent être exécutées que dans les formes prescrites par celle-ci. Des mesures portant atteinte à l'inviolabilité du domicile ou la restreignant ne peuvent être prises que pour parer à un danger collectif ou protéger des personnes en péril de mort. » Article 16 de la Constitution du Sénégal. Loi n° 2001-03 du 22 janvier 2001 portant Constitution, modifiée. *JORS* n° spécial 5963 du 22 janvier 2001, p. 27.

[56]« Le secret de la correspondance, des communications postales, télégraphiques, téléphoniques et électroniques est inviolable. Il ne peut être ordonné de restriction à cette inviolabilité qu'en application de la loi. » Article 13 de la Constitution du Sénégal. Loi n° 2001-03 du 22 janvier 2001 portant Constitution, modifiée. *JORS* n° spécial 5963 du 22 janvier 2001, p. 27.

[57] V. les articles 12 et suivants du Code de la famille qui non seulement distinguent plusieurs types de domiciles (le domicile personnel, le domicile légal, le domicile élu et le domicile professionnel) mais consacrent aussi la résidence et l'habitation comme autres lieux possibles de présence de l'individu en fonction de la durée de son établissement dans ces lieux.

[58] V. art. 167 du Code pénal sénégalais.

[59] La correspondance est définie comme « la relation matérielle et intellectuelle par écrit, quel qu'en soit le support, émanant d'une personne déterminée et adressée à une autre personne également déterminée en vue de lui communiquer une information

pénalement, le droit au secret des correspondances connaît des défis nouveaux avec la digitalisation des correspondances. La vie privée, aux frontières fluctuantes, comporte un épicentre dont la protection est de rigueur parce que touchant au tréfonds de l'individu, ce qui est secret et intérieur[60].

Le troisième élément et non des moindres du pli intérieur de l'individu est l'intimité de la personne. Pour en montrer la singularité, la vie privée *per se* comprend l'intimité de la vie privée. L'intimité est cette part purement individuelle que l'on ne saurait partager avec d'autres sans de profonds renoncements mais pour des inquiétudes ultérieures légitimes. L'immixtion dans l'intimité de la personne génère des troubles profonds parce que portant souvent sur l'indicible et l'« indévoilable ». Dès lors, l'intimité de la vie privée de la personne semble être un rameau détaché de la vie privée. D'un point de vue technique, l'intimité se présente comme une circonscription de la vie privée, une limitation de ses excroissances pénales ou civiles. Pour le juge pénal français, faisant sienne la définition de Merle et Vitu, « l'intimité de la vie privée, c'est tout ce qui concerne l'individu dans sa vie familiale, amicale, sa vie conjugale ou sentimentale, sa vie physique, sa santé[61] ». Il est question de la vie privée dans son réduit le plus fondamental.

Ces différentes composantes de l'intimité de la vie privée révèlent des pans et des facettes insoupçonnées de la personne, d'où l'importance de les préserver des intrusions extérieures. Des trois éléments constituant la vie privée, il semble être le refuge absolu, celui qui symbolise et cristallise tous les autres. Dans l'intimité semble se subsumer les autres composantes de la vie privée, d'autant plus qu'elles s'y sustentent. La violation du domicile et du secret des correspondances se résument à la violation de l'intimité de la personne. Pour éviter une représentation confuse de ces composantes, il est fait référence à la notion d'intimité de la vie privée qui renvoie au noyau dur de la vie privée, « ce qui est au plus profond d'un être, ce qui est intérieur et secret[62] ».

---

fixée par ce support ». V. Y. FAVIER, « Correspondances-messages électroniques », *Rép. Dr. Civ.*, p. 13, Déc. 2019.

[60] N. CAZE-CAILLARDE, « Atteinte à la vie privée-frontières incertaines de la vie privée », *Rep. Dr. pen. Et proc. Pen.,* nov. 2019, pp. 22-30.

[61] F. CORDIER, « L'atteinte à l'intimité de la vie privée en droit pénal et les médias », *Légicom*, 1999, n° 20, pp. 85-93.

[62] N. CARÉ-GAILLARDE, « Atteinte à la vie privée - Frontières incertaines de la vie privée », *Rép. Dr. Pén. et Proc. Pén.* pp. 22-30.

2 – L'ajustement de la vie privée au numérique

On ne saurait affirmer, comme l'auteur[63], qu'à l'époque à laquelle nous sommes rendus, la vie privée est une notion sans intérêt. La publicisation de la vie privée, le besoin accru de transparence n'éludent pas l'intérêt d'une interrogation sur la capacité de la science juridique à préserver les droits et libertés de l'individu en contexte numérique.

A prendre le domicile, la réglementation laconique du code sénégalais de la famille ne permet pas une lisibilité de son régime. Décliné sous quatre variantes[64], déterminé factuellement[65], l'avènement du numérique ne fait que renforcer la nécessité d'en clarifier le régime. En contexte africain, le domicile est moins sujet à un exclusivisme. Bien au contraire, il est l'objet d'une jouissance souvent collective promouvant des usages sociaux et familiaux. D'un point de vue juridique, si toutes les incidences en matière de compétence administrative et judiciaire lui sont attachées, la présentation du domicile comme lieu d'exercice de la vie privée reste à prouver. Le constat d'un rendez-vous manqué entre le droit et la sociologie peut être relevé ici s'agissant du domicile, sa conception juridique étant en rupture avec ses usages sociaux véritables.

Le domicile, plus qu'un lieu privé est devenu un enjeu économique, un lieu de production, de travail, de nombreuses activités professionnelles se prêtant à un exercice hors les murs de l'entreprise. Si le législateur sénégalais a pris le soin de distinguer le domicile légal du domicile professionnel, l'intrusion du travail dans le domicile, par l'effet des technologies numériques, tend à illustrer la fin d'une distinction dont l'objectif était de marquer la sacralité du réduit domiciliaire.

En prenant appui sur le droit français, on constate que le domicile demeure un lieu privé, lieu d'exercice de la vie privée du salarié et non des pouvoirs patronaux. Pour les hauts magistrats, contrairement aux juges du fond, « l'occupation du domicile du salarié par l'employeur à des

[63] J.-M. MANACH, *La vie privée, un problème de vieux cons ?* Limoges, Éd. Fyp, coll. Présence, 2010, 224 p.

[64] Domicile personnel, domicile élu, domicile légal, domicile professionnel. V. art. 12 al. 1er du Code de la famille.

[65] Le domicile est le lieu du principal établissement. Pour le déterminer, il ne suffit pas seulement d'avoir la volonté de fixer son domicile en un lieu, il faut la réunion d'un élément matériel et d'un élément intentionnel. En tout état de cause, le lieu du principal établissement demeure une question factuelle que le juge apprécie souverainement.

fins professionnelles constitue une immixtion dans sa vie privée[66] ». La Haute juridiction française considère même que le passage au télétravail, sans l'accord du salarié, est une violation de sa vie privée[67] et une modification unilatérale du contrat de travail. Cette position est compréhensible en raison des nombreux accommodements que la transformation du domicile en lieu de travail engendrerait pour le salarié.

Les juridictions françaises ont contribué à la fixation des limites de la vie privée par une action de délimitation du champ de l'intimité. Cette délimitation a permis de dégager deux aires distinctes d'application de l'intimité de la vie privée, les relations professionnelles et les relations conjugales. Les dispositifs de télé et de vidéo surveillance de l'employé ont amené le juge du droit à se prononcer sur l'atteinte à l'intimité de la vie privée sur le lieu du travail. Pour le juge du droit, la distinction entre l'objet des propos et le contexte dans lequel ces derniers ont été tenus doit être faite. Dès lors, le salarié qui se plaint d'atteinte à l'intimité de sa vie privée devra rapporter la preuve que les propos tenus le sont en dehors de tout contexte professionnel[68].

La frontière entre l'intimité de la vie privée et la vie privée trouve, dans les relations conjugales, une illustration moins équivoque. Pour le juge du fond, il faut entendre par intimité « ce qui touche le plus intérieur, le plus profond dans la « vie » du couple, se concrétisant par l'expression des sentiments ou de la pensée… le problème d'argent de l'espèce ne présentait pas ce caractère intime ». Le noyau de l'intimité exclurait les relations financières pour ne concerner que les questions sentimentales, affectives et sexuelles. L'absolutisme de la protection de la dignité de la personne cède ainsi sous le poids de la nécessité d'informer le public, où l'on constate que le champ de la vie privée se rétrécit. Ce rétrécissement

---

[66] C. cass. Ch. Soc., 27 mars 2019, 17-21.014 17-21.028, Publié au bulletin et consulté le 07/06/2023 ; S. MAILLARD-PINON, Contrat de travail-modification, oct. 2022, *Rep. De dr. du trav*.

[67] M. MERCAT-BRUN, « Un salarié ne peut se voir imposer de travailler à domicile », D. 2002, p. 768 ; J.-E. RAY, « La légitime censure des télé-travaux forcés », *Dr. soc.* 2001, p. 1039 ; F. FAVENNEC-HERY, « Vie privée dans l'entreprise et à domicile », *RJS*, 2001, p. 940.

[68] Crim. 14 février 2006, n° 05-84.384 ; Bull. crim. n° 38, D. 2007, 1184, note Saint-Pau ; *D.* 2007, Pan. 404, obs. Garé. Cité par N. CAZE-CAILLARDE, « Atteinte à la vie privée-frontières incertaines de la vie privée », *Rep. Dr. pen. Et proc. Pen.,* nov. 2019, pp. 22-30.

du champ est d'autant plus observable que les réseaux sociaux[69] participent à cette entreprise de banalisation de l'intimité. La tendance à la divulgation outrancière de scènes quotidiennes intimes repousse les frontières de l'intimité de la vie privée aux abysses et questionnent l'emprise réelle de celle-ci.

La référence au contexte français ne fait que rappeler l'impérieuse nécessité pour le législateur sénégalais de déterminer les rapports entre le domicile et le travail, en adoptant une loi sur le télétravail.

B – L'emprise de la vie privée

Il y a lieu de questionner la portée territoriale de la protection de la vie privée dans un espace ubiquitaire tel qu'internet. Entre territorialité et extra-territorialité, la protection de la vie privée intrigue (1), une interrogation si intense qu'elle suggère un dialogue des juges pour l'émergence d'un *jus cogens* numérique (2).

1 – La portée de la protection de la vie privée

Entre divulguer et ne pas divulguer, partager et ne pas partager, les enjeux de célébrité, même éphémères, autorisent de violer le droit à la protection de l'intimité de la vie privée. Lorsque le tribunal des réseaux sociaux, véritable oukase judiciaire à la rémanence sempiternelle, déclare coupable sa victime désignée[70], la présomption d'innocence vacille et l'interrogation sur l'avenir de ce principe en devient plus légitime[71], face à l'extrémisme de la liberté d'expression. Le droit à l'oubli ou, à tout le moins, le droit au déréférencement, considéré comme un droit à la vie privée[72], se pose à la fois comme protection de l'individu contre les excès

---

[69] Résolution sur la protection de la vie privée dans les services de réseaux sociaux, 30ème conférence mondiale des Commissaires à la protection des données et de la vie privée, Strasbourg, 15-17 oct. 2008, cité par C. FERAL SCHUHL, *Cyberdroit ; le droit à l'épreuve de l'internet*, Paris, Dalloz, 2020, 8ème ed. 1852 p.

[70] T. F. RAKOTOARISON, « A propos de la vindicte à portée de clics », *International Journal of digital and Data Law*, 2020, vol. 6, pp. 203-215.

[71] F. ROGUE, « Grâce à Dieu : le droit à la liberté d'expression prévaut sur le droit à la présomption d'innocence », *L'ESSENTIEL, Droit de la famille et des personnes*, 1er février 2021.

[72] H. MUIR-WATT, « La portée territoriale du droit au déréférencement : un exercice de proportionnalité dans l'espace », *RCDIP*, 2020/2, n° 2, pp. 334-348 ; CJUE, gde ch., 13 mai 2014, n° C-131/12, *Google Spain SL, Google Inc. c/ Agencia Espanola de Proteccion de Datos, Mario Costeja Gonzalez*. Cité par S. ROUSSEL, « Droit à l'oubli sur internet : le Conseil d'état donne un mode d'emploi », *Gaz. du Pal.* 23 mars 2020, n° 12, p. 28 ; E. CRUYSMANS, « Le droit à l'oubli devant la Cour européenne

du droit à l'information et de la liberté d'expression. La particularité du réseau internet fait que la nécessité de la protection de la vie privée peut exiger d'aller au-delà des frontières d'un seul État. Le territoire d'un État ou de plusieurs États, comme dans le cas de l'Union européenne, peut s'avérer exigu, dans le cadre de la protection des droits fondamentaux de l'individu.

Ce constat rend inéluctable de repenser la question de la territorialité à l'épreuve de internet[73]. A prendre la loi sénégalaise sur les données personnelles, en son article 2/4, elle soumet à sa compétence « tout traitement mis en œuvre par un responsable...qui recourt à des moyens de traitement situés sur le territoire sénégalais », qu'il soit établi ou non sur le territoire sénégalais. La loi sénégalaise semble s'attacher à la situation sur le territoire sénégalais des moyens de traitement et non à la nationalité sénégalaise du responsable du traitement ou de la personne dont les données sont traitées[74]. Ce faisant, le législateur sénégalais n'a pas entendu assigner une mission extraterritoriale à la loi sur la protection des données personnelles[75]. Bien au contraire, il procède à une « fermeture du système national », une clôture de l'espace territorial dans son rapport avec l'extérieur[76], une réminiscence du modèle étatique westphalien. Pareille option est à rebours du particularisme ubiquitaire de l'internet. La violation de la vie privée par recours à l'internet défie les

des droits de l'homme : l'intégration d'une composante temporelle dans un litige vie privée/ liberté d'expression » (obs. sous Cour eur. dr. h., *arrêt Hurbain c. Belgique*, 22 juin 2021, *Rev. trim. Dr. de l'hom.*, 2022/1, n° 129, pp. 161-182.

[73] A. GOGAN, « Les enjeux pour la souveraineté de l'État de l'extraterritorialité du droit des données personnelles », *International journal of digital and data Law*, 2022, vol. 8, pp. 153-161.

[74] Par « moyens de traitement situés sur le territoire sénégalais », il faut entendre l'ensemble des outils utilisés par les responsables de traitement ou les sous-traitants pour procéder à des traitements de données à caractère personnel. Il peut s'agir d'outils digitaux ou manuels pour créer, stocker, transférer, archiver, communiquer ou détruire des données personnelles.

[75] L'acte additionnel de la CEDEAO sur la protection des données à caractère personnel semble se prêter à une compétence extraterritoriale. Ce qui se comprend, vu la nature communautaire de l'organisation et de ses instruments. V. Acte additionnel A/SA. 1/01/10 relatif à la protection des données à caractère personnel dans l'espace de la CEDEAO. Disponible sur https://www.afapdp.org/wp-content/uploads/2018/06/CEDEAO-Acte-2010-01-protection-des-donnees.pdf . Consulté le 21/03/23.

[76] M-L. MATHIEU, « Repenser l'ordre et la nécessité », in B. Bonnet (dir.), *Traité des rapports entre ordres juridiques*, Paris, LGDJ, 2016, 1821 p., pp. 241-259, spéc. p. 254.

limites classiques du territoire. Dans ce contexte, une loi sans prétention extraterritoriale est une gageure, eu égard à l'objet considéré.

A titre de droit comparé, plusieurs États ont entendu donner à leurs lois sur les données personnelles une dimension extraterritoriale. L'Union européenne, grâce à l'action du juge de la Cour de justice, dans deux affaires célèbres, *Google spain*[77] et *Weltimmo*[78], a déjà reconnu l'extraterritorialité d'une directive européenne portant sur la protection des données, permettant ainsi de consacrer un droit au déréférencement[79].

Plus tard, le règlement général sur la protection des données à caractère personnel (RGPD) a entendu se donner les moyens juridiques permettant un rayonnement efficace de ses prévisions légales[80]. Ainsi, son champ d'application est suffisamment large pour assurer une bonne protection des intérêts européens. Pour se donner compétence, le RGPD s'attache au lieu du traitement des données et à la personne dont les données sont traitées. Cependant, en précisant « que le traitement ait lieu ou non dans l'Union », le RGPD confirme la primauté du critère de la protection des intérêts de la personne sur le lieu de traitement. De ce fait, le législateur européen procède à une véritable extraterritorialisation de sa loi, en mettant en avant un critère de compétence *rationae personae*. Dès lors que le ressortissant a la nationalité d'un État membre de l'Union

---

[77] Arrêt de la Cour (grande chambre) du 13 mai 2014. Google Spain SL et Google Inc. contre Agencia Española de Protección de Datos (AEPD) et Mario Costeja González, Aff. affaire n° C-131/12 ; M.-C. DE MONTECLER, « Le Conseil d'État demande à la CJUE un mode d'emploi de l'arrêt *Google Spain », D. actualités*, 28 fév. 2017.

[78] CJUE, 1er octobre 2015, arrêt Weltimmo s.r.o. c. Nemzeti Adatvédelmi és Információszabadság Hatóság, C-230/14 ; V. R. PERAY, « De la bonne ? application de la jurisprudence Weltimmo au bénéfice…d'Amazon et de facebook », *Rev. UE*, 2016, p. 597.

[79] C. BARTOLLINI ; L. SIRY, « The right to be forgotten in the light of the consent of the data subject, *Computer Law and Security Review*, n° 32, 2016, pp. 218-237.

[80] Règlement (UE) 2016/679 du Parlement européen et du Conseil du 27 avril 2016 relatif à la protection des personnes physiques à l'égard du traitement des données à caractère personnel et à la libre circulation de ces données, et abrogeant la directive 95/46/CE (règlement général sur la protection des données), modifié par *Rectificatif au règlement (UE) 2016/679 du Parlement européen et du Conseil du 27 avril 2016 relatif à la protection des personnes physiques à l'égard du traitement des données à caractère personnel et à la libre circulation de ces données, et abrogeant la directive 95/46/CE (règlement général sur la protection des données)* JOUE L127 2 du 23/05/2018.

européenne[81], le responsable du traitement des données ou son sous-traitant a l'obligation de se conformer aux injonctions du RGDP. Une telle pratique, plus connue en droit américain[82], est une affirmation d'un souverainisme nouveau mais aussi une prise de conscience de la nécessité d'apporter une réponse globale à un phénomène tout aussi global.

D'ailleurs en droit américain, l'option a été prise, confronté aux frontières artificielles de l'internet[83], de mettre en place une législation ayant la même portée extraterritoriale que le RGPD. Le *Cloud Act* « donne compétence aux autorités... pour exiger des fournisseurs de services de communications créés aux États-Unis la transmission des données situées sur leurs serveurs, que ces derniers se situent ou non à l'étranger, et qu'ils traitent ou non des données de personnes ne résidant pas aux États-Unis. » Il en est ainsi aussi de la Chine avec sa loi dite cybersécurité pour la République populaire de Chine[84]. Ces différents constats appellent la nécessité de penser un minimum de normes communes à tous les États.

---

[81] Le RGPD s'applique aussi aux ressortissants étrangers résidants dans l'espace de l'UE.

[82] *Cuban Liberty and Democratic Solidarity (Libertad) Act* du 12 mars 1996 dite *Helms-Burton act* et *Iran and Libya Sanctions Act* du 8 août 1996 plus connue sous le nom de *D'Amato-Kennedy act*. V. F. MATTATIA, *Internet et les réseaux sociaux : que dit la loi*, Paris, Eyrolles, 2022, 282 p. spéc. p. 79.

[83] On peut faire ici référence à l'affaire *Microsoft contre USA* portant sur une demande judiciaire d'accès à des éléments de preuve numérique adressée à *Microsoft* concernant un usager se déclarant résident en Irlande. Bien qu'accessible depuis les Etats-Unis, *Microsoft* a estimé que les données étant hébergées en Irlande, leur communication serait une violation du droit irlandais. En réponse à cette difficulté, le gouvernement américain a élaboré le *Clarifying Lawful Overseas Use of Data Act*, en mars 2018, dit *Cloud Act*. Cette loi permet de voir sous un autre jour les questions de la souveraineté, de la procédure pénale internationale et de l'entraide judiciaire internationale. Avec le *Cloud Act*, les Etats-Unis apportent une solution à la question de la preuve numérique en matière pénale. *Cloud Act* et RGPD interpellent les États africains sur la nécessité de penser la question de la protection des données personnelles d'un point de vue extraterritorial ; v. F. T. DAVIS, C. GUNKA, « *Cloud Act*- souveraineté européenne et accès à la preuve dans l'espace pénal numérique », *RCDIP*, 2021, p. 43.

[84] V. A. GOGAN, « Les enjeux pour la souveraineté de l'État de l'extraterritorialité du droit des données personnelles », op. cit., pp. 156-157.

2 – L'émergence d'un *jus cogens* numérique

Il est logique de s'interroger, dans un monde gagné par le triomphe de l'individu et la philosophie des droits de l'homme, si des droits individuels ne pourraient être accordés aux personnes physiques dans le cyberespace. Plusieurs tentatives ont existé qui s'appuient sur la prise de conscience de la nécessité de protéger la liberté individuelle et garantir une jouissance des réseaux préservant les droits des usagers[85].

La plasticité de la notion de *jus cogens*[86] autorise de fonder autour d'elle un noyau de règles impératives dont l'observance s'impose à tous, en écho au caractère ubiquitaire de l'internet. De nombreuses tentatives ont existé partant des plus extravagantes et idéalistes[87] aux plus réalistes et plausibles. Originellement articulées autour de l'éthique, véritable vassale du système[88], les premières idéations d'encadrement de l'internet ont paradoxalement rendu le réseau des réseaux incritiquable en raison d'une « petite éthique » participant plus au renforcement du système qu'à sa véritable régulation. L'éthique a ainsi été happée par cette force d'intelligence objective du système qui, en l'assimilant, a permis qu'il puisse justifier et légitimer les pratiques. L'éthique, la grande, aurait pu, en questionnant les options et en cherchant une remise en cause profonde de nos modes de vie, être une option véritable de régulation. Mais on doit, avec Hunyadi, considérer que l'éthique participe plus à une humanisation du monde, partant à la banalisation de ces pratiques. « La neutralisation éthique du monde » illustre le triomphe de l'individualisme et balise le terrain à une affirmation sans cesse croissante de la toute-puissance des technologies. Si l'éthique n'a pas suffi à réguler la technologie, le droit a été sollicité afin d'apporter une réponse[89].

Plusieurs tentatives ont existé, sur les différents continents, visant la prise en charge de la problématique des libertés individuelles dans une société numérique. Les possibilités accrues de surveillance de masse, la

---

[85] On peut citer, en France, la création de l'Institut des droits fondamentaux numériques à l'initiative de l'ancien député européen Jean-Marie CAVADA et de plusieurs autres personnalités universitaires et politiques. V. https://idfrights.org/

[86] D. CARREAU, « Jus cogens », *Rep. Dr. int.* 2013, p. 31.

[87] J. P. BARLOW, *A Declaration of the Independence of Cyberspace*, EFF.org, 1996 (www.eff.org/cyberspace-independence). Cité par B. LOVELUCK, « Aux origines des libertés numériques », *D. IP/IT*, 2020, p. 598.

[88] M. HUNYADI, *La tyrannie des modes de vie*, op. cit., spéc. p. 51.

[89] S. BERNATCHEZ, « Une révolution scientifique en droit ? Les fondements cybernétiques des théories juridiques contemporaines », op. cit., p. 5.

faiblesse des individus face aux États et aux grandes entreprises de la technologie ont fait ressurgir la question du droit et des droits de l'homme[90]. Passées les tentatives fantasques d'indépendances du cyberespace, de véritables options de régulation par le droit ont vu le jour. Elles portaient, pour l'essentiel, autour de la question de la création de droits fondamentaux du numérique. Ainsi, il a pu être recensé près de dix-sept déclarations relatives à ce thème issues du monde occidental mais aussi d'espaces tels que les Philippines ou le Brésil[91].

Ces déclarations dont la juridicité est contestable ont en commun plusieurs droits opposables à l'État et aux firmes technologiques. Il s'agit de droits tels le respect de la vie privée, le droit d'accès à internet, la liberté d'expression, l'obligation de responsabilité (*accountability*). Avec Latil, ces différents droits peuvent être classés en quatre catégories portant sur le droit à l'égalité et à la non-discrimination, le droit à la vie privée, les droits à la connaissance et à la maitrise des tech numériques, la liberté d'expression[92].

Réintégrant l'Afrique dans cette question des droits numériques fondamentaux, elle pourrait se singulariser, à côté de l'illettrisme qui la caractérise par un illectronisme dont les effets dévastateurs seraient importants[93]. La fracture numérique y demeure une réalité plus que persistante malgré un taux de pénétration important du smartphone[94]. Cette réalité ne doit pas occulter la nécessité de repenser la place de

---

[90] M. VILLEY, *Le droit et les droits de l'homme*, Paris, PUF, Quadrige, 1983 (5ème tirage janv. 2022), 169 p.

[91] A. LATIL, « En attendant la déclaration des droits fondamentaux du numérique », *D. IP/IT*, 2020, p. 593, spéc. p. 595.

[92] Ces déclarations ont été publiées entre 2010 et 2020. Cependant, elles font peu cas des situations liées à la vulnérabilité économique, sociale ou individuelle. La situation des enfants n'est pas généralement prise en compte ; en ce sens, A. LATIL, « En attendant la déclaration des droits fondamentaux du numérique », op. cit. p. 597.

[93] *Xavier Lucas c/ France* du 9 juin (n° 15567/20, *Dalloz actualité*, 16 juin 2022, obs. C. BLERY, *AJDA* 2022, p. 1190. Cité par J.-P. MARGUENAUD, « Chronique CEDH : révolte contre le formalisme numérique », *D. actualité*, 11 juillet 2022 ; J.-M. PONTIER, « Lutte contre l'illectronisme », *AJDA*, 2020, p. 2225.

[94] Selon les estimations, le continent comptera, dès 2020, 660 millions de personnes, sur une population de plus de 1,3 milliard d'habitants, équipés d'un téléphone intelligent, soit un taux de pénétration de 55 %. V. https://www.francetvinfo.fr/monde/afrique/economie-africaine/en-2020-660-millions-d-africains-devraient-etre-equipes-d-un-smartphone_3055069.html . Consulté le 19/04/23.

l'Afrique dans le cyberespace pour éviter une nouvelle colonisation qui prendrait les accents d'une cybercolonisation[95] plus insidieuse mais aux conséquences plus fâcheuses. En prenant en compte les préoccupations propres à l'Afrique en y associant la dimension transnationale d'internet, l'élaboration d'un fond de règles de protection commune à tous les États ne devrait pas être une ineptie. Comme pour les droits fondamentaux, un dialogue des systèmes devrait pouvoir contribuer à l'émergence de règles protectrices formant un socle universel commun. Internet ne connaissant pas de frontière, la protection de ses usagers devrait être alignée sur cette caractéristique technique. Une action conjuguée des pouvoirs publics, de la société civile et des usagers d'internet devrait permettre l'élaboration de ces normes fondamentales, dans le respect de la doctrine anglo-saxonne du *multistakeholderism*[96].

Passé le débat sur la distinction entre le droit à l'oubli et le droit au déréférencement[97], il semblerait qu'une norme fondamentale pourrait être bâtie autour de l'impérieuse nécessité de préserver le droit de l'individu de ne pas voir son nom présent sur des moteurs de recherche. Par ailleurs, des normes portant sur la protection des personnes vulnérables telles que les enfants, les personnes âgées et les illettrés électroniques pourraient être adoptées. Une *lex electronica* prenant en compte ces impératifs devrait permettre de sauvegarder tous les intérêts en jeu.

L'omniprésence sociétale prise par les données à caractère personnel, leur structuration profonde du lien social et du tissu économique pour les temps à venir, autorisent de s'interroger sur une fin probable de la vie privée dans son expression classique.

---

[95] J. -L. CORREA, « Numérique : L'Afrique veut donner de la voix », https://www.jeuneafrique.com/1011680/economie/tribune-numerique-lafrique-veut-donner-de-la-voix/ . Consulté le 19/04/23.

[96] *Multistakeholderism « seeks to bring together global actors that have a potential « stake » in an issue and ask them to collaboratively sort out a solution... It diverges from the international governance system, multilateralism, established at the end of World War I or World War II in which governments, as representative of their citizens, take the final decisions on global issues and direct international organizations to implement these decisions »*. V. H. GLECKMAN, *Multistakeholder governance and democracy : a global challenge*, Routledge, 2018, 170 p.

[97] N. VERLY, I. SOSKIN, « Responsabilité des moteurs de recherche en matière de déréférencement de contenus attentatoires à la vie privée », *Legipresse* 2018, p. 271 ; N. MARTIAL-BRAZ, « Le droit au déréférencement : vrai reconnaissance et faux-semblant ! », *D. IP/IT*, 2019, p. 671.

II – Les données personnelles : fin de la vie privée

La vie privée, argument pris pour garantir et protéger les libertés des usagers d'internet, est paradoxalement soumise à un reflux entrainant une remise en cause de son intérêt substantiel. Cette agitation autour de la notion est sans rapport avec ses capacités techniques. A l'épreuve du contentieux, la vie privée se retrouve confinée en une dimension discursive. Son intérêt semble y résider dorénavant (A), se voyant débordé par une conception largement pénale que promeuvent les données personnelles (B).

A – L'intérêt du recours discursif à la vie privée

La centralité discursive de la vie privée n'est plus à prouver. Sa protection est l'objectif proclamé de biens d'instruments portant sur la protection des données à caractère personnel. Cependant, au-delà de ce constat, la notion fait moins sens relativement à sa capacité à engager ses ressources substantielles. Les ressorts civils de la vie privée fléchissent (1) cependant qu'elle n'est considérée comme un simple critère déclencheur d'une série de conséquences pénales (2).

1 – Le fléchissement des ressorts civils de la vie privée

La vie privée est une notion civile dont l'histoire montre qu'elle a toujours eu comme visée de protéger le citoyen et de préserver sa famille et sa propriété. Plusieurs textes internationaux la consacrent permettant ainsi au juge d'en assurer la protection effective. Parmi ces textes, citons la Déclaration universelle des droits de l'homme qui fait mention de la vie privée, en son article 12[98], de même que, plus explicitement, la Convention européenne de sauvegarde des droits de l'homme, en son article 8[99], la Convention internationale relative aux droits de l'enfant[100], tout comme il est bon ici de rappeler l'article 9 du Code civil français.

---

[98] « Nul ne sera l'objet d'immixtions arbitraires dans sa vie privée, sa famille, son domicile, ou sa correspondance, ni d'atteintes à son honneur et sa réputation. Toute personne a droit à la protection de la loi contre de telles atteintes ».

[99] « Toute personne a droit au respect de sa vie privée et familiale, de son domicile et de sa correspondance. »

[100] « Nul enfant ne fera l'objet d'immixtions arbitraires ou illégales dans sa vie privée, sa famille, son domicile ou sa correspondance, ni d'atteintes illégales à son honneur et à sa réputation.
L'enfant a droit à la protection de la loi contre de telles immixtions ou de telles atteintes. » Article 16.

De ces divers textes, desquels se sont inspirés d'autres systèmes juridiques, il ressort que la protection de la vie privée s'entend de la protection du secret de la vie privée et de la protection de la liberté de la vie privée[101]. Pareille systématisation ne s'évince pas *expressis verbis* des textes susvisés. L'article 9 du Code civil français a très tôt été envisagé du point de vue du secret de la vie privée, autorisant ainsi aux personnes dont des informations relatives à la famille, à l'orientation sexuelle ou à la propriété sont rendues publiques de demander la cessation de la publicité de ces informations. Du secret de la vie privée, l'essor de la liberté individuelle a produit une excroissance nommée liberté de la vie privée. Cette dernière est considérée comme le droit opposable reconnu aux tiers de mener sa vie privée comme il entend. Si le secret de la vie privée est de nature défensive, la protection de la liberté de la vie privée se réclame d'une stratégie offensive visant à imposer ses choix de vie aux tiers[102], en se fondant sur la liberté de vivre sa vie. De ce point de vue, la liberté de la vie privée prend les accents de la *privacy* du droit américain, *the right to be let alone*.

La protection du droit au respect de la vie privée a d'abord été l'œuvre du juge civil qui, grâce aux ressorts du droit de la responsabilité civile, a protégé la victime contre la violation de la protection de sa vie privée. En droit sénégalais, l'article 118 COCC permet, en prouvant l'atteinte à la vie privée, par la divulgation d'éléments la composant, de garantir une réparation à la victime. Cette dernière prendra la forme d'une action en responsabilité avec ses exigences classiques. La faute résidera ici dans l'existence d'une « erreur de conduite » d'une faute délibérée résultant d'un choix volontaire» et non « d'une simple erreur inévitable et imputable à la faiblesse humaine. » Elle est de nature délictuelle mais peut aussi se présenter sous une forme contractuelle lorsque l'auteur de la violation s'est engagé à ne pas divulguer un fait relatif à la vie privée de la victime. Il existe ici une véritable obligation préexistante au sens de l'article 119 COCC, le dommage pouvant être matériel ou moral[103].

---

[101] P. KAYSER, *La protection de la vie privée par le droit : protection du secret de la vie privée*, Presses universitaires d'Aix-Marseille, Economica, 3ème édit. 1995, 343 p. spéc. pp. 29 et 45.

[102] A. LEPAGE, « Secret, personne et famille, le secret de la vie privée sous influence », *Droit et patrimoine*, n° 102, 2002.

[103] V. F. B. DIA, « L'unité des responsabilités contractuelle et délictuelle : état de la question », In I.-Y. Ndiaye, J.-L. Corréa, A.-A. Diouf (dir.), *Code des obligations civiles et commerciales du Sénégal (C.O.C.C.) : cinquante ans après*, L'Harmattan-Sénégal, 2018, vol. 1, p. 187 et s. ; J.-L. CORREA, « La réparation intégrale dans le

Dans une espèce rendue par la Cour suprême du Sénégal[104], le juge du droit a estimé qu'une photo du torse nu postée sur internet par le père de l'enfant ayant divorcé d'avec la mère était de nature à porter atteinte à l'honneur et à la réputation de l'enfant. Pour la Cour suprême, la Cour d'appel, agissant en référé, était fondée dans sa décision accédant à la demande de retrait de la photographie introduite par la mère de l'enfant. La Cour suprême, pour justifier l'atteinte à l'honneur et à la réputation de l'enfant, s'est fondée sur la Convention internationale relative aux droits de l'enfant, en son article 16, alinéa 1er.

Plusieurs remarques peuvent ici être faites, en rapport avec la Convention sur les droits de l'enfant et son article 16 alinéa 1er. Cette disposition, dans sa construction, semble distinguer l'atteinte à la vie privée de l'enfant de l'atteinte à son honneur et à sa réputation. Il est possible d'identifier un premier groupe nominal allant de « nul enfant…sa correspondance » et un second groupe nominal allant de « ni d'atteintes…à sa réputation. » Cette distinction semblant procéder de ladite disposition permet au juge d'avoir deux fondements distincts pour protéger l'enfant soit en raison de la violation de son droit à la vie privée soit pour cause d'atteinte à son honneur et à sa réputation. Les deux situations méritent d'être distinguées. Il n'est pas dit que l'atteinte à l'honneur et à la dignité emporte toujours violation du droit au respect de la vie privée. Toutefois, une convergence peut exister entre la vie privée et la protection de l'honneur et de la réputation dans le sens où « la plupart des divulgations de la vie privée constituent en même temps une atteinte à l'honneur ». Cependant, dans la rigueur des principes, la protection de la vie privée assure la paix et la liberté de la vie personnelle et familiale,

---

code des obligations civiles et commerciales » in I.-Y. Ndiaye, J.-L. Corréa, A.-A. Diouf (dir.), *Code des obligations civiles et commerciales du Sénégal (C.O.C.C.) : cinquante ans après*, op.cit., vol. 1, p. 137 ; A. A. DIOUF, « La peine privée en droit sénégalais de la responsabilité civile extracontractuelle », in I.-Y. Ndiaye, J.-L. Corréa, A.-A. Diouf (dir.), *Code des obligations civiles et commerciales du Sénégal (C.O.C.C.) : cinquante ans après*, op. cit., vol. 1, p. 267 et s. ; M. ALLIOT et J. POIRIER, « Sur les fondements de la responsabilité dans les droits traditionnels africains », *R. jur. pol. ind. coop.*, t. 27, 1973, pp. 625-638 ; A. K. BOYE, « L'article 121 du Code des obligations civiles et commerciales ou le bouleversement du droit commun de la responsabilité civile », *RSD,* 1984, p. 13 et s. ; G. B. SARR, « Vers un élargissement des fondements de la responsabilité civile en droit sénégalais », *Annales africaines*, vol. 2, déc. 2015, p. 255

[103] V. article 124 COCC.

[104] CS, arrêt n° 44 du 20 mai 2020, *Huguette Marie Roberte Elsocht* , *Bull. des arrêts n° s. 21-22.*

l'honneur ayant pour but de protéger contre les atteintes illégitimes et en même temps d'assurer la paix sociale[105] ».

Par ailleurs, l'enfant, au-delà des proclamations de la Convention susmentionnée, a-t-il droit à une vie privée, surtout en contexte négro-africain ? Sans doute oui, mais encore faudrait-il distinguer les situations. En se fiant au rapport annuel de la Défenseure des droits en France[106], on constate que dans un contexte occidental, la revendication du droit à la vie privée de l'enfant est problématique[107]. Dans des cas où des informations relatives à sa filiation, ses origines, sa religion sont divulguées, on pourrait invoquer la violation de sa vie privée[108].

L'on pourrait, avec la Cour suprême, accepter que publier sur internet des photos du torse nu d'un enfant peut attenter à son honneur et à sa réputation, surtout à sa majorité. Il s'agit bien d'un intérêt moral digne d'être protégé en justice que le recours à la violation du droit à l'image de l'enfant[109] ou le rappel de son droit à la dignité[110] aurait permis de prendre en compte. Le droit à la protection de la vie privée est un droit de la personnalité qui pourrait aussi s'analyser en un droit de créance.

2 – La vie privée, critère déclencheur d'une série de conséquences pénales

Si sur le terrain civil, l'action en protection de la vie privée vise la réparation du préjudice, l'action pénale illustre l'attachement de la société au respect d'une valeur fondamentale. En faisant entrer dans le champ pénal la protection de la vie privée, le législateur rappelle en quoi le secret

---

105 P. KAYSER, *La protection de la vie privée par le droit*... op. cit. p. 127.

106 « Le respect de la vie privée de l'enfant est tributaire de ses conditions de vie dans leur globalité, et notamment de ses conditions de logement. Comment un enfant peut-il avoir une vie privée s'il ne peut jamais se retirer dans un lieu préservé, soustrait du regard des autres ? Et, *a fortiori* , comment cela serait-il possible si sa famille elle-même ne dispose pas d'un tel espace ? ... sans intimité, sans espace personnel préservé du regard d'autrui, il n'y a pas de possibilité de vie privée. V. Rapport de la Défenseure des droits sur la vie privée des enfants, Synthèse (2022). Disponible sur https://www.defenseurdesdroits.fr/sites/default/files/atoms/files/synth-rae-2122-num-accessible.pdf . Consulté le 25/04/23.

107 A. BATTEUR, « Rapport annuel de la Défenseure des droits sur la vie privée de l'enfant », *L'ESSENTIEL Droit de la famille et des personnes*, 1er février 2023.

108 G. LÉCUYER, « Parodie versus vie privée de l'enfant : le choc des valeurs », *Légipresse*, 2014, p. 252.

109 S. BINET, « Respecter le droit à l'image des enfants », *AJ Famille*, 2023, p. 129.

110 E. PAUPIN, « Protéger la vie privée des enfants », *AJDA*, 2022, p. 2204.

et la protection de la vie privée importent pour construire une société harmonieuse.

Le Code pénal sénégalais, dans sa version originelle, sans consacrer expressément la vie privée, contient des dispositions pénalisant des éléments constitutifs de la vie privée. Le secret des correspondances bénéficie d'une protection de la part du législateur. La personne est protégée contre l'ouverture et la suppression de ses correspondances[111] dans le double but de protéger aussi bien la liberté d'expression que la vie privée elle-même. Le domicile fait aussi l'objet d'une protection pénale fondée sur les mêmes valeurs que la protection de la correspondance et pouvant cesser dans des conditions précises[112]. De tels actes sont constitutifs d'infractions pénales. Si le secret des correspondances et la protection du domicile expriment une volonté de préserver l'individu contre les investigations, il est aussi important de protéger les personnes contre les divulgations de faits relatifs à la vie privée. La divulgation peut prendre deux formes que sont la diffamation[113] et la violation du secret professionnel[114]. Ces références pénales font écho aux dispositions constitutionnelles protégeant la vie privée sans la nommer[115].

L'absence de dispositions expresses relatives à la vie privée dans le Code pénal sénégalais de 1965[116] ne permet pas d'inférer sa déconsidération par le législateur sénégalais[117]. Avec le développement des technologies numériques et de la criminalité qui s'y appuie, la loi sur la cybercriminalité[118] vint rappeler l'impératif de la préservation de la vie privée.

Ce n'est qu'avec la réforme du Code pénal de 2016, intégrant le patrimoine répressif antérieur, que le législateur va élargir le spectre des

---

[111] V. art. 167 du Code pénal. V. aussi les articles 14 et 195 de la loi 2018-28 du 12 décembre 2018 portant Code des télécommunications électroniques.

[112] V. art. 164 du Code pénal.

[113] V. art 258 du Code pénal.

[114] V. art. 363 du Code pénal.

[115] V. Constitution du Sénégal du 22 janvier 2001, articles 13 et 26.

[116] Loi n° 65-60 du 21 juillet 1965.

[117] On verra plus tard que la protection de la correspondance et du domicile fait l'objet de dispositions dans le texte pénal.

[118] V. loi n° 2008-11 du 25 janvier 2008 portant sur la cybercriminalité. Cette loi a été abrogée. V. P. A. TOURE, *Le traitement de la cybercriminalité devant le juge : l'exemple du Sénégal*, Dakar, L'Harmattan, 2014, 618 p.

dispositions relatives à la protection de la vie privée[119]. Cette systématisation tardive se veut à la fois une mise en conformité avec ses engagements internationaux et l'opportunité de sanctionner des faits non pris en compte auparavant[120]. La réforme de 2016 est ainsi un alignement sur des normalités législatives universelles permettant aux États de se doter des moyens nécessaires à la répression du terrorisme[121] et des infractions liées aux technologies de l'information et de la communication[122], en même temps qu'une opportunité de mise en ordre du Code pénal[123].

A lire le Titre IV de la loi, il semble servir d'espace de pénalisation des prévisions contenues dans la loi sur les données à caractère personnel, notamment, au regard de sa Section II portant sur « Des atteintes spécifiques aux droits de la personne au regard du traitement des données à caractère personnel ». Les différentes infractions consacrées ont une fonction d'appui à la loi précitée. Il en est ainsi des articles 431-14 et suivants[124] qui répriment tout traitement de données personnelles sans respect des conditions posées par la loi. En dehors de l'amende prévue, des peines privatives de liberté allant d'un (1) an à sept (7) ans sont généralement prévues. A la lecture de ces dispositions, on pourrait considérer que la protection pénale des données personnelles vise aussi la préservation de la vie privée, d'autant plus que la loi sur les données à caractère personnel, en son article 1er, se donne comme objectif de ne pas violer le droit au respect de la vie privée lors du traitement des données à caractère personnel.

Mais en dehors de cette référence implicite, le Titre IV de la loi pénale de 2016 renvoie plus explicitement à la protection de la vie privée.

---

[119] Loi n° 2016-29 du 28 novembre 2016 modifiant la loi n° 65-60 du 21 juillet 1960 portant Code pénal. JO n° 6975 du 25 novembre 2016.

[120] Dans l'exposé des motifs de la loi de 2016, le législateur affirme qu'« en vue de mettre la loi pénale nationale en conformité avec les traités ratifiés par le Sénégal et de sanctionner ainsi des faits répréhensibles non pris en compte dans la loi actuellement en vigueur des modifications du Code pénal s'avèrent nécessaires.

[121] V. Titre II de la loi 2016-29 intitulé « Des actes terroristes et des actes assimilés. »

[122] V. Titre IV de la loi 2016-29 intitulé « Des infractions liées au TIC. »

[123] La mise en ordre consiste dans l'intégration au Code pénal des dispositions de la loi 2008-28 portant sur la cybercriminalité.

[124] Plus précisément, il s'agit des articles 431-14 à 431-33, prévus à la Section II *Des atteintes spécifiques aux droits des personnes au regard du traitement des données à caractère personnel.*

L'article 431-27[125] réprime le recueil et la divulgation de données personnelles à des tiers, ayant pour conséquence une atteinte à la considération ou à la vie privée, sans autorisation de l'intéressé. Le champ d'application de cette disposition est large. D'un point de vue *ratione personae*, elle s'applique à toute personne détenant des données à caractère personnel, la matérialité des faits consistant dans le traitement de ces données personnelles sans l'accord de l'intéressé.

Le Code des communications électroniques, comme en écho aux dispositions du Code pénal modifié en 2016, comprend de nombreuses dispositions pénales visant à punir les provisions dont il est porteur. Le chapitre II de ladite loi prévoit aussi bien les incriminations que les peines allant de l'article 182 à l'article 198. Ce droit que l'on peut appeler le droit pénal des communications électroniques vient renforcer le droit pénal des technologies de l'information et de la communication pour former ce que l'on pourrait regrouper sous la catégorie de droit pénal du numérique[126].

B – Les vices et vertus d'une conception duale de la vie privée

La vie privée est à ranger dans la catégorie des nouvelles idoles contre lesquelles Michel Villey s'insurgeait[127]. Il n'est pas un texte sur le numérique qui ne rappelle sa centralité. Tout de même, l'abondance des données, leur importance économique et les risques touchant à la sécurité font que données et vie privée sont au carrefour de plusieurs intérêts. Entre ces divers intérêts, aucun ne devrait être tenté par l'exclusivisme de son application. Aussi bien la conception civile (1) que la conception pénale (2) révèlent des forces et des faiblesses, des vices et des vertus.

---

[125] Celui qui recueille, à l'occasion de leur enregistrement, de leur classement, de leur transmission ou de toute autre forme de traitement, des données à caractère personnel dont la divulgation aurait pour effet de porter atteinte à la considération de l'intéressé ou à l'intimité de sa vie privée, porte, sans autorisation de l'intéressé, ces données à la connaissance d'un tiers qui n'a pas qualité pour les recevoir, est puni d'un emprisonnement d'un an à sept ans, et d'une amende de 500 000 francs à 10 000 000 de francs ou de l'une de ces deux peines.

[126] En droit sénégalais du numérique, le droit pénal du numérique serait constitué, essentiellement, des dispositions de la loi 2018-28 sur les communications électroniques et des dispositions de la loi 2016-29 modifiant le Code pénal, en plus des dispositions du Code de procédure applicables. Rappelons que la loi 2008-11 du 25 janvier 2008 portant sur la cybercriminalité ayant été abrogée, certaines de ses dispositions ont été intégrées au Code pénal (V. les articles 431-7 à 431-65).

[127] S. RIALS, *VILLEY et les idôles*, Paris, PUF, Quadrige, 2023, 95 p.

1 – Les vices et vertus d'une conception civile de la vie privée

La liberté est l'éponyme d'internet en même temps qu'elle est la valeur œcuménique partagée par les sociétés modernes. Autant elle a caractérisé l'entrée dans la modernité, à côté de l'individualisme, autant elle a accéléré l'avènement de l'ère digitale[128]. En droit, cette liberté célébrée se nomme consentement, unité de mesure juridique du juste et du bon. Confronté au numérique, le mur du consentement se fissure, il se présente comme un leurre[129], la volonté étant de plus en plus déterminée par une « causalité naturelle inexorable[130]. » Appelée *privacy*, sous d'autres cieux et dans la novlangue digitale, la vie privée tente de s'adapter et de s'intégrer à son nouvel environnement. Pour mieux l'apprivoiser, rien de mieux que de la digitaliser, à la source, dans le code informatique. Connu sous l'anglicisme *privacy by design*[131], la prise en compte de l'impératif de protéger la vie privée dès la conception du code informatique illustre l'importance qui y est attachée et la nécessité de lui réserver une déclinaison numérique[132].

En droit sénégalais, les différentes lois de 2008[133] ont rappelé leur attachement à la vie privée mais c'est surtout le Code des communications électroniques de 2018 qui, en réservant de nombreuses dispositions au sujet, fait entrer la vie privée dans une ère digitale renforcée.

Au chapitre V de la loi intitulé « Protection de la vie privée des utilisateurs de réseaux et services de communications électroniques », il est prévu une série de mesures protégeant la vie privée tout en permettant

---

[128] B. ANCEL, « La vie privée dans un monde digitalement connecté : la démocratie en danger », *Rev. Lamy Dr. de l'immatériel*, n° 159, 1er mai 2019.

[129] M. FABRE-MAGNAN, *L'institution de la liberté*, op. cit. p. 77.

[130] « Au sens strict, la liberté « métaphysique » signifie que lorsqu'on choisirait de faire quelque chose on le ferait de soi-même, sans être déterminé à faire ce choix par une causalité naturelle inexorable. » P. PHARO, *Les data contre la liberté*, op. cit. p. 190.

[131] M. DARY, L. BENAISSA, « *Privacy by design* : un principe de protection séduisant mais complexe à mettre en œuvre », *D. IP/IT*, 2016, p. 476 ; G. LOISEAU, « De la protection intégrée de la vie privée (*privacy by design*) à l'intégration d'une culture de la vie privée », *Légipresse*, 2012, p. 712.

[132] L. LESSIG, « Code is law : on liberty in cyberspace », Janv. 2000, *Harvard Magazine*.

[133] Loi 2008-08 du 25 janvier 2008 sur les transactions électroniques ; Loi 2008-11 du 25 janvier 2008 sur la Cybercriminalité ; Loi 2008-12 sur la protection des données à caractère personnel.

[133] Loi n° 2018-28 du 12 décembre 2018 sur les communications électroniques.

aux opérateurs économiques de mener à bien leurs activités[134]. Les différentes dispositions du Code des communications électroniques portant sur la vie privée révèlent la difficulté de préserver les droits et libertés individuels, sans entraver la liberté d'entreprise.

Tout l'intérêt de redécouvrir le droit de la donnée personnelle sous un angle purement civiliste afin d'en extraire un régime qui pourrait intégrer les impératifs de l'économie numérique. La donnée personnelle est un élément de la personnalité et objet de propriété, proprement et exclusivement attaché à la personne et à son identité. Deux approches, une personnaliste et une autre propriétariste s'affrontent lorsqu'il s'agit de la qualification juridique de la donnée personnelle. La première mettant l'accent sur l'extrapatrimonialité de la donnée personnelle, son caractère anti-vénal. La seconde mettant l'accent sur la patrimonialité de la donnée personnelle. L'option propriétaire permettrait à tout individu d'user, de profiter et de disposer de ses données personnelles selon un régime organisé qui permettrait à chacun d'être l'auteur et l'artisan de la protection de ses droits et de sa liberté. Ces deux conceptions révèlent la tension permanente entre l'être et l'avoir, en même temps qu'elles expriment un « individualisme possessif », un besoin de « maitrise exclusive de son corps, de sa personne et de ses biens[135] ».

En exigeant le consentement de la personne au traitement de ses données, la loi semble consacrer la conception propriétariste. Mais il ne s'agit là que d'une illusion. Un régime méthodique reconnaissant des droits sur ses données est élaboré, sans en inférer un quelconque droit de propriété. Ce régime est fondé sur le principe que l'on ne saurait imposer à un individu un traitement pour lequel il n'a pas donné son consentement, au prétexte que cela favorise l'intérêt commun. Ce principe est observable dans les différentes lois sénégalaises de 2008 y compris dans le Code des communications électroniques de 2018. La légitimité du traitement des données personnelles et sa justification sont toujours contrôlées à la lumière de l'existence du consentement de la personne[136], la finalité licite,

[134] Il est permis aux opérateurs d'identifier tous les utilisateurs, même si, conformément aux exigences légales, ces derniers ont le droit de refuser certaines formes de traitement de leurs données. La loi consacre, sous certaines conditions, l'effacement ou l'anonymisation des données techniques.

[135] F. MASSON, « Quel « modèle propriétaire » pour les données personnelles », *RTD Civ.* 2022, p. 777.

[136] V. art. 33 de la loi 2008-12 du 25 janvier 2008 portant sur la protection des données à caractère personnel.

loyale et non-frauduleuse et la durée de conservation des données[137]. A titre de droit comparé, le RGPD permet à toute personne de demander un retrait, une rectification ou un déréférencement de ses données lorsque ces dernières ont été traitées sans son consentement.

La donnée personnelle se prête difficilement à un enfermement dans des catégories juridiques classiques. Son émergence récente fait qu'elle échappe à la distinction des personnes et des choses. N'étant pas une marchandise, objet immatériel, la considérer sous le prisme de la propriété exclusive serait un frein à son utilité économique. Au grand dam des courants juridiques pro-conception propriétaire qui envisagent la donnée personnelle comme un droit exclusif appartenant à l'individu et lui conférant un pouvoir de négociation commerciale[138].

La question de l'ajustement de la protection des données personnelles aux impératifs économiques se justifie par le fait que le commerce des données personnelles est « le plus lucratif jamais imaginé par les hommes[139] ». Il faut alors alimenter les fournisseurs de commodités numériques en données sans quoi le nouveau monde fonctionnerait difficilement, tout en préservant la liberté et la vie privée des utilisateurs. Un modèle de propriété multiple, entre l'utilisateur et l'individu, pourrait permettre de satisfaire les exigences à la fois de la liberté et de l'économie[140].

Dans une affaire rendue par la Cour de cassation française, la question de l'illicéité de l'utilisation d'une image obtenue de manière licite s'est posée. Dans cette espèce, il s'agissait d'un couple séparé dont l'homme avait, après séparation, publié sur internet, la photo nue et enceinte de la femme. Cette dernière, par une plainte avec constitution de partie civile, demande le retrait de la publication. La Cour de cassation, pour confirmer la décision de la cour d'appel, a considéré qu'il y avait le consentement de la dame à la prise de la photographie, considérant comme un rajout à

---

[137] V. les art. 34 et suivants de la loi 2008-12 du 25 janvier 2008 portant sur la protection des données à caractère personnel.

[138] V. le *Design your privacy* proposition de référentiel de permissions et de contraintes développée par Th. Saint-Aubin qui prendrait la forme d'une licence permettant au propriétaire des données de pouvoir les gérer en rapport direct avec les plateformes, en ayant un droit de regard sur les conditions de réutilisation de ses données. V. https://www.internetactu.net/2012/06/22/design-your-privacy-pour-une-licence-de-partage-des-donnees-personnelles/ Consulté le 08/07/23.

[139] P. PHARO, *Les datas contre la liberté*, op. cit. p. 20.

[140] F. MASSON, « Quel « modèle propriétaire » op. cit. 784.

la loi pénale, partant une violation du principe de l'application stricte de la loi pénale, l'absence de consentement à la diffusion de la photo[141].

A ce propos, il ne serait pas sans intérêt de mentionner cet autre arrêt de la chambre administrative de la Cour suprême du Sénégal[142]. En l'espèce, une société de téléphonie mobile, opératrice de finance digitale, avait pris la décision d'ouvrir un compte de finance mobile à sa cliente, sans le consentement de cette dernière. Ayant été informée par la compagnie de téléphonie mobile, par message, de l'ouverture dudit compte, elle saisit la commission des données à caractère personnel (CDP) pour, d'une part, la clôture du compte, d'autre part, l'octroi de dommages et intérêts. Se saisissant de la demande, la CDP, pour faire droit à la requête, a servi un avertissement à la société de téléphonie, sans toutefois faire suite à la demande d'octroi de dommages et intérêts sollicitée par la requérante. Non satisfaite de la décision rendue par la CDP, la requérante saisit la Cour suprême. Cette dernière, à bon droit, confirma la décision de la CDP pour l'avertissement adressé à la société de téléphonie et rajouta qu'il n'était pas dans les compétences de la CDP de recevoir une constitution de partie civile et partant d'octroyer des dommages et intérêts.

Plusieurs enseignements peuvent être tirés de cette décision. D'un point de vue de la procédure choisie par la plaignante, est illustrée cette imprécision, voire ce doute dans le contentieux relatif aux données personnelles. Qui saisir entre le juge de droit commun et la CDP, notamment lorsqu'il s'agit d'octroi de dommages et intérêts ? Bien évidemment, la saisine du juge de droit commun aurait permis à la requérante à la fois d'obtenir la cessation des faits relevés et l'octroi de dommages intérêts, le cas échéant[143]. Dans le fond, cette décision illustre les rapports entre l'économique et le civil dans le traitement des données personnelles. La société de téléphonie, grâce au recours à l'intelligence artificielle, peut procéder à un profilage des personnes susceptibles d'être

---

[141] C. cass. Ch. crim. Arrêt du 16 mars 2016. Cité par A. SERINET, « Le consentement et la répression de la diffusion d'une image intime », *D.* 2016, p. 935.

[142] CS, ch. adm. Arrêt n° 04 du 10 février 2022, affaire n° J/222/RG/2121/6/21, *Magatte Ndiaye Ndoye C. Commission des données personnelles et Orange Mobile Finances Sénégal*. Inédit.

[143] Une plainte avec constitution de partie civile, sur le fondement de l'article 431-14 du code pénal, aurait été plus indiquée, en l'espèce.

enrôlées[144]. Les données de masse croisées qu'elle détient permettent cette action. Mais en ne prenant pas la précaution juridique de solliciter le consentement préalable des personnes ciblées, la compagnie téléphonique viole la loi. Dès lors, la Cour suprême ne peut qu'être approuvée dans sa décision de rejet du pourvoi formé par la requérante.

Mais il peut arriver que le consentement ne soit pas la seule valeur prise en compte. Le juge peut mettre en avant l'intérêt de l'entreprise, sans le dire. En droit français, dans l'affaire dite des *Cookies Wall,* le Conseil d'État a considéré que les sites internet étaient en droit de refuser l'accès à l'utilisateur qui ne souhaitait pas consentir au traitement de ses *cookies*[145].

Dans la prise en charge de la donnée, si la liberté est une valeur fondamentale, l'importance de la donnée pour l'économie et les entreprises dicte qu'un traitement, dans l'intérêt bien compris de tous les acteurs, puisse être effectué. Un équilibre devrait désormais être trouvé pour que de la protection des données personnelles, les nouvelles législations envisagent la question de la promotion des données personnelles[146].

2 – Les vices et vertus d'une conception pénale de la vie privée

Paradoxalement, dans un contexte où la liberté est la valeur célébrée, permettant d'envisager la disponibilité du corps humain[147], l'interdit connaît une revivification. Prenant souvent la forme du droit pénal, système normatif de mise en ordre de la société, l'interdit se présente comme une volonté de limitation des libertés, après l'ère d'« il est interdit

---

[144] J.-P. LAFRANCE, *Malaise dans la civilisation numérique. Sous l'angle de l'économie, de l'anthropologie et de la philosophie,* L'Harmattan, Col. Des Hauts&Débats, 2021, 306 p., spéc. p. 27. L'auteur revient sur le scandale de Facebook au sujet de l'utilisation des données personnelles, qui a permis en fin février 2018 de révéler au grand public que la Société *Cambridge Analytica* avait utilisé sans autorisation les données personnelles de 80 millions d'usagers de Facebook pour influencer l'élection américaine de Donald Trump et la victoire du *Brexit* en Angleterre.

[145] P. Pharo, *Les data*… op. cit. p. 101.

[146] Ce qui ne serait pas sans conséquence sur la théorie civiliste relative à la titularité des droits de la personnalité. Envisager un usage économique prédominant pour les données personnelles exige de revoir la question de la propriété exclusive de la personne sur ses données.

[147] Y. THOMAS, « Le sujet de droit, la personne et la nature. Sur la critique contemporaine du sujet de droit », Le Débat, vol. 3, n° 100, 1998, p. 103. Cité par M. FABRE-MAGNAN, *L'institution de la liberté*, op. cit. p. 209, note 4.

d'interdire ». Son retour exprime une préoccupation pour les communs[148] et les vulnérabilités, une « implication dans des vies qui ne sont pas les nôtres[149] », faisant craindre, pour d'aucuns, un regain de paternalisme[150]. La régulation de la liberté ne pouvait être le fait des seules plateformes, l'État ayant l'obligation d'agir[151]. Dans ce contexte, les simples ressorts civils ne suffisent plus à rappeler l'importance de la préservation de la démocratie et de l'État de droit, en péril en raison des techniques et de leur usage dévoyé[152]. Des régulations nouvelles apparaissent cependant que des infractions vieillies connaissent une seconde jeunesse. La diffamation, infraction historiquement datée, connaît un intérêt renouvelé et illustre le nécessaire équilibre entre la liberté de parole et la préservation de l'honneur et de la dignité d'autrui. L'aptitude au dire, la fulgurance de son expansion amplifient le besoin de protéger son honneur et sa dignité. Si le spectre de la médisance pouvait jadis être exigu, internet renferme une capacité dommageable décuplée, voire illimitée. Mais il est accepté, en droit européen et désormais dans les ordres juridiques de ses États membres, que lorsqu'il porte sur un débat politique ou le supposé diffamateur était de bonne foi[153], la diffamation n'est pas retenue en raison

---

[148] E. JOURDAIN, *Les communs*, Paris, PUF, 2021, 128 p. v. pp. 15-40.

[149] F. BRUGÈRE, « Prendre soin/contre l'individu libéral », in *L'éthique du care*, Paris, PUF, 2011, op. cit. p. 50.

[150] M. FABRE-MAGNAN, *L'institution de la liberté*, op. cit. p. 208.

[151] En Europe, des États comme l'Allemagne et la France ont adopté des règles très strictes visant à contraindre les plateformes à modérer les contenus. On peut citer la loi pour la confiance numérique de 2015, la loi *anti-fake news* de 2018 ou loi « relative à la lutte contre la manipulation de l'information » publiée au *JO* sous L. n° 2018-1202, 22 déc. 2018, JO 23 déc.

[152] A. ATIL, *Le droit du numérique, une approche par les risques*, Paris, Dalloz, 2023, 257 p. spéc. p. 89.

[153] Pour la Cour européenne des droits de l'homme, « ont trait au débat d'intérêt public les questions qui touchent le public dans une mesure telle qu'il peut légitimement s'y intéresser, qui éveillent son attention ou le préoccupent sensiblement, notamment parce qu'elles concernent le bien-être des citoyens ou la vie de la collectivité ». L. FRANÇOIS, « La vie privée du sportif professionnel et la Convention européenne des droits de l'homme », *Légipresse*, 2023, p. 150. Ce dernier fait observer : « En matière de diffamation, lorsque l'auteur des propos soutient qu'il était de bonne foi, il appartient aux juges, qui examinent à cette fin si celui-ci s'est exprimé dans un but légitime, était dénué d'animosité personnelle, s'est appuyé sur une enquête sérieuse et a conservé prudence et mesure dans l'expression, de rechercher en application du paragraphe 2 du premier de ces textes, tel qu'interprété par la Cour européenne des droits de l'homme, si lesdits propos s'inscrivent dans un débat d'intérêt général et reposent sur une base factuelle suffisante, afin, s'ils constatent que ces deux conditions

de l'objet du débat qui est d'intérêt général[154]. Une telle conception de la diffamation, inconnue du droit sénégalais, devrait pouvoir s'imposer et permettre de faire triompher l'intérêt général[155] sur l'intérêt purement privé, la liberté d'expression sur la vie privée, même si cette dernière mérite protection[156].

La liberté de la parole engendre ainsi une diversité de celle-ci et la possibilité de tenir des propos à rebours des civilités et des règles admises en société[157]. L'explosion des points de vue et « l'existence de vérités alternatives », de « vérités de point de vue[158] » engendrent le retour de la

---

sont réunies, d'apprécier moins strictement ces quatre critères, notamment l'absence d'animosité personnelle et la prudence dans l'expression ». V. C. cass. 1ère ch. Civ. 11 mai 2022, arrêt n° 21-16.497. (n° 430 FS-B), *D.* 2022, p. 1071 ; A.-M. LEROYER, « La protection de la vie privée gagnerait-elle du terrain sur la liberté d'expression », *RTD Civ.* 2021, p. 383.

[154] L. FRANÇOIS, « La réception du critère européen de « débat d'intérêt général » en droit français de la diffamation, *D.* 2018, p. 636 ; E. DREYER, « La nature juridique du débat d'intérêt général », Gazette du Palais, 2022, n° 27, p. 57 ; T. BESSE, « Quand la parole se libère, la bonne foi vole à son secours », D., Les cahiers de la justice, 2022/4, n° 4, pp. 659-669 ; C. de cass., Ch. Crim., 7 janvier 2020, 18-85.159, Inédit. Gazette du Palais, 19 mai 2020.

[155] C'est la question aussi de la protection, par la loi, des lanceurs d'alerte. V. C. ARANDEL, « Protection du lanceur d'alerte : la ligne d'arrivée enfin franchie ? in *Les Cahiers du DRH*, n° 305, 1er février 2023 ; T. PASQUIER, « L'alerte », *Semaine sociale Lamy*, n° 2030, 23 janvier 2023 ; E. DAOUD, A. KLEIMAN « La protection des lanceurs d'alerte, évolutions et perspectives », *RLDA*, n° 184, 1er février 2022.

[156] « Le droit au respect dû à la vie privée et à l'image d'une personne et le droit à la liberté d'expression ayant la même valeur normative, il appartient au juge saisi de rechercher un équilibre entre ces droits et, le cas échéant, de privilégier la solution la plus protectrice de l'intérêt le plus légitime. Cette mise en balance des droits en présence doit être effectuée en prenant en considération la contribution de la publication incriminée à un débat d'intérêt général, la notoriété de la personne visée, l'objet du reportage, le comportement antérieur de la personne concernée, le contenu, la forme et les répercussions de ladite publication, ainsi que, le cas échéant, les circonstances de la prise des photographies... » Mais comme le fait remarquer l'auteur, « on voit ainsi que parmi les critères permettant d'opérer la mise en balance des deux droits, celui relatif à la contribution à un débat d'intérêt général est prépondérant, à tel enseigne qu'il est même le seul à être contrôlé. V. A.-M. LEROYER, « Vie privée et liberté d'expression : exercice pratique de mise en balance », op. cit., p. 106.

[157] Dalloz IP/IT, « Dossier : la haine sur internet », *D. IP/IT*, 2017, p. 562.

[158] M. LABONDE, L. MALHURET, B. PIÉDALLU, A. SIMON, *Internet et libertés, 15 ans de combat de la Quadrature du net*, Paris, Vuibert, sept. 2022, 270 p. spéc. p. 195 et s.

police de la parole et des libertés[159]. Contenir le discours dans des proportions idéologiquement acceptables est aussi gage d'une société dans laquelle les civilités entretenues limitent les possibilités de dérives extrêmes, de discours de haine[160], dont la définition est introuvable. Généralement, il s'entend de « toutes formes d'expression qui propagent, incitent à, promeuvent ou justifient la haine fondée sur l'intolérance y compris l'intolérance religieuse[161] ». Le point d'équilibre trouvé entre la liberté d'expression et la poursuite des discours haineux ou discriminatoires, sous le contrôle du juge constitutionnel, permet de fixer dans le droit un ensemble d'infractions illustrant cette atteinte au vivre ensemble. Cet équilibre est nécessaire puisque la poursuite systématique du discours haineux pourrait s'analyser en une restriction démesurée de la liberté d'expression[162] et en une remise en cause d'un modèle économique fondé sur « l'économie de l'attention[163]. »

Tout de même, les accents actuels de la liberté d'expression défient des équilibres posés. La notion de publication[164], avec internet, semble recevoir une acception autre qui interpelle son sens classique et journalistique[165]. Un instrument tel que le Code de la presse doit, de *lege ferenda,* envisager la notion de publication en des termes autres. Cette

---

[159] Y. POULLET, M.-D.-N. RUFFO DE CALABRE, « La régulation des réseaux sociaux », in *Rev. Études*, 2021/6, juin, pp. 19-30.

[160] V. la loi française n° 2021 -1109 du 24 août 2021 confortant le respect des principes de la République.

[161] A. JOMI, « Du discours de haine en ligne au cyberterrorisme : quelles régulations possibles ? » *D. IP/IT*, 2017, p. 523.

[162] B. BERTRAND ; J. SIRINELLI, « Le Conseil constitutionnel et la liberté d'expression et de communication : la voie étroite de la lutte contre les discours de haine sur internet », *D. IP/IT* 2022, p. 577.

[163] L. CLUZEL-MÉTAYER, « Contrôler les contenus », *Pouvoirs*, 2023/2, n° 185, pp. 111-122 ; J.-P. MARCUS, « Le *nudge* administratif », *RFDA* 2022, p. 85 ; M. CARTAPANIS, « Captures d'attention et droit de la concurrence », *RTDcom.* 2022, p. 733 ; C. ZOLYNSKI, M.-L. LEROY, F. LEVIN, « L'économie de l'attention saisie par le droit, plaidoyer pour un droit à la protection de l'attention », *D. IP/IT* 2019, p. 614. ; A. ALEMANNO, Le « Nudge » et l'analyse comportementale du droit : une perspective européenne, *Rev. eur. du droit* 2020, n° 1, p. 25.

[164] M. GRANDJEAN, « D'une interprétation rigoriste à une interprétation extensive de la notion de publication : la fin annoncée du libéralisme en matière d'infractions de presse commises en ligne ? » *Légipresse* 2023, p. 20. V. art. 182 du Code de la presse du Sénégal.

[165] Le Code de la presse du Sénégal, en ses articles 66 et suivants, bien que prenant en compte la presse en ligne, a un entendement classique de la notion de publication, distinguant les publications nationales des publications étrangères.

situation rend aisé le dépassement des limites, celles-ci étant devenues floues.

Les différentes législations portant sur le numérique tentent ainsi de sauvegarder cet équilibre fragile entre liberté et sécurité dans un contexte où la propagation des idées contraires alimentent les menaces les plus extrêmes[166]. Les mesures de limitation légale de la liberté d'expression peuvent conduire à la communication des données[167], à la levée du principe de l'anonymisation ou de la dérogation au principe de la conservation limitée dans le temps des données[168]. Sur ces points précis, le torrent sécuritaire a fait céder la digue de la liberté[169]. Ce fut tout l'enjeu de la réforme du Code pénal sénégalais de 2016, apporter les limites nécessaires à la liberté, sans l'entraver.

C'est en raison de l'impératif de sécurité que des acquis démocratiques tels que la liberté d'expression, la liberté de la presse ou le secret professionnel peuvent se voir imposer des limites dans leur expression, de même que des catégories de personnes particulièrement vulnérables faire l'objet de mesures de protection particulières[170].

---

[166] Il peut s'agir de la poursuite d'infractions classiques comme de la lutte contre le terrorisme qui justifient la limitation de la liberté et de la vie privée. Par exemple, malgré le principe de la protection des données, les opérateurs et fournisseurs de services sont tenus de communiquer, sur réquisition judiciaire, les données en leur possession. V. art. 20 de la loi sur les communications électroniques.

[167] M. AUDIBERT, « Refuser de communiquer le code de déverrouillage de son téléphone peut être une infraction », *AJ pénal*, 2022, p. 577.

[168] V. les articles 38 à 42 « Effacement ou anonymisation des données techniques » du Code des communications électroniques.

[169] Toutefois, l'impératif de sécurité relevé ne doit être un prétexte pour une remise en cause systématique des libertés des citoyens. Plusieurs questions ici peuvent être soulevées. Il en est ainsi de l'élargissement des pouvoirs d'investigations du parquet lorsqu'il s'agit de la poursuite d'infractions commises via les technologies. Il est vrai que le secret professionnel n'est pas opposable au juge, qui pour les nécessités d'une investigation, peut en délier la personne qui y est astreinte. V. art. 363 Code pénal.

[170] V. les Lignes directrices de 2020 de l'UIT sur la protection en ligne des enfants (COP) qui ont été élaborées de manière à faire face aux nouveaux défis et aux changements majeurs dans le paysage numérique. Ce sont des lignes directrices destinées aux professionnels afin d'aider dans l'éducation numérique des enfants en ligne. Disponible sur https://www.itu.int/fr/mediacentre/Pages/pr10-2020-Guidelines-Child-Online-Protecion.aspx . Consulté le 03/05/23.

Varia

De l'utilité de la création d'un Centre d'Appui Pédagogique à la Faculté des Sciences Juridiques et Politiques de l'Université Cheikh Anta Diop

Abdoul Aziz DIOUF

Professeur titulaire, Agrégé de droit privé et sciences criminelles

Sidy Alpha NDIAYE

Maître de conférences, Agrégé de droit public

Lucienne Kodou NDIONE

Maître de conférences, Agrégée d'histoire du droit

Babacar NIANG

Maître de conférences, Agrégé de droit privé et sciences criminelles

L'utilité de la pédagogie dans l'espace universitaire convainc difficilement surtout lorsqu'elle est évoquée à l'égard du corps des enseignants. Les racines étymologiques de la pédagogie liées fortement à l'enfance expliqueraient peut-être sa disqualification présumée dans le monde académique. La pédagogie est inhérente à l'immaturité, le corps professoral quant à lui semble consubstantiel à la maîtrise, à la compétence. En somme, pédagogie et monde académique présagent un compagnonnage impossible. L'ajournement d'un besoin de formation méthodologique dans l'université sénégalaise est un héritage emprunté à la France dans ses rapports à l'Université. Les *Humanités* (sciences humaines et sociales) auxquelles sont rattachées les facultés de droit, dans la doctrine académique française ont une nature idéelle. À l'opposé des sciences de la nature (physique, mathématiques, informatique, technologie…) qualifiées de protocolaires et, par voie de conséquence, sujettes à la pédagogie, à la méthodologie, les *Humanités* seraient quant à elles axiologiques et, ce faisant, incompatibles avec une orthodoxie didactique. Ce soubassement conceptuel des sciences juridiques comme sous-catégorie des *Humanités* en France préparait déjà un corps professoral au profil singulier. Les doctes des facultés de droit françaises sont foncièrement des idéologues[1]. L'élitisme[2] souvent concomitant aux positionnements idéologiques intègre la compétence pédagogique comme un acquis naturel chez la population enseignante. Les racines aristocratiques des sciences juridiques en France expliquent en partie l'inutilité d'une formation didactique à l'endroit du corps professoral.

L'université sénégalaise en général, les facultés de droit et de science politique en particulier malgré leur tropisme français ne partagent pas avec l'ancienne puissance coloniale cette même histoire académique. Moins idéologiques que leurs homologues françaises, les facultés de droit au Sénégal sont conçues comme un prolongement de l'appareil administratif[3]. Cette figure administrative des facultés de droit au Sénégal n'est pas sans incidence sur la physionomie des enseignants et, par voie de conséquence, des compétences didactiques. La neutralité de l'Administration a fini de s'étendre dans l'Université sénégalaise. L'universitaire à l'image d'un fonctionnaire classique se représente sa profession plus comme un lieu exclusif d'exécution de missions (faire des travaux dirigés, dispenser des cours magistraux, corriger des copies, organiser des délibérations d'examens, encadrer des mémoires, diriger des thèses…) qu'un espace pour penser et produire un savoir complexe[4]. La faible charge idéologique du corps professoral au Sénégal explique la difficile émergence d'une doctrine comme organe conceptuel. Dans nos facultés de droit, la communauté enseignante entretient des rapports plus fonctionnels (utilitaristes) que conceptuels avec la chose juridique.

Les fragilités épistémologiques ci-dessus relevées sont substantiellement explicatives des carences méthodologiques qui affectent présentement le monde académique sénégalais. À titre illustratif, il n'est pas inhabituel au parcours des publications doctrinales (articles, thèses, ouvrages…) des collègues de constater la présence d'idées

---

[1] M. MILLET, *Les professeurs de droit citoyens : entre ordre juridique et espace public. Contribution à l'étude des interactions entre les débats et les engagements des juristes français (1914-1995),* thèse soutenue à l'Université Paris II, 2000.

[2] C. CHARLE, *La République des universitaires (1870-1940),* Seuil, 1994 ; *Les élites de la République (1880-1900*), Fayard, 2006.

[3] **L.**GUERLAIN, **C.** FILLON, **F.** RENUCCI, S. FALCONIERI, « Pour une histoire de l'enseignement du droit hors des frontières nationales (XIXe-XXe siècle) », *Cahiers Jean Moulin* [En ligne], 7 | 2021, mix en ligne le 14 décembre 2021, consulté le 07 mai 2023. URL: http://journals.openedition.org/cjm/1258; DOI : https://doi.org/10.4000/cjm.1258 , p. 8.

[4] F. HOURQUEBIE, *La doctrine dans l'espace africain francophone*, Bruylant, 2014, 414 p.

aporétiques (exemple : idée conservatrice de droite et idée progressiste de gauche) mobilisées pour asseoir un argumentaire. Dans les sciences humaines et sociales, la méthodologie ne s'impose pas *per se*. La validité formelle tire sa légitimité de la cohérence idéelle (conceptuelle). Dans une telle perspective, un nouvel équipement en ressources pédagogiques de la population enseignante s'affirme comme essentiel pour dialoguer de façon apaisée avec les contraintes actuelles de la recherche universitaire au plan mondial.

La proposition de création d'un Centre d'Appui Pédagogique (CAP) n'est pas une réforme cosmétique supplémentaire destinée à rassurer quelques injonctions internationales telles que le *Classement de Shangaï* ou encore les statistiques du CAMES. La mise en place d'un CAP à la Faculté des Sciences Juridiques et Politiques de l'Université Cheikh Anta Diop traduit un besoin de répondre aux nouvelles mutations qui affectent les environnements de production et de transmission de la connaissance et du savoir. En Afrique subsaharienne, l'urgence d'une correspondance entre l'université et les préoccupations de l'ordre social s'impose présentement comme une donnée inévitable. Plus qu'ailleurs, en Afrique noire francophone l'origine coloniale de l'université[5] a contribué fortement à déconnecter cette dernière des exigences de sa société. L'insensibilité des universitaires francophones d'Afrique subsaharienne aux *African studies*, au *global south* ou encore aux études post-coloniales est très révélatrice de leur désorientation épistémique. La bibliothèque occidentale en général, française en particulier demeure la principale archive de la recherche universitaire en Afrique noire francophone. Les publiants africains s'enorgueillissent de leurs travaux lorsque sont convoqués, souvent par zèle, des auteurs occidentaux (Montesquieu, Rousseau, Kelsen, Vedel, Hauriou, Pothier, Domat, Ripert, Carbonnier, Terré...). Ces derniers sont mobilisés comme caution scientifique de toute réflexion relative à la science juridique en Afrique subsaharienne. La sur-présence de référents occidentaux dans les travaux universitaires africains révèle en partie l'absence d'une recherche fondamentale, endogène et sérieuse dans ledit continent. En d'autres termes, il s'agit d'un déficit de contextualisation des concepts mobilisés dans les travaux. Pourtant les

[5] M. BADJI, « La création de la Faculté de droit de Dakar », *in L'enseignement du droit en Afrique francophone, (dir.) Mamadou Badji, Olivier Devaux et Babacar Guèye, Revue sénégalaise de droit et de science politique, Presses de l'Université Toulouse 1 Capitole*, 2014, pp. 17-34.

assises sociales de nos sociétés invitent les chercheurs à revoir leurs approches.

Cette recherche par procuration trouve sa justification dans le sous-armement didactique du corps enseignant[6]. Sous ce rapport, l'édification d'un CAP dans ses prérogatives ou missions premières devra faire un inventaire de l'état de la recherche académique dans son efficience sociale. Cette évaluation revêt un caractère fondamental aux fins de fixer une nouvelle orientation à la recherche. Si la Faculté des Sciences Juridiques et Politiques entend se transformer en une véritable *Ecole*, elle devra œuvrer à penser son positionnement idéologique. A l'image des *Ecoles* de Chicago, Frankfort, Bordeaux…, le rayonnement de notre institution universitaire au plan continental voire mondial passera nécessairement par la définition d'une ligne épistémologique claire. Notre faculté de droit et de science politique devra déterminer sa « ligne éditoriale » dans le secteur de la fabrication et de la diffusion de l'information juridique et politique. Le « marché » des idées du fait de son tropisme anglo-américain est entré actuellement dans une nouvelle ère marquée par la compétition, la concurrence entre les différentes institutions ou académies productrices de savoir. L'amplification croissante de la publicité du travail de l'universitaire (participation à des colloques, publication de travaux dans des revues réputées, contribution dans des ouvrages collectifs, invitation dans des universités étrangères, séjour dans des laboratoires étrangers…) contribue aujourd'hui à densifier les exigences et compétences dans le monde académique. Ces nouvelles sujétions constatées dans l'univers de la recherche véhiculant une autre approche de l'exposition publique du chercheur très éloignée de la figure du tribun dans l'amphithéâtre, imposent de construire une nouvelle légitimité de l'enseignant-chercheur.

L'exposé ci-dessus relatant les nouvelles mutations qui affectent les espaces d'enseignement et de recherche, justifie à suffisance la création d'un Centre d'Appui Pédagogique à la Faculté des Sciences Juridiques et Politiques de l'Université Cheikh Anta Diop. Chargé de renforcer les compétences didactiques du corps enseignant, le CAP devra, dans sa concrétisation et son fonctionnement, proposer à ses usagers des ateliers d'épistémologie juridique (I), agir sur toutes les étapes du processus

---

[6] J.-L. BERGEL, « Esquisse d'une approche méthodologique de la recherche juridique », *R.R.J.*, 1996, p. 1073.

académique invitant l'écriture juridique (II) et enfin instituer une formation continue destinée aux candidats au concours d'agrégation (III).

I- La mise en place d'ateliers d'épistémologie juridique

Le savoir juridique et politique n'est pas neutre. Ayant pour objet le phénomène social, les sciences juridiques et politiques ne peuvent être que des discours et non des présupposés ontologiques. La recherche en droit et en science politique est éminemment subjective. Etant une esthétique, la production juridique et politique n'est que posture. Dans cet ordre d'idées, au-delà de la maîtrise des protocoles (grammaire et techniques) tissant les disciplines juridiques et politiques, la qualité du travail de l'enseignant-chercheur dépend plus de son assise conceptuelle[7]. Sur ce dernier point relatif à la compétence conceptuelle, un regard attentif porté sur la production doctrinale au Sénégal laisse perplexe. Si l'existence du corps professoral comme entité organique ne peut être contestée, il en va autrement en ce qui concerne sa nature d'entité conceptuelle ou idéologique. Que cherche la doctrine juridique et politique au Sénégal ? Quel est son agenda ? Quelles sont ses orientations ? Quel est son impact sur les transformations sociales ? Toute tentative de réponse à ces interrogations constitue une gageure. Il n'est pas excessif de dire qu'il n'existe pas une identité propre de la doctrine sénégalaise. L'influence de la doctrine dans la fabrique du droit positif est quasi nulle. Au Sénégal, il serait prétentieux de croire que le législateur porte un intérêt particulier aux travaux des universitaires. L'OHADA en est une parfaite illustration, lorsque l'on sait que cette organisation « communautaire » préfère recourir à des universitaires occidentaux et autres cabinets français pour la rédaction des *Actes uniformes*. A titre exceptionnel même en droit interne, les rares universitaires africains sollicités comme jurislateurs justifient leur collaboration avec le législateur plus par leur capacité de lobbyiste que par l'autorité de leurs travaux doctrinaux. Et dans cet ordre d'idées, l'invitation faite à la doctrine dans la production législative débouche le plus fréquemment sur un « copier-coller » du droit français.

L'insignifiance de l'impact doctrinal dans la fabrique de la Loi peut s'observer aussi à l'égard de la jurisprudence sénégalaise[8]. Ici également, les rapports que la doctrine entretient avec le prétoire sont difficilement

---

[7] B. BOURDELOIS, « L'autorité doctrinale », in *L'autorité, Jean Foyer, Gilles Lebreton, Catherine Puigelier (dir.), PUF*, 2008, pp. 315-318.

[8] D. SY, « Justice administrative et droit administratif en Afrique », *in Mélanges Jean du Bois de Gaudusson*, Tome 1, Espaces du service public, PUB, 2013, pp. 653 et s.

identifiables tant organiquement que conceptuellement. D'un point de vue organique, le corps enseignant n'est presque pas utilisé comme conseiller référendaire (contrairement en Occident) dans les cours et tribunaux. Seul le Conseil constitutionnel intègre dans sa composition des universitaires[9]. Toutefois, malgré leur présence dans cette juridiction suprême, il serait très risqué d'attester leur rôle positif dans la régulation politique de la société sénégalaise. La sous-présence organique de la doctrine dans les juridictions explique partiellement sa faible influence conceptuelle dans le fonctionnement de l'appareil judiciaire[10]. Au Sénégal, il n'existe pas de canaux spécifiquement scientifiques privilégiant l'échange entre le monde académique et la jurisprudence. Ces deux sources indirectes de la règle de droit établissent très peu de relations critiques. A l'opposé des pays occidentaux[11], les juges sénégalais sont très peu réceptifs aux travaux doctrinaux. En sens inverse également, l'activité doctrinale mobilise insuffisamment les décisions rendues par les cours et tribunaux sénégalais. Il en est ainsi particulièrement en droit privé où le corps enseignant est plus enclin à convoquer les dernières tendances de la jurisprudence française qu'à faire l'effort de collecter et de s'imprégner des positions du juge sénégalais. En droit public malgré une tradition d'utilisation de la jurisprudence locale ou africaine, il est souvent déploré l'absence d'un regard critique dans l'exploitation de telles décisions de justice. La perspective comparatiste ne se résume pas à la convocation d'une pléthore de jurisprudences africaines. En somme, ce rapport de négation réciproque entre juges et corps professoral justifie le très peu d'écho de la doctrine dans l'activité jurisprudentielle[12].

L'analyse des impasses relevées ci-haut trouve en partie ses explications dans la formation universitaire du corps des enseignants-chercheurs. Legs du colonialisme français, l'université sénégalaise a été pensée et développée en contrepoint des préoccupations de sa société[13].

---

[9] La tradition d'intégrer des universitaires dans la composition des membres du Conseil constitutionnel est actuellement remise en cause. Cette institution contentieuse depuis le 7 juillet 2023 ne comporte aucun universitaire en son sein.

[10] C. JAMIN et F. MELLERAY, *Droit civil et droit administratif. Dialogue (s) sur un modèle doctrinal*, Dalloz, 2018, 259 p.

[11] A. ESMEIN, « La jurisprudence et la doctrine », *RTD. civ.,* 1902.12.

[12] M. CLEMENT, « La doctrine vue par le juge administratif : deux mondes qui s'ignorent ? », *Revue juridique de l'environnement*, 2016, pp. 339-350. V. aussi, J. CHEVALLIER, « Doctrine juridique et science juridique », *Droit et société*, 2002, pp. 103-120.

[13] M. ALLIOT, « L'influence des facultés françaises de droit dans les Etats d'Afrique noire francophones », *Revue d'histoire des Facultés de droit,* 1994, pp. 175-187.

Et le positivisme normativiste – modèle dominant dans la compréhension du phénomène juridique – légitime cette absence de solidarité entre le monde académique et l'ordre social. Dans l'épistémè romano-germanique qui sert d'abreuvoir aux juristes sénégalais, le droit a des racines religieuses et, ce faisant, peut agir en surplomb des dynamiques de la société humaine. La principale conséquence d'une telle représentation de la science juridique consiste à la transformer en une véritable dogmatique qui, elle-même, finit de métamorphoser les enseignants-chercheurs en une seigneurie « ecclésiastique ». Sous ce rapport de fétichisation de la loi (positivisme kelsénien), l'universitaire devient inconsciemment aussi un auxiliaire du législateur à l'image des praticiens (magistrat, avocat, notaire, huissier, gouverneur, préfet, policier, gendarme…). Ce rapport divin que l'enseignant-chercheur sénégalais entretient avec la *Loi* retarde l'émergence d'une véritable doctrine assumant une fonction subversive à l'égard du législateur. De toutes les professions juridiques, seule la fonction professorale n'a pas une obligation de soumission à la *lex*. Cette relation critique que le juriste-universitaire est censé avoir avec la *Loi* est faiblement assumée par la doctrine sénégalaise. Ce rapport mécanique entretenu par la doctrine sénégalaise avec la science juridique menace son avenir même comme simple entité organique. En effet, l'irruption massive des *legaltech* et de l'intelligence artificielle dans les activités de recherche juridique remplacera à terme nombre de tâches menées traditionnellement par les juristes techniciens (avocats, notaires, greffiers, huissiers…). La doctrine n'est point à l'abri de sa future disparition lorsque sa compétence se résume à décrire et expliquer uniquement le droit positif. *ChatGPT* risquerait certainement d'envoyer au chômage l'universitaire se dispensant de produire une pensée savante[14]. Les ressources illimitées des algorithmes suppléeraient toute activité doctrinale n'ayant pour objet que la compilation, l'agencement et la mise en cohérence du droit positif. Face à la montée exponentielle de la *Technoscience* dans notre civilisation humaine, la survie de la doctrine académique dépendra obligatoirement de sa capacité à écrire une pensée juridique hautement sophistiquée et complexe qu'aucune intelligence artificielle ne saurait produire.

La remédiation des failles affectant la doctrine sénégalaise passera par une redéfinition de ce que doit être la pensée juridique dans un ordre social oscillant entre traumas de la colonisation et quête de réappropriation

---

[14] P.-L. BOYER, « Vive ChatGPT, l'avenir de la doctrine ! », *D.* 2023, p. 797.

symbolique et matérielle[15]. Cette problématique constitue, pour notre part, le nouveau défi épistémologique auquel le monde académique est présentement confronté. L'acceptation éventuelle de ce nouvel agenda par l'universitaire sénégalais suppose qu'il rompt avec ses habitudes traditionnelles consistant à penser le Droit de façon exclusivement interne (hiérarchie des normes, conflits horizontaux des normes, conflits de lois dans le temps, conflits de lois dans l'espace, nullité, régularité procédurale, validité substantielle, condition de forme…). Sortir du Droit pour mieux le penser ! Plus qu'un simple slogan, cet aphorisme aux relents très épistémiques devra être une des principales missions du CAP. Accompagner l'enseignant-chercheur à être le locuteur central du discours juridique serait une urgence dans le fonctionnement du CAP. Le divorce avec le « prêt-à-penser » ambiant constitue une étape incontournable pour une éventuelle fécondité d'une activité doctrinale sénégalaise. Asseoir un nouvel ordre du discours juridique – responsabilité dont le CAP serait investi – impose d'organiser à la Faculté des Sciences Juridiques et Politiques des assises épistémologiques. Ce tournant épistémologique prenant la forme d'ateliers au sein du CAP, contribuerait à consolider les compétences conceptuelles du corps professoral.

Une des principales utilités de ces ateliers épistémiques consistera à faire sortir la doctrine sénégalaise de sa nature actuelle d'impensé. Moins penser le Droit d'un point de vue interne pour l'appréhender de façon externe, peut se passer de toute justification fondamentale du fait de l'extraversion des systèmes juridiques d'Afrique noire francophone[16]. La distance abyssale entre le droit positif et la normativité sociale disqualifie toute activité doctrinale reposant exclusivement sur la technicité de la science juridique. Les catégories juridiques du droit positif sénégalais tant en droit public qu'en droit privé ne rendent pas compte parfaitement des structures de l'ordre social. En droit public, les catégories en charge du pouvoir politique (Président de la République, Assemblée nationale, autorités politiques décentralisées…) ne se concrétisent pas fondamentalement dans l'exécution de préoccupations populaires. En

[15] M. BADJI, O. DEVAUX, B. GUEYE (dir.), Dir*e le droit en Afrique francophone*, Revue sénégalaise de droit et de science politique, Presses de l'Université Toulouse Capitole 1, 2013.

[16] Dans son dernier ouvrage (Singularités juridiques africaines. Ce que l'Afrique apporte au droit, L'Harmattan, 2023, 321 p.), le professeur Alioune Sall atténue le traditionnel mimétisme juridique constaté en Afrique en convoquant quelques objets juridiques en droit international comparé propres aux ordres juridiques africains.

droit privé non plus, les catégories principales que sont la personne, les biens, les obligations… ne parviennent pas à promouvoir une efficace théâtralisation du *Réel*.

Ces difformités qui rendent vulnérable le *corpus iuris* ne peuvent être corrigées qu'à travers une fonction critique dans l'exercice de la pensée juridique. La mobilisation de l'épistémologie dans les instances du CAP amenant à investir la rationalité même du droit positif comme discours scientifique, mènera inéluctablement vers les disciplines auxiliaires (Littérature, Histoire[17], Philosophie, Anthropologie, Sociologie[18], Economie, Science politique, Informatique, Neurosciences…). Dans cet ordre d'idées, la pluridisciplinarité semble être une nouvelle exigence pour rompre avec le profil traditionnel du juriste faisant de la connaissance de la mécanique des lois (positivisme primaire) la seule compétence nécessaire pour asseoir sa crédibilité de chercheur[19]. L'ouverture des enseignants-chercheurs à ces savoirs périphériques au Droit et à la Science politique impactera qualitativement la doctrine sénégalaise et, à terme, la réconciliera avec sa société. Si pour le législateur le Droit est une dogmatique, il en va autrement pour la doctrine qui ne peut aborder le phénomène juridique que dans sa nature d'objet social. La validation de cette nature sociale de la science juridique par la doctrine réoriente naturellement ses rapports à la recherche. Dans une telle optique, le CAP devra faire de ses ateliers d'épistémologie une pépinière ayant pour finalité l'éclosion de véritables théoriciens en sciences juridique et politique dotés d'une souveraineté conceptuelle et intellectuelle.

In fine, l'épistémologie destinée à auditer le savoir juridique et politique dans son intelligibilité, son intégration dans les missions du CAP favorisera la création d'un corps de chercheurs moins neutres idéologiquement et, par voie de conséquence, plus enclins à aborder conceptuellement les nouveaux défis qui interpellent l'ordre social sénégalais.

---

[17] S. THIAM, « La place de l'histoire dans l'enseignement du droit », in *L'enseignement du droit en Afrique francophone,* ouvr. préc., pp. 227-248.

[18] R. CAPPELLETTI, « L'enseignement du droit entre textes et contextes. Quelle place pour la sociologie du droit ? in *L'enseignement du droit en Afrique francophone*, ouvr. préc., pp. 121-153

[19] L. FONTAINE, *Qu'est-ce qu'un « grand » juriste ? Essai sur les juristes et la pensée juridique moderne*, Lextenso, 2012, p. 78.

II- La mise en place d'une formation continue en écriture juridique

Dans les facultés de droit et de science politique, l'écriture juridique interpelle aussi bien les étudiants (A) que les enseignants-chercheurs (B).

A- L'écriture juridique et la population estudiantine

La dénonciation de la faiblesse croissante du niveau des apprenants est aujourd'hui devenue un euphémisme. Les causes de cette déficience estudiantine sont multiples : formation scolaire très handicapante, système LMD[20] inefficient, grèves et autres perturbations endémiques des universités sénégalaises, l'inadaptation des programmes académiques… Les différentes incompétences manifestées par les étudiants s'observent concrètement au parcours des épreuves juridiques à eux soumises (dissertation, cas pratique, note de synthèse, commentaire d'arrêt, d'article, de texte…). La copie de l'étudiant est le lieu le plus expressif de la crise certaine de l'université sénégalaise. Il n'existe pas meilleure tribune que la rédaction estudiantine pour attester les innombrables lacunes des apprentissages. Les difficultés relatives à la sémantique, la syntaxe, la structure langagière, la phraséologie… sont banalisées à la lecture des copies d'étudiants.

Eu égard à ces premiers manquements tenant à l'absence de maitrise de la langue de la rédaction juridique qu'est le français[21], les difficultés d'ordre méthodologique fragilisent aussi la bonne formation des étudiants[22]. Très peu d'apprenants dans nos facultés de droit révèlent un niveau irréprochable en matière de méthodologie juridique. Sans exonérer entièrement les étudiants, le corps professoral assume une grande part de responsabilité dans ces faiblesses didactiques. Pour une population estudiantine relevant d'un même niveau académique, il est très fréquent de voir des approches méthodologiques très différentes les unes des autres et portant sur une même évaluation. Cette situation est plus topique en matière de dissertation juridique. L'absence d'homogénéité dans la provenance des enseignants-chercheurs (Université Cheikh Anta Diop, Université Gaston Berger, universités occidentales…) constitue, en partie,

---

[20] Sur l'introduction du système à la Faculté des sciences juridiques et politiques de Dakar, v. M. SAMB, « Observations critiques sur l'enseignement du droit à Dakar », in *L'enseignement du droit en Afrique francophone*, ouvr. préc., pp. 69-72.

[21] E. DAMETTE, F. DARGIROLLE, *Méthode de français juridique,* 1e éd, Dalloz, coll. Méthodes du droit, 2012, p. 213.

[22] H. MAZEAUD, D. MAZEAUD, *Méthodes de travail*, Montchrestien, 2001, p. 16.

la source de ces approches méthodologiques différentes. Ces écarts dans l'usage de la méthodologie juridique constituent une faille pédagogique à laquelle le corps professoral devra pallier.

Dans une telle perspective, le CAP servira de cadre d'uniformisation des différentes approches méthodologiques. Le CAP pourrait servir de cadre d'échanges pour tous les collègues ayant en charge des matières accompagnées de travaux dirigés. Cette mutualisation des approches méthodologiques devra déboucher sur l'élaboration d'un document uniformisant les procédures pour toutes les épreuves juridiques (dissertation, cas pratique, note de synthèse, consultation juridique, commentaire d'arrêt, de texte doctrinal, de texte législatif…).

En marge de la concertation requise entre enseignants-chercheurs pour uniformiser la méthodologie relative aux différents exercices juridiques, le renforcement des capacités rédactionnelles des étudiants intéresse également les mémoires de Master. L'accroissement des charges académiques qu'induit le système LMD, ne permet plus à l'enseignant encadrant des étudiants pour la rédaction de leur mémoire de dispenser à ses derniers des séances individualisées de méthodologie. L'indisponibilité de l'enseignant dans l'accompagnement didactique de l'étudiant est souvent la cause des mémoires de très faible qualité. Ces dites impasses trouveraient leur traitement au sein du CAP. Cette instance pourra proposer à l'endroit des étudiants un manuel de méthodologie de rédaction du mémoire. L'appropriation de ce document pédagogique par les étudiants de Master compensera, à cet effet, en partie les nombreuses sujétions incombant à l'enseignant-encadreur.

B- L'écriture juridique et le corps des enseignants-chercheurs

A l'égard du corps professoral, l'écriture juridique s'adresse plus au chercheur qu'à l'enseignant[23]. Plus fondamentale que la maîtrise de l'art oratoire ou de la rhétorique, la compétence rédactionnelle est seule justificative de l'avancement dans la carrière de l'enseignant (assistant, maître de conférences assimilé, maître de conférences titulaire, professeur assimilé, professeur titulaire). Thèse, publication d'articles, concours d'agrégation… de par leur nature scripturaire sont les principaux accélérateurs de carrières pour le corps professoral. A l'image des scribes de l'Antiquité ou des clercs de la période médiévale, l'érudition de l'universitaire s'observe à travers sa plume. Toutefois, un regard attentif

[23] Ph. JESTAZ, Ch. JAMIN, *La doctrine*, Dalloz, 2004, pp. 197-198.

porté sur les supports d'écriture juridique (thèses, revues juridiques, ouvrages de vulgarisation, actes de colloque, mélanges…) peut laisser perplexe l'analyste. De nombreuses difficultés peuvent être relevées au parcours des travaux des collègues. Il en est ainsi de la cohérence du choix de certains sujets de thèse, d'articles de doctrine, thèmes de recherche…de l'absence de maîtrise de quelques exigences formelles telles que les techniques de référencement des notes de bas de page[24], de la construction d'un plan à forte charge conceptuelle…

La correction des malfaçons évoquées ci-dessus interpellera le CAP. Le renforcement des enseignants-chercheurs en compétences rédactionnelles et en culture juridique est plus qu'une urgence à la Faculté des Sciences Juridiques et Politiques[25]. La survie de cette institution comme instance idéologique dépendra largement des qualités d'écriture du corps professoral. Dans cette optique, le CAP agira sur toutes les étapes du processus d'écriture juridique. De la vérification de la pertinence du choix du thème de recherche à la rédaction proprement dite, le CAP va devoir veiller à un meilleur outillage des universitaires.

S'agissant de la pertinence des thèmes de recherche, la mission du CAP paraîtra essentielle. Sans se transformer en espace mandarinal, l'autorité du CAP mériterait de s'exercer dans la détermination des objets de recherche. En effet, nombre d'intitulés de thèses de doctorat ou d'articles de doctrine peinent à convaincre l'observateur avisé quant à leur utilité sociale ou encore quant à la valeur conceptuelle ou épistémique. C'est en contemplation des thématiques abordées par la doctrine française que les juristes universitaires sénégalais déterminent souvent leurs activités de recherche[26]. Responsabilité sociétale des entreprises, principe de précaution, solidarisme contractuel, analyse économique du droit, *new public managment*, droit à un environnement sain, communalisation intégrale, ingénierie constitutionnelle… ces objets d'études très actuels en Occident sont également traités dans la littérature juridique sénégalaise sans que les structures sociales de notre pays valident leur cohérence épistémologique. L'importation des thématiques occidentales déconnectées des préoccupations réelles de l'ordre social disqualifie en amont tout projet de réflexion de l'enseignant-chercheur sénégalais. Le

---

[24] P.-Y. GAUTIER, « La note de bas de page chez les juristes », in *Mélanges en l'honneur de P. Malaurie*, Défrénois, p. 283.
[25] L. FONTAINE, *Qu'est-ce qu'un « grand » juriste ? Essai sur les juristes et la pensée juridique moderne*, *op. cit.*, p. 72.
[26] Ph. JESTAZ, *Le droit*, 10e ed., Dalloz, coll. Connaissance du droit, 2018, p. 85.

CAP pourrait servir de plateforme de concertation entre collègues (historiens, publicistes, politistes, privatistes) pour déterminer les nouvelles problématiques auxquelles la doctrine consacrera ses énergies. C'est à ce prix seulement que l'« Ecole de droit de Dakar » scandée souvent par narcissisme primaire sera une véritable réalité tant organique que doctrinale.

En ce qui concerne la rédaction doctrinale proprement dite, ici également le CAP serait central pour doter le corps professoral des équipements didactiques les plus exigeants en cours dans les espaces savants. L'organisation par le CAP d'ateliers d'écriture juridique semble être un impératif. Aujourd'hui, nombre de travaux doctrinaux (thèses de doctorat ou articles de doctrine) des collègues s'apparentent à de simples cours magistraux. Très peu de réflexions doctrinales sont éligibles actuellement dans de prestigieuses revues ou de grandes maisons d'édition. L'institutionnalisation d'ateliers d'écriture juridique pourrait, à terme, transformer le CAP en véritable « hub » universitaire en Afrique de l'Ouest voire au-delà. La vitalité et le rayonnement du CAP seraient en effet un sésame permettant à notre faculté de droit et de science politique de nouer des partenariats de formation avec des institutions académiques de l'espace CAMES. La grande expertise des ressources humaines de la Faculté des Sciences Juridiques et Politiques mise au service du CAP pourrait, par le canal de conventions de partenariat, proposer des formations en écriture juridique à des collègues provenant d'universités sénégalaises (Université Gaston Berger de Saint-Louis, Université Assane Seck de Ziguinchor, Université de Bambey…) ou africaines ayant un taux très faible d'admis aux CTS et au concours d'agrégation du CAMES (Centrafrique, Congo Brazzaville, Gabon, Guinée Conakry, Mali, Niger…).

Eu égard aux accords de partenariat avec des institutions universitaires africaines, le CAP pourrait proposer, à titre individuel, des offres de formation payante à tout universitaire étranger désireux de recevoir un renforcement en écriture juridique.

Ces dites coopérations inter-universitaires se réalisant par l'entremise du CAP, tout en faisant de notre faculté de droit et de science politique une place forte de la formation didactique dans le monde francophone, contribuerait également à la création d'une doctrine africaine d'un point de vue idéel.

III- Le CAP et la préparation des enseignants-chercheurs au concours d'agrégation

Le fort taux d'admission au CTS CAMES pour les maîtres-assistants ne sera pas sans incidence sur le concours d'agrégation. La massification des candidats à l'agrégation devrait avoir pour conséquence l'accroissement des conditions rigoureuses de sélection des agrégatifs. Il ne serait pas démagogique de constater vers l'horizon 2035 l'existence d'une centaine de candidats au concours d'agrégation du CAMES. Cette future configuration quantitative du concours d'agrégation en Afrique noire francophone, à l'image de son homologue français, mènera inéluctablement le CAMES dans des logiques élitistes. Cette transformation certaine de l'agrégation en sciences juridiques et politiques invite les universités africaines à renforcer la qualité de leurs ressources humaines. Le rayonnement d'une institution académique est fortement tributaire de son nombre important d'enseignants de rang magistral. La bonne image d'une faculté de droit et de science politique ne peut se construire que lorsqu'en son sein on y compte une proportion importante de maîtres de conférences (CAMES). Le marché mondial des intelligences est suffisamment illustratif de cet état de fait particulièrement aux Etats-Unis avec la *Ivy League* (huit des plus prestigieuses universités américaines), en France avec la nouvelle *Ecole de droit* de *Sciences po* Paris, ou encore en Angleterre avec la *London School of Economics*...

La Faculté des Sciences Juridiques et Politiques de l'Université Cheikh Anta Diop ne peut échapper à ces nouvelles métamorphoses de l'ordre académique international relatives à la massification d'enseignants-chercheurs hautement qualifiés comme étalon de mesure de l'excellence universitaire. Dans une telle perspective, le concours d'agrégation constitue une voie privilégiée[27]. Malgré les critiques très légitimes en cours dans les espaces universitaires particulièrement en France, le concours d'agrégation demeure une sorte de label participant à la crédibilité des enseignants-chercheurs. Son caractère très emblématique impose que le CAP lui accorde une considération particulière. La concrétisation de cet intérêt singulier se manifestera naturellement par l'organisation de sessions de préparation au concours

---

[27] M. WALINE, « Le concours d'agrégation des facultés de droit dans les années 1924-1925 », *in Mélanges Trotabas*, Paris, 1970. V. aussi, P. QUENEUDEC, « Quelques remarques sur un centenaire : le concours d'agrégation de droit public », *in Mélanges DUPUIS*, Paris, 1997.

d'agrégation. Parallèlement à ces dites sessions, de façon permanente le CAP pourra proposer des leçons blanches (commentaire et épreuve de spécialité) aux collègues candidats.

En sus des activités visées ci-haut, le CAP dans ses prérogatives de formation des candidats aux concours d'agrégation en amont gagnerait à bien conseiller ces derniers quant à leurs choix respectifs sur les disciplines juridiques[28]. En effet, il a souvent été constaté que nombre de collègues agrégatifs faisaient des options n'entretenant aucune correspondance avec leurs publications (thèse et articles de doctrine). A titre illustratif, il a parfois été observé le choix d'une épreuve de spécialité par un collègue n'ayant aucune publication dans ladite discipline. Il en est également de candidats au concours d'agrégation se dispensant de faire des travaux dirigés dans leur charge académique. Lorsque l'on sait que la maîtrise de la méthodologie du commentaire (d'arrêt, de texte législatif ou de doctrine) et de la dissertation est indispensable pour aborder correctement le concours d'agrégation, un candidat ne faisant pas de travaux dirigés réduirait ses chances d'admission.

[28] V. Le récent Rapport provisoire (mars 2023) rédigé par les professeurs Ndiaw Diouf et Roger Tsafack Nanfosso intitulé : « Evaluation du concours d'agrégation des sciences juridiques, politiques, économiques et de gestion (SJPEG) du CAMES » 227 p., spéc., pp. 64-71. Ledit rapport renferme des informations fondamentales sur l'histoire, les statistiques et les perspectives du concours d'agrégation CAMES. Sa lecture par les agrégatifs leur serait certainement d'une très grande utilité.

Chroniques de jurisprudence

Le formalisme du divorce ou l'inopportunité de l'exigence d'un acte de mariage pour la rupture du mariage coutumier non constaté. Réflexion à partir de l'arrêt de la Cour suprême du Sénégal des 22 juillet 1977[1] et des arrêts de la Cour de cassation des 20 juin 2001, 15 mai 2002 et 03 février 1999

Ndèye Coumba Madeleine NDIAYE

Agrégée des facultés de droit
Université Cheikh Anta Diop

Résumé : Le mariage coutumier non constaté est inopposable à l'Etat et à ses démembrements. Nul besoin de préciser qu'il est alors inopposable au juge dont l'intervention est obligatoire en matière de divorce. En effet, le mariage est une institution qui ne peut être établi que par un acte d'état civil. Cette exigence est fondée sur la preuve de l'état des personnes par un acte d'état civil et demeure incontournable y compris en matière de divorce même lorsque le mariage n'a jamais été constaté. Le juge suprême ne pouvait rater sa première occasion d'imposer ce formalisme au nom d'un idéal de modernisme laissant ainsi en rade une tradition bien ancrée.

Sénégal, Cour de cassation, 20 juin 2001, 79

Aa B c/ Ac A

Bulletin des arrêts de la Cour de cassation[2]

LA COUR,

Vu la loi organique n° 92.25 du 30 mai 1992 sur la Cour de cassation ;

Sur le premier moyen pris de la dénaturation des faits en ce que le juge d'appel a affirmé d'une part, qu'en aucun moment de la procédure, Aa B ne conteste l'existence de son mariage avec Ac A, alors que dans ses

---

[1] *V. Penant* 1978, p. 395, note Guinchard.

[2] Arrêt 79 (juricaf.org/arret/SENEGAL, consulté le 08.02.2023

conclusions du 24 février 1989, DIOP a bien contesté son état de marié ; d'autre part, que le jugement n° 261 du 4 mai 1988 n'est pas frappé d'appel alors qu'appel a été relevé contre ledit jugement ;

MAIS ATTENDU que les conclusions qui auraient été dénaturées, n'ont été ni produites, ni visées dans la décision attaquée, et que le juge d'appel a souverainement constaté que le jugement du 4 mai 1988 n'a pas fait l'objet d'appel au "vu des pièces de la procédure" ;

D'où il suit que le moyen est irrecevable en ses deux branches ;

Sur le second moyen pris de la violation des articles 29 et 168 alinéa 2 du Code de la Famille en ce que le juge d'appel a estimé que la preuve du mariage pouvait résulter des déclarations concordantes des parties, alors qu'une telle interprétation de la règle de droit, viole les textes susvisés. MAIS ATTENDU que la décision, justifiée par la constatation de l'existence d'un jugement non frappé d'appel déclarant valable le mariage constaté le 21 septembre 1983 par l'officier d'état civil de la commune de Dakar, ne peut être atteinte par des critiques dirigées contre des motifs surabondants ;

D'où il suit que le moyen ne saurait être accueilli ;

Par ces motifs :

Rejette le pourvoi ;

****

Sénégal, Cour de cassation, 15 mai 2002, 72/2002[3]

Aa A

Maître Malick Sy Fall C/ Ab A

LA COUR :

OUI Madame Nicole DIA, Président de Chambre, en son rapport ; OUI Monsieur Mohamed SONKO, Avocat général représentant le Ministère public en ses conclusions ;

Après en avoir délibéré conformément à la loi ;

Vu la loi organique n° 92-25 du 30 mai 1992 sur la Cour de cassation Sur les deuxième et troisième moyens tirés de la violation des articles 168 et 87 du Code de la Famille en ce que le juge d'appel a confirmé le

[3] Arrêt 72 juricaf.org/arret/SENEGAL, consulté le 08.02.2023.

jugement du Tribunal Départemental de Louga prononçant le divorce d'entre les époux Aa A et Ab A sans que les prescriptions de ces articles soient respectées ni par le premier juge ni en cause d'appel ;

Vu lesdits articles ;

Attendu qu'aux termes de l'alinéa 2 de l'article 168 du Code de la Famille "le juge de paix indique au demandeur qu'il doit obligatoirement déposer au greffe une copie de l'acte de mariage ainsi que, le cas échéant, les actes de naissance et de décès de tous les enfants issus du mariage" ;

Attendu qu'en l'espèce, il ne résulte pas des mentions du jugement critiqué ayant prononcé le divorce d'entre les époux A aux torts exclusifs du mari pour mauvais traitement, excès et sévices, que ceux-ci aient produit un acte de mariage, ni que les formalités prescrites par l'article 87 du code précité, en vue de son obtention et de ses productions, aient été accomplies ;

Attendu que le jugement confirmé n'est pas produit au dossier ;

Attendu que la Cour se trouve donc dans l'impossibilité d'exercer son contrôle sur la régularité de la procédure ;

PAR CES MOTIFS :

Casse et annule le jugement n° 29 rendu entre les parties le 06 novembre 1997 par le Tribunal Régional de Louga ;

Remet, en conséquence, la cause et les parties au même et semblable état où elles étaient avant ledit jugement et, pour être fait droit, les renvoie devant le Tribunal Régional de Louga autrement composé ;

Condamne la défenderesse aux dépens ;

Ordonne la restitution de l'amende consignée.

****

Sénégal, Cour de cassation, 03 février 1999, 41[4]

Ac Ab C/ Aa A

LA COUR:

Vu la loi organique n° 92-25 du 30 mai 1992 sur la Cour de Cassation ;

Sur le moyen unique tiré de la violation de l'article 146 du code de la

[4] Cass. 03 février 1999, 41, juricaf.org/arret/SENEGAL, consulté le 08.02.2023.

famille en ce que les tribunaux ont prononcé le divorce d'entre les époux COLY-BARRY alors que leur union n'a été ni constatée, ni déclarée tardivement, ni inscrite sur les registres de l'état civil par suite d'une autorisation du juge ;

Vu les articles 29, 98, 146 et 168 du code de la famille ;

ATTENDU que pour confirmer la décision du tribunal départemental de Pikine ayant prononcé le divorce d'entre les époux Aa A et Ac Ab, et rejeter le moyen soulevé par cette dernière et fondé sur le non-respect des dispositions de l'article 146 du code de la famille, le juge d'appel énonce "qu'il ne s'agit pas en l'espèce de se prévaloir d'un mariage contre l'état ; qu'il s'agit plutôt de rapport entre les parties dont aucune d'entre elles ne conteste l'existence du lien conjugal" ;

ATTENDU qu'en statuant ainsi, alors qu'il résulte des dispositions combinées des articles 29, 98, 146 et 168 du code de la famille que la procédure de divorce, même par consentement mutuel, ne peut se développer que si les époux établissent la preuve de leur état par le seul moyen de preuve que la loi autorise et qui est, en l'espèce, la production de l'acte de mariage pouvant s'obtenir, s'il n'a pas été dressé, par l'accomplissement des formalités prescrites par l'article 87 du code précité, le juge d'appel a violé les textes susvisés;

PAR CES MOTIFS

Casse et annule le jugement n°357 du 26 février 1997 rendu par le tribunal régional de Dakar ; remet, en conséquence, la cause et les parties au même et semblable état où elles étaient avant ledit arrêt et, pour être fait droit, les renvoie devant le tribunal régional de Dakar autrement composé ;

Condamne le défendeur aux dépens ;

Dit que le présent arrêt sera imprimé ; qu'il sera transcrit sur les registres du Tribunal Régional de Dakar en marge ou à la suite de la décision attaquée.

****

C’est certainement dans le domaine du mariage que les institutions coutumières ont le mieux résisté. Pour certaines d’entre elles, le triomphe est même total. Tout d’abord le législateur, malgré ses faveurs marquées pour le droit moderne, a maintenu l’option entre deux formes de mariage. L’union matrimoniale peut être célébrée par l’officier de l’état civil ou constaté par lui. La deuxième forme est relative au mariage coutumier auquel peuvent recourir les futurs époux qui observent une coutume matrimoniale en usage au Sénégal[5]. Ce qui est surtout remarquable, c'est que le législateur n'a établi aucune prééminence de l'une des formes sur l'autre et la Cour suprême du Sénégal l'a affirmé avec force. Ainsi l'option qui est ouverte par le législateur n'exclut pas les étrangers qui, dès lors qu'ils observent une coutume applicable au Sénégal, peuvent y contracter mariage[6].

Allant encore plus loin dans la voie qu'il a ouverte à la coutume, le législateur considère que le mariage coutumier qui n'a pas été constaté par l'officier de l'état civil demeure valable. La non-constatation du mariage n'est sanctionnée que par l'inopposabilité à l'Etat[7].

Ces propos du juge Youssoupha NDIAYE marquent indiscutablement son attachement au droit sénégalais de la famille et particulièrement à l'omniprésence des coutumes dans ce domaine.

Il a été soutenu que l'abandon de la tradition orale au profit de la preuve par écrit est envisagé comme une étape indispensable à l'accession du pays à la vie internationale et à son développement économique[8]. Mais l'organisation de l'état civil soulève des difficultés considérables en Afrique et un auteur avait émis certaines réserves quant à l'organisation au Sénégal, dès 1961[9] « d'un état civil à la française dans pays où nombre de citoyens ne se soucient guère de faire des déclarations d'état civil et où l'on ne trouve pas toujours sur place une personne qualifiée pour rédiger les actes[10]

La quête du modernisme et le souci de sécurité juridique a poussé le législateur sénégalais à imposer aveuglément aux populations un système de l'état civil par la loi n° 61-55 du 23 juin 1961 tendant à la création d'un

---

[5] Article 114 *alinéa* 1er du Code de la famille.

[6] Cette position est très controversée-*V.* I.Y. NDIAYE, « L'envers du droit traditionnel dans le Code de la famille », *Revue de l'association sénégalaise de droit pénal*, juillet-décembre, 1995, pp. 40-52, *spéc.*, pp. 42-44.

[7] Y. NDIAYE, Le nouveau droit africain de la famille (Rapport au Colloque de l'Association Internationale des Sciences juridiques (Dakar, juillet 1977)), *Ethiopiques n°* 14, revue *socialiste, de culture négro-africaine*, avril 1978.

[8] J. CHABAS, Annales africaines 1962 *n°*1, p.151.

[9] Loi *n°*-61-55 du 23 juin 1961, abrogée par le code de la famille.

[10] R. DECOTTIGNIES, « Prière à Thémis pour l'Afrique », *RSD* 1967, *n°* 1, pp. 5-21, spéc. p. 19.

état civil unique et à sa réglementation. Cette exigence de l'état civil moderne fut entérinée par le Code sénégalais de la famille et le juge dans sa fonction la plus classique a imposé le respect de la loi.

Le 20 juillet 1977, la Cour Suprême du Sénégal sur pourvoi d'un époux dirigé contre la décision du Tribunal de première instance statuant en appel de la décision rendue par le juge de paix a livré un arrêt célèbre. Il s'agissait pour la haute juridiction de statuer sur la décision Tribunal de première Instance de Dakar en date du 27 avril 1976 par lequel le juge a prononcé le divorce aux torts réciproques des époux pour d'une part, mauvais traitements, excès, sévices, injures graves et d'autre part abandon de domicile, alors qu'un acte de mariage n'a pas été produit.

L'époux demandeur a fondé son pourvoi sur la violation de l'article 168 du Code de la Famille qui s'oppose à la poursuite de la procédure de divorce en l'absence de formalités requises telles que la production de l'acte de mariage même s'il reconnaît l'existence du mariage. Il entendait ainsi faire rejeter le divorce prononcé par le juge du fond. Il se posait devant la haute juridiction la question de savoir si la procédure de divorce peut être poursuivie sans production d'un acte de mariage et des pièces connexes. A cette question, la juridiction suprême a répondu par la négative. Ainsi, elle a accueilli favorablement le pourvoi en précisant que *les époux dont l'union n'a pas été constatée ne peuvent pas divorcer, même par consentement mutuel, tant qu'ils ne sont pas en mesure d'établir la preuve de leur état par les seuls moyens de preuve que la loi autorise*.

L'analyse de la solution du juge conduit inévitablement à une réflexion sur l'exigence de la production d'un acte de mariage dans la procédure de divorce (I) et à porter une appréciation sur l'indifférence pour le juge de la reconnaissance du mariage par le conjoint invoquant la production de l'acte de mariage (II).

I- L'exigence de la production de l'acte de mariage dans la procédure de divorce

L'exigence de la preuve du mariage par l'acte de mariage est bien ancrée en droit sénégalais. Plusieurs textes du Code de la famille en constituent les fondements juridiques (A). Son absence est sanctionnée par une impossibilité de divorcer (B).

A- Les fondements juridiques

Naturellement, la juridiction suprême dans son contrôle du respect de la règle de droit par les juridictions de fond s'est basée sur les dispositions textuelles pour exiger la preuve du mariage par un acte de l'état civil pour divorcer.

Le législateur, en ce sens s'est prononcé sans ambiguïté à travers plusieurs dispositions dont le nerf est l'article 29 du Code de la famille ayant vocation à réglementer en général la preuve de l'état des personnes. Ainsi aux termes de cet article, *l'état des personnes n'est établi et ne peut être prouvé que par les actes de l'état civil*. Il s'agit là d'une règle de principe[11] confirmée par différents textes régissant l'état des personnes et d'autres concernant spécifiquement la matière matrimoniale. A ce titre, l'article 98 du Code de la famille réglementant particulièrement la preuve en matière d'action d'état dispose en son alinéa 1er que la loi fixe pour chacune des actions d'état l'objet et les moyens de preuve autorisés.

En matière matrimoniale, le non-respect de ces règles d'établissement de l'état des personnes est sanctionné par l'inopposabilité de l'union. La sanction de l'absence de constatation du mariage est spécifiée à l'article 146 du Code de la famille qui dispose que lorsque les époux ont choisi de ne pas faire célébrer leur mariage par l'officier de l'état civil, si pour une raison quelconque la conclusion de leur union n'a pas été constatée par l'officier de l'état civil ou son représentant, le mariage non constaté est valable, mais ils ne peuvent s'en prévaloir à l'égard de l'Etat, des collectivités publiques et des établissements publics ou privés pour prétendre notamment au bénéfice des avantages familiaux.

La réglementation de la procédure de divorce obéit aussi à cette exigence de production d'un acte de mariage établi par l'officier de l'état civil. Ainsi, l'article 168 al. 2 du Code de la famille fait obligation au juge de paix [juge du tribunal d'instance] d'indiquer *au demandeur qu'il doit obligatoirement déposer au greffe une copie de l'acte de mariage ainsi que, le cas échéant, les actes de naissance et décès de tous les enfants issus du mariage*.

L'inventaire de ces différentes dispositions invoquées dans la décision commentée révèle clairement l'intention du législateur de faire des actes de l'état civil, les moyens uniques d'établissement et de preuve de l'état des personnes, particulièrement du mariage.

---

[11] Admission de la preuve par la possession d'état de la filiation.

Le législateur ne pouvait réussir sa politique de recours à l'état civil qu'en mettant en place des techniques favorisant le respect de ses règles. Ainsi, ces dernières ne sauraient être écartées par les parties ; ce qui revient à dire qu'aucune preuve autre ne peut être utilisée par les personnes concernées. Le législateur précise à ce propos ; concernant la possession d'état[12], qu'il n'est possible d'y recourir que dans la mesure où la loi le prévoit[13]. En effet, lorsque la loi autorise la preuve par possession d'état, le demandeur établit par tous moyens que, de façon constante, il s'est comporté, a été traité par la famille et considéré par la société comme ayant l'état auquel il prétend.

Malheureusement, le recours à la possession d'état n'est pas prévu en matière de mariage[14]. En l'espèce, le juge l'a précisé en soulignant que « les règles de procédure prescrites par l'article ci-dessus [l'article 168 du Code de la famille] invoqué sont d'ordre public » et que le recours à l'acte de l'état civil pour prouver le mariage s'impose même dans la procédure de divorce par consentement mutuel. Cette précision est de taille. En effet, l'article 168 imposant la production de l'acte de mariage dans la procédure de divorce est inséré dans la section règlement le divorce contentieux. Mais le juge, en l'espèce a eu la clairvoyance de préciser que les dispositions de l'article 168 du Code de la famille « apparaissent comme complémentaires de celles fixées par les articles 29, 98 et 146 du Code de la Famille, desquels il résulte notamment que les époux dont l'union n'a pas été constatée ne peuvent pas divorcer, même par consentement mutuel, tant qu'ils ne sont pas en mesure d'établir la preuve de leur état par les seuls moyens de preuve que la loi autorise et qui sont en l'espèce soit la production de l'acte de mariage, soit si cet acte n'a pas dressé, l'accomplissement en vue de son obtention et de sa production, des formalités prescrites par l'article 87 du Code de la Famille, texte à l'aide duquel l'état des personnes peut être établi et sans le respect duquel toute organisation d'un Etat civil serait illusoire ».

---

[12] La possession d'état est une présomption tirée d'un fait connu, plus précisément d'un ensemble de faits connus : *Nomen, Tractatus, Fama* ; à un fait inconnu, l'état d'une personne- M. REMOND-GOUILLOUD, « La possession d'état d'enfant », *RTD civ* 1975, p. 459 et s, *spéc*. p. 463.

[13] Article 98 *alinéa* 2 du Code de la famille.

[14] La possession d'état n'est prévue que pour la preuve de la filiation maternelle et de la filiation paternelle légitime. En matière successorale, il est admis la preuve de la qualité d'héritier par un acte de notoriété, article 403 du Code de la famille.

Cette vision du juge est juridiquement correcte dans la mesure où la sanction de l'inobservation du formalisme dans la célébration du mariage est globale. L'inopposabilité du mariage coutumier non constaté à l'Etat, aux collectivités publiques et aux établissements publics ou privés est une sanction prévue pour encourager le recours à l'état civil en matière matrimoniale. Le juge est une institution de l'Etat et le divorce, qu'il s'agisse de divorce par consentement mutuel ou de divorce contentieux, se fait devant le juge. Si le mariage coutumier non constaté est inopposable à l'Etat et par ricochet au juge, ce dernier ne pourrait le reconnaître qu'elle que soit la procédure de divorce en instance.

Pour faire face à sa politique de modernisation de la preuve de l'état des personnes et particulièrement de celle du mariage, le législateur a adopté diverses solutions.

La première a été de penser à prévoir une sanction en cas d'inobservation du formalisme exigé. Ainsi, l'article 146 *alinéa* 2 dispose que « … faute par les époux de satisfaire sans motif estimé valable par le juge aux dispositions mises à leur charge par les articles 125[15] et 130[16], ils seront condamnés à une amende de 3.000 à 18.000 francs ». Cette sanction faible n'est certainement pas dissuasive. Par ailleurs, il peut toujours être trouvé un motif pour justifier la méconnaissance des prescriptions de ces articles. La question de l'appréciation du motif

---

[15] L'article 125 du Code de la famille intitulé « avis préalable à l'officier de l'état civil » dispose que « lorsque les futurs époux choisissent de s'unir selon les formalités consacrant traditionnellement le mariage, ils sont tenus d'informer l'officier de l'état civil de leur projet, un mois à l'avance si le mariage doit être conclu dans une commune ou dans une localité où se trouve un centre d'état civil.
Si le mariage doit être conclu en tout autre lieu, l'avis de projet est donné dans les mêmes conditions au chef de village et à une personne désignée dans le village par l'officier, s'il y a lieu. »

[16] L'article 130 du Code de la famille relatif à la constatation du mariage dispose que « aux jours, lieu et heure indiqués au formulaire-type, l'officier de l'état civil ou son délégué, ou l'autorité compétente pour l'établissement de ce document, assistent aux formalités consacrant le mariage, en présence de deux témoins majeurs pour chacun des époux, parent ou non.
Il complète alors le projet d'acte de mariage par l'indication donnée par la future épouse ou son représentant de la partie de la dot perçue et du terme prévu pour le solde, puis signe la mention apposée au bas de tous les exemplaires du formulaire-type avec les témoins, le parent consentant et les époux ou leur représentant, mention étant faite éventuellement de ce qu'ils ne savent ou ne peuvent signer.
Un exemplaire du formulaire-type ainsi complété est remis au mari.
Lorsque le formulaire-type a été complété par une autorité autre que le délégué de l'officier de l'état civil, un exemplaire est adressé sans délai eu centre d'état civil. »

valable étant certainement une prérogative des juges du fond. La relativité qui peut découler d'une telle option est évidente. En effet, le plus probable est que le juge n'ait pas de critère d'appréciation pertinent. Dans une large mesure, la réticence du recours à l'état civil est due à l'absence de conviction des populations en l'utilité de l'intervention de cette institution dans la constatation de leur état.

Par ailleurs, pour plus d'efficacité, le législateur a allégé les procédures d'obtention de l'acte de mariage. En effet, le mariage coutumier non constaté peut faire l'objet de régularisation. Le Code sénégalais de la famille a prévu des procédures de régularisation que sont la déclaration tardive du mariage[17] et le jugement d'autorisation d'inscription[18]. La déclaration tardive du mariage doit intervenir dans les six mois suivant la conclusion du mariage. Au-delà de ce délai, il faut un jugement d'autorisation d'inscription délivré par le président du tribunal d'instance[19].

Il s'agit de techniques d'appoint de déclaration du mariage à l'état civil prévues en considération de la réticence des populations à recourir à l'état civil. La rigidité en la matière aurait choqué et par conséquent aurait échoué. En effet, légiférer dans un domaine à connotation sociale, sociologique et religieuse suppose une certaine adaptation des règles aux pratiques des populations. La rupture dans l'observation d'une tradition ne peut se faire avec succès qu'en faisant des concessions pour ne pas heurter les convictions et provoquer de la résistance. La résistance restera certainement vivante présente mais elle se présentera dans une moindre

---

[17] L'article 147 du Code de la famille qui traite de la déclaration tardive du mariage dispose dans son *alinéa* 1er que « dans les six mois de la conclusion du mariage, les époux doivent se présenter personnellement devant l'officier de l'état civil dans la circonscription duquel le mariage a été contracté, accompagné chacun de deux témoins majeurs qui, ayant assisté au mariage, certifient de l'échange des consentements. »

[18] L'article 87 du Code de la famille relatif à l'autorisation d'inscription dispose dans son *alinéa* 1er que « lorsqu'un acte de naissance, de décès ou de mariage n'aura pas été dressé ou que la demande d'établissement en aura été présentée tardivement, le juge de paix [juge du Tribunal d'Instance] dans le ressort duquel l'acte aurait dû être reçu, pourra, par jugement, en autoriser l'inscription par l'officier de l'état civil » ; l'*alinéa* 4 précise que « la requête n'est pas recevable s'il n'y est pas joint un certificat de non inscription de l'acte, délivré par l'officier de l'état civil qui aurait dû le recevoir…]. Dans le cas du mariage, l'autorisation d'inscription est requise au-delà de Six à compter de célébration de l'union.

[19] *V.* article 87 du Code de la famille *préc.*.

mesure si les populations se rendent compte que leurs pratiques n'ont pas été radicalement écartées.

L'exigence d'un acte de mariage à titre de preuve de l'union matrimoniale entraîne comme conséquence l'impossibilité de divorcer en son absence.

B- L'impossibilité de divorcer

L'impossibilité de divorcer est l'une des incidences du défaut de l'établissement du mariage par un acte de l'état civil. Il s'agit d'une manifestation de l'inopposabilité du mariage à l'Etat et à ses démembrements[20]. En effet, le divorce se définit par la rupture par le juge du lien matrimonial soit sur le fondement de l'une des causes prévues par le législateur si l'un des époux prend l'initiative de la demande soit par consentement mutuel, c'est-à-dire d'un commun accord entre les époux. Or pour divorcer, il faut établir un acte de mariage car le mariage non enregistré à l'état civil est inopposable à l'Etat et à ses démembrements ; le juge du divorce étant une institution de l'Etat.

Par ailleurs, une appréciation de cette règle légale rigoureusement appliquée par le juge mérite de retenir l'attention.

L'obligation de divorcer devant le juge jure avec l'admission du mariage coutumier non constaté. Si la politique du législateur sénégalais était la modernisation de la preuve en matière d'état des personnes ; il aurait dû aller au bout de sa logique en écartant le mariage coutumier non constaté. L'admission du mariage coutumier constaté cautionne déjà, dans

[20] Le mariage célébré en la forme coutumière mais non constaté est valable. Cependant, pour obliger les époux à faire enregistrer leur mariage à l'état civil, la loi leur interdit de se prévaloir d'un mariage non constaté à l'égard de l'Etat, des collectivités publiques et des établissements publics ou privés. Par exemple, ils ne pourront pas prétendre au bénéfice des avantages familiaux (article 146 du Code de la famille). Dans son arrêt *n*°31 du 13 janvier 1982 *(inédit)*, la Cour d'appel de Dakar, statuant en matière pénale, a considéré que la partie civile qui n'a pas fait constater par l'officier de l'état civil le mariage célébré selon la coutume était mal venue à vouloir faire reconnaître par les cours et tribunaux le délit d'adultère. Car en choisissant de ne pas procéder à cette formalité, après la promulgation de Code de la Famille qui sanctionne cette observation par l'inopposabilité à l'égard de l'Etat, la partie civile ne peut se prévaloir des effets du mariage sans doute valable sur le plan religieux et coutumier, mais inopposable à l'Etat dont elle a décidé de ne pas respecter la loi. Un des éléments constitutifs du délit est l'exigence du mariage légalement reconnu comme tel.

une large mesure, une corrélation entre les règles relatives aux formes du mariage et les réalités sociales et sociologiques du Sénégal.

L'impossibilité de divorcer en l'absence d'acte établissant le mariage est une règle qui va à l'encontre de la pratique. Une bonne approche aurait été pour le législateur d'être plus attentif aux réalités sociales. En effet, une bonne frange de la population « divorce » sans juge par une simple répudiation qui résiste à l'interdiction légale. C'est certainement, compte tenu de cette difficulté à l'évacuer que le législateur l'a inconsciemment favorisée en prévoyant une cause de divorce qu'est l'incompatibilité d'humeur[21].

L'interdiction de la répudiation avait certes pour finalité de protéger la femme de l'instabilité matrimoniale mais parallèlement, l'on ne pourrait nier que son inconvénient majeur est de la contrainte à rester dans une union indésirable en attendant l'obtention du sésame qu'est le certificat de mariage.

Malheureusement, l'impossibilité de divorcer sans juge et par ricochet sans certificat de mariage est ignorée d'une importante frange de la population. Les conséquences juridiques pourraient alors être désastreuses. En effet, il est très fréquent que les femmes quittent le foyer conjugal croyant s'être déliées du mariage. Elles s'exposent alors au risque de sanction pour abandon de domicile[22]. En cas de remariage, elles commettraient un délit de bigamie[23]. Cette situation de fait a été

---

[21] Le divorce contentieux dont les causes sont limitativement énumérées par la loi. L'article 166 du Code de la famille énumère les causes de ce divorce parmi lesquels figure l'incompatibilité d'humeur. L'interprétation de cette cause du divorce par les tribunaux porte considérablement atteinte au contrôle de l'autonomie de la volonté en matière de divorce. En effet, il est établi que la jurisprudence accorde le divorce pour incompatibilité d'humeur dès l'instant qu'il est allégué sans même opérer un contrôle, sauf *« lorsque le conjoint invoque des griefs précis »* (TPI Dakar, 2 mai 1978, *CREDILA*, 1982, *vol.* III, p. 100). Cette attitude du juge, contraire à l'intention du législateur d'avoir une prise sur la dissolution du lien « sacré », est à l'origine de l'inquiétude d'une partie de la doctrine sénégalaise qui se demande si cette position ne risque pas *« d'exhumer [la répudiation] que l'on prétendait avoir définitivement ensevelie »* (*V.* I. Y. NDIAYE, « Réflexion sur une cause du divorce : l'incompatibilité d'humeur », *EDJA n°* 13, p. 2 s.).

[22] L'abandon de famille ou de domicile conjugal est une cause de divorce prévue par l'article 166 du Code de la famille dans le cadre du divorce contentieux.

[23] Le Code pénal sénégalais n'a pas manqué de faire produire tout son effet à la validité du mariage coutumier dans la prise en compte de la qualification du délit de bigamie. Ainsi il est disposé ce qui suit à l'article 333 du Code pénal : « Sera puni d'un emprisonnement de six mois à un an et d'une amende de 20 000 francs à 300 000

condamnée à maintes reprises dont plusieurs cas médiatisés concernent des femmes célèbres.

Il est temps pour le législateur sénégalais de prêter une oreille attentive à la révolte des faits. Le mimétisme juridique n'est pas condamnable en soi. En effet, il est au contraire louable de faire parfois appel au droit comparé pour mieux légiférer et avoir des règles plus adaptées aux exigences du moment. Cependant, ce qu'il faudrait éviter c'est l'abandon d'une culture aux fins de sa substitution avec une autre foncièrement différente ? Tout un ensemble de règles ne saurait être calqué sur un système juridique étranger. Les revers d'une telle option sont innombrables. Il en est ainsi de l'ineffectivité, de l'inapplication et de l'ignorance des règles étrangères au profit des règles sociales propres.

L'implication du juge en matière familiale ne prospère pas parce que les populations ont une ferme croyance aux institutions coutumières dans ce domaine. Précisément le divorce devant le juge est méconnu d'une importante partie de la population parce que la répudiation est encore une pratique bien vivante. La question est de savoir comment protéger la femme de la rupture du lien matrimonial par la seule volonté unilatérale du mari tout en allégeant le formalisme du divorce ? Les sociétés très ancrées dans la tradition judiciaire ont maintenant recours au divorce sans juge[24]. La vérité est qu'en matière familiale mieux vaut solliciter la médiation d'une institution autorisée que de recourir à un contentieux dévastateur.

Dans les sociétés traditionnelles africaines, le conseil de famille se réunissait pour régler les questions familiales. Avec l'avènement du Code de la famille, une autorité étrangère à la sphère familiale, le juge, se charge du contentieux familial, ce qui constitue un blocage.

Cette dichotomie entre les deux procédures est révélatrice d'une rupture brusque, voire indigeste pour les populations africaines. La rupture ne caractérise pas forcément l'évolution qui peut se réaliser par la technique de l'adaptation des pratiques aux circonstances nouvelles.

---

francs, toute personne qui aura contracté une nouvelle union, alors qu'elle en était empêchée par l'effet d'un précédent mariage non dissout, même si ce précédent mariage n'a été ni célébré, ni constaté, ni déclaré tardivement. »

[24] En France, depuis le 1er janvier 2017 (loi de modernisation de la justice du XXIe siècle promulguée le 18 novembre 2016), le divorce par consentement mutuel ou à l'amiable se résume à une convention prenant la forme d'un contrat sous seing privé, contresigné par les avocats de chacune des parties puis enregistré par un notaire.

L'exigence du formalisme gage de sécurité ne saurait certes permettre de se suffire d'un simple prononcé du divorce devant témoins mais il est possible de recourir à une autorité compétente capable de suppléer le juge. Si les services du notaire sont hors de portée pour les populations, le retour à l'autorité ayant célébré le mariage pourrait être une solution de secours.

Une telle solution pourrait être facilitée par la reconnaissance par le conjoint défendeur de l'existence du mariage.

II- L'indifférence de la reconnaissance du mariage par le conjoint invoquant la production de l'acte de mariage

La reconnaissance du mariage par le conjoint n'a pas retenu par le juge suprême. Pourtant cette méprise ne se justifie point. En effet, l'exigence d'un acte de mariage pour divorcer même en cas de mariage coutumier non constaté présente bien des incohérences (B). Ce qui est encore plus déplorable c'est l'exigence exclusive de l'acte de l'état civil comme preuve du mariage. En effet, le cantonnement de la preuve du mariage à l'établissement d'un acte de l'état civil est bien maladroit (B).

A- Les incohérences juridiques de l'exigence de l'acte de mariage

L'exigence de la production d'un acte de mariage pour divorcer présente bien des incohérences dans la réglementation du lien matrimonial au Sénégal.

Le législateur sénégalais a prévu, à côté de celles qui sont considérées comme formes normales que sont le mariage célébré par l'officier de l'état civil et le mariage par lui constaté, le mariage coutumier non constaté. Les raisons de l'admission de cette exception au recours obligatoire à l'état civil pour la validation du mariage étaient louables[25]. Il s'agissait d'une politique législative dont l'objectif était de rester en conformité avec les réalités sociologiques pour une meilleure effectivité des règles matrimoniales. Il s'agissait aussi d'éviter de faire annuler le maximum de mariage compte tenu de l'existence d'une dualité de statuts personnels, celui de droit coutumier et celui de droit civil[26]. Les citoyens qui étaient soumis au droit coutumier se mariaient sans recourir à l'état civil.

---

[25] *V.* S. GUINCHARD, « Réflexions critiques sur les grandes orientations du Code sénégalais de la famille », 1ère partie, *Penant* 1978, *n°* 760, pp. 175-204, *spéc.*, p. 181.

[26] *V.* G.-A. KOUASSIGAN, *Quelle est ma loi ? Tradition et modernisme dans le droit privé de la famille en Afrique noire francophone*, Paris, A. Pedone, 1974, 311 p., *CREDILA*, *n°* 12.

Quoique louables, les fondements de l'admission du mariage coutumier non constaté sont critiquables. La politique de l'époque était bien de promouvoir la culture de l'état civil et bien évidemment par ricochet celle de l'écrit. La flexibilité était nécessaire, voire incontournable au regard de la tradition orale qui prévalait au Sénégal mais elle avait été suffisamment consacrée avec l'admission du mariage coutumier constaté et les modalités de régularisation de l'union devant l'officier de l'état-civil[27]. Aussi en grande, la réticence du recours aux services de l'état civil par les populations est étrangère à l'attachement traditions. En effet, il s'agit juste pour la plupart d'un comportement anti conformiste lorsqu'aucun intérêt personnel n'est à sauvegarder. A défaut de statistique il est bien réel que la plupart des unions enregistrées concernent des époux qui attendent un traitement de faveur[28] de l'Etat, de ses démembrements ou de structures quelconques. Par ailleurs, le risque d'irrégularité de mariages célébrés en la forme coutumière avant l'avènement du Code de la famille était à vrai dire moindre. En effet, les règles de conflits de lois dans le temps ont écarté ce problème dans la mesure où la loi nouvelle ne peut saisir les conditions de validité des situations juridiques créées sous l'emprise d'une réglementation ancienne et qui continuent de produire leurs effets à l'entrée en vigueur d'une loi nouvelle. Le législateur sénégalais n'aurait écarté cela qu'en déclarant la loi nouvelle rétroactive, ce qui, évidemment, provoquerait une insécurité juridique en la matière. Ce ne fut pas le cas et la décision commentée étant la première à se prononcer sur la question de l'exigence de l'acte de mariage dans la procédure de divorce a bien eu à préciser que cette règle est écartée pour les mariages célébrés avant l'entrée en vigueur du Code de la famille.

La pertinence de l'admission de la validité du mariage coutumier non constaté est alors à plus d'un point de vue contestable encore plus son inopposabilité à l'Etat et à ses démembrements. En effet, c'est là où le législateur a particulièrement pêché. S'il est admissible de le suivre, malgré tout, dans sa démarche d'intégration du mariage coutumier non constaté dans la réglementation de l'union matrimoniale en marge de sa logique de modernisation de l'établissement et de la preuve de l'état des personnes ; il est inconcevable qu'il y ait des restrictions à l'admission de cette forme d'union. La sanction par l'inopposabilité du mariage

---

[27] Il s'agit de la déclaration tardive et de la procédure d'autorisation d'inscription.

[28] Il s'agit notamment des avantages fiscaux, de l'accès aux services sociaux et hospitaliers. Ce sont les salariés généralement.

coutumier non constaté est une aberration ! Le législateur aurait dû aller au bout de son initiative. Une approche logique aurait été de déclarer la validité de ce mariage mais alors en adoptant un système de preuve du mariage plus ouvert. Le mariage aurait alors pu être prouvé devant le juge et toute autorité étatique, à côté des actes de l'état civil par un écrit émanant de l'autorité coutumière renforcé par le témoignage ; par la possession d'état ou par l'aveu des conjoints. D'ailleurs les juges du fond sont très enclins à admettre l'aveu des conjoints dans les procédures de divorce en guise de preuve de l'existence du mariage. Il en est ainsi dans cette décision commentée, dans l'arrêt de la cour suprême du 20 juin 2001[29], « Le juge d'appel a estimé que la preuve du mariage pouvait résulter des déclarations concordantes des parties ». Par ailleurs dans l'arrêt du 15 mai 2002[30], il est soutenu par le demandeur au pourvoi que le juge d'appel a confirmé la décision du juge du Tribunal Départemental de Louga prononçant le divorce entre les époux sans que les prescriptions des articles 168 et 87 soient respectées ni par le premier juge ni en cause d'appel. Dans cet arrêt il n'était pas clairement établi que les juges du fond sont passés outre les dispositions du Code. Le juge de cassation a cassé l'arrêt attaqué parce que le jugement confirmé n'est pas produit au dossier ce qui empêchait la juridiction suprême d'exercer son contrôle sur la régularité de la procédure. Mais tout cela expose le débat entre les juges sur la nécessité de produire les actes de l'état civil.

Dans une autre espèce, pour confirmer la décision du Tribunal Départemental de Pikine ayant prononcé le divorce entre les époux sans respect des formalités légales, la cour d'appel énonce « qu'il ne s'agit pas en l'espèce de se prévaloir d'un mariage contre [l'état] ; qu'il s'agit plutôt de rapport entre les parties dont aucune d'entre elles ne conteste l'existence du lien conjugal »[31].

Les juges du fond osent se prononcer ainsi parce qu'ils sont plus au parfum des faits et de la réalité sociologique.

L'incohérence de l'exigence de la preuve du mariage par les actes de l'état civil va au-delà de la simple admission du mariage coutumier non constaté mais atteint ses incidences. En effet, le mariage coutumier non constaté peut être frappé de nullité d'ordre substantiel. La question est de savoir comment régulariser un mariage atteint d'une cause de nullité pour

---

29 *V. supra n°2.*

30 *V. supra n°3.*

31 *V. supra n° 4.*

déclarer l'irrégularité ? Est-il possible pour l'officier d'état civil d'inscrire tardivement un mariage célébré coutumièrement entre deux personnes de même sexe par exemple ? Ou le juge peut-t-il autoriser l'inscription d'un mariage atteint de ce vice ? Parce qu'il faut bien prouver l'existence d'un mariage pour en déclarer la nullité. En vérité il faudrait bien convenir que le contrôle des conditions de fond du mariage exigé dans les hypothèses de mariage célébrés et surtout de mariages constatés par l'officier de l'état par l'intervention de ce dernier en amont de la célébration de l'union[32] est impossible en matière de mariage coutumier non constaté. Les risques de violations des conditions de validité du mariage sont alors très réels.

Le cantonnement de la preuve du mariage à l'établissement d'un acte de l'état civil est alors bien maladroit.

B- Le maladroit cantonnement de la preuve du mariage à la production d'un acte de l'état civil

La société sénégalaise, société traditionnelle orale à l'origine s'est vue imposée un système de preuve qui lui est complètement étranger avec l'introduction de l'écrit. En matière d'état des personnes, l'incontournable

---

[32] Les futurs conjoints doivent se présenter personnellement au centre d'état civil du domicile de l'un ou de l'autre au moins quinze jours francs avant la date du mariage, en cas de célébration par l'officier de l'État civil (article 117 du Code de la famille), et un mois avant en cas de célébration en la forme coutumière (article 125 du Code de la famille). Chaque futur conjoint doit remettre à l'officier de l'état civil une copie de son acte de naissance délivrée en vue du mariage et datant de moins de trois mois, ainsi que, s'il y a lieu, la copie des actes accordant des dispenses (articles 61 et 115 *alinéa* 1er du Code de la famille). Tenant compte de la réalité sociologique, le législateur autorise les futurs époux qui ne disposent pas d'un acte de naissance de produire à la place un acte de notoriété.
Après la vérification que toutes les pièces requises ont été déposées, si les futurs époux projettent de se marier en la forme coutumière, l'officier de l'état civil doit recueillir le consentement personnel de chacun d'eux à l'union projetée, ainsi que, le cas échéant, celui du détenteur de la puissance paternelle ou de l'autorisation judiciaire en tenant lieu. Il doit également s'enquérir de la date, de l'heure et du lieu de conclusion du mariage projeté (article 127 du Code de la famille).
Lors de cette première comparution personnelle (la seule prévue en cas de mariage devant être célébré en la forme coutumière), l'officier de l'état civil doit également interroger chacun des futurs conjoints sur son état matrimonial et recueillir, le cas échéant, les pièces justifiant que les mariages antérieurement contractés ne constituent pas un empêchement au mariage projeté (article 116 *alinéa* 1er du Code de la famille). Une autre série de questions va permettre à l'officier de l'État civil de remplir le formulaire type qui va servir à établir l'acte de mariage (dont l'exercice des options) avant la publication du projet de mariage en vue d'une éventuelle opposition à mariage.

article 29 du Code de la famille par son caractère d'ordre public s'oppose à toute autre forme de preuve dans ce domaine à côté des actes de l'état civil.

Pourtant la mise à l'écart ne se justifie pas à plus d'un point de vue ;

Le système juridique importé et qui s'impose au Sénégal par le truchement de la colonisation française, la *civil law* ou le système romano-germanique admet dans une très large mesure d'autres modes de preuve en matière d'état des personnes. Si l'écrit a incontestablement une place de choix dans les pays de tradition écrite, la possession d'état n'y est pas méconnue[33]. Au contraire en matière d'état des personnes, particulièrement en matière de filiation, la possession d'état s'est arrogée une place importante. Confinée auparavant dans un rôle strict de preuve, la possession d'état est devenue en droit français un moyen d'établissement de la filiation depuis la réforme de 2005[34].

Ainsi, il est étonnant de remarquer que le législateur sénégalais n'ait pas attribué à la possession d'état une place primordiale dans le système d'établissement de l'état des personnes mais l'ait seulement prévue à titre d'une simple preuve d'appoint.

Le seul rôle dévolu à la possession d'état est d'ordre probatoire du lien de filiation.

En matière de mariage, l'on ne trouve que quelques bribes d'admission de la possession d'état. Lorsqu'il est précisé à l'article 219 *alinéa* 1er du Code de la famille qu'a la qualité d'enfant légitime *celui dont la filiation est régulièrement établie à l'égard d'un père et d'une mère mariés ou réputés mariés au moment de sa conception* ». Lorsqu'il est aussi précisé dans l'article 137 *alinéa* 3 du Code de la famille que *la nullité de l'acte de mariage pour vice de forme ne peut pas être demandée lorsque les intéressés jouissent de la possession d'état d'époux légitimes* ; le législateur sénégalais prête bien une oreille attentive aux situations de fait. En effet, les réputés mariés n'ont jamais été devant l'officier d'état civil. Il en est de même de ceux ayant la possession d'état d'époux légitimes.

---

[33] Voir inconvénients de la possession d'état, voir thèse. Les premiers inconvénients sont inhérents à la notion elle-même, à son imprécision. A ceux-là s'ajoutent les inconvénients liés à l'incohérence et à l'insécurité juridique découlant de l'inorganisation des modes de preuve de la possession d'état. *V.* notre thèse, *le statut juridique de l'enfant né hors mariage, UCAD, 13 juillet 2013, pp. 66-77.*

[34] *La réforme de la filiation en droit* français par le biais de l'Ordonnance du 4 juillet 2005 (*Ord. n°* 2005-759) ratifiée par la loi *n°* 2009-61 du 16 janvier 2009.

Cette solution peut certes s'expliquer. En effet, le législateur sénégalais veut donner une grande efficacité à son élan vers la modernité[35] mais c'était sans compter avec le fait que la possession d'état peut constituer une solution pour l'ensemble du droit de la famille si on la considère dans ses multiples facettes complémentaires. Elle aurait pu contrecarrer tous les dérapages de la volonté individuelle et de la biologie[36] dans l'établissement de la filiation et le défaut de déclaration des naissances[37] et des mariages. Le législateur français l'a compris très tôt lorsqu'il attribue une triple fonction à la possession d'état[38], dont les vertus essentielles sont doubles : il s'agit d'éviter de réduire le phénomène complexe du lien de filiation à la simple biologie ou à la simple volonté des individus en y introduisant le passage du temps ; il s'agit aussi de permettre un peu de souplesse dans un système d'établissement de la filiation qui sinon présenterait bien des raideurs, des pesanteurs et donc des injustices[39].

Le législateur français a ainsi reconnu les vertus de la possession d'état[40]. Et pourtant le législateur sénégalais était mieux placé pour

---

[35] Dans une société moderne où des preuves du lien de filiation sont incessamment sollicitées par des administrations de tous genres, la possession d'état ne devrait avoir qu'un rôle d'appoint. C'est effectivement le cas en droit sénégalais où le législateur ne lui attribue qu'un rôle subsidiaire. En effet, la possession d'état n'intervient en droit sénégalais qu'à défaut de titre, c'est ce qui découle de l'article 197 du Code de la famille.

[36] Le législateur sénégalais a consacré la famille biologique, M. L. SIDIME l'a démontré dans son étude portant sur l'établissement de la filiation en droit sénégalais – *V.* L. SIDIME, *L'établissement de la filiation en droit sénégalais depuis le code de la famille*, Thèse d'Etat, droit, université de Dakar, 1980.

[37] Des campagnes d'enregistrement des naissances sont souvent organisées, notamment celle de 2004. Mais à chaque fois, il est prouvé que beaucoup de naissances demeurent non déclarées. Les statistiques établies en 2000 ont fait état de quatre (04) naissances sur dix (10) non déclarées- Sources : direction de la prévision et de la statistique (*DPS*) – Exploitation des statistiques d'état civil en 2001.

[38] D'abord, dans un contentieux relatif à la filiation, la possession d'état a une fonction probatoire du fait biologique ; ensuite, la possession d'état joue une fonction probatoire autonome du lien de filiation lui-même. La possession d'état donne de manière extrajudiciaire la filiation ; enfin, la possession d'état joue une fonction de consolidation du lien de filiation. Tantôt elle empêche l'éviction d'un lien de filiation jugé sinon trop peu vraisemblable en son absence, tantôt elle constitue une fin de non-recevoir fermant des actions en contestation d'une filiation : article 333 et 334 du Code civil français.

[39] F. DEKEUWER-DEFOSSEZ, *Rénover le droit de la famille. Rapport au ministre de la justice, Doc. Fr*, 1999, *spéc.* p. 23 et s.

[40]La possession d'état constitue une notion importante dans le droit contemporain de

attribuer à la possession d'état la plénitude de ses fonctions vu le contexte social dans lequel il légifère.

Dans les coutumes traditionnelles négro-africaines, le *tractatus* était l'élément essentiel d'établissement de l'état des personnes. Aucun acte écrit ne permettait de prouver un état dans une société qui était typiquement orale. L'administration de l'état civil n'est introduite en Afrique, qu'avec la colonisation. Au Sénégal, l'institution de l'état civil a été créée par la loi n° 61-53 du 23 juin 1961, intégrée dans le Code de la famille[41]. A partir de ce moment, dans un souci de sécurisation et de modernisation de la preuve, le législateur sénégalais a exigé la preuve par écrit, donc par les actes de l'état civil dans le domaine de l'état des personnes par le biais de l'art. 29 du Code de la famille.

La possession d'état, surtout à travers le *tractatus* permettait parfaitement de déterminer l'appartenance de l'enfant à une famille, le statut de marié, le statut de divorcé…

De nos jours, la société a évolué et la mobilité des populations ne permet pas de se suffire d'une preuve basée exclusivement dur des faits. Cependant, l'importance de la possession est telle qu'il suffit juste trouver le moyen de la formaliser pour s'affranchir de la rigueur du système imposé.

---

la filiation.

[41] En son titre I auquel renvoie l'article 197 – S. GUINCHARD, « Réflexions critiques sur les grandes orientations du Code sénégalais de la famille », 1ère partie, *Penant* 1978, *n°* 760, pp. 175-204, spéc., p. 181.

Prendre les nullités textuelles en procédure pénale au sérieux*[1]*.

À propos des arrêts de la Chambre criminelle et des Chambres réunies de la Cour suprême des 6 juin 2019 et 14 mars 2023

Babacar NIANG

Agrégé de droit privé
Maître de Conférences,
Université Cheikh Anta Diop
Avocat au Barreau de Paris

Résumé

En l'état actuel du droit positif sénégalais, une nullité textuelle consacre une formalité substantielle protectrice de droits ou libertés individuelles qui priment sur des impératifs d'efficacité d'une enquête ou d'une instruction. Ainsi, il ressort des deux arrêts commentés qu'une formalité prescrite à peine de nullité exclut toute appréciation du juge. Le constat de l'omission d'une telle formalité l'oblige nécessairement à constater l'annulation d'une partie ou de l'intégralité de la procédure, selon que l'acte vicié est contagieux ou non. Dès lors, il ne serait pas inutile de prendre les règles de nullité au sérieux, aussi bien dans la mise en œuvre du droit pénal de fond que dans l'enseignement théorique y afférent.

****

Cour suprême du Sénégal
Chambre criminelle, 6 juin 2019, arrêt n° 23
Aff. *P. C. et O. T. c/ MP*
Bulletin des Arrêts n°17-18, Cour suprême, 2020, p. 9

La Cour,
Vu la loi organique n° 2017-09 du 17 janvier 2017 sur la Cour suprême ;
Vu les moyens annexés ;

[1] Le titre est inspiré par l'ouvrage de R. DWORKIN, *Taking Rights Seriously* (1977), *Prendre les droits au sérieux,* trad. de M.-J. Rossignol et F. Limare, PUF, 1995. Mais aussi, A. SUPIOT, M. DELMAS-MARTY (Sous la dir.), *Prendre la responsabilité au sérieux,* PUF, 2015.

Ouï Monsieur Adama Ndiaye, Conseiller, en son rapport ;
Ouï Ndiaga Yade, Avocat général, en ses conclusions tendant au rejet ;
Après en avoir délibéré conformément à la loi ;
Sur la seconde branche du premier moyen tiré de la violation de l'article 57 du code de procédure pénale en ce que, la chambre d'accusation a rejeté un moyen de nullité textuelle prévu par l'alinéa 2 dudit texte au motif que « le défaut de signature de P. C et M. ne saurait, à lui seul, caractériser l'omission d'une formalité substantielle » alors que, la disposition invoquée prévoit une nullité textuelle, la formalité de l'émargement du procès-verbal ou du refus de signer celui-ci par les intéressés étant prescrite à peine de nullité ;
Vu l'article 57 du code de procédure pénale ;
Attendu qu'aux termes de l'alinéa 2 de ce texte, « Le procès-verbal d'audition de toute personne gardée à vue doit mentionner le jour et l'heure) partir desquels elle a été placée dans cette position, les motifs de la mise sous garde à vue, la durée des interrogatoires, la durée des repos ainsi que le jour et l'heure à partir desquels elle a été soit libérée, soit conduite devant le magistrat compétent. Cette mention doit être spécialement émargée par les personnes intéressées et en cas de refus, il en est fait mention au procès-verbal, à peine de nullité » ;
Attendu que pour rejeter la requête en annulation notamment du procès-verbal d'enquête de police, l'arrêt attaqué énonce que « le défaut de signature de P.C. et X. C. ne saurait, à lui seul, caractériser l'omission d'une formalité substantielle ;
Qu'en statuant ainsi, alors que le texte précité qui prévoit qu'à peine de nullité, la mention au procès-verbal d'audition des formalités doit faire l'objet d'un émargement spécial de la personne gardée à vue, exclut toute appréciation du juge dès la constatation de son omission qui, en l'espèce, fait nécessairement grief aux intérêts des personnes concernées, la Chambre d'accusation a méconnu le sens et la portée du texte susvisé ;
D'où il suit que la cassation est encourue ;
Par ces motifs et, sans qu'il soit besoin de statuer sur les autres moyens ;
Casse et annules-en toutes ses dispositions l'arrêt n° 317 du 25 octobre 2017 de la chambre d'accusation de la cour d'appel de Dakar ;
Et pour être à nouveau statué conformément à la loi,
Renvoi la cause et les parties devant la Cour d'Appel de Kaolack ;
Mets les dépens à la charge du Trésor public ;
Dit que le présent arrêt sera imprimé, qu'il sera transcrit sur les registres de la Cour d'appel de Dakar en marge ou à la suite de la décision attaquée ;

Ordonne l'exécution du présent arrêt à la diligence du Procureur général de la Cour suprême ;
(…)

****

Cour Suprême du Sénégal
Chambres réunies, 13 mars 2023
Aff. J/093/RG/22, *P.-C. et O.T. c/ Ministère public* (inédit)

La Cour,
Vu la loi organique n° 2017-09 du 17 janvier 2017 sur la Cour suprême, modifiée par la loi organique n° 2022-16 du 23 mai 2022 ;
Ouï Monsieur Amadou Lamine Bathily, président de chambre, en son rapport ;
Vu les conclusions de Monsieur Salobé Gningue, avocat général, tendant à la cassation ;
Après en avoir délibéré conformément à la loi ;
Attendu que par arrêt n° 06 du 17 février 2022, la chambre criminelle a renvoyé devant les chambres réunies, en application de l'article 54 de la loi organique susvisée, le pourvoi formé contre l'arrêt n° 2 du 9 février 2021 de la Cour d'Appel de Kaolack, au motif qu'après cassation de l'arrêt n° 317 du 25 octobre 2018 de la chambre d'accusation de la Cour d'Appel de Dakar, la décision de la cour de renvoi, rendue dans la même affaire et entre les mêmes parties, procédant en la même qualité, est attaquée par un des moyens invoqués dans le premier pourvoi, à savoir la violation de l'article 57 du Code de Procédure pénale ;
Attendu, selon l'arrêt attaqué, que dans la nuit du 19 au 20 juillet 2018, O. D. a été surpris dans un atelier de mécanique automobile, alors qu'il tentait de subtiliser des effets vestimentaires et autres objets appartenant à P. C. à M. ; qu'appréhendé par ce dernier et le vigile M. D., P. C. l'a aspergé d'essence et a mis le feu sur lui ;
Qu'à l'issue de l'enquête, P. C. et M. ont été inculpés et mis en détention par un juge d'instruction du Tribunal de Grande Instance de Dakar, le premier pour tentative de meurtre, et le second, pour complicité de ce chef ;
Que le conseil des inculpés a saisi la chambre d'accusation de la Cour d'Appel de Dakar d'une demande en annulation des procès-verbaux d'enquête préliminaire, de première comparution et des actes subséquents et le dessaisissement du juge du 9ème cabinet au profit du juge du 4ème cabinet chargé des mineurs ;

Que par arrêt du 25 octobre 2018, la chambre d'accusation a rejeté la requête en annulation, ordonné la disjonction de la cause du mineur M. et le dessaisissement du juge d'instruction saisi au profit de celui en charge des mineurs ; qu'à la suite du pourvoi formé contre cet arrêt, la chambre criminelle de la Cour suprême a cassé cette décision par arrêt du 6 juin 2019 pour violation de l'article 57 du Code procédure pénale et renvoyé l'affaire devant la Cour d'Appel de Kaolack ;
Sur le premier et deuxième moyens, le troisième en sa seconde branche, le quatrième en sa première branche, réunis, tirés de la violation des articles 57, 48, 51, 55 ter, 55 alinéa 10 du Code de procédure pénale, 37 et 40 de la Convention internationale relative aux droits des enfants du 20 novembre 1989 ;
Attendu qu'il est fait grief à l'arrêt attaqué de rejeter la demande de nullité des procès-verbaux et des actes subséquents ;
Vu les articles 51, 55 ter et 57 du Code de procédure pénale ;
Attendu que selon le premier de ces textes, sauf réclamation faite de l'intérieur de la maison ou exceptions prévues par la loi, les perquisitions et les visites domiciliaires ne peuvent être commencées avant cinq heures et après vingt-et-une heures ;
Qu'en vertu du deuxième de ces textes, l'officier de police judiciaire mentionne au procès-verbal d'audition de toute personne gardée à vue, les informations données et les demandes faites en application de l'article 55 bis, ainsi que la suite qui leur a été donnée ; que ces mentions, prescrites à peine de nullité du procès-verbal, doivent être spécialement émargée par les personnes intéressées ;
Attendu que, pour rejeter la demande en annulation des actes subséquents au procès-verbal d'enquête préliminaire, l'arrêt relève d'abord, que les mis en cause sont arrivés au poste de police à cinq heures et que la mesure de garde à vue s'est déroulée du 20 juillet 2018 à cinq heures au 22 juillet 2018 à cinq heures et non, comme le prétendent les mis en cause, aux environs de trois heures, ensuite qu'il ressort du procès-verbal d'enquête qu'ils ont été informés de leur droit d'être assistés par un conseil de leur choix, ou le cas échéant, qu'un avocat sera désigné d'office, P. C. s'étant du reste entretenu avec son avocat dans les locaux de la police et retient enfin, que leur garde à vue et leur arrestation sont régulières et que les formalités substantielles, prévues par l'article 5 du Règlement de l'UEMOA et 55 du Code de Procédure pénale, ont été respectées ; que X. C. a déclaré être né en 1999 ;
Qu'en statuant ainsi, alors d'abord, que les heures d'interpellation des mis en cause à leurs domiciles respectifs et de leurs arrestations ne sont pas

indiquées dans le procès-verbal d'enquête, ensuite qu'ils n'ont pas émargé les mentions sur le début et la fin de la garde à vue, la durée des interrogatoires, enfin que la mention de la notification relative à l'assistance d'un conseil n'a pas été spécialement émargée, la Cour d'Appel a violé le texte visé ci-dessus ;
Et attendu qu'il y a lieu, faisant application de l'article 53 de la loi organique de la Cour suprême, de dire n'y avoir pas lieu de renvoi ;
Par ces motifs,
Statuant toutes chambres réunies :
Casse et annule l'arrêt n° 2 du 9 février 2021 de la Cour d'appel de Kaolack ;
Dit n'y avoir pas lieu de renvoi ;
Mets les dépens à la charge du trésor public

****

Redoutées par les enquêteurs consciencieux et mirage pour les mis en cause à la recherche d'un vice de procédure pour échapper à un jugement sur le fond, les nullités procédurales et particulièrement textuelles, dans la phase antérieure au jugement méritent d'être prises aux sérieux. Qu'est-ce qu'une nullité textuelle ? Une réponse simple qui relève d'une tautologie s'impose. Une nullité est dite textuelle lorsqu'elle résulte d'une violation d'une formalité substantielle prescrite par la loi à peine de nullité. En vérité, les nullités textuelles posent la question du comportement acceptable dans l'exercice du monopole de la répression. Est-ce qu'il est permis à un Etat démocratique de se dévoyer en sacrifiant sur l'autel de la répression des règles de forme protectrices de libertés et droits fondamentaux[2] ? Est-ce que la répression est une fin en soi pour que la nécessaire efficacité des enquêtes puisse triompher sur le respect de la légalité procédurale ? La fin justifie-t-elle les moyens ? Les deux arrêts commentés permettent d'avoir des indices de réponse.
Le 20 juillet 2018, aux environs de 2 heures du matin, X. C., un apprenti de 15 ans au sein d'un garage de mécaniciens, aurait surpris un individu, caché sous un véhicule en réparation. Celui-ci venait de dérober divers objets. Avec l'aide d'un vigile qui officiait à proximité, ils l'alpaguèrent

---

[2] G. PITTI, « Les nullités d'intérêt privé : le nécessaire équilibre entre droits de la défense et répression », *AJ pénal* 2016, p. 194.

avant de se référer au patron, P. C., qui s'est immédiatement rendu sur les lieux.

Pris à partie et grièvement blessé par deux des trois protagonistes, l'auteur présumé innocent du vol s'est mué en victime de violences graves qualifiées de tentative d'assassinat. Il se libéra du joug de ses agresseurs avant de se rendre au commissariat de police le plus proche pour déposer plainte.

Pendant ce temps, le patron est retourné à son domicile où il sera interpellé vers 3 heures du matin. L'apprenti et le vigile avaient été interpellés bien avant, non loin de leur lieu de travail. Ils ont tous été conduits immédiatement au commissariat où ils auraient été placés en garde à vue jusqu'au 22 juillet 2018 à cinq (5) heures.

Ils ont été interrogés sans avoir été mis en mesure de constituer avocat. Le procès-verbal de l'intégralité de la procédure ne comporte nullement leurs signatures, encore moins la mention d'un refus de signer. L'apprenti, mineur, n'a pas fait l'objet d'une garde à vue dédiée. De surcroît, malgré les observations écrites de leur Conseil intervenu après les auditions, le mineur fera l'objet d'une inculpation et d'un mandat de dépôt décidés par un magistrat instructeur de droit commun, en lieu et place de celui spécialement compétent en cas de minorité. Le 1er août 2018, une requête en nullité a été déposée par les inculpés sur le fondement de nullités textuelles et substantielles.

Par un arrêt numéro 317 en date du 25 octobre 2018, la Chambre d'accusation de la Cour d'appel de Dakar a rejeté les moyens articulés comme étant non fondés, tout en ordonnant la disjonction de la cause du mineur et le dessaisissement du juge d'instruction de droit commun, au profit de celui chargé des affaires des mineurs[3]. Elle jugea que « le défaut de signature [des intéressés] ne saurait, à lui seul, caractériser l'omission d'une formalité substantielle, étant entendu qu'il n'est guère allégué encore moins prouvé que la recherche et l'établissement de la vérité, par les enquêteurs, s'en sont trouvés viciés puisqu'en effet les faits poursuivis, qui en l'état de la procédure, ne résultent que dudit procès-verbal ont été largement repris par le Conseil des inculpés dans sa requête en annulation »[4].

Cette décision a fait l'objet d'un pourvoi en cassation pour violation de la loi sur le fondement de moyens qui reprochaient à l'arrêt attaqué d'avoir éludé des causes de nullités textuelles et substantielles. **Plusieurs**

---

[3] CA Dakar, ch. accusation, 25 oct. 2018, arrêt n° 317, inédit.

[4] *Ibid.*

interrogations se posèrent dont la principale fut la suivante : est-ce qu'un défaut de signature d'un procès-verbal assorti d'une absence d'inscription de la mention d'un refus de signer, une formalité prévue sous peine de nullité, doit nécessairement entraîner une nullité de la procédure ?

Dans l'arrêt rendu sous le visa de l'article 57, alinéa 2 du code de procédure pénale, la Chambre criminelle de la Cour suprême a cassé l'arrêt de la Cour d'appel de Dakar et renvoyé la procédure par devant la Chambre d'accusation de Kaolack au motif qu'une nullité textuelle exclut toute appréciation du juge de fond dès le constat de l'absence de la formalité requise puisqu'elle fait nécessairement grief aux intérêts de la partie.

Par un arrêt rendu le 9 février 2021, la Cour d'appel de renvoi a opposé une résistance en s'abstenant de tirer toutes les conséquences de la nullité constatée au motif que « seules les pages d'auditions des intéressés sont entachées de nullité pour absence de signature de leur part ou de la mention refus de signer. Que cette nullité qui n'est pas contagieuse, sera donc limitée aux auditions de ces derniers et ne saurait s'étendre sur l'intégralité du procès-verbal susvisé comme l'a fait savoir avec pertinence le parquet général »[5].

C'est dans ces conditions qu'un acte de pourvoi a permis de déférer à nouveau la même affaire devant la Chambre criminelle de la Cour suprême selon les mêmes moyens. Un arrêt de cette formation en date du 17 février 2022 a renvoyé le pourvoi devant les Chambres réunies de la Cour[6].

Cette lutte processuelle s'inscrit dans le contexte d'arrêts rendus par la Chambre criminelle de la Cour suprême qu'il ne serait pas vain d'évoquer. D'abord, l'affaire politico-médiatique *Khalifa Sall* et autres qui a connu son épilogue avec l'arrêt de la Cour Suprême du 3 janvier 2019[7]. On rappellera à juste titre que la Cour de justice de la CEDEAO avait eu l'honneur de traiter ce dossier, pas en qualité de juge de cassation mais en garant de droits fondamentaux, en relevant des nullités de procédure et en condamnant l'Etat du Sénégal[8] après le fameux arrêt de la Chambre

---

[5] CA Kaolack, ch. accusation, 9 fév. 2021, arrêt n°02, *P.-C. et M.-B. c/ MP*, inédit.

[6] C. Sup. crim., 17 fév. 2022, arrêt n°06, *P.-C.et O.-T. c/ MP*, inédit.

[7] C. Sup. crim., 3 janv. 2019, arrêt n° 001, *Khalifa Ababacar SALL et autres c/ M.P et AJE*, inédit.

[8] C. Justice CEDEAO, 29 juin 2018, arrêt n° ECW/JUD/APP/01/18, *Khalifa Ababacar Sall et autres c/ Etat du Sénégal*,

d'accusation de la Cour d'appel de Dakar resté dans les annales pour illustrer la légèreté dans la prise en compte des nullités textuelles[9]. Ensuite, l'affaire *Thione Seck* qui a permis à la Cour suprême de revenir à une orthodoxie normative lisible dans un remarquable arrêt de la Chambre criminelle rendu le 4 mars 2021[10] et qui entérine une certaine construction de la théorie des nullités en procédure pénale sénégalaise dont l'épicentre est constitué par l'arrêt de la même Chambre commenté[11]. Dans l'arrêt en date du 14 mars 2023[12], les Chambres réunies de la Cour suprême viennent de confirmer cette jurisprudence en cassant et annulant sans renvoi l'arrêt de la Cour d'appel de Kaolack.
Au-delà des enseignements pratiques indéniables qui pourraient se dégager de cette floraison de jurisprudence dans un domaine technique, aride, il n'est pas incongru de s'intéresser à la quintessence des valeurs protégées à travers les règles de nullités textuelles. A ce titre, les arrêts de la Chambre criminelle et des Chambres réunies de la Cour suprême commentés méritent une attention particulière en raison de la portée normative de la première décision confirmée. En vérité, ce qu'énonce la Haute juridiction sénégalaise est simplement qu'une nullité textuelle consacre une formalité substantielle protectrice de droits ou libertés individuelles qui priment sur des impératifs d'efficacité d'une enquête policière. Ainsi, une formalité prescrite à peine de nullité exclut toute appréciation du juge (I) de sorte qu'une éventuelle constatation d'une omission justifierait une nullité de la procédure (II).

I – Exclusion d'un pouvoir d'appréciation du juge en cas de formalités prescrites à peine de nullité

L'arrêt rappelle la *summa divisio* classique des nullités que tout étudiant moyen de deuxième année ayant suivi même un cours médiocre de procédure pénale peut effectuer. Les adages selon lesquels « pas de nullité sans texte » et « pas de nullité sans grief » renvoient à deux régimes différents de nullités. D'une part, celui des nullités textuelles appelées « couperet » auxquelles on oppose les nullités substantielles ou virtuelles,

---

https://www.eods.eu/elex/uploads/files/5cac54d46382c-K%20Sall%20ECW_CCJ_JUD_17_18.pdf, (Consulté le 23 avr. 2023).

[9] CA Dakar, ch. accusation, 16 mai 2017, arrêt n°168, *MP et AJE c/ Khalifa Ababacar Sall et autres*, inédit.

[10] C. Sup. crim, 4 mars 2021, arrêt n° 07, *Thione Seck dit Ballago c/ MP et la BCEAO*, inédit.

[11] C. Sup. crim, 6 juin 2019, arrêt n° 23, *P.-C. et O.-T. c/ MP*, arrêt préc.

[12] C. Sup. ch. réunies, 14 mars 2023, *P.-C. et O.-T. c/ MP*, arrêt préc.

d'autre part, les nullités sans griefs qui se distinguent des nullités à griefs. A cette classification s'ajoute la qualification de nullité d'ordre public ou d'ordre privé dont l'enjeu repose sur la faculté de renoncer ou non à une nullité procédurale.

A travers les deux arrêts commentés, la Cour suprême précise qu'une nullité textuelle caractérisée oblige le juge (A) puisqu'elle lui ôte son pouvoir d'appréciation sur la nature de la formalité viciée (B).

A – Caractérisation de nullités textuelles

La Chambre criminelle de la Cour suprême invoque uniquement les dispositions de l'article 57 alinéa 2 du code de procédure pénale « qui prévoit qu'à peine de nullité, la mention au procès-verbal d'audition des formalités doit faire l'objet d'un émargement spécial de la personne gardée à vue ». Par le biais de cette précision, elle met en exergue la sanction de la formalité prescrite pour caractériser, en l'espèce, l'existence d'une nullité textuelle. Elle ne trouve pas l'utilité de viser d'autres dispositions qui prévoient la même nullité et qui sont invoquées dans les moyens du pourvoi. Sur ce point, un des apports de l'arrêt des Chambres réunies du 14 mars dernier est d'aller au-delà du strictement nécessaire pour viser en sus de la disposition précitée, les articles 51 et 55 ter du code de procédure pénale qui sanctionnent également de nullité textuelle les perquisitions et visites domiciliaires en dehors du créneau horaire légalement défini ainsi que l'omission d'un émargement spécial ou la mention d'un refus de signer après les diligences effectuées en vue d'un entretien avec un avocat et l'assistance de celui-ci.

Le régime de nullité textuelle de l'article 51 susvisé date de la loi n°65-61 du 21 juillet 1965 portant Code de procédure pénale[13]. Il a été consolidé par la loi n°85-25 du 27 février 1985 dont l'exposé des motifs évoque « le renforcement de la garantie des libertés individuelles » et énonce des modifications des articles 53, 56, 57 et 59 pour permettre d'assurer « un respect accru des droits de la défense »[14]. Aussi, la loi n° 99-06 du 29 janvier 1999 modifiant certaines dispositions du code de procédure pénale a consacré des dispositions sanctionnées par une nullité textuelle à l'article 55 ter dont le but s'inscrit également dans la sauvegarde et le renforcement des droits de la défense[15].

---

[13] L. n° 65-61 du 21 juillet 1865 portant Code de procédure pénale, *J.O.* n° spécial du 25 oct. 1965, p. 1261.

[14] L. n° 85-25 du 27 février 1985 modifiant le Code de procédure pénale, *J.O.* du 11 mai 1985, p. 249 et s.

[15] L. n°99-06 du 29 janvier 1999 modifiant le Code de procédure pénale, *J.O.* du 27 fév. 1999, p. 836.

Cette justification du but recherché à travers ces réformes du code de procédure pénale est nécessaire puisqu'une nullité en procédure civile désigne une sanction à un acte de procédure qui viole les conditions de validité prévues par la loi alors qu'en procédure pénale, une nullité est également une sanction de la violation de règles de procédure garantissant une bonne administration de la justice et préservant des libertés et droits fondamentaux des justiciables[16].

En l'espèce, de l'alinéa 2 de l'article 57 et de l'article 55 ter susmentionnés qui prévoient un émargement spécial du procès-verbal ou la mention d'un refus de signer, découlent la protection d'une expression ou non de la liberté d'assumer les conséquences de ses actes ainsi que la préservation des droits de la défense. Le fait de signer ou non relève certes d'une forme mais la liberté s'incarne en procédure pénale dans la forme.

Par ailleurs, la protection de la vie privée justifie la délimitation des horaires de perquisition et de visites domiciliaires prévues à l'article 51 dont la violation est sanctionnée par une nullité textuelle. Ainsi, les valeurs de libertés, de sauvegarde de la vie privée et de respect des droits de la défense s'incorporent en l'espèce dans les formalités prescrites à peine de nullité et qui ôtent au juge du fond un pouvoir d'appréciation sur le prononcé de cette sanction (B).

B – Défaut d'un pouvoir d'appréciation sur la sanction de nullités textuelles

Une nullité textuelle entraîne-t-elle une annulation *de jure* de l'acte vicié, voire de la procédure subséquente ? La Cour suprême apporte dans les deux arrêts complémentaires une précision utile et nécessaire à la compréhension de la singularité du régime sénégalais des nullités par rapport au droit français. Dans un premier temps, elle a jugé sans ambages qu'une telle nullité exclut toute appréciation du juge, dans un second temps, elle a cassé et annulé sans renvoi la décision des juges du fond qui a rejeté la demande en annulation des actes subséquents au procès-verbal d'enquête qui invoquait plusieurs nullités textuelles.

A titre liminaire, rappelons que l'une des caractéristiques des nullités textuelles est la prévisibilité puisque la sanction est énoncée dans le texte qui prévoit la formalité protectrice de libertés et droits fondamentaux[17]. Cette occurrence au principe de la légalité ou textualité de la répression justifie à elle seule, une exclusion de tout pouvoir d'appréciation pour

---

[16] J.-P. BROUILLAUD, « Les nullités de procédure : des procédures pénales et civiles comparées », *D.* 1996, chron. p. 98.

[17] F. DEBOVE, F. FALLETTI et I. PONS, *Précis de droit pénal et de procédure pénale*, 8e éd., PUF, 2020, p. 949.

éviter l'arbitraire d'un juge dans une éventuelle interprétation liberticide A ce titre, la distinction nullité textuelle et nullité substantielle présente un enjeu de fond mais aussi de forme, surtout dans sa mise en œuvre procédurale puisque la première entraîne une nullité de plein droit.
En considérant que le défaut de signature ou de la mention d'un refus de signer prescrite à peine de nullité n'est pas une formalité substantielle, la Chambre d'accusation de la Cour d'appel de Dakar fait l'amalgame entre nullité textuelle et nullité virtuelle. Elle élude le défaut d'un pouvoir d'appréciation sur le prononcé de la sanction après le constat de l'irrégularité sanctionnée par le texte en minorant en l'espèce, la substantialité de la formalité prescrite. Or, elle se trompe même dans sa propre logique puisque par définition une formalité substantielle protège l'ordre public du procès et les droits de la défense. Quelle est la valeur juridique d'un acte de procédure qui ne comporte pas la signature de l'intéressé[18] ? L'acte doit-il être déclaré nul ou considéré simplement comme non avenu ? Par-delà, l'inobservation de la formalité exigée porte atteinte aux droits de la défense et constitue *per se* une formalité substantielle.
La Chambre d'accusation de la Cour d'appel de renvoi, en l'espèce celle de Kaolack, ne fait pas mieux lorsqu'elle prend acte de la nullité caractérisée par la Chambre criminelle de la Cour Suprême en concédant l'annulation des procès-verbaux des auditions en garde à vue des mis en cause tout en jugeant que cette nullité n'était pas contagieuse. Or, elle se réfère à ces procès-verbaux annulés pour juger notamment que le mineur déclare être né en 1999. Cette contradiction flagrante ne pouvait être que soulevée et sanctionnée par les Chambres réunies de la Cour suprême qui ont également fait droits aux autres moyens de nullités textuelles soulevés et qui ne devaient pas faire l'objet d'une appréciation.
En outrepassant leurs prérogatives et en se fourvoyant dans une impasse, l'intention des juridictions de fond était sans doute louable puisqu'elles ont fait prédominer le fond sur la forme pour tenter de sauver en vain une procédure surannée. Il est peut-être vrai qu'il n'est pas évident pour un juge pénal de ne pas s'immiscer sur le fond d'un dossier lorsqu'une requête en nullité risque de détruire la procédure[19]. Malheureusement, si ce n'est pas le juge, c'est le ministère public qui peut s'y attacher en

---

[18] B. CHABERT, P.-O. SUR, « Le point en matière de nullités de procédure pénale au fil des cents dernières décisions de la Chambre d'accusation de paris », *Gaz. Pal.* du 15 nov. 1997, p. 4.
[19] A. GALLOIS, *Les nullités de procédure pénale,* Gazette du Palais, 2017, Préface de O. Leurent, p. 17.

décidant de reconstituer une procédure annulée et en faisant interpeller en vue d'un placement en garde à vue un détenu élargi de prison après une annulation de l'intégralité d'une procédure. Il est possible de s'interroger sur la loyauté de tels procédés.
Par ailleurs, certes la légitimité de faire prévaloir les libertés et droits fondamentaux de procédure des mis en causes sur les intérêts d'une victime d'une tentative d'assassinat peut être discutable. Que la tension entre efficacité de la répression et respect de droits fondamentaux de procédure soit insoutenable au point que l'on puisse se demander si la vérité n'est pas plus importante que la manière d'y parvenir[20]. *In fine*, pourquoi la légalité de la répression devrait-elle l'emporter sur la légitimité ? Malgré la pertinence d'un tel questionnement qui peut foisonner devant un juge réfractaire au prononcé de nullités textuelles, l'inconvenance d'une fronde face à un texte pénal clair et précis fait nécessairement désordre. La procédure pénale repose sur le principe de la légalité et un juge pénal sérieux ne peut se résoudre à violer des textes sous le sceau de l'exercice d'un pouvoir pour atteindre des objectifs de répression. La cassation successive des deux arrêts des juges du fond le démontre.
Au surplus, l'apport de l'arrêt des Chambres réunies de la Cour Suprême est de relever les autres moyens de nullités textuelles éludés par la Chambre criminelle sans doute pour éviter une surabondance des raisons d'une cassation. Les Chambres réunies s'emparent de l'occasion pour conforter la décision antérieure de la Chambre criminelle en visant tous les moyens de cassation qui reposent sur des nullités textuelles et qui proscrivent une quelconque appréciation d'opportunité. En sus de l'article 57, on peut relever l'article 51 et 55 ter pour sanctionner également l'absence d'indication sur les procès-verbaux d'enquête de la police des « heures d'interpellation des mis en cause à leurs domiciles respectifs et de leurs arrestations »[21], ainsi que l'omission d'un émargement spécial ou la mention d'un refus de signer subséquent aux diligences effectuées en vue de rendre effectif un entretien et une assistance d'un avocat. L'article 55, alinéa 10 du code pénal n'est pas visé mais dans le conclusif, les Chambres réunies sanctionnent également le fait que « la mention de la notification relative à l'assistance d'un conseil n'a pas été spécialement émargée »[22]. Dans ces conditions, les conclusions de l'avocat général

[20] G. PITTI, « Les nullités d'intérêt privé : le nécessaire équilibre entre droits de la défense et répression », art. préc., p. 194.
[21]C. Sup. ch. réunies.,14 mars 2023, arrêt préc.
[22]*Ibid.*

tendant à la cassation de l'arrêt de la Chambre d'accusation de la Cour d'appel de renvoi sont à saluer.

Comment les juges du fond ont-ils pu s'égarer pour constater et ne pas sanctionner ces causes de nullités textuelles ? Ont-ils procédé à une assimilation entre les règles sénégalaises et françaises de nullité ? Or, contrairement à la France, au Sénégal ces nullités textuelles ne sont pas soumises à l'existence d'un grief apprécié souverainement par le juge. On sait que le régime des nullités issu des lois françaises du 4 janvier 1993[23] et 24 août 1993[24] repose plutôt sur la distinction entre nullités sans grief et les nullités à grief[25]. L'adage « pas de nullité sans grief » trouve son sens dans ce pays puisque les nullités textuelles n'entrainent pas une annulation de plein droit de l'acte vicié[26]. Aussi, la distinction jurisprudentielle d'un régime de nullité dispensé de grief qui englobe les nullités d'ordre public procédural et celles portant atteinte aux droits de la défense à l'opposé des nullités d'ordre privé[27] ne reflète pas l'opposition nullité textuelle et nullité substantielle en cours au Sénégal.

Cela étant, en l'espèce, la Chambre criminelle et les Chambres réunies de la Cour Suprême consolident l'absence d'un pouvoir d'appréciation du juge pénal après le constat d'une formalité sanctionnée par une nullité. Cela permet d'en déduire que les nullités textuelles sont assimilées à des nullités d'ordre public et ne sont pas soumises à grief (II).

II – Formalités textuelles faisant nécessairement grief

La formule de l'attendu principal de l'arrêt de la Chambre criminelle sonne comme un rappel de l'existence d'une présomption de griefs qui découlent d'une substantialité des libertés et droits protégés par les nullités textuelles (A). Pour autant, l'étendue de cette sanction est soumise à l'appréciation des juges du fond (B).

A – Substantialité des libertés et droits protégés par la nullité textuelle

Selon la Chambre criminelle de la Cour suprême, l'omission d'une formalité prescrite à peine de nullité fait nécessairement grief aux intérêts des personnes concernées. A y voir de près, elle recadre la Chambre

---

[23] Loi n°93-2 du 4 janv. 1993 portant réforme de la procédure pénale, JORF n°0003 du 4 janv. 1993.

[24] Loi n°93-1013 du 24 août 1993 modifiant la loi n°93-2 du 4 janv. 1993 portant réforme de la procédure pénale, JORF, 0196 du 25 août 1993.

[25] J. DANET, « Brèves remarques sur la typologie et la mise en œuvre des nullités », *AJ Pénal*, 2005, p. 133.

[26]Art. 802 et 171 du CPP français.

[27] F. FOURMENT, E. CAMOUS, *Procédure pénale*, 15e éd., Bruylant, 2021, p. 37.

d'accusation de la Cour d'appel de Dakar en cassant pour violation de la loi l'assertion selon laquelle « le défaut de signature (du procès-verbal par les mis en cause) ne saurait, à lui seul, caractériser l'omission d'une formalité substantielle ».

D'abord, cette formule méprisante à l'égard des inculpés est déplorable à plusieurs égards. Elle fait preuve d'un nihilisme de leur existence en qualité d'êtres humains capables de manifester leur volonté par une signature ou un refus de signer. L'effectivité du respect des libertés et des droits fondamentaux importe moins que l'efficience de la répression.

Ensuite, il n'est pas inutile de rappeler que la Chambre d'accusation de la Cour d'appel présidée par le même magistrat avait antérieurement rendu une décision cocasse similaire dans l'affaire *Khalifa Ababacar Sall* précitée[28]. Une requête en nullité avait été introduite sur le fondement de l'article 55 nouveau, alinéa 10 du code de procédure pénale, qui prévoit que la notification du droit de constituer avocat est une formalité qui doit être mentionnée sur le procès-verbal d'audition à peine de nullité[29]. Il a été jugé *expressis verbis* « que cependant, il y a lieu de préciser que s'il résulte des éléments du dossier que le mis en cause avait connaissance de son droit de constituer conseil, *le seul fait pour l'officier de police judiciaire de n'en avoir pas fait mention au procès-verbal ne pourrait alors entraîner la nullité de celui-ci, puisqu'en définitive, l'objectif de cette formalité n'est que la preuve de l'information de l'intéressé* ». Dès lors, il n'y aurait dans l'entendement de cette juridiction « aucune violation des droits de la défense du requérant » alors qu'il est admis, même en l'absence d'une nullité textuelle que l'inobservation de toutes les formalités substantielles relatives à la sauvegarde des droits de la défense est considérée comme une cause de nullité qui fait nécessairement grief. Donc, comment a-t-elle pu se méprendre sur la substantialité des droits de la défense protégés par la nullité textuelle susmentionnée pour se lancer dans une vaine croyance qu'il s'agirait d'une formalité *probationem* en lieu et place d'une formalité *ad validitatem* ?

Faut-il rappeler que les droits de la défense sont constitués d'une ramification de prérogatives qui peuvent se regrouper en quatre fonctions cardinales : informer, assister, participer et contester[30]. L'omission des

---

[28] CA Dakar, ch. accusation, 16 mai 2017, arrêt n°168, *MP et AJE c/ Khalifa Ababacar Sall et autres*, arrêt préc.

[29] Loi n°2016-30 du 08 novembre 2016 modifiant la loi n°65-61 du 21 juil. 1965 portant Code de procédure pénale, JO n°6976 du 26 novembre 2016, p. 1628.

[30] A. GALLOIS, *Les nullités de procédure pénale,* Gazette du Palais, 2017, Préface de O. Leurent, p. 106.

formalités de notification du droit à l'assistance d'un avocat prescrite à peine de nullité porte nécessairement grief au droit d'être informé sur cette faculté qui se distingue de l'assistance effective par un avocat pendant la durée de cette mesure. Il en est de même de l'omission des formalités qui subodorent la négation de l'opportunité de manifester sa liberté individuelle de participer à la réalisation de son procès-verbal d'audition par un émargement ou l'apposition de la mention d'un refus de signer pour disposer de la faculté de le contester ultérieurement. En effet, un procès-verbal d'audition de la police ou de la gendarmerie ne vaut qu'à titre de renseignement. En l'espèce comme dans celle de la requête en nullité de Khalifa Ababacar Sall jugée par la Chambre d'accusation, l'omission de formalités sanctionnées par une nullité textuelle fait naître des « présomptions de griefs »[31].

Par-delà, en considérant que l'omission de cette formalité « fait nécessairement grief aux intérêts des personnes concernées », la Chambre criminelle de la Cour suprême fait preuve d'une création normative à l'instar de la juridiction de cassation française qui admet l'existence de « grief intrinsèque »[32] notamment en ce qui concerne des irrégularités relatives à la réglementation d'une garde à vue. Ces présomptions justifient le prononcé systématique d'une nullité textuelle dès l'inobservation des formalités prescrites pour protéger des libertés et droits fondamentaux. Ainsi, la simple référence au caractère textuel de la nullité évoque la substantialité des prérogatives protégées et l'absence d'exigence d'un grief à caractériser.

Il convient de relever que la portée normative de la décision découle également de la clarté du conclusif et de sa diffusion au bulletin des arrêts de l'année judiciaire 2019 parmi les 5 arrêts de la Chambre criminelle retenus pour publication sur 145 décisions rendues par celle-ci[33]. Malgré cette importance, l'arrêt ne constitue pas une révolution mais plutôt une consolidation d'une jurisprudence déjà rendue sous le visa de l'article 190 du code de procédure pénale[34].

---

[31] E. CLEMENT, « Les présomptions de grief en procédure pénale », *RSC* 2020, p. 557.

[32] *Le rôle normatif de la Cour de cassation. Etude annuelle 2018*, Cour de cassation, 2018, p. 43.

[33] *Bulletin des arrêts numéros 17-18 Année judiciaire 2019*, Cour suprême, 2020, p. 5.

[34] C. cass. ch. pénale, 20 janv. 1998, arrêt n° 16, *Winrock international c/ Sylla Giséle et MP*, inédit ; C. cass. ch. pénale, 25 oct. 2005, arrêt n° 39 ; C. sup. crim., 18 sept. 2014, arrêt n° 117 ; C. sup. crim., 15 janv. 2015, arrêt n°1.

En conséquence, dans sa décision du 14 mars 2023, la formation solennelle de la Haute juridiction sénégalaise n'a pas jugé utile de faire référence à la substantialité des droits protégés par une nullité textuelle. Elle s'est contentée de relever le cumul des manquements sanctionnés, à savoir l'absence d'indication des heures d'interpellation des mis en cause à leurs domiciles, l'absence d'un émargement spécial ou la mention d'un refus de signer des procès-verbaux de début et de fin de garde à vue et de notification du droit à l'assistance d'un avocat. Cela dit, c'est la substantialité des libertés et droits en soi qui justifie qu'elle se prononce contrairement à la Chambre criminelle sur l'étendue de la décision d'annulation (B).

B - Etendue du prononcé des nullités textuelles

De la juxtaposition redondante des articles 166, 168 et 199 du code de procédure pénale, il appert qu'une requête en nullité peut avoir des retombées décevantes. En effet, la juridiction saisie peut limiter les conséquences de l'annulation à l'acte irrégulier ou l'étendre à une partie voire à l'intégralité de la procédure. Le critère d'appréciation de la portée de la nullité repose sur la notion de « support nécessaire »[35] qui détermine le caractère contagieux ou non de l'acte vicié. Si l'acte d'origine est nul, c'est toute la procédure qui s'écroule comme un château de cartes. On parle de la « théorie américaine des fruits de l'arbre empoisonné »[36] qui consiste en l'annulation de tous les actes qui tirent leur source ou qui sont l'émanation de l'acte irrégulier.

A la suite de l'arrêt de cassation de la Chambre criminelle de la Cour suprême, la Chambre d'accusation de la Cour d'appel de Kaolack avait jugé que seul l'acte vicié, en l'espèce, les pages d'auditions des inculpés sont viciés au motif « que cette nullité qui n'est pas contagieuse, sera donc limitée aux auditions de ces derniers et ne saurait s'étendre sur l'intégralité du procès-verbal susvisé comme l'a fait savoir avec pertinence le Parquet général ». Au-delà de l'outrecuidance de cette marque de déférence à l'égard du ministère public, cette décision est surprenante à plusieurs égards. D'abord, le Parquet général s'était simplement référé à l'arrêt de la Chambre criminelle de la Cour suprême dans l'affaire *Khalifa*

---

[35] Cass. crim., 4 janv. 1996, Bull. Crim., n°5 ; Cass. crim. 30 avril 1996, Bull. crim. n° 182 ; Cass. crim., 26 janv. 2000, Bull. crim., n° 46.

[36] F. DEBOVE, F. FALLETTI et I. PONS, *Précis de droit pénal et de procédure pénale*, *op. cit.*, p. 951 ; B. BOULOC, « Observations sur les nullités en matière de procédure pénale », in *Mélanges offerts à Pierre Couvrat,* PUF, 2001, p. 423.

Ababacar Sall[37] par lequel la Cour d'appel avait décidé de limiter la nullité au seul procès-verbal d'enquête de police et en légitimant la validité du réquisitoire introductif et du procès-verbal de première comparution subséquents, contrairement à la décision de la Cour de Justice de la CEDEAO. Ensuite, la charge politique et irrationnelle de cette affaire ôte à la décision précitée une véritable qualité d'un précédent pour constituer la jurisprudence de la Cour.
Plus sérieusement, dans l'arrêt de la Chambre criminelle de la Cour suprême relatif à l'affaire *Thione Seck*, il a été décidé de casser et annuler sans renvoi pour violation des articles 55, 167 et 168 du code de procédure pénale l'arrêt de la Cour d'appel de Dakar qui avait décidé de limiter l'étendue des nullités aux seules pages d'auditions et en épargnant les actes subséquents. La juridiction de cassation avait jugé dans son conclusif qu'en l'espèce, le réquisitoire introductif était fondé exclusivement sur le procès-verbal « validé partiellement à tort »[38]. Un parallélisme des formes par rapport à cette affaire *Thione Seck* qui était plus récente que celle de *Khalifa Ababacar Sall*, aurait dû contraindre la Cour d'appel de renvoi à constater qu'en l'espèce, l'absence d'émargement ou la mention d'un refus de signer ne concerne pas seulement les pages d'audition mais aussi la notification de droits en début et à la fin de la mesure de garde à vue.
Par ailleurs, les pages d'audition viciées ont été le support nécessaire du feuillet de synthèse du procès-verbal et ont servi de fondement au réquisitoire introductif et au procès-verbal de première comparution devant le juge d'instruction. Au surplus, après avoir prononcé la nullité des pages d'audition des gardés à vue, la Cour d'appel de Kaolack s'y réfère, contrairement aux dispositions de l'article 167 du code de procédure pénale. Dans l'arrêt des Chambres réunies de la Cour suprême, il est loisible de constater une occurrence à cette anicroche lorsqu'il est relevé que « pour rejeter la demande en annulation des actes subséquents au procès-verbal d'enquête » l'arrêt attaqué relève entre autres que le mineur « a déclaré être né en 1999 »[39]. Dès lors, le caractère contagieux de la nullité ne souffrait d'aucun doute raisonnable.
Dans cette dernière décision, la Cour suprême ne trouve pas l'utilité de préciser l'étendue des conséquences du prononcé des nullités constatées.

---

[37] C. Sup. crim., 3 janv. 2019, arrêt n° 001, *Khalifa Ababacar SALL et autres c/ M.P et AJE*, arrêt préc.
[38]C. Sup. crim, 4 mars 2021, arrêt n° 07, *Thione Seck dit Ballago c/ MP et la BCEAO*, arrêt préc.
[39]C. Sup. ch. réunies.,14 mars 2023, arrêt préc.

Elle se contente de considérer qu'en rejetant la demande en annulation des actes subséquents, la Cour d'appel a violé la loi. Derechef, conformément à l'article 53 de la loi organique n° 2017-09 du 17 janvier 2017 sur la Cour suprême, elle met fin au litige par une application de la loi. Sans doute, il aurait été un truisme que de dire dans un attendu supplémentaire, comme dans l'affaire *Thione Seck*[40], « qu'il y a lieu, par substitution de dispositif, et en application des dispositions des textes précités, de dire que la nullité du procès-verbal d'enquête n°2792 du Commissariat de police de Grand Yoff s'étend nécessairement au réquisitoire introductif qui s'y est fondé exclusivement et vicie par voie de conséquence tous les actes subséquents ». Ce n'était pas nécessaire, l'éloquence d'un non-dit subodoré trouve la plénitude de son expression.
Que faudrait-il retenir de ces deux arrêts commentés ? L'inconséquence de certains acteurs de la justice pénale. Un agent ou officier de police qui se présente au milieu de la nuit au domicile d'un suspect, fut-ce dans le cadre d'une enquête de flagrant délit de droit commun, procède par dilettantisme professionnel. Il fait encourir à sa procédure un risque d'annulation. Un Parquet général qui mentionne dans son réquisitoire écrit que « la phase de descente et l'interpellation des mis en cause sur les lieux des faits n'est pas prise en compte dans le calcul des délais de la garde à vue conformément aux articles 55 et suivants du code de procédure pénale »[41] manque substantiellement de culture juridique. Si une telle incongruité est avalisée par une juridiction qui considère que « le déplacement effectué par les policiers pour aller cueillir les inculpés ne peut, comme le prétend leur conseil, être compté dans le délai de garde à vue »[42] il y'a de quoi s'offusquer, voire d'être en colère, une colère saine qui évoque une indignation[43]. Que dire de la constatation selon laquelle « le déplacement effectué par les policiers pour l'interpellation de P. C. ne peut être assimilé à une visite domiciliaire qui s'entend comme l'entrée des enquêteurs dans un lieu privé aux fins de constat ou de vérification ; qu'aucune méconnaissance des formalités prévues aux articles 48 et 51 CPP ne peut être consacrée »[44] ? En définitive, il ne semble pas inapproprié de rappeler aux magistrats une fable de Jean de la Fontaine,

---

[40]C. Sup. crim, 4 mars 2021, arrêt n° 07, *Thione Seck dit Ballago c/ MP et la BCEAO*, arrêt préc.
[41]CA Dakar, ch. accusation, 25 oct. 2018, arrêt préc.
[42]CA Dakar, ch. accusation, 25 oct. 2018, arrêt préc.
[43] S. HESSEL, *Indignez-vous !* Indigène, 2010, p. 14.
[44]CA Dakar, ch. accusation, 25 oct. 2018, arrêt préc.

L'Âne portant des reliques, qui s'achève en ces termes : « D'un magistrat ignorant- C'est la robe qu'on salue »[45].

Nonobstant « une position épistémologique très particulière »[46], que des magistrats en charge de la direction d'une enquête ou du contrôle de la régularité des actes de procédure ne soient pas en mesure de définir le début d'une garde à vue ou d'identifier une visite domiciliaire atteste d'un manque de sérieux dans la prise en compte des nullités textuelles. Dans l'état actuel de la pratique judiciaire sénégalaise, toutes les procédures d'enquête ou d'instruction sont potentiellement susceptibles de faire l'objet d'une annulation. Dans ce contexte, le fait que des avocats puissent être parcimonieux ou hagards dans l'usage de requêtes en nullité dans le cadre d'une défense pénale de rupture ou de complaisance n'est pas acceptable puisque « la défense est un droit absolu »[47]. Quelle est la cause de cet appauvrissement de connaissance en procédure pénale ? Faut-il la rechercher du côté de nos facultés de droit qui n'enseignent plus la matière mais quelques bribes classiques telles que l'action publique, l'action civile et des principes traditionnels dépassés comme « le criminel tient le civil en l'état » ? Peut-on passer sous silence l'absence d'une obligation de formation continue obligatoire annuelle imposée aux différents acteurs de la justice ?

Le manque de prise au sérieux de la procédure pénale en générale et des règles qui gouvernent les nullités en particulier constitue une tare à laquelle il ne serait pas prématuré de remédier. Le formalisme procédural pose des questions ontologiquement idéologiques et politiques en sus d'être rattachables aux libertés publiques et droits fondamentaux[48]. La sauvegarde des caractéristiques d'un Etat de droit dépend du respect des mécanismes de mise en œuvre du droit pénal de fond. En conséquence, il faut arrêter le massacre du droit pénal de forme et surtout enseigner la théorie générale des nullités en procédure pénale !

---

[45] J. de LA FONTAINE, *Fables*, (1668), « L'Ane portant des reliques »,Livre cinquième, XIV ;Librairie Générale Française, 2002, p. 173.

[46] C. ATIAS, *Epistémologie juridique,* Dalloz, 2002, p. 157.

[47] Art. 9 Constitution du Sénégal.

[48] F. SAINT-PIERRE, « Le véritable enjeu des contrôles juridictionnels de la légalité des procédures pénales : la « sureté » des justiciables », *AJ Pénal*, 2005, p. 178.

Vers la consécration d'un principe général de responsabilité du fait d'autrui en droit sénégalais ? A propos de l'arrêt de la Cour d'Appel de Dakar du 23/04/2008 - n° 324, inédit.

Ndèye Sophie Diagne Ndir

Agrégée des facultés de droit
Maître de conférences en droit privé
Université Cheikh Anta Diop

Résumé : Un majeur dément vivant avec sa mère doit être surveillé, encadré et dirigé par celle-ci, en sa qualité de gardien. Ce dernier est en effet débiteur d'une obligation de surveillance et de direction sur la personne du dément. Il est dès lors civilement responsable des conséquences dommageables des actes commis par le dément sur le fondement de l'article 142 du code des obligations civiles et commerciales.

Cour d'Appel de Dakar Sénégal Chambre correctionnelle 2- n° 324
23/04/2008 (inédit)

La Cour

Vu le jugement du Tribunal correctionnel de Dakar en date du 22 mars 2007 ;

Vu les appels relevés contre ledit jugement par le prévenu et le Ministère Public selon actes du greffe en date du 23 mars 2007 ;

Ouï Monsieur le Président A. S., en son rapport ;

Ouï Monsieur l'Avocat Général, en ses réquisitions ;

Ouï les conseils des parties en leurs plaidoiries ;

Vu les pièces du dossier ;

Après en avoir délibéré conformément à la loi ;

Considérant que suivant actes reçus au greffe du tribunal régional hors classe de Dakar en date du 23 Mars 2007, Maître C. C., représentant Maître C. F., avocat, agissant pour le compte de M. B., et le procureur de la République, ont, respectivement relevé appel principal et incident du jugement rendu le 22 Mars 2007 par ladite juridiction et dont le dispositif est ainsi conçu :

« Statuant publiquement, contradictoirement, en matière correctionnelle et en premier ressort ; Déclare le prévenu atteint et convaincu des faits qui lui sont reprochés ;

Le condamne à deux (2) ans d'emprisonnement ferme

Reçoit K. D. es qualité de sa fille S. M. en sa constitution de partie civile ;

Condamne le prévenu à lui verser la somme d'un million (1.000.000) francs pour toutes causes de préjudice confondues ;

Ordonne l'exécution provisoire ;

Fixe au maximum la durée de la contrainte par corps

Condamne en outre le prévenu au remboursement des frais liquidés à la somme de cinquante-huit mille huit cent (58.800) francs » ;

Considérant que les appels ayant été interjetés dans les forme et délai de la loi, il échet de les déclarer recevables ;

I / Sur les faits et la procédure

Considérant qu'il résulte de la procédure et des débats les faits suivants :

« Dans la nuit du dimanche 16 Juillet 2006, vers 2 heures du matin, la dame K. D., revenant d'une boutique située dans le quartier G. N., tenait à la main sa fille S. M., âgée de 4 ans ;

Profitant d'un moment d'inattention de sa mère, la petite S. s'éloigna et un voisin du quartier, M. B., la fit entrer chez lui et éjacula entre ses jambes avant de la laisser partir ;

Suite à la plainte initiée par la dame K. D., M. B. a été traduit devant le juge des flagrants délits du tribunal régional hors classe de Dakar ;

Ledit juge ordonna le 14 Août 2006 une expertise médico - légale sur la personne de M. B., avant de le déclarer coupable de pédophilie en son audience du 22 Mars 2007 et de le condamner à une peine de deux ans d'emprisonnement ferme ;

Le prévenu a été également condamné à payer à la partie civile la somme de un million de francs CFA, à titre de réparation ;

Suite à l'appel interjeté par le prévenu et le ministère public, les parties comparaissent devant la Cour de céans ; qu'il échet de statuer contradictoirement à leur égard ;

II / <u>Sur l'action publique</u>

Considérant que le conseil du prévenu a plaidé l'infirmation du jugement attaqué et la relaxe en faisant valoir que M. B. étant un malade mental, il ne peut encourir aucune responsabilité pénale du fait de ses actes, invoquant en cela les dispositions de l'article 50 du code pénal ;

Qu'à l'appui de sa demande, d'une part, il a versé le rapport d'expertise établi le 02 Février 2007 par le docteur S. S. du centre hospitalier national psychiatrique de Thiaroye et le certificat médical établi le 24 Juillet 2006 par le docteur A. N. N. de la clinique psychiatrique M. D. du centre hospitalier national universitaire de Fann ;

Que d'autre part, ledit conseil a soutenu que les déclarations du prévenu aussi bien à l'enquête préliminaire qu'à la barre du tribunal et de la Cour de céans confirment son état de démence car, entre autres, il a déclaré être né en France et en est revenu pour répondre à l'appel de Cheikh Ibra Fall et que la petite S. lui a été offerte dans le mystère (Bâtine) par la maman de celle - ci ;

Considérant que le procureur général a abondé dans le même sens que le conseil du prévenu en précisant que même s'il est indéniable que les faits sont graves, le prévenu étant en état de démence au moment où il les commettait, d'après les constatations du médecin, sa responsabilité pénale est difficile à apprécier ;

Qu'en effet, il est inaccessible à la sanction pénale parce qu'il résulte du rapport d'expertise médico légale que l'évolution naturelle de sa maladie aboutit à la destruction complète de la personne avec toutes les conséquences que cela comporte ;

Considérant que le conseil de la partie civile a plaidé la confirmation du jugement querellé aux motifs que même si le prévenu est déficient malade, au moment des faits il n'était pas dément au sens de l'article 50 du code pénal, mais il était simplement dans un état voisin de la démence car, tapis dans l'ombre, il a profité d'un moment de relâchement de la surveillance de la mère de S. M. pour soustraire cette dernière ;

Considérant que pour déclarer coupable M. B. et le condamner, le premier juge a simplement estimé que la preuve de sa culpabilité résulte du dossier et des débats ;

Considérant que la démence, qui vient du mot latin *dementia*, peut être définie comme une conduite dépourvue de raison, un affaiblissement intellectuel global, progressif et irréversible et que d'autres assimilent à la folie, terme générique qui désigne des troubles mentaux, un manque de jugement, une absence de raison ;

Que cette conduite dépourvue de raison peut être inhérente à une consommation de drogue et qu'il résulte de la procédure et des débats que le prévenu, qui est consommateur de cocaïne, a déjà été condamné en France pour trafic de drogue ;

Considérant qu'il résulte des pièces, non contestées de la procédure, que M. B. a été hospitalisé à la clinique psychiatrique M. D. du Centre hospitalier universitaire de Fann du 26 Février 2001 au 12 mars 2001 ainsi qu'à l'hôpital « Dalal Khel » ; qu'il résulte du rapport d'expertise établi par le docteur S. S. du centre hospitalier National psychiatrique de Thiaroye qu'il présente une schizophrénie paranoïde ayant débuté avant les années 2000, donc bien avant les faits qui lui sont reprochés et qu'en période aiguë ou de rechute la personne atteinte de cette maladie n'est accessible à aucune sanction pénale ; que les propos tenus aussi bien à la barre du tribunal régional que devant la Cour d'Appel confirment l'état de démence du prévenu ;

Que s'y ajoute que relève, sans conteste, d'une conduite dépourvue de raison, de la démence, le fait pour un homme d'introduire chez lui à 2 heures du matin une petite fille de 4 ans, d'éjaculer entre les jambes de cette dernière et de la laisser partir ensuite tranquillement sans rien faire d'autre ;

Qu'au vu de tout ce qui précède, il y a lieu de constater que le prévenu, étant en état de démence au temps de l'action, il n'y a pas de délit, en application de l'article 50 du code pénal ; qu'en conséquence, il échet d'infirmer le jugement entrepris sur ce point, le premier juge n'ayant pas fait une bonne analyse des faits et une correcte application de la loi ;

Considérant cependant qu'en vertu de l'article 55 du code pénal il y a lieu en l'espèce, sur le plan de la responsabilité civile de se conformer aux dispositions du code des obligations civiles et commerciales ;

Considérant qu'un dément doit être surveillé, encadré et dirigé par la personne qui en assure la garde ; qu'en l'espèce la dame S. F., mère du prévenu, présente à la barre de la Cour a reconnu que c'est elle - même qui s'occupe de la garde de celui - ci ;

Qu'elle a soutenu, par devant la Cour, qu'elle savait que son fils qui vit chez elle est un malade mental ; qu'en conséquence, elle est débitrice d'une obligation de surveillance et de direction sur la personne de ce dernier ; qu'ayant laissé ledit fils sans surveillance dans sa maison où ne se trouvait aucun adulte, elle doit répondre de l'acte commis par M. B. ; que cet acte étant la cause directe du dommage invoqué, il y a lieu de dire qu'elle est civilement responsable des conséquences dommageables du préjudice dont la réparation est demandée par la partie civile, en vertu de l'article 142 du COCC ;

III / <u>Sur les intérêts civils</u>

Considérant que le conseil de la partie civile a également demandé la confirmation du jugement sur les intérêts civils ;

Considérant que le conseil du prévenu qui a plaidé l'infirmation du jugement et la relaxe en a conclu au débouté de la partie civile ;

Considérant que le premier juge a seulement déclaré que le tribunal possède des éléments d'appréciation suffisants pour fixer le montant de la réparation à 1.000.000 francs CFA, toutes causes de préjudices confondues ;

Considérant que le principe de la réparation postule la réparation intégrale du préjudice, mais du seul préjudice ;

Considérant qu'il résulte de l'analyse des faits que la dame K. D., mère de la victime S. M., a incontestablement une part de responsabilité dans les faits reprochés au prévenu M. B. pour avoir failli gravement à son devoir de garde et de surveillance ; qu'en effet une maman qui se trouve dans la rue à 2 heures du matin avec sa fille de 4 ans, doit au moins tenir constamment la main de cette dernière, afin d'éviter qu'elle ne lui échappe pour aller faire autre chose ;

Qu'il ne résulte des documents médicaux délivrés par le centre de promotion de la Santé qu'une inflammation de la vulve ; que ses parties intimes n'ont pas subi de lésions ;

Qu'au vu du tous ces éléments, il y a lieu de fixer le montant de la réparation à la somme de 600.000 francs CFA, toutes causes de préjudice confondues et de condamner M. B., sous la responsabilité civile de sa mère S. F., à payer le montant de ladite somme à la partie civile ;

Par ces motifs

Statuant publiquement, contradictoirement, en matière pénale et en dernier ressort ;

Déclare les appels recevables ;

Infirmant partiellement le jugement entrepris et statuant à nouveau,

Constate que le prévenu était en état de démence au moment des faits ;

Dit en conséquence que le délit n'est pas constitué ;

Condamne M. B., sous la responsabilité civile de sa mère la dame S. F., à payer à la partie civile la somme de 600.000 francs CFA, toutes causes de préjudice confondues ;

Met les dépens à la charge du Trésor Public

Ainsi fait, jugé et prononcé publiquement par la Cour d'Appel de Dakar les jour, mois et an que dessus.

****

L'article 142 du code des obligations civiles et commerciales n'a pas encore fini de livrer tous ses secrets[1]. Le débat agité autour de ses différentes lectures semble, à travers cet arrêt, repartir de plus belle tant la solution retenue amène à réfléchir sur la nouvelle trajectoire empruntée par les juridictions sénégalaises à propos du civilement responsable du fait d'autrui.

---

[1] Ce texte semble destiné au même sort que son pendant français, à savoir l'article 1384 al. 1 ancien du code civil qui au jour d'aujourd'hui continue d'enrichir les débats doctrinaux ; v. G. VINEY, P. JOURDAIN, S. CARVAL, *Traité de droit civil sous la direction de Jacques GHESTIN, les conditions de la responsabilité,* 4e éd., LGDJ, 2013, p. 998 et s.

A la suite de ses prédécesseurs, un auteur avait remis au goût du jour la lancinante question des interprétations polémiques suscitées par ce texte. Dans une production scientifique d'une certaine teneur, exclusivement consacrée à cette disposition, il se demandait si l'on pouvait déduire de l'article 142 du code des obligations civiles et commerciales la consécration d'un principe général de responsabilité du fait d'autrui, ou si l'on ne devait, au contraire, en avoir qu'une lecture restrictive[2]. Ce texte ne servirait ainsi qu'à introduire les trois hypothèses de responsabilité du fait d'autrui expressément consacrées à travers les articles 143, 146 et 150 du code des obligations civiles et commerciales. On retrouvait là les préoccupations anciennement soulevées par l'article 1384 alinéa 1 ancien du code civil français[3].

A la faveur d'une argumentation judicieuse, cet auteur allait finir par valider la première supposition, à savoir celle soutenant la consécration d'un principe général de responsabilité du fait d'autrui.

Cependant, il est indéniable qu'il faudrait plus qu'une thèse doctrinale pour asseoir juridiquement une telle position. En effet, en l'absence et dans l'attente d'une clarification par le législateur, seule une intervention jurisprudentielle pourrait avoir pour conséquence de clore résolument ce débat[4].

Pourtant, ces différentes interrogations paraissent trouver un début de réponse dans cet arrêt n° 324 de la Cour d'appel de Dakar rendu en date du 23 avril 2008[5]. S'il est irréfutable que cette décision apporte une orientation claire sur le caractère non limitatif de l'énumération admise par le législateur à travers les trois articles ci-dessus évoqués, elle

---

[2] A. A. DIOUF, « L'article 142 du Code des Obligations civiles et commerciales et l'existence d'un principe général de responsabilité du fait d'autrui en droit positif sénégalais », *in Le droit africain à la quête de son identité, Mélanges offerts au Professeur Isaac Yankhoba NDIAYE*, l'Harmattan, 2021, p. 388 à 421.

[3] H. MAZEAUD et A. TUNC, *Traité théorique et pratique : la responsabilité civile délictuelle et contractuelle*, t. 1, n° 712, p 842.

[4] Débat également très présent en droit sénégalais ; v. J. P. TOSI, *Le droit des obligations au Sénégal,* LGDJ-NEA, 1981 ; J. ISSA-SAYEGH, « Commentaire de l'article 146, dernière phrase, du Code des obligations civiles et commerciales (COCC) du Sénégal », *Revue EDJA*, 1995, n° 26, juil-août-sept., p. 7 ; A. A. DIOUF, op. cit.

[5] La non publication officielle de cette décision est un facteur de son faible retentissement, alors même que son impact dans ce débat est incommensurable. L'avancée qu'elle impulse est un tournant décisif quant à la lecture de l'article 142 du code des obligations civiles et commerciales.

entretient toutefois une ambiguïté, voire une réserve, sur l'existence d'un principe général de responsabilité du fait d'autrui en droit sénégalais.

Préalablement à l'analyse des éléments d'argumentation fournis par le juge, il serait indiqué de revenir sur les faits à l'origine de l'espèce ainsi que sur les différentes étapes de la procédure suivie.

Il ressort des constats que dans la nuit du dimanche 16 Juillet 2006, vers 2 heures du matin, la dame K. D, revenant d'une boutique située dans le quartier G. N. tenait à la main sa fille S. M., âgée de 4 ans. Profitant d'un moment d'inattention de sa mère, la petite S. M. s'était éloignée. C'est alors qu'un voisin du quartier, M. B., majeur au moment des faits, l'avait fait entrer chez lui et avait éjaculé entre ses jambes avant de la laisser partir. Une plainte avait alors été initiée par la dame K. D., mère de la victime, en sa qualité de représentante légale.

L'action publique déclenchée par la dame K. D. par le biais d'une constitution de partie civile allait naturellement conduire au prononcé d'une sanction pénale[6]. Le juge des flagrants délits du tribunal régional hors classe de Dakar avait d'ailleurs été saisi à cet effet. Toutefois, cet aspect de la procédure ne nous interpellera pas outre mesure. La raison est simple : la question de la réparation civile est l'objet de nos propos.

A ce sujet, la plaignante réclamait à l'auteur du dommage une indemnisation pour le préjudice subi par sa fille, en l'occurrence la petite S. M.

La juridiction saisie aux fins de l'action civile était invitée à se prononcer sur la responsabilité civile d'une personne majeure privée de ses facultés mentales et placée sous l'autorité d'une tierce personne au moment de la commission du fait dommageable.

Il est important de rappeler que toutes les fois où une victime se constitue partie civile auprès d'une juridiction répressive, elle est en mesure de solliciter la réparation civile de son préjudice[7]. Justement, le premier le juge avait favorablement accueilli cette demande en condamnant le prévenu à des dommages et intérêts à hauteur du montant d'un million de francs.

---

[6] J.-C. SOYER, *Droit pénal et procédure pénale,* 19e éd, LGDJ, 2006, p. 257, n° 644.

[7] C'est d'ailleurs la demande de réparation civile qui l'habilite à porter son action civile devant la juridiction répressive ; S. GUINCHARD, J. BUISSON, *Procédure pénale,* 10e éd., 2014, p. 923, n° 1630 et s.

La juridiction d'appel va s'inscrire dans la même dynamique de réparation, tout en s'écartant légèrement de la décision de première instance notamment quant au montant alloué[8], mais surtout quant à la détermination du civilement responsable.

En effet, estimant d'abord qu'un dément devait être surveillé, encadré et dirigé par la personne qui en assure la garde, qu'ensuite la qualité de gardien était endossée par la mère du dément qui vivait avec lui, et qu'enfin le gardien, débiteur d'une obligation de surveillance et de direction sur la personne du dément, devait répondre de l'acte commis par ce dernier pour l'avoir laissé sans surveillance dans sa maison où ne se trouvait aucun adulte, la Cour d'appel en a déduit que la dame S. F., mère du prévenu, était civilement responsable des conséquences dommageables du préjudice dont la réparation était demandée par la partie civile, en vertu de l'article 142 du code des obligations civiles et commerciales.

Certes, les décisions des juridictions de fond ont une autorité limitée[9]. Toutefois, il est soutenable que la jurisprudence parait vouloir évoluer sur la question de la responsabilité du fait d'autrui. La condamnation de la mère du prévenu comme responsable du fait d'autrui par le juge d'appel sur le fondement de l'article 142 du code des obligations civiles et commerciales, alors qu'elle avait été préalablement écartée par le Tribunal de grande Instance, révèle une intention de la jurisprudence sénégalaise de répondre aux interpellations de la doctrine[10].

---

[8] Les discussions ne porteront pas sur ce point. Néanmoins, il ne serait pas vain d'exposer brièvement nos préoccupations sur cette posture du juge d'appel. En effet, alors qu'un montant initial d'un million de francs avait été alloué à la victime, le juge d'appel, en l'espèce, allait procéder à sa réduction à hauteur de 600. 0000 francs. Pour en décider ainsi, le juge semble vouloir indexer l'attitude fautive de la mère de la victime, notamment son manque d'attention. L'imputation de la faute de la victime est perceptible dans le raisonnement de ce dernier ; solution à laquelle nous n'agréons nullement, mieux que nous décrions vertement. Légalement, cette solution ne saurait prospérer. La faute de la victime ne peut être imputée à une personne autre que la victime elle-même.

[9] La relativité qui s'attache à leurs décisions impliquent qu'elles ne soient pas en mesure de les faire appliquer au-delà des faits de l'espèce. L'article 5 du Code civil interdit au juge de se prononcer par voie de disposition réglementaire tandis que l'article 1351 du même code pose la règle fondamentale de la relativité de la chose jugée.

[10] G. GOUBEAUX, « Il était une fois...la doctrine », *RTD civ.* 2004, p. 239.

Toutes ces considérations conduisent à avancer qu'à travers cet arrêt, le juge décèle sur le fondement de l'article 142 du code des obligations civiles et commerciales un nouveau cas de responsabilité du fait d'autrui (I). Néanmoins, il serait prématuré d'estimer épuisé ce chapitre en rapport avec la consécration, en droit sénégalais, d'un principe général de responsabilité du fait d'autrui (II).

I – La découverte certaine d'un cas inédit de responsabilité du fait d'autrui

En ajoutant un quatrième cas de responsabilité du fait d'autrui au code des obligations civiles et commerciales, le juge sort de sa réserve habituelle en cas de silence du législateur[11]. La responsabilité d'une personne du fait de l'acte dommageable d'un dément majeur résulte d'une originalité et revendique conséquemment une véritable autonomie (B) même si par endroits, un rapprochement avec la responsabilité du fait du mineur est perceptible (A).

A – Un soupçon de rapprochement avec la responsabilité du fait du mineur

Deux éléments fondamentaux de l'argumentaire juridique construit autour de cette décision se retrouvent au cœur du régime de la responsabilité des parents du fait de leur enfant mineur. La garde (1) et la cohabitation (2) concourent, en l'espèce, à l'implication du civilement responsable du fait d'autrui.

1 – L'évocation de la garde

Autant le législateur place la garde de l'enfant mineur au cœur de la justification de la responsabilité des parents à travers l'article 143 du code des obligations civiles et commerciales, autant le juge d'appel lui accorde une importance de taille. D'ailleurs, la garde constitue souvent le point de départ de son raisonnement. L'implication de la mère du dément apparaît comme un élément secondaire de l'argumentaire. La qualité de gardien intéresse prioritairement.

Dans l'éventualité qu'une personne autre que la mère ait été désignée comme gardien, c'est sa responsabilité qui aurait été engagée. En effet, en "*considérant qu'un dément doit être surveillé, encadré et dirigé par la personne qui en assure la garde*", le juge commence par suggérer les

---

[11] M. DOUCHY-OUDOT, *Droit civil, 1ere année, Introduction-Personnes-Famille*, Dalloz, 8e éd., p. 124, n° 213 à 216.

lourdes responsabilités qui pèsent sur le gardien. Vient par la suite la détermination du gardien afin que la responsabilité envisagée puisse lui être imputée.

Or, pour qui connaît le lien que le droit civil établit entre les parents, investis de la puissance paternelle, et la garde, il n'est pas difficile de faire le parallélisme entre la garde du mineur et celle du dément. Aux termes du code de la famille sénégalais, la garde se déduit de la puissance paternelle, institution par laquelle le législateur organise le gouvernement de la personne du mineur[12]. Fragilisé par son inexpérience, le mineur subit l'exercice des prérogatives attachées à cette dernière, à savoir la direction, la surveillance, la correction.

Reprises quasi identiquement par le juge, dans la présente espèce, ces prérogatives constituent les manifestations de la garde et s'expliquent par l'état de démence affectant l'auteur du dommage.

Finalement, le recours à la notion de garde ne semble pas accidentel, encore moins anodin. En effet, le juge prend le parti de parachever le processus de protection des incapables juridiques[13] notamment en ce qui concerne leur responsabilité civile mais aussi la protection de leurs victimes. Ainsi, alors que la loi s'est saisie du seul cas de l'incapable mineur, faisant reposer sa responsabilité sur ses parents, le juge s'est chargé de la catégorie des incapables majeurs dont les victimes méritent tout autant protection. Pour ce faire, il prend pour appui sur la notion de garde à l'instar de l'article 143 du code des obligations civiles et commerciales.

Dans la même dynamique, la cohabitation apparaît subtilement dans le raisonnement du juge.

2 – L'allusion à la cohabitation

En relevant que la mère du prévenu « savait que son fils qui vit chez elle est un malade mental », et le fait de laisser « ledit fils sans surveillance dans sa maison où ne se trouvait aucun adulte », le juge fait sans aucun doute allusion à la cohabitation.

---

[12] Voir particulièrement l'article 284 du code de la famille.

[13] L'article 273 du Code de la famille les distingue selon leur inexpérience (le mineur) et la défaillance de leurs facultés intellectuelles (le majeur).

Les termes « vit », « maison » renvoient certainement à la localisation physique, par opposition à celle juridique[14], d'une ou de plusieurs personnes. Or, cette localisation physique vient se confondre avec la notion de cohabitation telle qu'appréhendée par une grande partie de la doctrine.

La proximité géographique du responsable initial du dommage et de son garant, est déterminante dans la responsabilisation de ce dernier. C'est ainsi à juste titre que dans la responsabilité du fait du mineur, la cohabitation est exigée, comme condition d'engagement de la responsabilité des parents, à côté de la garde. Même si des difficultés ont pu être soulevées par une partie de la doctrine quant à l'articulation des conditions de garde et de cohabitation dans la responsabilité du fait des mineurs[15], il y a en réalité une logique qui préside à leur exigence cumulative. En effet, le civilement responsable du fait d'autrui en sa qualité de gardien sur qui pèsent les obligations de « surveiller, diriger, contrôler », n'est objectivement en mesure d'y pourvoir que dans la mesure où il est dans une position géographique proche de son « protégé »[16].

Autrement, comment exiger d'une personne qu'elle soit maîtresse des faits et actes d'une autre, placée sous son autorité en raison de défaillances qui lui sont spécifiques, notamment l'inexpérience ou l'altération des facultés intellectuelles, si matériellement et physiquement elle est dans l'impossibilité de la surveiller ?

On peut ainsi comprendre que le raisonnement du juge ne fasse point l'impasse sur cette exigence de cohabitation, même si, en l'espèce, elle est traduite différemment. Détenir des prérogatives juridiques sur un dément par le biais de la garde ne saurait suffire à répondre de lui. Si l'on

---

[14] Laquelle localisation est exprimée à travers les concepts de domicile et de résidence, prévus aux articles 12 à 15 du code de la famille.

[15] Un auteur, à ce sujet, évoque la dysharmonie entre garde juridique et cohabitation matérielle, E.-H.-S. NDIAYE, « Retour sur le civilement responsable du fait d'autrui : l'exemple de la responsabilité parentale », *in Le Code des obligations civiles et commerciales du Sénégal (COCC) : cinquante ans après*, CREDILA-L'Harmattan, vol. 2, 2018, p. 451.

[16] C'est pourquoi une partie de la doctrine française a fermement critiqué la conception abstraite de la cohabitation. Pour elle, « ...on en vient donc à priver la condition de cohabitation de sa consistance concrète, comme si, sur la voie de l'abstraction, la notion d'habitation devait subir le même sort que les notions de domicile ou de résidence » ; F. TERRE, Ph. SIMLER, Y. LEQUETTE, *Droit civil, les obligations*, 10e, éd., Dalloz, 2009, p. 818, n° 820.

sait que le trouble qui affecte une personne frappée de démence se caractérise par une imprévisibilité des comportements, une communauté de vie permanente seulement peut permettre de parer à tout mal.

L'exigence de la cohabitation permet par ailleurs de régler un autre problème, même s'il n'est pas directement lié à nos propos. Elle permettrait de valider la thèse selon laquelle la responsabilité du fait du mineur, et par extension celle du dément, serait fondée sur une présomption de faute susceptible d'être écartée dans l'hypothèse où un défaut de surveillance, de direction et de contrôle ne serait pas établi[17]. D'ailleurs dans l'arrêt à commenter, c'est ce qu'a l'air de soutenir le juge en ces termes : « elle savait que son fils qui vit chez elle est un malade mental ; qu'en conséquence, elle est débitrice d'une obligation de surveillance et de direction sur la personne de ce dernier ; qu'ayant laissé ledit fils sans surveillance dans sa maison où ne se trouvait aucun adulte, elle doit répondre de l'acte commis par M. B ».

Le lien établi entre la cohabitation, le défaut de surveillance et par conséquent la responsabilité, est facilement perceptible à travers cet argumentaire.

Toutefois, en dépit des similitudes avec la responsabilité du fait du mineur, le cas de responsabilité retenu par la cour d'appel est tout à fait inédit.

B – Une autonomie tout de même avérée de la responsabilité du fait du majeur dément

La démence du mis en cause, le supposé responsable, n'est retenue comme critère dans aucune des occurrences de responsabilité des articles 143, 146 et 150 du code des obligations civiles et commerciales. Elle est exclusive à cette décision (1). Par ailleurs, la majorité, élément décisif en l'espèce, n'est pas requise dans ces dites occurrences (2).

---

[17] La corrélation entre la conception retenue de la cohabitation et la nature de la responsabilité encourue est tellement exacte qu'en droit français, à la date du 19 février 1997, la 2e chambre civile de la Cour de cassation a rendu deux arrêts révélateurs à ce propos. A travers l'arrêt *Bertrand*, posant le principe de responsabilité de plein droit des parents, et l'arrêt *Samda*, consacrant la conception abstraite de la cohabitation, rendus le même jour, la Cour de cassation valide *a contrario* l'idée selon laquelle la conception matérielle de la cohabitation induit une présomption de faute. Ainsi, en démontrant une absence de faute de surveillance du fait par exemple de la cessation momentanée de la cohabitation, le parent mis en cause pourrait s'exonérer de sa responsabilité.

1 – Le critère exclusif de la démence

Alors que dans les cas classiques de responsabilité du fait d'autrui ce sont la minorité, la formation ou l'apprentissage et la préposition qui justifient la mise en situation de « tutelle », ici, la démence en est le fondement. Cet état de fait rappelle une décision familière qui paraît justement avoir beaucoup inspiré le juge d'appel. Cette décision n'est autre que l'arrêt *Blieck* rendu par l'Assemblée Plénière de la Cour de cassation française en date du 29 mars 1991[18].

L'évocation de cette décision s'impose au vu des similitudes constatées. Il est question dans toutes les deux décisions de dommages causés par des personnes majeures frappées de défaillance des facultés mentales. De même, placées sous l'autorité d'un gardien, ces personnes ont commis les actes dommageables à un moment où une faute du gardien a été relevée dans l'exécution de son devoir de surveillance et de contrôle.

L'on convient que l'état de démence n'absout point la responsabilité civile de son auteur[19]. Ce qui n'est pas le cas de sa responsabilité pénale qui est écartée par l'effet de l'article 50 du code pénal[20]. C'est donc sans surprise que le juge, statuant sur l'action publique, a constaté « que le prévenu, étant en état de démence au temps de l'action, il n'y a pas de délit, en application de l'article 50 du code pénal ».

Toutefois, la nouveauté réside dans la considération de la démence comme fondement de responsabilisation du fait d'autrui. Jusque-là, le silence du juge sénégalais sur la lecture de l'article 142 du code des obligations civiles et commerciales constituait un obstacle à la possibilité d'une extension, même limitée, au-delà des cas expressément prévus par le législateur, *a fortiori* à la conclusion d'un principe général de responsabilité du fait d'autrui. Par cet arrêt, en retenant la démence du civilement responsable comme porte d'entrée à la responsabilité du gardien, les juges consacrent une solution inédite au regard du droit sénégalais.

---

[18] C. Cass. Ass. plén., 29 mars 1991, *Association des centres éducatifs du Limousin et autres c/Consorts Blieck*, Bull. 1991, A. P., n°1 p.1.

[19] Au Sénégal, la loi n°77-64 du 26 mai 1977, par l'ajout d'un alinéa troisième à l'article 121 code des obligations civiles et commerciales a consacré la responsabilité des déments et des *infans*.

[20] « Il n'y a ni crime ni délit, lorsque le prévenu était en état de démence au temps de l'action"; tels sont les termes de ce texte ».

Des questionnements ne peuvent ainsi manquer d'être soulevés au titre desquels principalement la motivation l'ayant déterminé. Pour tout doctrinaire, depuis longtemps préoccupé par ce débat, il est très tentant de se demander si les juges étaient réellement conscients du bouleversement qu'ils étaient en voie de provoquer. Ont-ils été réceptifs aux appels de la doctrine[21] ou ont-ils été influencés par les circonstances de la cause ? Ces interrogations légitimes, bien loin de traduire un certain scepticisme à l'égard des décisions de justice, s'imposent car de leurs réponses découlera l'issue d'un débat qui n'a que trop duré.

L'autre élément de nouveauté dans cette décision n'est pas de moindre importance non plus.

2 – Le critère décisif de la majorité

Si dans cette affaire, le dément, au moment des faits était dans une situation de minorité, l'article 143 du code des obligations civiles et commerciales aurait bien pu être appliqué. Les faits de l'espèce seraient facilement rattachables à l'hypothèse de la responsabilité des parents du fait de leur enfant mineur. Bien qu'atteinte de démence, il se serait agi d'une personne mineure habitant avec son gardien et ayant porté préjudice à autrui. Étant donné que la démence agit identiquement que la minorité sur la responsabilité initiale de l'auteur du dommage[22], l'article 142 du code des obligations civiles et commerciales aurait été parfaitement approprié. Autrement dit, que l'on soit mineur ou dément, l'article 121 alinéa 3 du code des obligations civiles et commerciales prévoit leur responsabilité.

C'est donc la majorité de l'auteur du dommage qui confère à cette responsabilité, en l'occurrence celle du dément, une nature particulière et autonome. En passant ainsi en revue les hypothèses légales de responsabilité du fait d'autrui, l'on se rend compte que le critère de majorité, s'il est d'office exclu pour l'un, importe peu pour les autres. En

---

[21] Il arrive quelques fois que le dialogue jurisprudence-doctrine porte ses fruits, même si le droit français offre des exemples plus patents de réceptivité des juges aux opinions doctrinales. Les propos suivants emportent facilement la conviction : " Ensuite, la Cour de cassation lit les auteurs et s'en inspire, même si elle ne le dit pas. Au cours des 20 dernières années, on l'a vue même se rallier, par trois fois au moins, à des solutions préconisées dans des thèses récentes...", Ph. JESTAZ, *Doctrine et jurisprudence : une liaison de 25 siècles,* éd. Themis Inc., 2004, p. 24 et 25.

[22] Le dément et le mineur, tous deux irresponsables pénalement, du moins en ce qui concerne le mineur de moins de treize ans, n'en sont pas moins responsables au plan civil.

effet, sa contrariété avec la minorité est manifeste dans la responsabilité du fait du mineur. Pour ce qui est des responsabilités définies aux articles 146 et 150, elles peuvent être établies, que l'élève ou l'apprenti et le préposé soient mineurs ou majeurs. Le législateur ne fait aucune distinction à ce sujet.

Or la responsabilité du gardien du fait du dément se singularise par la majorité de ce dernier. Dans l'arrêt de référence, à savoir *Blieck*, il en était de même. Placé préalablement sous un régime de curatelle[23], l'handicapé mental était un majeur interné dans un centre éducatif spécialisé.

Des interpellations relativement à la majorité du dément pourraient être agitées, étant entendu que le juge, en l'espèce, n'y fait pas explicitement référence. Cependant, il n'en demeure pas moins vrai que sa majorité est bien avérée. Il résulte des débats que le mis en cause était né en 1973. Aussi, au regard de la date de déroulement des faits, à savoir l'an 2006, la majorité de ce dernier était bien certaine.

L'accueil que la doctrine réservera à cet arrêt sera sans doute favorable. Cependant elle se doit d'éviter tout engouement relatif à la question de la consécration d'un principe général de responsabilité du fait d'autrui.

II – Les réserves éventuelles autour de la consécration d'un principe général

L'on peut se réjouir de l'intervention de cette décision à ce moment propice où la doctrine se propose d'apporter une réponse définitive à la question de la consécration d'un principe général de responsabilité du fait d'autrui. Cette dernière reste tout de même en suspens (B) du fait de la portée limitée de l'extension de responsabilité du fait d'autrui (A).

A – La portée limitée de l'extension du champ de responsabilité

Si l'élargissement du champ des catégories de responsables parait une option pertinente, il demeure néanmoins éloigné des préoccupations exprimées par les souteneurs d'un principe général de responsabilité du fait d'autrui. L'extension opérée est strictement encadrée (1) et n'induit par conséquent qu'un abandon de la lecture limitative de l'article 142 du code des obligations civiles et commerciales (2).

1 – Une extension strictement encadrée

[23] L'article 359 du code de la famille circonscrit la curatelle à l'incapacité du majeur.

La formulation utilisée par le juge sénégalais s'inscrit dans une démarche exclusive, ramenée à la situation particulière de démence. Au-delà, la règle dégagée dans cet arrêt ne saurait recevoir application. Ainsi par exemple, ne saurait être concernée une personne majeure, saine d'esprit, mais rattachée à une structure quelconque en raison d'activités sportives, culturelles organisées, dirigées et contrôlées par celle-ci. A la faveur d'une évolution jurisprudentielle postérieure à l'arrêt *Blieck*, beaucoup de personnes peuvent, aujourd'hui en droit français, faire endosser leur responsabilité à un tiers qui exerce un certain contrôle sur eux[24]. Tel n'est pas encore le cas en droit sénégalais.

Cependant, sur un point, les juge d'appel semblent être allés plus loin que la cour de cassation française dans l'arrêt *Blieck*. En effet, dans ce dernier, alors même que l'idée était de dégager une solution de principe, elle avait commis l'impair de ne statuer que sur la responsabilité de la structure associative mise en cause[25]. Or, le prétexte pouvait être trouvé pour généraliser la responsabilité ainsi dégagée à toute structure ayant la charge d'un dément. En ce qui nous concerne, l'on peut se réjouir du recours à la notion de garde, plus englobante et susceptible d'être imputée à toute personne physique, en dehors de celles visées par le code des obligations civiles et commerciales, mais également à toute personne morale, dès lors qu'elles sont investies des prérogatives y afférentes.

Par ailleurs, on peut par ricochet se demander si le problème délicat de la responsabilisation des maîtres coraniques du fait de leurs apprenants ne serait pas en passe de recevoir un début de réponse. Car jusqu'à aujourd'hui, aucun des cas légalement prévus n'y convenait[26] .

Finalement, une réponse négative s'impose. Les difficultés persistent et restent entières. La formulation extensive de la qualité du civilement responsable du fait d'autrui à travers la notion de garde connaît des effets limités par le fait que celle-ci n'est attachée qu'à l'hypothèse de la

---

[24] La doctrine identifie deux grands champs d'application de l'article 1384 al. 1 ancien, en l'occurrence la responsabilité des personnes contrôlant le mode de vie d'autrui et celle des personnes contrôlant l'activité d'autrui ; v. S. PORCHY-SIMON, *Droit civil, les obligations,* 2e année, 12e éd., Dalloz 2020, p. 422 et s.

[25] Le refus par la jurisprudence, ultérieurement, de retenir la responsabilité du tuteur en raison du fait dommageable d'un incapable majeur (Cass. Civ., 25 février 1998, *D.* 1998.315, concl. Kessous), témoigne de la portée limitée de l'arrêt *Blieck.*

[26] Le maître coranique n'étant ni un parent, ni un maître (au sens où la formation est comprise) ou artisan, ni un commettant, il échappe à l'application des articles 143, 146 et 150 du code des obligations civiles et commerciales.

démence. Pour rester dans l'exemple soulevé ci-dessus, le sujet soumis à l'autorité du maître coranique ne sera pas pris en compte car échappant au critère de démence mis en avant par le juge.

Une certitude seulement peut résulter de cet arrêt : l'article 142 ne souffre plus d'une lecture hermétique.

2 – Un abandon de la lecture limitative de l'article 142

A la question de savoir si l'article 142 ne servait d'annonce qu'à la responsabilité des parents, des maîtres et artisans et des commettants, les juges d'appel répondent par la négative. A moins que la Cour Suprême, par une décision postérieure contraire, ne remette en cause cette interprétation, ce texte sera jusqu'à nouvel ordre interprété de façon analogique à l'article 1384 alinéa 1 ancien[27].

On ne peut plus aujourd'hui parler d'une impossibilité formelle d'identifier le domaine *ratione personae* de la responsabilité du fait d'autrui[28] découlant de l'article 142 du code des obligations civiles et commerciales. Ce dernier est défini dans le sens d'une extension qui devrait probablement prospérer si le juge sénégalais venait à emboiter le pas à son homologue français. Après la responsabilité du fait du dément, pourquoi pas, éventuellement, la découverte d'une hypothèse de responsabilité du fait des membres d'une association sportive, ou encore du fait des supporters d'un combattant de sport de lutte affilié à une écurie ? Même si l'on n'est pas pour autant sûr qu'il sera à la hauteur de l'évolution impulsée par la jurisprudence française, l'on reste au moins persuadé qu'une étape importante aura été franchie par le dépassement des occurrences classiques de responsabilité du fait d'autrui.

En effet, le contexte social qui impacte l'environnement juridique français ne saurait être déterminant ici[29]. C'est d'ailleurs pourquoi la

[27] G. VINEY, P. JOURDAIN, S. CARVAL, op. cit., p. 1001, n° 789-9; les auteurs y parlent de la prudence qu'il sied d'observer quant à la responsabilité pour autrui fondée sur l'article 1384 al. 1er ; G. VINEY, « Vers un élargissement de la catégorie des « personnes dont on doit répondre » : la porte entrouverte sur une nouvelle interprétation de l'article 1384, alinéa 1er, du Code civil », Dalloz, 1991, Chron., pp. 157 à 161.

[28] Pour reprendre les mots de A.A. DIOUF, op. cit, p. 389.

[29] Le Sénégal connaît bien le schéma des structures ayant en charge l'organisation et le contrôle du mode de vie d'autrui ; l'Empire des enfants, la Maison rose de Guédiawaye, le centre Guindé, pour ne citer que ceux-ci, s'activent dans la prise en charge de personnes en difficultés. Toutefois, la pertinence d'élargir la lecture de l'article 142 code des obligations civiles et commerciales à leur encontre n'est pas

doctrine sénégalaise n'est pas forcément ouverte à une extension de l'article 142 code des obligations civiles et commerciales par mimétisme de l'évolution jurisprudentielle provoquée par l'application de l'article 1384 alinéa 1 code civil.

L'élargissement de l'application de l'article 142 code des obligations civiles et commerciales devrait s'appuyer sur une démarche opportuniste privilégiant la responsabilisation de structures assises financièrement aux fins d'une réponse efficace à l'objectif d'indemnisation que s'assigne le droit de la responsabilité civile[30].

Du reste, l'on peut pour le moment se réjouir de l'avancée constatée, bien qu'encore timide et distante de la consécration d'un principe général.

B – La latence de la question du principe général

Aussi enthousiastes que puissent être la lecture et l'analyse faites de cette décision, il n'est pas aisé de conclure à la consécration d'un principe général de responsabilité du fait d'autrui. Bien au contraire, une interprétation objective n'y autorise nullement (1). D'ailleurs, le mutisme de la jurisprudence française à ce propos (2), appelle à la mesure.

1 – Une interprétation non favorable à un principe général

Il est indéniable que cette décision de la Cour d'appel est l'aboutissement d'un long cheminement. Elle vient par conséquent à son heure. C'est un fait que les débats d'opinion vivifient et développent la science juridique[31]. Il est néanmoins souhaitable, lorsque ceux-ci s'enlisent dans les méandres d'une controverse dont l'issue semble loin voire incertaine, que la jurisprudence se prononçât eu égard à son rôle

---

démontrée. En effet, hormis la précarité économique de ces structures qui, du reste ne bénéficient pas d'une couverture d'assurance en raison de leurs activités, c'est le cas des associations sportives qui interpellent davantage. Si une évolution jurisprudentielle devait suivre cet arrêt de 2008, elle serait davantage indiquée dans le domaine des ASC, des Clubs sportifs, des écuries de lutte, des CNG des différentes activités sportives, organisations très fortunées et qui fédèrent des milliers de membres. La solvabilité de ces dernières est davantage établie que celles des premières.

[30] A. BENABENT, *Droits des obligations*, 17e éd., LGDJ, 2018, p. 437, n °557.

[31] Y. BUFFELAN-LANORE, V. LARRIBEAU-TERNEYRE, *Droit civil, Introduction-Biens-Personnes-Famille*, 19e éd., Sirey, 2015, p. 34, n° 69 ; ces auteurs mettent en avant le rôle de la doctrine en ce qu'elle influence la jurisprudence et le législateur, interprète la loi.

décisif[32]. Dans cette perspective, toute interprétation de ses décisions se doit d'être fidèle, conforme à son orientation.

L'appréciation qu'inspire cette décision va dans le sens d'une non consécration d'un principe général de responsabilité du fait d'autrui. Le premier obstacle, difficilement réfutable, résulte de la prise en compte de la juridiction s'étant prononcée, à savoir la Cour d'appel. L'autorité de cette juridiction n'autorise pas à considérer résolu le problème soulevé par l'article 142 du code des obligations civiles et commerciales. Une décision d'une juridiction d'appel, aussi importante soit elle, ne saurait faire jurisprudence.

Par ailleurs, n'ayant connaissance ni d'un pourvoi en cassation intenté contre cette décision encore moins d'un arrêt d'une juridiction supérieure sur la question, le temps d'observation indiqué dans ces circonstances, empêche de conclure en ce sens.

Mais, dans l'hypothèse même où cette décision avait résulté d'une juridiction suprême, elle ne constituerait pas pour autant une consécration d'un principe général au vu de la formulation singulière de sa motivation[33]. Celle-ci démontre à souhait une posture du juge qui se veut réservée.

Aussi, la consécration d'un principe général risque de se faire attendre comme c'est le cas en droit français.

2 – Une solution toujours en attente en droit français

Contrairement à l'idée quelques fois avancée quant à la portée de l'arrêt *Blieck*[34], ce dernier n'a pas consacré un principe général de responsabilité du fait d'autrui[35]. Il en est même bien loin. L'affaire concernait spécialement une association en charge de personnes mentalement handicapées. L'Assemblée Plénière, curieusement, s'était limitée aux faits de l'espèce.

---

[32] F. TERRE, Ph. SIMLER, Y. LEQUETTE, *Droit civil, les obligations*, op. cit. p. 849, n° 847.

[33] J.-F. WEBER, « Comprendre un arrêt de la Cour de cassation rendu en matière civile », fiche méthodologique, BICC 15 mai 2009, p.6.

[34] L. POUMAREDE, « L'avènement de la responsabilité civile du fait d'autrui », *in Mélanges Le Tourneau,* Dalloz, 2008, p. 839 et s

[35] S. PORCHY-SIMON, op. cit, p. 421, n° 867.

Trente années après, l'attente est toujours là. Il n'y a, à ce jour, aucune décision dégageant ce principe général, tant par rapport au responsable initial que par rapport au répondant[36].

Ce constat pousse à considérer que le temps que nécessite la construction d'une telle solution est encore bien loin en jurisprudence sénégalaise, surtout si l'on sait que cette dernière s'est largement inspirée de l'arrêt *Blieck*. Dès lors, ne peut-on pas penser qu'elle se serait donnée comme directive, à l'instar de ce qui a été constaté en droit français, d'évoluer graduellement vers ce principe général ? Le juge sénégalais, n'aurait-il pas délibérément opté d'attendre que son homologue français le devançât sur le sujet ?

Il y a bien des raisons de se demander si le contexte social à l'origine de l'intervention de cette solution est tout aussi marqué au Sénégal[37]. En effet, à la suite de l'arrêt *Blieck*, se sont succédé plusieurs décisions concourant à l'extension du champ soit des personnes dont on doit répondre, soit des personnes qui doivent en répondre. Pour autant, elles n'ont pas abouti à la consécration d'un principe général de responsabilité du fait d'autrui[38].

Des associations sportives ont ainsi été amenées à répondre des actes de leurs membres[39]; une commune, des actes de squatters y habitant[40]; un organisateur de défilé, des actes d'une majorette ayant accidentellement blessé une partenaire *etc*[41].

---

[36] La distinction entre le responsable initial du dommage et celui qui va en définitive en supporter les conséquences revêt une importance de taille. Si en droit sénégalais par exemple, la nouveauté concernait le premier nommé, tel n'a pas été systématiquement le cas en droit français. Au fur et à mesure des décisions rendues par le juge français, l'extension opérée portait davantage sur les répondants (association sportive, commune, organisateur de spectacle etc).

[37] Dans ses conclusions, l'avocat général Dontenville avait bien relevé le contexte à l'origine de ce changement de cap, notamment le développement d'un nouveau risque social découlant de la prise en charge des personnes en situation de handicap. En effet, le régime de liberté auquel elles sont soumises, plus favorable à leurs intérêts, ne va pas sans exposer les tiers avec qui elles peuvent être en interaction.

[38] Il convient à cet effet de distinguer l'extension ou l'élargissement de responsabilité du fait d'autrui de sa généralisation.

[39] Civ., 2e, 22 septembre 2005, Bull. civ., II, n° 233 et 234.

[40] Civ, 2e, 22 mai 1995, JCP 1995.II.22550, note J. Mouly.

[41] Civ., 2e, 12 décembre 2002, Bull. civ., II, n° 289.

La jurisprudence sénégalaise, à notre connaissance, en est à son premier coup d'essai. Espérons que ses prochains arrêts soient tout aussi concluants.

Chroniques législatives

Le législateur camerounais et la PMA : de l'avant-projet du code des personnes et de la famille à la loi du 14 juillet 2022 relative à la procréation médicalement assistée

Sylvie NGAMALEU DJUIKO

Maître-Assistant
Chargée de cours en droit privé
Membre du Laboratoire d'études et de recherches en droit des affaires
Université de Yaoundé II

Résumé : Le fait qu'avec les évolutions scientifiques la procréation humaine ait cessé d'être sexuée permet certainement de répondre à certains désirs ou besoins des êtres humains, mais cela est aussi, malheureusement, susceptible d'engendrer d'énormes problèmes. Pour que ces évolutions consistent en de véritables progrès sociaux, il appartient au droit de tracer le cadre de leur réalisation. Après une première tentative dans un avant-projet de code des personnes et de la famille, le législateur camerounais a fini par se prononcer sur la question par une loi du 14 juillet 2022. Compte tenu de l'importance des enjeux autour de la question et de la distance temporelle séparant les deux textes, il nous a paru intéressant de mesurer les constances et les divergences entre eux afin de sonder une éventuelle évolution de la société camerounaise, surtout dans un contexte où les pays ont une faible maîtrise de leur production législative du fait de l'internationalisation des normes. L'entreprise a été rendue un peu limitée du fait du faible nombre de dispositions que l'avant-projet consacrait à la question. Néanmoins, pour les aspects abordés par les deux textes, si des différences existent entre eux, il y a très peu de véritables divergences. Et lorsque celles-ci existent, elles consistent assez souvent en une plus grande flexibilité de la loi (c'est le cas, par exemple, de l'ouverture du recours à la PMA même à des couples non mariés, à la condition d'une communauté de vie stable, alors que l'avant-projet ne l'ouvrait qu'aux couples mariés). Ce qui, abstraction faite du poids de l'international, peut incliner à croire qu'il y a une évolution de la société camerounaise en faveur de l'accroissement des libertés individuelles. Jusqu'où peut-elle aller ?

Le 14 juillet 2022, le Cameroun s'est (enfin) doté d'une réglementation relative à la procréation médicalement assistée (PMA), c'est-à-dire à ces nouvelles techniques de la reproduction humaine inventées par la science pour satisfaire le désir de descendance[1]. En effet, même si depuis un certain temps déjà la procréation humaine n'était plus seulement le résultat d'un rapport charnel, et même si la stérilité ou l'infertilité constitue ici aussi un sérieux problème de société du fait de l'importance accordée à la descendance[2], il n'y avait pas encore, en droit positif, un texte régissant le recours à l'assistance médicale à la procréation (AMP). Mais dans le cadre d'un avant-projet de code des personnes et de la famille, 8 articles étaient prévus sur la question[3]. Depuis juillet 2022, le vide législatif est désormais comblé. Étant donné l'écart de plus d'une dizaine d'années qu'il y a entre les deux textes[4], il peut être intéressant d'en faire une lecture croisée. En effet, une telle entreprise présente l'intérêt de voir s'il y a des constances, des convergences ou des divergences entre les deux et, si oui, à quel degré. Compte tenu du fait que les lois sont censées refléter la société et du fait que les enjeux autour de la PMA en font une vraie question de société, de grandes différences entre les deux textes pourraient être significatives. De grandes divergences seraient synonymes d'évolution de la société. Auquel cas, il faudrait alors voir dans quel sens celle-ci a évolué. À l'inverse, une très forte constance ou convergence entre les deux textes pourrait traduire le profond attachement de la société camerounaise à certaines valeurs présentes autour de la question de l'AMP.

---

[1] Aux termes de l'article 2(1) de la loi, la PMA est un ensemble de pratiques cliniques et biologiques permettant d'induire une grossesse en dehors de l'union naturelle de l'homme et de la femme, en particulier l'insémination artificielle, la fécondation *in vitro*, le transfert de gamètes et d'embryons, la conservation des gamètes, des tissus germinaux et des embryons.

[2] Lire R. FRYDMAN, *L'irrésistible désir de naissance*, Paris, PUF, 1986 et *L'assistance médicale à la procréation*, PUF, Que sais-je ?, 2004. Voir aussi, J. TESTART, *La procréation médicalisée*, Flammarion, Dominos, 1993. [145] Cf. J.-R. Binet, *Droit médical*, Montchrestien, Lextenso éditions, coll. Cours, 2010, p. 139, n. 271.

[3] Il s'agit des articles 501 à 508.

[4] La dernière version de l'avant-projet à laquelle nous avons eu accès remonte à 2011. Mais le texte en réalité remonte à encore plus loin (probablement au début des années 2000).

Pour sonder cette possible convergence ou divergence entre les deux textes, il nous semble indiqué de le faire à partir de l'analyse des dispositions qu'ils consacrent à la nature (I) et aux effets (II) du recours à cette modalité de procréation.

I – La nature du recours à la PMA

La nature du recours à la PMA est probablement l'élément qui peut véritablement permettre de lire une société à travers la PMA. La question de la nature du recours à la PMA revient à déterminer s'il est libre ou non. Il s'agit probablement de l'une des questions les plus importantes. Pour le savoir, il faudrait analyser les caractères (A) et le champ du recours (B) dans les deux textes.

A – Les caractères du recours

En ce qui concerne les caractères du recours à la PMA, ils peuvent se déduire de la réponse à deux questions principalement : premièrement, le recours à la PMA relève-t-il de la liberté de parties ou est-ce uniquement un remède (palliatif ou préventif) et, deuxièmement, est-il subsidiaire ? L'analyse des deux textes laisse apparaître une légère différence dans la mesure où si le caractère subsidiaire est clairement affirmé dans les deux (2), l'aspect remède peut sembler apparemment plus clairement affirmé dans l'avant-projet que dans la loi (1).

1 – Un recours-remède ou recours-liberté ?

Le recours à la PMA peut être admis de manière libre ou finalisée. Dans le premier cas, il traduirait une plus grande affirmation des libertés individuelles. Ceci étant l'une des principales caractéristiques de nos sociétés « modernes »[5], la consécration de la première solution relèverait d'une sorte de tendance. Dans le dernier cas, le recours à la PMA viserait uniquement à vaincre la stérilité[6] ou à éviter le risque de transmission d'une maladie aux descendants ou au conjoint[7]. On serait alors en

---

[5] Il est de plus en plus difficile pour les pouvoirs publics de prétendre gouverner les consciences individuelles par un ordre moral étatique en définissant autoritairement ce qui est permis ou tolérable (pourtant cela pourrait bientôt redevenir nécessaire pour la survie même de la société).

[6] Indiquons que, conformément à la nouvelle tendance légistique, si la loi ne définit pas stérilité, elle précise ce qu'elle entend par infertilité et hypofertilité » (cf. article 3).

[7] A ce sujet, il est possible de noter une différence entre les deux textes : alors que l'avant-projet du Code des personnes et de la famille parlait de « maladie grave et incurable », la loi de 2022 parle de « maladie congénitale grave ». A notre avis, il est

présence d'une PMA remède ou palliative. Il convient de rappeler qu'à l'origine c'est pour ce rôle palliatif (et plus tard préventif) que la PMA a été imaginée. Mais cela suffit-il pour condamner toute évolution vers une plus grande ouverture du recours ? Par rapport à cette question, bien que l'analyse de certaines de ses dispositions fait voir que la loi de 2022 est plutôt en faveur d'une PMA-remède, cela peut sembler moins net que dans l'avant-projet de code des personnes et de la famille. En effet, il ressortait clairement de l'article 507 de ce dernier texte que le recours à la PMA n'est possible que si elle permet de remédier à la stérilité d'un couple ou si le risque de transmission d'une maladie grave et incurable aux descendants ne peut être écarté d'une autre manière. Ce texte se détournait donc clairement de la PMA par convenance au profit de la PMA-remède (palliatif[8] ou préventif) puisqu'il n'ouvrait le recours qu'en cas de stérilité ou infertilité[9]. Une lecture rapide des dispositions de la loi de 2022 pourrait donner l'impression qu'il en est de même dans ce texte. Il s'agit notamment des deux premiers tirets de l'article 2(2)[10] et de l'article 27[11]. Pourtant, en scrutant attentivement d'autres dispositions, l'impression peut devenir moins nette. C'est le cas, par exemple, du 3e

---

bon que l'incurabilité ait été abandonnée. Quel était son apport ? Visait-elle à atténuer les difficultés de détermination du critère ou du seuil de gravité ? Une maladie incurable est-elle nécessairement grave ? Une maladie grave mais curable ne mérite-t-elle pas aussi que des efforts soient effectués en vue de l'éviter ? Au fur et à mesure que la science évoluerait et trouverait des remèdes à des maladies jadis considérées comme incurables, le champ de la PMA aurait tendance à se rétrécir. En tout état de cause, en admettant que le choix du législateur soit celui uniquement d'une PMA remède, une liste des maladies considérées comme graves devra être établie et révisée régulièrement et les praticiens devront soumettre les couples demandeurs à des examens et diagnostics pour établir la stérilité ou la présence d'une des maladies visées.

[8] A défaut de pouvoir soigner leur stérilité, il faudrait permettre aux couples de satisfaire leur désir de descendance.

[9] Celle-ci pouvant être avérée ou simplement redoutée. Même si cela ressort plus nettement de la loi que de l'avant-projet.

[10] La PMA est destinée, selon le premier tiret, « aux couples dont la difficulté ou l'incapacité à concevoir présente un caractère pathologique médicalement diagnostiqué » et pour le 2e, « aux couples souffrant d'une maladie congénitale grave susceptible d'être transmise à l'enfant ». Il convient de noter que, contrairement à l'avant-projet, le caractère incurable n'est plus exigé ici.

[11] Selon l'article 27, « en vue de la réalisation ultérieure d'une procréation médicalement assistée, toute personne peut bénéficier du recueil et de la conservation de ses gamètes ou du tissu germinal avec son consentement, lorsqu'une prise en charge médicale est susceptible d'altérer sa fertilité ou lorsque celle-ci risque d'être prématurément altérée ».

tiret de l'article 2(2)[12]. Aux termes de ce passage, la PMA est destinée « à toute personne désireuse de faire recueillir et conserver ses gamètes ou tissus germinaux en vue de la réalisation ultérieure d'une procréation médicalement assistée, soit volontairement[13], soit en raison d'une prise en charge médicale susceptible d'altérer sa fertilité ». En effet, en utilisant l'adverbe volontairement, ce texte ouvre-t-il seulement la possibilité d'un recueil et d'une conservation de gamètes ou de tissus germinaux indépendamment d'une prise en charge médicale envisagée et redoutée ou permet-il que la PMA soit réalisée de manière tout à fait libre ? La question mérite d'autant plus d'être posée que la loi elle-même donne de la PMA une définition large en disant qu'elle est « un ensemble de pratiques cliniques et biologiques permettant d'induire une grossesse en dehors de l'union naturelle de l'homme et de la femme, en particulier l'insémination artificielle, la fécondation in vitro, le transfert de gamètes et d'embryons, la conservation des gamètes des tissus germinaux et des embryons ». La simple conservation de gamètes serait donc déjà constitutive de PMA. Le législateur aurait gagné à être davantage clair sur cette question, surtout qu'en admettant l'hypothèse d'un recours préventif[14], il ne précise pas que les gamètes recueillis et conservés ne seront utilisés par la suite que si le risque redouté s'est réalisé finalement. Même si ces dispositions peuvent donner l'impression que le recours à la

---

[12] On aurait pu y ajouter les 2e premiers tirets de l'article 20(1) qui à chaque fois précisent « pour les cas où cela est indiqué » s'agissant de pallier l'infertilité (pour le premier) et d'éviter la transmission d'une maladie (pour le 2e). Mais il est possible en croisant les deux tirets, de considérer qu'ils se résument aux deux hypothèses, et non qu'ils sous-entendent l'existence d'un autre cas en dehors des deux visés.

[13] C'est nous qui surlignons également.

[14] Ce qui permet de prendre en compte aussi bien la stérilité avérée que celle simplement redoutée. Ce qui n'était pas le cas dans l'avant-projet du code des personnes et de la famille. En visant le cas d'une prise en charge médicale susceptible d'altérer sa fertilité, la loi permet ainsi à une personne devant se soumettre à un traitement dont l'effet pourrait être la réduction de ses facultés procréatrices de recourir à la PMA. Mais peut-on l'étendre à d'autres hypothèses ? *A priori*, non car la principale hypothèse à laquelle on aurait pu l'étendre est celle d'un militaire qui irait au front et qui redouterait de ne pas revenir de là vivant. Or, en condamnant (comme nous le verrons), la PMA *post-mortem*, le législateur de 2022 neutralise cette hypothèse. Si le militaire revient vivant et avec altération de ses facultés reproductives, il rentrera dans le cas du premier tiret de l'article 2(2). Dans le cas contraire, le recours à la PMA ne pourra lui être ouvert que s'il s'agit d'éviter la transmission d'une maladie congénitale grave. Il ne reste plus que le cas de l'éloignement ou de l'emprisonnement pour une très longue durée. Mais si des moments de rencontre avec le partenaire sont aménagés, il n'est point besoin d'ouvrir la PMA à ces cas.

PMA est largement ouvert, il faudrait se garder de cette impression car, aux termes de l'article 7, « la procréation médicalement assistée doit être justifiée ». Or, si le recours était largement ouvert, il n'y aurait pas à le justifier. En posant cette exigence, le législateur voudrait signifier que le recours ne doit se faire que pour et dans les cas retenus[15], à savoir pallier l'infertilité et éviter la transmission d'une maladie congénitale grave à l'enfant. Le recueil et la conservation volontaires dont il est question dans le 3e tiret de l'article 2(2) pourrait viser les tiers qui se prêteraient à l'opération ou, surtout, renvoyer à l'hypothèse de stérilité simplement redoutée : par exemple, la qualité des ovocytes baissant avec l'âge, on peut imaginer que pour diverses raisons[16], de jeunes femmes qui ne veulent pas être mères pour le moment souhaitent procéder à la congélation de leurs ovocytes en attendant de se lancer plus tard dans un projet de maternité sans compromettre leurs chances[17]. Avec la définition large rappelée ci-dessus, on se retrouverait dans un cas de PMA puisque la conservation des gamètes y est envisagée.

Cela dit, il y a lieu néanmoins de s'étonner que la loi[18], comme l'avant-projet de code des personnes et de la famille[19], semble n'admettre le recours à la PMA préventive que pour éviter la transmission aux

[15] C'est pourquoi, tirant les conséquences de cette exigence, il astreint fort logiquement les demandeurs d'une PMA « à un bilan de santé comprenant les examens appropriés définis par voie réglementaire ». Si le recours était libre et volontaire, qu'est-ce qui justifierait cette obligation de l'article 11(2) ? Il en est de même de l'exigence posée par l'article 22 selon laquelle « la procréation médicalement assistée ne peut être mise en œuvre par un médecin lorsque les demandeurs ne remplissent pas les conditions prévues par la présente loi ».

[16] Envie de construire sa carrière professionnelle avant de penser à la maternité,

[17] Dans un article rédigé par Elise Legrand et posté sur son site internet le 26 avril 2023 à 15h54 (et consulté le28 avril à 8h20), le Journal "*Le Vif*" signale une hausse des congélations d'ovocytes en Belgique : à Brussels IVF (centre de la reproduction humaine de l'UZ Brussel), 300 congélations en 2022 contre 162 en 2021 et seulement 18 en 2010. Ceci avec un abaissement de l'âge des femmes qui y recourent (l'âge moyen se situant à 36 ans contre 38 ans au début, selon les dires du gynécologue De VOS).

[18] Si l'on s'en tient à l'article 2(2) dont le 2e tiret précise que la PMA est destinée « aux couples souffrant d'une maladie grave susceptible d'être transmise à l'enfant ». *Quid* de la transmission au conjoint ?

[19] Il convient de rappeler que selon l'article 507 (b), la PMA n'est autorisée que « si le risque de transmission d'une maladie grave et incurable aux descendants ne peut être écarté d'une autre manière ». *Quid* de la transmission au conjoint ?

descendants[20]. Qu'en est-il du cas où le recours viserait à éviter la transmission d'une maladie grave au conjoint ? Mais à la vérité, la loi de 2022 prend en compte cette considération puisque l'article 26 (2) qui institue la possibilité dérogatoire de recourir à la PMA avec tiers donneur dit que cela est possible « lorsqu'il existe un risque de transmission d'une maladie d'une particulière gravité à l'enfant ou à un membre du couple ». Une solution contraire aurait été difficile à comprendre car refuser le recours dans un tel cas serait condamner les couples dont l'un est atteint d'une maladie grave à ne procréer qu'en exposant le conjoint sain, sauf s'il s'agit d'une maladie susceptible d'être transmise au futur enfant.

Au final, l'un et l'autre textes en réalité font du recours à la PMA un recours-remède en lui assignant une visée thérapeutique et sanitaire. Qu'en est-il du caractère du recours ?

2 – Un recours subsidiaire ou recours libre ?

La question ici est de savoir si la PMA doit être un mode alternatif à la procréation naturelle auquel on peut recourir si et quand on veut ou non. En donnant à la PMA une visée thérapeutique et sanitaire, cela donne déjà une indication de la réponse retenue par les deux textes. La question à présent est de savoir si une fois que l'on est dans le cadre de cette visée, cela suffit pour recourir à la PMA. En d'autres termes, dès que la stérilité est établie, ou le risque de transmission de la maladie, cela suffit-il pour recourir à la PMA. Une réponse affirmative signifierait que l'on peut y recourir de manière principale ou directe. L'examen des dispositions des deux textes laisse apparaître qu'en plus de limiter la PMA à une visée thérapeutique ou sanitaire, le législateur camerounais lui donne aussi un caractère subsidiaire[21]. Que ce soit pour le recours destiné à pallier la stérilité ou pour celui destiné à éviter la transmission d'une maladie congénitale grave, cela n'est possible, dans le premier cas, que si le centre de PMA a vérifié que les causes de la difficulté ou de l'incapacité à concevoir ont été déterminées et « traitées antérieurement sans succès, conformément aux données de la science et aux usages de la

[20] L'article 52 alinéa 1 du code béninois de l'enfant donne la même impression en disposant que « on ne peut recourir à l'assistance médicale à la procréation que pour cause d'infertilité, de stérilité, d'incapacité physique, ou pour éviter la transmission à l'enfant d'une maladie d'une particulière gravité ».

[21] Ce qui, malgré l'hésitation que le 3e tiret de l'article 2(2) aurait pu susciter, devrait conforter la thèse selon laquelle la loi de 2022 adopte la conception d'une PMA-remède.

profession »[22] et dans le second, que les maladies congénitales des demandeurs ont été antérieurement diagnostiquées et « traitées sans succès conformément aux données de la science et aux usages de la profession »[23]. Il ne suffit donc pas qu'une maladie susceptible d'être transmise ou une difficulté ou incapacité à concevoir ait été diagnostiquée. Encore faudrait-il que leur traitement ait échoué. En affirmant ainsi la subsidiarité de la PMA, le législateur camerounais ne se prononce pas en faveur de la liberté du choix de mode de procréation. Compte tenu des risques et des dangers[24] inhérents à certaines de ces techniques, ce choix nous semble judicieux, ne serait-ce que provisoirement[25]. Toutefois, il faut bien avoir conscience que ces choix de visée thérapeutique et de caractère subsidiaire du recours peuvent avoir des conséquences. Notamment, étant donné qu'il faut d'abord préalablement établir ou diagnostiquer la cause et essayer d'y remédier par d'autres moyens (sauf si la certitude est directement acquise qu'il n'y a pas de solution alternative efficace), cela peut retarder le moment de l'engagement du processus de PMA. Ce qui pourrait avoir un impact sur les chances de réussite de l'opération.

L'analyse des caractères du recours à la PMA laisse apparaître une similitude quasi-totale entre l'avant-projet du code des personnes et de la

---

[22] L'avant-projet du Code des personnes et de la famille allait dans le même sens puisque son article 507 exigeait que les autres traitements aient échoué ou aient été vains.

[23] L'avant-projet du Code des personnes et de la famille exigeait que le risque ne puisse être écarté d'une autre manière.

[24] La dépersonnalisation de la sexualité qu'elle réalise est susceptible d'engendrer de nombreux dangers, sociaux et moraux notamment. Sur la question, voir, entre autres, B. STURLESE qui affirme qu'en dissociant les différents temps de procréation et en multipliant les acteurs, les techniques de PMA peuvent susciter des occasions de dérive vers l'eugénisme (*in* « Les droits de la personne devant la vie et la mort », coll. Problèmes politiques et sociaux, La doc. Française, Paris, 1993, p. 10) ; Marie-Thérèse CALAIS-AULOY (« La légitimité des techniques de procréation assistée », *Petites Affiches*., 7 octobre 1998, n° 120, p. 8 et s.) ; MANUEL et CZYBA qui évoquaient le risque de névroses ou d'états psychopathologiques patents (*Aspects psychologiques de l'insémination artificielle*, Villeuranne, Ed. Simep, 1983) ; Xavier DAVERAT, « Enfant né par insémination d'une mère engagée dans une relation homosexuelle et autorité parentale du donneur » et J. MASSIP, « Insémination artificielle et autorité parentale », sous Civ. 1ère, 9 mars 1994, respectivement *Les Petites Affiches* n° 116, 28 septembre 1994, p. 21 et s. et *Les Petites Affiches* n° 155, 28 déc. 1994, p. 24 et s. ; *Eugenic Artificial Insemination : a Cure for Mediocrity*, *Harv. Law J.*, 1981, 94, 1850....

[25] La politique des petits pas paraît un élément de maîtrise des risques.

famille et la loi du 14 juillet 2022 relative à la PMA. Ce qui montre une constante du législateur camerounais dans la mesure où une trentaine d'années sépare les deux textes. La même constance ne se laisse pas percevoir autant en matière de champ du recours à la PMA.

B – Le champ du recours

D'emblée, il faudrait signaler les limites de la comparaison entre les deux textes compte tenu de la faible densité des dispositions consacrées par l'avant-projet à la PMA. Cela dit, relativement au champ du recours, il convient de distinguer le champ personnel (1) du champ matériel (2).

1 – Le champ personnel du recours

Le champ personnel doit être apprécié par rapport aux personnes qui peuvent recourir à la PMA, *i.e.* les demandeurs (a), et par rapport aux tiers à qui ils peuvent recourir (b).

a – Par rapport aux demandeurs de PMA

Au regard des demandeurs de PMA, il y a non seulement une plus grande ouverture dans la loi, mais aussi une plus grande précision. En ce qui concerne la plus grande ouverture, alors que l'avant-projet semblait limiter le recours uniquement aux couples mariés, la loi se contente des couples. Lorsque ceux-ci ne sont pas mariés, ils doivent être stables. En effet, selon l'article 11 de la loi, l'homme et la femme demandeurs de PMA doivent être vivants et en couple. S'agissant de la première exigence, qui constitue un aspect que l'avant-projet n'abordait qu'implicitement en faisant de la cessation de la communauté de vie (et donc du décès d'un des membres du couple) un obstacle à la PMA, la loi semble condamner toute PMA *post mortem*[26]. Pourtant, en la matière, une distinction pouvait être faite entre l'insémination artificielle *post mortem* et le transfert d'embryon *post mortem*[27]. Dans le premier cas, le membre du couple, spécifiquement l'homme, décède alors que seul le sperme a été prélevé jusque-là tandis que dans le second, il décède alors que l'embryon a déjà été obtenu et qu'il ne restait plus qu'à le transférer dans l'utérus maternel. Des deux hypothèses, la première semble plus sidérante parce qu'elle soulève de

---

[26] C'est la position de la loi malienne également (cf. article 17 de la loi n°2016-066 du 30 décembre 2016 portant assistance médicale à la procréation).

[27] La gestation *post-mortem* n'appelant pas de spécificité à notre avis (voir notre article « Les législateurs africains et la PMA, le cas de la procréation *post-mortem* », in *Le droit africain à la quête de son identité*, Mélanges offerts au Professeur Isaac Yankhoba Ndiaye, L'Harmattan, 2021, pp. 955-973).

plus grosses inquiétudes et incertitudes aussi bien d'un point de vue juridique qu'extra-juridique[28]. Ce qui fait d'elle un secours dangereux de la science à la nature[29]. C'est la raison pour laquelle son interdiction nous semble légitime. Par contre, une solution favorable à l'admission du transfert *post mortem* peut se défendre. Premièrement, contrairement à l'hypothèse de l'insémination *post mortem*, la filiation de l'enfant issu de l'opération poserait moins de problème grâce à la pratique de l'expertise *in futurum* et si la solution est assortie de la possibilité d'une reconnaissance *ante natus*. Deuxièmement, imposer l'arrêt du processus à la femme pourrait être attentatoire à sa liberté et, surtout, équivaloir à lui infliger un autre deuil (après celui de son conjoint). Ce qui, dans le contexte camerounais, voire africain, serait difficilement compréhensible. Troisièmement, étant donné que l'embryon conçu *in vitro* a déjà une existence humaine, dans les systèmes où on assiste à un allègement du recours à l'adoption au point de l'admettre même par les célibataires, n'y aurait-il pas quelque chose d'illogique d'invoquer la peur des familles monoparentales ou le droit de l'enfant à naître à ses deux parents pour refuser d'admettre le transfert *post mortem*[30] ? Il n'y a pourtant pas de doute que la loi de 2022 et l'avant-projet condamnent aussi le transfert *post mortem*. En effet, les éléments énoncés par l'article 12 de la loi et l'article 504(3) de l'avant-projet comme constituant des obstacles à la PMA ne distinguent pas l'insémination du transfert des embryons. Et parmi ces éléments figure la cessation de la communauté de vie de manière générale, et plus spécifiquement le décès d'un membre du couple. C'est une solution qui peut se recommander de la caducité du consentement du fait du décès intervenu avant la réalisation de la PMA. Dès lors, la question qui se pose est de savoir quand est-ce que l'on doit considérer une PMA comme réalisée. Les deux textes semblent implicitement considérer qu'une PMA n'est réalisée que lorsque l'embryon a déjà été transféré dans le sein maternel. Il s'agit pour nous

[28] Sur un cas où la demande d'insémination *post mortem* est effectuée par la mère du défunt, voir les décisions rendues par la CEDH et le Conseil d'Etat français dans l'affaire Lanzman (respectivement le 12 novembre 2019 et le 4 décembre 2018) et les commentaires qu'elles ont suscités (par exemple, Anne-Blandine Caire, « L'inquiétante étrangeté de la procréation *post mortem* devant la Cour européenne des droits de l'homme », *Recueil Dalloz*, 2020, pp.324 et s.).

[29] Tout récemment encore, une Espagnole a fait recours à une mère porteuse pour qu'elle porte l'embryon fabriqué avec le sperme de son fils décédé depuis trois ans. La pratique n'étant pas autorisée en Espagne, elle a dû le faire aux États-Unis.

[30] Sur l'ensemble de la question, voir notre thèse et notre article « Les législateurs africains et la PMA : le cas de la procréation *post mortem* » cités ci-dessus.

d'une position qui limitera le sort de l'embryon déjà créé mais non encore transféré dans le sein maternel au moment du décès de l'homme à l'accueil par un autre couple ou à la destruction. De ce fait, elle nous paraît critiquable ; la solution aurait dû être une admission conditionnée[31] et encadrée[32].

En ce qui concerne le statut matrimonial des demandeurs de PMA, il ressort de l'article 11(3) de la loi que l'homme et la femme demandeurs d'une PMA doivent en principe être unis par les liens de mariage. Dans l'avant-projet du code des personnes et de la famille, même si cela ne ressortait qu'implicitement, cela semblait une exigence absolue. En utilisant à plusieurs reprises les mots couple et époux[33], l'avant-projet paraissait réserver la PMA uniquement aux personnes mariées puisque le mariage était la seule forme de conjugalité consacrée en droit camerounais de la famille. Contrairement à l'avant-projet, la loi de 2022 met l'accent plutôt sur l'existence d'une communauté de vie que le mariage fait naturellement présumer. Mais en l'absence de mariage, elle admet que des personnes en couple puissent recourir à la PMA. Selon l'article 11(3), leur communauté de vie devra être attestée par un rapport d'enquête sociale dont les modalités seront précisées par voie réglementaire. Compte tenu du contexte social camerounais où les personnes en couple ne recourent plus systématiquement au mariage, ou le font beaucoup plus tardivement qu'avant, cette ouverture aux couples non mariés nous semble justifiée. Avec le développement indiscutable des autres formes de conjugalité[34], le choix du législateur dans l'avant-projet, qui faisait encore une prime énorme au mariage, était critiquable. L'exigence d'un couple ayant un minimum de stabilité semble suffisante pour concilier les différents intérêts en jeu et plus en harmonie avec l'évolution de la société. Par rapport aux difficultés d'appréciation de la stabilité pour les couples non mariés, la loi prévoit une enquête sociale dont les modalités seront précisées par un texte d'application[35]. Ayant basé l'ouverture du recours

---

[31] Le défunt devrait avoir consenti à la poursuite malgré son décès.

[32] Par exemple, obligation pour la veuve de déclarer l'existence de l'embryon, limitation du nombre de tentatives d'implantation, enfermement de l'admission du transfert dans un certain délai compris entre 9 et 12 mois après la mort du mari…

[33] Cf. articles 503, 504, 505 et 507.

[34] Malgré l'absence regrettable des statistiques fiables en la matière, cela peut difficilement être contesté.

[35] Voir notre article cité ci-dessus : « Les dits et non-dits du législateur camerounais en matière de recours à la PMA dans l'avant-projet de code des personnes et de la famille », *spéc.* p. 1017.

sur l'existence d'une communauté de vie ou du mariage entre les demandeurs, les deux textes, de manière fort logique, font du dépôt d'une requête en divorce ou en séparation de corps ou de la cessation de la communauté de vie des obstacles à l'insémination ou au transfert des embryons. Pour le cas des couples non mariés, la cessation de la communauté de vie devra être constatée par un rapport d'enquête sociale notifié par l'un des auteurs du projet parental au centre de PMA[36].

Cela dit, fallait-il aller jusqu'à laisser tomber l'exigence d'être en couple ? Si l'on ne voit dans le recours à la PMA qu'une question de libertés (individuelles) ou de droits de ceux qui y recourent, une réponse affirmative devrait s'imposer. Mais pour nous, parce que la question va au-delà et interpelle aussi la responsabilité collective des êtres humains, la position de la loi de 2022 nous semble plus convenable.

En ce qui concerne la plus grande précision de la loi, elle concerne d'abord le fait que, là où l'avant-projet n'abordait explicitement la question du consentement que relativement à la PMA exogène[37], la loi exige explicitement un consentement libre et éclairé du couple qui recourt à la PMA, réglemente leur droit à l'information[38] et impose la conclusion préalable d'une convention entre le centre et eux[39]. La plus grande précision se manifeste aussi dans le fait que, contrairement à l'avant-projet, la loi réglemente l'âge des demandeurs et l'absence de lien de parenté avec le tiers en cas de PMA exogène[40]. Au sujet de la première considération, l'article 11 alinéa 1 énonce un âge minimum pour les deux membres du couple demandeur (à savoir 21 ans) et un âge maximum pour la femme (qui est de 55 ans). Il s'agit d'exigences que l'on ne retrouvait pas dans l'avant-projet[41]. L'exigence d'un âge minimum peut se comprendre[42] car si la procréation naturelle nécessite juste l'aptitude physiologique et, dans le contexte camerounais, peut avoir lieu même de manière accidentelle, rien n'interdit qu'un âge soit imposé pour le recours à la PMA qui constitue une décision volontaire. La principale question que l'on peut soulever est celle de la cohérence avec l'âge légal de mariage : celui-ci étant fixé respectivement à 18 et 16 ans pour l'homme

---

[36] Cf. article 12, 2e tiret.

[37] Cf. article 503.

[38] Cf. articles 5, 6, 18, notamment.

[39] Cf. article 19.

[40] La loi malienne prohibe la PMA exogène (cf. articles 17 et 18).

[41] Exigences qui auraient peut-être figurer dans les textes d'application.

[42] Pour le cas d'espèce, il s'agit de l'âge de la majorité civile au Cameroun.

et la femme, cela aurait pour conséquence qu'une fille qui s'est mariée à 16 ans ne pourrait pas recourir à la PMA avant cinq (5) ans. Si la PMA avait été réservée uniquement à des couples mariés, il aurait été possible de partir de cet âge et d'y ajouter la période minimale nécessaire pour que l'on soit considéré comme étant stérile ou infertile[43]. Mais comme il a été vu ci-dessus, tel n'est pas le choix effectué par le législateur de 2022. Il est également possible de remarquer que, contrairement à l'âge de mariage, l'âge minimum retenu ici est le même pour la femme que pour l'homme. Compte tenu de l'âge retenu, il n'y a probablement pas de raisons objectives ou pertinentes de distinguer entre l'homme et la femme ici. De ce fait, il peut être intéressant de montrer un certain attachement à l'idée d'égalité des sexes[44].

En plus de cet âge-plancher qui est commun à l'homme et à la femme qui recourent à la PMA, le législateur impose un âge-plafond qui ne concerne que la femme. En effet, aux termes de l'article 11(1), « pour la femme, l'âge limite de recours à la procréation médicalement assistée est fixé à cinquante-cinq (55) ans ». La fixation d'un âge-plafond peut aussi se comprendre, ne serait-ce que pour éviter que le risque de recours à la PMA par des femmes en âge très avancé que nous évoquions dans notre thèse se réalise[45]. Néanmoins, des difficultés d'application de cette exigence ou des interrogations peuvent d'ores et déjà être anticipées. En dehors du fait de savoir s'il s'agira d'âge révolu ou non et de l'interrogation sur le choix de cet âge[46], il est possible de se demander, compte tenu de l'éventuelle durée du processus, ce qu'il adviendrait si le processus a été engagé pendant que la femme était encore dans les limites de l'âge requis mais que l'embryon n'a été obtenu avec succès qu'au moment où elle est déjà dans sa 56e année ? Doit-on interdire le transfert

---

[43] A savoir, à peu près après deux ans de rapports continus.

[44] Dans la loi malienne, les âges ne sont fixés que pour la femme et ils sont respectivement de 18 et 42 ans (cf. article 5 de la loi n°2016-066 du 30 décembre 2016 portant assistance médicale à la procréation).

[45] Cf. paragraphe n° 161, pp. 153 et s.

[46] Dans notre thèse et notre article dans les Mélanges offert à Isaac Yankhoba Ndiaye cités ci-dessus, nous préconisions qu'il y ait cet âge plafond mais fixé après des études menées sur l'âge au-delà duquel porter une grossesse peut présenter des risques pour la femme ou pour l'enfant. Nous imaginons que de telles études existent au Cameroun, mais nous n'avons pas pu en avoir la certitude pour le moment. L'âge retenu a-t-il un lien avec l'âge de la ménopause au Cameroun ? La question de cet âge est d'autant plus importante qu'avec la multiplication des familles recomposées due à plusieurs facteurs, il se trouvera de plus en plus de nouveaux couples voulant avoir « un enfant à eux » alors que la femme est déjà peut-être au-delà de l'âge requis.

de cet embryon dans le sein maternel au motif que l'âge limite est déjà dépassé ? Il nous semble raisonnable que l'appréciation devrait se limiter au moment de l'engagement de la procédure. Si une procédure a commencé avant l'âge limite mais a échoué au moment où cet âge est déjà dépassé, la femme ne devrait plus s'engager dans une nouvelle procédure. Mais, que décider si la première procédure dont le transfert d'embryon n'a pas pu déboucher sur un accouchement avait donné lieu à des embryons surnuméraires conservés ? La femme, qui par hypothèse a dépassé l'âge de 55 ans, peut-elle obtenir le transfert d'un de ces embryons ?

Par ailleurs, étant donné que le plafond n'a été fixé que pour la femme[47], il peut y avoir lieu de s'interroger sur l'ouverture du recours à la PMA à un couple dans lequel l'homme est en âge très avancé (90 ans, par exemple) et la femme âgée de 54 ans. Même si l'homme ne semble pas être limité par une « horloge biologique », n'était-il pas possible d'analyser l'âge du couple ensemble, au lieu de ne se focaliser que sur celui de la femme en considérant aussi que si l'homme peut procréer naturellement à tout âge, lorsqu'il doit recourir à la PMA, il ne peut ne pas être incongru de fixer un âge au-delà duquel le recours est fermé.

b – Par rapport aux tiers à qui on recourt

Par rapport aux tiers auxquels le couple demandeur peut recourir, il convient de signaler que si dans l'avant-projet il pouvait s'agir aussi bien d'un tiers-donneur de gamètes que d'une mère porteuse[48], la loi est plus restrictive ; elle interdit la gestation pour autrui (GPA)[49] et l'érige même en infraction[50]. On peut d'ailleurs se demander ce qui explique « ce recul » de la loi surtout si on a à l'esprit que la société camerounaise est considérée comme accordant une grande importance au fait d'avoir une descendance[51]. En tout état de cause, le tiers ne pourra désormais être

---

[47] Ce qui pourrait paraître comme une discrimination, même si l'homme serait naturellement en capacité de procréer à tout âge.

[4848] En effet, l'article 505 de l'avant-projet disposait que « la femme qui accepte de prêter son utérus aux fins de procréation, doit consentir aux conditions irrévocables relatives à la remise de l'enfant au couple demandeur par acte notarié ».

[49] Cf. article 48. C'est la position du législateur malien également (cf. article 17 de la loi n°2016-66 du 30 décembre 2016 portant assistance médicale à la procréation).

[50] Voir ci-dessous dans la partie consacrée à la responsabilité pénale, les développements relatifs à l'article 59.

[51] Est-ce à dire que malgré l'importance accordée à la descendance, la société camerounaise n'est pas encore prête à admettre que ce désir soit satisfait par tous les moyens ? La question mérite d'autant d'être posée que dans certaines contrées, des pratiques d'enfantement adultérines, voire incestueuses, étaient tolérées (avoir des

qu'un donneur de gamètes. Au sujet de celui-ci, on note une moindre exigence et une plus grande précision de la loi.

La moindre exigence est manifestée par le fait que le consentement n'est pas nécessairement donné devant le notaire[52] et le fait que l'obligation imposée n'est plus le secret, mais la réserve et la confidentialité[53]. Cette évolution peut s'expliquer probablement déjà par le fait que le recours au notaire n'est plus obligatoire et que la notion de secret renvoie implicitement au professionnel alors que le tiers peut ne pas être un professionnel. En tout cas, il n'intervient pas dans le champ professionnel.

La plus grande précision se révèle à travers de nombreuses exigences telles que[54] :

- le plafonnement du recours à un même donneur : aux termes de l'article 32, le recours aux gamètes d'un même donneur n'est plus autorisé lorsque l'emploi de ceux-ci a abouti à deux naissances[55];
- l'interdiction des transferts simultanés : selon l'article 44, l'insémination simultanée de gamètes et le transfert simultané d'embryons provenant de donneurs différents sont interdits ;

---

rapports avec son beau-frère ou sa belle-sœur pour pouvoir faire un enfant). Au Bénin, où la pratique est admise, certains expliquent sa consécration justement par le fait qu'il s'agit d'une vieille pratique dans les traditions, même si elle n'était pas ouvertement tolérée. Il s'agit de la même pratique consistant pour une épouse à solliciter sa sœur ou une proche pour que son mari lui fasse un enfant qui deviendra le sien. Pour y recourir, il faudrait être un couple marié (cf. article 59 alinéa 4, 3e tiret) et l'utilisation au minimum des gamètes d'un des deux membres du couple (cf. article 59 alinéa 3).

[52] Article 23 de la loi c/ article 503 de l'avant-projet.

[53] Article 9 de la loi c/ article 503 de l'avant-projet.

[54] À titre de comparaison, le code béninois de l'enfant indique que les donneurs doivent être choisis avec soins suivant des critères médicaux pour éviter tout risque de maladie pour la femme et pour assurer une bonne santé à l'enfant qui va naître. La liste de ces critères devant être fixés par un arrêté du ministre en charge de la santé (cf. article 55).

[55] Il faut dire que cette limitation est utile, notamment pour réduire les risques de consanguinité et, en tout cas, elle est courante, même si le nombre varie d'un pays à l'autre (voir notre thèse, citée ci-dessus, n°106). Le code béninois de l'enfant plafonne le don à une seule fois mais au profit d'une même personne (cf. article 56(b)). Ce qui laisse croire que la même personne peut faire autant de dons qu'elle veut pourvu que ce soit à des personnes différentes.

- l'anonymat[56] et la gratuité du don : aux termes de l'article 8, les dons de gamètes et d'embryons, ainsi que le transfert d'embryons sont volontaires, anonymes et gratuits ;
- et l'exigence d'examens lorsque cela est nécessaire : aux termes des deux premiers tirets de l'alinéa de l'article 20, lorsque cela est indiqué, le centre consulté vérifie que les causes de stérilité, d'infertilité ou d'hypofertilité du couple, la difficulté ou de l'incapacité à concevoir des demandeurs ont été déterminées et traitées antérieurement et sans succès ou que leurs maladies congénitales ont été antérieurement diagnostiquées et traitées sans succès conformément aux données acquises de la science et aux usages de la profession.

Mais il y a persistance dans la loi de quelques points toujours non abordés, comme la prise en compte ou non de l'opinion du conjoint du donneur si celui-ci est en couple et sa pré-paternité ou maternité. Pourtant, au regard de son conjoint, si son consentement n'est pas sollicité, peut-il le considérer comme un comportement offensant et s'en prévaloir pour demander des dommages-intérêts, voire le divorce ? À notre avis, du fait de la communauté que le mariage est supposé créer entre les membres du couple, et en dépit d'une légitime préservation d'un certain « espace de liberté » personnel, le consentement du conjoint devrait être nécessaire. En effet, même si la confidentialité qui entoure l'opération peut le laisser dans l'ignorance de l'opération[57], est-ce bien que la loi encourage cette sorte de tromperie morale ? Par rapport à la pré-paternité ou maternité, il s'agirait d'éviter le regret qu'un tiers pourrait avoir d'avoir aidé des couples à avoir des enfants et par la suite ne parvienne pas à en avoir lui-même[58]. La question est surtout importante par rapport aux donneuses d'ovocytes dans la mesure où les femmes en auraient en nombre limité et leur qualité baissant avec l'âge, une femme qui aurait procédé à des dons pendant qu'elle était plus jeune (25 ans, par exemple) pourrait ne plus être à mesure

[56] L'interprétation stricte de l'article 503 de l'avant-projet pouvait aboutir au contraire (voir notre article cité ci-dessus, « Les dits et non-dits du législateur camerounais en matière de recours dans l'avant-projet du code des personnes et de la famille », p.1020).

[57] Heureusement d'ailleurs que la loi interdit la gestation pour autrui (GPA), sinon le conjoint de la mère porteuse, contrairement à la FIV et à l'IAD, ne pourrait être dans l'ignorance de l'opération.

[58] Pour la GPA, par exemple, le code béninois de l'enfant impose que l'on ne peut recourir à une mère porteuse que si elle a déjà elle-même au moins 2 enfants (cf. article 59 alinéa 3).

de procréer naturellement au moment où elle envisage son projet de maternité une dizaine d'années plus tard[59]. Contrairement à l'avant-projet, la loi de 2022 semble avoir conscience de ce risque puisqu'elle exige que la donneuse d'ovocytes soit « particulièrement informée des conditions de la stimulation ovarienne et du prélèvement ovocytaire, des risques et des contraintes liées à cette technique lors des entretiens avec l'équipe médicale pluridisciplinaire »[60]. Il ne reste plus qu'à espérer que les professionnels concernés jouent vraiment le jeu et ne se contentent pas de faire signer un formulaire dans lequel les donneuses reconnaissent avoir été informées car, autrement, il pourrait être difficile pour une donneuse de démontrer après coup qu'elle n'a pas reçu toute l'information nécessaire.

S'il y a une certaine convergence entre les deux textes au regard du champ personnel, aussi bien sur ce qu'ils disent que sur ce qu'ils ne disent pas, elle n'est pas aussi grande que par rapport à la nature du recours à la PMA. Qu'en est-il du champ matériel ?

2 – Le champ matériel du recours

Pour analyser le champ matériel, il faudrait s'intéresser au lieu (a) et aux techniques (b) de la réalisation de la PMA.

a – Le lieu de réalisation de la PMA

En ce qui concerne le lieu de réalisation de la PMA, l'avant-projet indiquait seulement que la PMA ne peut s'effectuer que dans un centre agréé[61]. Elle consacrait ainsi un contrôle de la PMA en amont. Lequel contrôle est repris par la loi, qui y ajoute, implicitement un contrôle en aval.

En amont, les articles 13, 14 et 25 exigent que les activités de PMA ne puissent être pratiquées que dans des établissements publics dédiés ou dans des établissements privés agréés. Étant donné que les conditions d'agrément ne seront déterminées que par un texte réglementaire à venir, il n'y a pas de remarques particulières à faire. Mais il y a déjà lieu de dire que cette exigence est bien fondée compte tenu de la délicatesse et des risques de la PMA et de souhaiter que les textes d'application, non seulement interviennent le plus rapidement possible, mais aussi, et

[59] Il ne lui resterait plus qu'à recourir à son tour à la PMA.

[60] Cf. article 30.

[61] Il est certain, même si l'avant-projet ne le disait pas, qu'un texte d'application aurait précisé les conditions d'obtention de cet agrément.

surtout, qu'ils soient le plus précis possible[62]. De plus, à côté de l'agrément du centre, les professionnels concernés devront être habilités. En effet, aux termes de l'article 16, alinéa 1, les actes cliniques et biologiques de PMA s'effectuent sous la responsabilité d'un praticien habilité à cet effet et l'article 17 alinéa 1 énonce la liste des personnes habilitées à exercer ces actes. Il s'agit de certains professionnels (gynécologues-obstétriciens, des médecins biologistes, des urologues, des pharmaciens-biologistes) diplômés en assistance médicale à la procréation[63], inscrits au tableau des ordres nationaux des médecins ou des pharmaciens et justifiant d'une expérience d'au moins deux ans dans un établissement agréé en matière de PMA[64].

En ce qui concerne le contrôle aval, il s'agit de la supervision des centres agréés. Si la loi ne la réglemente pas explicitement, son principe ne fait pas de doute. En effet, parce qu'elle permet au ministre en charge de la santé de prononcer des sanctions comme la suspension de l'exercice des activités de PMA ou le retrait d'agrément en cas de violation de ses dispositions, la loi autorise la supervision des centres puisque la constatation des violations n'est possible qu'à cette condition-là. Cela dit, pour la sécurité et la prévisibilité, il sera néanmoins bon qu'un des textes à venir en précise les modalités. Et à ce sujet, l'organe national en charge de l'éthique devra être doté de pouvoirs en la matière. Ce qui nous amène à examiner l'encadrement des techniques de réalisation de la PMA.

b – Les techniques de réalisation de réalisation de la PMA

En ce qui concerne les techniques, les valeurs que la réalisation de la PMA doit respecter peuvent être considérées comme étant les mêmes dans les deux textes. En dehors du respect de la déontologie qui ne ressort explicitement que dans la loi, il s'agit de la dignité humaine, de l'éthique, de la personnalité et de la famille[65]. Au-delà de ces grands principes

[62] Sur certaines considérations susceptibles d'être prises en compte, voir notre thèse citée ci-dessus, n°187.

[63] Il semble qu'il ne suffise pas de relever de l'une des professions indiquées, encore faudrait-il être diplômé en AMP.

[64] Pendant les deux ans où la personne se trouve dans le centre agréé, peut-elle déjà intervenir ? Sinon, comment va-t-elle acquérir l'expérience nécessaire à son habilitation future ? Si oui, pourra-t-elle le faire pour tous les actes ou pour certains d'entre eux seulement ? Il y a lieu d'espérer que les textes réglementaires d'application apporteront des précisions sur ces aspects.

[65] Cf. article 4 de la loi et article 501 de l'avant-projet.

devant guider la réalisation de la PMA[66], les techniques devraient être aussi encadrées par la réglementation du choix de la technique à utiliser. À ce sujet, si l'avant-projet est silencieux, la loi instaure une priorité en faveur de la PMA endogène. En effet, l'article 26 dispose dans son alinéa 1 que la PMA s'effectue avec le matériel reproductif prélevé sur le couple porteur du projet parental et ce n'est que par dérogation que son alinéa 2 autorise le recours aux gamètes d'un tiers, notamment en cas de risque de transmission d'une maladie d'une particulière gravité à l'enfant ou au conjoint ou si le matériel du couple ne peut induire une grossesse. Il faut d'autant le souligner que si le recours à la PMA est subordonné seulement à l'existence d'une maladie grave[67], le recours à la PMA exogène semble exiger une maladie d'une particulière gravité[68]. Si cette primauté à la PMA. Si cette primauté se justifie *a priori*, ne serait-ce que parce que la PMA endogène suscite moins de risques juridiques et moraux, elle devrait peut-être se doubler d'une autre, à savoir la priorité aux techniques les plus sûres. Cela permettrait d'éviter le risque d'un acharnement procréatif endogène qui non seulement retarderait le recours à la PMA exogène et limiterait ses chances de succès, mais aussi entraînerait le développement de techniques, certes endogènes, mais pénibles[69] (c'est d'ailleurs pourquoi il faut approuver le fait que la loi ait instauré une dérogation explicite à cette primauté). Par ailleurs, cette autre primauté permettrait aussi, même entre techniques endogènes, de choisir celle qui est la plus sûre. Certes, la question de l'auteur du choix se posera. Et, à notre avis, si la décision de recourir à la PMA relève indiscutablement de la sphère privée (ce qui pourrait incliner à réserver le choix au couple demandeur[70]), sa réalisation quant à elle ne constitue pas un acte purement de vie privée. De ce fait, la décision devrait être prise de manière concertée et après une information complète des demandeurs. D'ailleurs, l'article 20 alinéa 2 de la loi impose au centre d'informer les porteurs du projet parental « sur la pratique

[66] À titre de comparaison, le code béninois de l'enfant de respect de la dignité humaine, la protection de la personne et de la famille et « le bien de l'enfant » (cf. article 52 alinéa 2).
[67] Cf. article 2 alinéa 2 de la loi.
[68] Il convient de rappeler que l'article 52 alinéa 1 du code béninois de l'enfant cité ci-dessus parle de transmission à l'enfant d'une maladie d'une particulière gravité. Qu'en est-il si la maladie est d'une simple gravité et à partir de quand la gravité devient particulière ?
[69] Ce serait le cas, par exemple, de l'ICSI (*intracytoplasmic sperm injection*).
[70] Avec d'ailleurs primauté de l'opinion de la femme en cas de désaccord puisque rien ne justifierait une atteinte à son intégrité corporelle contre son gré.

médicale employée, ses chances de réussite[71], ses effets secondaires, ses risques à court et à long terme, ainsi que la pénibilité et les contraintes que l'exercice peut engendrer ». La primauté accordée à la technique sûre permettrait aussi de faire en sorte que le refus du praticien de se lancer dans une technique choisie par les demandeurs mais qui présente des risques énormes ne soit pas seulement d'ordre éthique ou déontologique[72].

Entre l'avant-projet de code des personnes et de la famille et la loi du 14 juillet 2022, de notables différences existent en ce qui concerne la nature du recours à la PMA. Qu'en est-il des effets du recours ?

II – Les effets du recours à la PMA

Le recours à la PMA pour procréer n'est pas anodin au plan juridique. Au-delà du fait qu'il peut entraîner la venue au monde d'un enfant, auquel cas se posera la question de sa filiation, il peut produire d'autres effets. Contrairement à la question de la filiation qui se poserait indépendamment du respect des exigences légales, la question des responsabilités des intervenants dans le processus peut se poser aussi. Bien que l'avant-projet fût globalement silencieux sur la question de la responsabilité, il conviendra de l'aborder également (B) après avoir analysé les dispositions relatives à la filiation de l'enfant (A).

A – La filiation de l'enfant issu de la PMA

L'établissement de la filiation de l'enfant, c'est-à-dire du lien qui l'unit à ses parents, est d'une très grande importance dans la mesure où il crée des droits et des obligations entre eux[73]. C'est la raison pour laquelle il faudrait détacher la question du respect ou non des exigences légales. Même si cela pourrait contribuer à affaiblir les exigences légales, il ne serait pas bon de refuser à l'enfant sa filiation au motif que les conditions du recours à la PMA n'ont pas été respectées. Il faudrait plutôt sanctionner les auteurs de la violation[74]. Traditionnellement, on distingue le lien qui

---

[71] Il ne s'agit pas de « vendre du vent » à des personnes désireuses d'avoir un enfant.

[72] Pour les demandeurs, si le souci est véritablement celui d'avoir un enfant, peu devrait leur importer la technique, sous réserve de la différence de coût et de pénibilité entre les techniques.

[73] On peut donc comprendre l'encadrement protecteur que le droit lui accorde y compris sur le plan pénal. Même si on peut se demander si l'article 341 du code pénal camerounais qui sanctionne celui qui prive un enfant des preuves de sa filiation peut s'appliquer au délit de supposition d'enfant prévu ailleurs.

[74] Voir ci-dessous la partie consacrée aux responsabilités en cas de réalisation d'une PMA sans respecter les exigences légales.

relie l'enfant à sa mère (filiation maternelle) de celui qui le relie à son père (filiation paternelle) et les conditions d'établissement de ce lien varient selon qu'il s'agit de l'une ou l'autre filiation et, pour la filiation paternelle, selon les conditions dans lesquelles l'enfant est né. Alors que pour la filiation maternelle, l'établissement était facile du fait de l'adage « *mater semper certa est* » quelles que soient les conditions dans lesquelles l'enfant est né[75], pour la filiation paternelle, la situation n'était pas pareille. Lorsque l'enfant est né de parents mariés, la présomption *pater is est* facilitait son rattachement au mari de sa mère alors que lorsqu'il est né de parents non mariés, le rattachement à son père supposait sa reconnaissance par ce dernier, sous réserve de la possibilité de recherche de paternité. En dépit de l'importance de la filiation, celle-ci constitue aussi l'une des questions les plus délicates en matière de PMA. Mais étant donné que la filiation ici repose sur le consentement[76], les textes essaient de faciliter son établissement et d'en faire une filiation certaine et solide. C'est en tout cas ce qui semble ressortir des dispositions que les deux textes consacrent à son établissement et à la possibilité de sa contestation aussi bien à l'égard des porteurs du projet parental (1) qu'à l'égard des tiers (2).

1 – La filiation de l'enfant vis-à-vis des porteurs du projet parental

En ce qui concerne le couple porteur du projet parental, la question de la filiation de l'enfant peut se poser dans toutes les techniques. Mais elle n'a pas nécessairement les mêmes contours ou allures d'une technique à l'autre. Néanmoins, les deux textes ne font pas de différence. De même, elle aurait pu ne pas présenter les mêmes difficultés selon que les porteurs du projet sont mariés ou pas. Mais ici également, les textes ne font pas de

[75] Avec les possibilités de don d'ovules et de maternité de substitution, il n'est plus sûr que la maternité soit toujours certaine. Lire, entre autres, M. DOUCHY-OUDOT, « L'application de l'adage *"mater semper certa est"* dans et hors du mariage », in *Colloque du CREDESPO* des 24 et 25 novembre 2016, Bruylant, pp. 45 et s.

[76] Sur les filiations électives, lire Cl. AGOSSOU, « Les fondements de la filiation élective en droit béninois », in *Le droit africain à la quête de son identité*, Mélanges offerts au Professeur Isaac YANKHOBA NDIAYE, L'Harmattan, 2021, pp. 91 et s. ; P. OUDOT « Les lois françaises de la filiation à travers le temps, approche comparative », *Mélanges offerts à Jacqueline POUSSON-PETIT*, pp. 365 et s. ; M. DOUCHY-OUDOT, « Les filiations électives vingt ans après », *Mélanges en l'honneur de Claire NEIRINCK*, Lexis-Nexis 2015 et « Les nouvelles configurations familiales ».

différence qu'il s'agisse de l'établissement (a) ou de la contestation (b) de la filiation.

a – L'établissement de la filiation de l'enfant à l'égard des porteurs du projet

En ce qui concerne l'établissement de la filiation de l'enfant avec le couple porteur du projet parental dont il est issu, les deux textes le facilitent. L'article 37 de la loi dispose que "la filiation est établie d'office à l'égard de chaque membre du couple porteur du projet parental, que ceux-ci soient mariés ou non"[77]. Alors que l'enfant procréé naturellement par des parents non mariés ne peut avoir de filiation à l'égard du père qu'à la suite de la reconnaissance, le consentement donné pour le recours à la PMA établi d'office la filiation avec l'enfant issu de l'opération. Pour ce qui est de l'avant-projet, il convient de rappeler d'abord qu'il n'ouvrait le recours à la PMA qu'aux couples mariés. S'il ne consacre pas l'établissement d'office, il prévoit la responsabilité de celui qui après avoir consenti à la PMA ne reconnaît pas l'enfant et l'établissement judiciaire de la filiation. En effet, son article 504 alinéa 4 dispose que « celui qui, après avoir consenti à l'assistance médicale à la procréation ne reconnaît pas l'enfant qui en est issu, engage sa responsabilité envers la mère et envers l'enfant. En outre, sa paternité est judiciairement déclarée. L'action obéit aux dispositions des articles 470 et suivants du présent Code »[78].

Au regard des membres du couple, on peut considérer qu'au-delà de la petite différence de technique utilisée, les deux textes consacrent une filiation certaine vis-à-vis d'eux d'autant plus que pour la garantir

[77] Cet établissement d'office qui a lieu à l'égard des deux membres du couple et quand bien même ils ne sont pas mariés donne une plus grande force à cette filiation par rapport à celle d'un enfant procréé naturellement par des parents non mariés ; la filiation à l'égard du père dans ce cas n'est pas automatique.

[78] Cet article attribue la compétence aux seuls tribunaux civils pour statuer sur les réclamations d'état. L'article 471 dispose qu'en cas d'infraction portant atteinte à la filiation d'une personne, il ne peut être statué sur l'action pénale qu'après le jugement passé en force de chose jugée sur la question de la filiation (l'article consacre donc une hypothèse dans laquelle le civil tient le criminel en l'état) ; l'article 472 consacre l'imprescriptibilité de l'action en réclamation d'état à l'égard de l'enfant ; l'article 473 dispose que l'action ne peut être intentée par les héritiers de l'enfant qui n'a pas réclamé, qu'autant qu'il est décédé mineur, ou dans les 5 années après sa majorité et l'article 474, quant à lui, dispose que les héritiers peuvent suivre cette action lorsqu'elle a été commencée par l'enfant, à moins qu'il ne s'en fût désisté formellement, ou qu'il n'eût laissé passer trois (3) années sans poursuites à compter du dernier acte de procédure.

davantage, ils leur interdisent de contester leur filiation à l'égard de l'enfant.

b – L'impossibilité pour les porteurs du projet de contester la filiation

Pour donner une solidité à la filiation de l'enfant issu de la PMA, les articles 38 de la loi et 506 de l'avant-projet disposent respectivement que « les porteurs du projet parental ne peuvent contester leur lien de filiation avec l'enfant issu de la procréation médicalement assistée » et « en cas de procréation médicalement assistée, les parents concernés ne peuvent pas contester la filiation de l'enfant à leur égard ». Ce qui signifie que l'enfant issu d'une PMA exogène aura nécessairement pour père et mère les membres du couple porteur du projet parental. Ce rattachement de l'enfant à ses deux parents d'intention s'explique par le fait que ces derniers ont consenti à l'opération[79]. Dès lors, sauf si l'enfant n'est pas issu de la procréation médicalement assistée ou si leur consentement a été privé d'effet avant la réalisation de la PMA[80], il n'y a pas de raison qu'ils n'assument pas la paternité de l'enfant dont ils ont provoqué la naissance. D'ailleurs, pour le père qui a accepté le recours à un donneur, s'il refuse de reconnaître l'enfant, même si la loi ne le dit pas, contrairement à l'avant-projet[81], non seulement sa paternité devrait pouvoir être établie judiciairement, mais sa responsabilité aussi devrait pouvoir être recherchée ou engagée envers la mère et l'enfant. Même lorsque les porteurs du projet parental ne sont pas mariés[82], le consentement à la PMA supplée la présomption *pater is est*, qui est applicable à l'enfant conçu ou

---

[79] Le recours à tout type de PMA nécessite le consentement de ceux qui y recourent car on ne voit pas comment et au nom de quoi on obligerait un conjoint à recourir à la PMA, même dans le cadre de la PMA endogène.

[80] Contrairement à ce que peut laisser croire un auteur (S. GOUAMBE, « Heurs des couples en difficulté de procréation au Cameroun », *Revue ivoirienne de droit,* n°58-2022, p.184), le législateur camerounais a bel et bien prévu des hypothèses dans lesquelles le consentement préalable est privé d'effet. Aux termes de l'article 17 de la loi, c'est le cas notamment si, avant la réalisation de l'opération, l'un des membres décède ou révoque son consentement ou s'il y a dépôt d'une requête en divorce ou en séparation de corps dûment constaté par un rapport d'enquête sociale et notifié au centre de PMA (l'article 504 alinéa 3 de l'avant-projet allait déjà dans le même sens). Comme nous le préconisions dans notre thèse (pp. 56 et s.), l'hypothèse du décès condamne l'admission de la PMA *post-mortem*. Ce qui est conforme à l'option du législateur en faveur de la PMA-remède.

[81] Cela ressortait clairement de l'alinéa 4 de l'article 504 de l'avant-projet.

[82] Contrairement à l'avant-projet qui n'envisageait de réserver le recours à la PMA qu'aux couples mariés, la nouvelle loi l'ouvre même aux couples non mariés (cf. article 11 alinéa 3).

né pendant le mariage et qui fait du mari de la mère le père légitime de l'enfant issu d'une PMA réalisée pendant le mariage. Mais, il peut ne s'agir que de son père juridique s'il y a eu recours à un tiers, comme dans l'IAD ou la FIV avec donneur. La PMA exogène réalise donc une dissociation entre la paternité apparente, sociale ou juridique et la paternité biologique ou réelle[83]. Pour le cas de l'enfant issu d'une PMA exogène portée par des personnes mariées, en application de l'article 38 de la loi, et pour éviter que la situation de l'enfant ne dépende de l'humeur du père (juridique), puisqu'il n'est pas possible de remettre en cause sa filiation de manière générale, la remise en cause de sa légitimité ne devrait pas être possible *a fortiori*[84]. Avec la procréation médicalement assistée, la volonté joue un rôle important en matière d'établissement de la filiation ; il s'agit de filiation élective[85]. Si tel est le cas des porteurs du projet parental, il reste à savoir ce qu'il en est des tiers.

2 – La filiation de l'enfant vis-à-vis des tiers

Il convient de préciser que la notion de tiers ici est par rapport aux porteurs du projet parental. Au sujet de la question de la filiation de l'enfant par rapport à eux, la loi nouvelle et l'avant-projet semblent donner une réponse indifféremment négative, à savoir qu'ils ne peuvent ni établir, ni contester la filiation de l'enfant. Pourtant théoriquement, une distinction peut être faite entre eux selon qu'ils ont contribué (a) ou non (b) à la « production » de l'enfant.

a – La filiation de l'enfant vis-à-vis des tiers ayant contribué à sa production

Il s'agit ici de contribution biologique ou génétique. De ce fait, les praticiens qui participent au processus ne sont pas concernés. Ils le sont d'autant plus qu'en cette seule qualité, ils ne sont pas intéressés par la question de la filiation. Théoriquement, il peut s'agir ici du cas du tiers

---

[83] Les enfants adultérins *ad matre* se trouvent dans la même situation lorsque leur situation est connue des tiers. Sur le conflit entre la vérité juridique et la vérité biologique dans le droit camerounais de la filiation, voir G. JIOGUE, « Vérité biologique et droit camerounais de la filiation : réflexions à la lumière de l'avant-projet du Code des personnes et de la famille », *Revue Générale de Droit*, Vol. 37, n° 1, 2007.

[84] Même si avec la convention internationale des droits de l'enfant la distinction des types de filiation n'a plus la même importance, il n'est pas sûr que toutes les conséquences soient effacées.

[85] Ce qui atteste des bouleversements que la PMA suscite en matière de droit des personnes et de la famille.

donneur dans l'insémination artificielle avec donneur (IAD) et la FIV avec donneur et de la mère de substitution dans la gestation pour autrui (GPA). Mais la nouvelle loi, contrairement à l'avant-projet[86], ayant pris le parti d'interdire la dernière modalité d'assistance à la procréation[87], seules les deux autres hypothèses sont concernées ici[88]. Il convient néanmoins de signaler que l'interdiction de cette pratique à elle seule ne suffit pas. Au contraire, on peut même penser qu'elle va complexifier la question dans la mesure où se posera la question de savoir ce qu'il faut décider de la filiation de l'enfant en cas de recours illégal à la GPA ou en cas de recours de nationaux à la GPA dans un pays qui admet la pratique.

Pour le tiers donneur, la position des deux textes est clairement en défaveur d'une possibilité d'un rattachement juridique avec l'enfant. Cela ressort explicitement des articles 39 de la loi et 503 alinéa 2 de l'avant-projet qui disposent respectivement que « lorsqu'un enfant a été conçu au moyen d'un don de gamètes par un tiers donneur, celui-ci ne peut exercer aucune action en reconnaissance de paternité à l'égard de cet enfant » et « Le consentement visé à l'alinéa 1er ci-dessus[89] empêche toute action en contestation de filiation ou en réclamation d'état ». Cette position se comprend puisque ce tiers a donné son consentement[90]. Même si les textes

---

[86] Pour la mère de substitution, l'article 505 de l'avant-projet disposait que la femme qui accepte de prêter son utérus aux fins de procréation doit consentir aux conditions irrévocables relatives à la remise de l'enfant au couple demandeur par acte notarié. Il y avait néanmoins de nombreuses questions laissées en suspens : quelle technique devra être utilisée pour la remise ? L'enfant devra-t-il dès la naissance être déclaré comme né de la mère d'intention ou sera-ce par le biais de l'adoption ? Également, quelles seraient les suites de l'inexécution de l'engagement contracté par la mère porteuse de remettre l'enfant au couple demandeur ? Autrement dit, qu'adviendrait-il si après avoir consenti de remettre l'enfant, la mère de substitution ne le faisait pas ? Peut-il y avoir exécution forcée ? Si oui, peut-elle avoir lieu en nature ? Si le texte devait aboutir en l'état, de nombreuses questions devront être résolues par les textes d'application, ou par les juges.

[87] Cf. article 48.

[88] Sur la GPA spécifiquement, lire E. MAZIGUI NGOUE-NZAMEYO, « Le contrat de gestation pour autrui dans l'avant-projet du code civil camerounais », *RRJ*, 2015-3, pp.1289-1326 et nos articles consacrés à ce sujet : « Quelle attitude pour les législateurs africains face à la montée (irrésistible) de l'admission de la gestation pour autrui ? », *JCLA* (Johannesburg), volume 3, n°2, 2016, pp. 175 à 199 et *R.R.J.*, 2015-3, pp. 1267 à 1287; « Au-delà de la condamnation compréhensible de la GPA », *R.J.O* (Rennes), 2015/4, pp. 51 à 71.

[89] L'article 503 alinéa 1 de l'avant-projet vise le consentement du tiers donneur dont il réglemente les conditions dans lesquelles il doit être donné.

[90] L'article 29 de la loi soumet tout don de matériau à la conclusion d'une convention entre le centre de PMA consulté et l'auteur du don. On peut donc imaginer qu'à l'occasion, les effets de son consentement lui ont été indiqués. L'article 503 de l'avant-

ne le disent pas[91], comme pour les porteurs du projet parental, l'exigence du consentement visant à s'assurer qu'il est éclairé, les conséquences qu'il est susceptible d'engendrer par rapport à la filiation devront occuper une place non négligeable dans cette information préalable[92]. Mais il est possible de se demander si cette exigence est suffisante par rapport à certaines techniques de PMA. C'est le cas de la FIV avec don d'ovules : étant donné que chaque femme en aurait en nombre limité, l'information à fournir à la donneuse devrait être plus large. Sur ce point, la nouvelle loi est plus précise que l'avant-projet puisqu'elle impose en son article 30 que lors des entretiens avec l'équipe médicale pluridisciplinaire, cette dernière soit, entre autres, particulièrement informée des conditions de la stimulation ovarienne et du prélèvement ovocytaire, des risques et des contraintes liées à cette technique et des conditions légales du don. Cette solution, que nous préconisions déjà dans notre thèse, est d'autant plus nécessaire que le don d'ovules comporte des risques pour la donneuse, parmi lesquels celui de ne pouvoir enfanter par la suite, surtout si le donneur peut être une mineure[93] ou une femme n'ayant pas encore de descendance[94]. Un journal de la place[95] a fait état il y a quelques années d'une plainte que les parents d'une jeune fille de 23 ans auraient déposé à la suite des « complications »[96] dont elle aurait été victime après le don qu'elle a effectué contre 250 000 francs CFA. Ce cas soulève de

projet était plus exigeant et plus précis en énonçant que les époux qui, pour procréer, recourent à une assistance médicale nécessitant l'intervention d'un tiers donneur, doivent préalablement obtenir, dans des conditions garantissant le secret et par devant notaire, le consentement du tiers donneur.

[91] Mais on peut deviner que la question sera abordée dans l'un des textes d'application de la loi.

[92] À ce sujet, le code béninois de l'enfant est plus clair et précis puisqu'aux termes de l'article 56(a), lorsqu'un couple recourt à l'assistance médicale à la procréation par un tiers donneur, il est fixé que le donneur est, avant le don, informé par écrit de la clause juridique, *en particulier de l'interdiction qui lui est faite d'établir une quelconque filiation avec l'enfant qui va naître*.

[93] Il est d'ailleurs bienvenu que, contrairement à l'avant-projet qui était muet sur la question, la nouvelle loi aborde la question de la capacité du donneur. Comme en matière d'interruption volontaire de grossesse de mineures, cela pourrait être une source énorme de difficultés. Fort logiquement, la loi impose un double consentement, celui du mineur et celui de son représentant légal. Des parents ne devraient donc pas pouvoir imposer à une mineure de se livrer au don. Reste à savoir ce qu'il faudra décider en cas de divergence entre les deux parents du mineur (recours sera certainement fait au droit commun).

[94] Il faudrait en effet éviter de « déshabiller Pierre pour habiller Paul ».

[95] Le quotidien *Le Jour* du 24 mars 2017.

[96] En l'absence de précisions, on ne peut savoir exactement à quoi cela renvoie.

nombreuses interrogations parmi lesquelles celle de savoir dans quelles conditions son consentement avait été donné[97]. Avait-elle été préalablement informée ne serait-ce que des effets « normaux » qui pourraient découler du don ?

Par rapport au tiers donneur, la nouvelle loi n'a pas reconduit l'article 508 alinéa 3 qui créait une incompréhension en disposant que « l'enfant né d'un donneur de sperme décédé avant la naissance de celui-ci bénéficie des droits inhérents, sauf preuve du contraire ». Cette disposition était difficile à comprendre : de quels droits inhérents s'agit-il ? Inhérents à quoi ? À quoi renvoie la réserve de preuve contraire ? La preuve contraire à quoi ? Autant on peut comprendre que le décès du père d'intention puisse soulever des interrogations sur le sort, le statut et les droits de l'enfant dans la succession du *de cujus*, autant il est difficile de comprendre en quoi est-ce que l'antériorité du décès du donneur de sperme pourrait affecter les droits de l'enfant né à la suite du don. En effet, du moment que ce dernier ne peut avoir de filiation établie avec le donneur[98], il ne devrait pouvoir prétendre à quelque droit que ce soit dans la succession du donneur ; que celui-ci décède avant ou après sa naissance ne devrait rien changer. A moins que cet alinéa ne signifie que si le donneur de sperme décède avant la naissance de l'enfant, ce dernier redevient éligible dans le patrimoine du donneur ! Ce qui serait très curieux. En dehors de cette incompréhension qu'aurait pu susciter cette disposition, heureusement non reprise par la loi, la situation du donneur vis-à-vis de l'enfant issu de la PMA est claire : il ne peut avoir aucun lien juridique entre lui et l'enfant. Qu'en est-il des autres tiers ?

b – La filiation de l'enfant vis-à-vis des tiers n'ayant pas contribué à la production de l'enfant

La notion de tiers étant jugée par rapport aux porteurs du projet les parental, et les praticiens n'étant pas concernés par la question de la filiation, les tiers n'ayant pas contribué à la production de l'enfant et qui sont concernés sont l'enfant lui-même et, éventuellement, les ayants-droits

---

[97] Il y aura intérêt à ce que les textes d'application soient plus précis, et un peut-être un peu plus formalistes, au sujet du recueil du consentement aussi bien du couple que du tiers (l'écrit sous-seing privé devra-t-il suffire ?) Il convient de rappeler que dans l'avant-projet, le consentement devait être donné par devant notaire. Si la solution avait contribué à renchérir le coût du recours à l'AMP, elle aurait eu l'avantage de mieux garantir la protection du consentement, abstraction faite des pratiques contraires à l'éthique.

[98] Cf. article 502 alinéa 1 de l'avant-projet, confirmé par l'article 39 de la loi.

ou les descendants du mari. Au sujet de ces derniers, la loi est silencieuse. Si l'avant-projet aussi ne les vise pas expressément, il est néanmoins possible de se demander si l'article 504 alinéa 2 ne les concerne pas également puisqu'il interdit « toute action aux fins d'établissement ou de contestation de la filiation ». Le texte ne distinguant pas l'auteur de la contestation, on peut considérer qu'il s'applique à eux. Ce qui est logique puisqu'ils ne devraient pas avoir plus de droits que leur auteur et que les actes de ce dernier devraient s'imposer à eux. L'action en contestation de la filiation de l'enfant issu de la PMA réalisée avec le consentement de leur auteur ne devrait leur être ouverte que dans les mêmes conditions que l'action de celui-ci, à savoir la démonstration que le consentement de leur auteur avait été privé d'effet avant la réalisation ou que l'enfant en question n'est pas issu de la PMA prétendue[99].

Si telle est la situation des ayants droit du prétendu père, qu'en est-il de celle de l'enfant issu de la PMA exogène lui-même ? L'avant-projet lui refusait aussi la possibilité de contester ou de réclamer sa filiation. Cela pouvait déjà se déduire de l'article 502 alinéa 1 qui disposait qu'aucun lien de filiation ne peut être établi entre l'auteur du don et l'enfant issu de la procréation dans la mesure où à quoi cela servirait à l'enfant de contester sa filiation établie (à supposer cela possible), s'il ne peut réclamer sa filiation avec son père biologique ?[100] Mais cela ressort clairement de l'article 508 alinéa 1 qui dispose que « l'enfant conçu au moyen d'un don de sperme ou d'ovule ne peut contester le lien de filiation au regard de ses parents ». La loi quant à elle est silencieuse sur la question. Comment interpréter ce silence ? Est-ce une volonté de préserver le droit de l'enfant à la connaissance de ses origines ? Avec ce droit à la connaissance de ses origines qui, non seulement s'impose de plus en plus, mais aussi, se transforme de plus en plus en un droit à la conformité entre ses origines et son état civil, il est probable que le cas de ces enfants soit source d'un riche contentieux demain. Par ailleurs, la fin de non-recevoir à opposer aux parents reposant sur leur consentement, si d'aventure, en vertu de la théorie des vices du consentement, des parents venaient à faire admettre la contestation de leur paternité, l'enfant ne

[99] A titre de droit comparé, il convient de signaler qu'en droit belge, ils ont la possibilité de contester la filiation de l'enfant mais dans des conditions assez rigoureuses (notamment la démonstration de l'absence d'un intérêt purement patrimonial dans leur chef) et leur action peut se heurter à la preuve de la possession d'état de l'enfant à l'égard du père.

[100] Sur les aspects de la question particuliers à chaque technique de PMA exogène, lire notre thèse citée ci-dessus (spécialement les paragraphes n. 75 et suivants).

risque-t-il pas de demeurer sans filiation puisque ne pouvant en avoir avec le donneur ? Et, en supposant même que l'établissement de cette filiation soit rendu possible, faut-il obliger le donneur à assumer une filiation alors qu'il n'avait consenti au don que pour aider et non pour devenir père ? À ce sujet, il convient de rappeler que l'article 502 alinéa 2 disposait qu'aucune action en responsabilité ne pouvait être exercée à l'encontre du donneur.

Avec les différents enjeux en présence, enjeux individuels et enjeux collectifs, la question de la filiation de l'enfant issu de la PMA apparaît bien comme étant assez complexe. Alors que l'interdiction de la remise en cause de la filiation de l'enfant semblait lui assurer une filiation solide et certaine, si on la lui applique, elle remet en cause son droit à la connaissance de ses origines et consacre la suprématie de la volonté sur le biologique.

B – Les responsabilités en cas de réalisation d'une PMA sans respect des exigences légales

Plusieurs cas de figure sont envisageables : à côté du cas où les conditions mêmes du recours ne sont pas respectées (recours illégal)[101], il y a ceux dans lesquels on se trouve bien dans une hypothèse admise, mais où les exigences imposées par la loi n'ont pas été respectées[102]. Mais quel que soit le cas, les responsabilités susceptibles d'être engagées peuvent être diverses : disciplinaire ou administrative, civile ou pénale. Il convient d'indiquer que l'avant-projet ne consacrait que deux dispositions à la question. L'un, l'article 502 alinéa 2, excluait toute action en responsabilité à l'égard du donneur d'ordre et l'autre, l'article 504 alinéa 4, prévoyait la responsabilité envers la mère et l'enfant de celui qui après avoir consenti à l'AMP ne reconnaît pas l'enfant qui en est issu. Mais ici aussi, il n'est pas exclu que des textes d'application auraient consacré des dispositions là-dessus. Cela dit, nous allons nous appesantir uniquement sur les questions relatives aux responsabilités civile (1) et pénale (2)[103].

---

[101] Par exemple, pratiquer une PMA pour une personne seule ou pour des personnes qui ne souffrent pas de stérilité ou d'infertilité.

[102] Non fourniture d'informations, par exemple.

[103] L'article 50 qui est consacré aux sanctions administratives prévoit trois mesures susceptibles d'être prises à l'égard des contrevenants par le ministre chargé de la santé publique, à savoir la suspension, le retrait d'agrément (cette dernière sanction étant encourue à la suite de deux suspensions) et, éventuellement, la confiscation du matériel ayant servi à la violation de la loi. Il reste juste à espérer que les textes

1 – La responsabilité civile

En ce qui concerne la responsabilité civile, peut-elle être recherchée pour toute personne ? Le donneur, par exemple, peut-il engager sa responsabilité civile du fait du don qu'il a effectué ? Alors même qu'il ne posait pas la condition de la gratuité du don, l'avant-projet affirmait clairement qu'aucune action en responsabilité ne peut être engagée à l'encontre du donneur[104]. Bien que la loi ne l'affirme plus, il est difficile d'admettre que la responsabilité du donneur puisse être recherchée. Le don étant gratuit, il s'agit d'un acte essentiellement altruiste. Et même s'il devait être admis qu'elle puisse être recherchée, la mansuétude généralement appliquée aux interventions gratuites devrait lui bénéficier[105]. Si l'on met donc de côté le donneur[106], il ne restera plus que les praticiens (le centre et les professionnels) et le père pour ce qui concerne les aspects spécifiquement liés à la PMA[107]. Pour ce qui concerne ce dernier, sa responsabilité civile ne pourrait être recherchée *a priori* qu'à l'égard de la mère et de l'enfant[108]. Mais étant donné que la loi retient l'établissement de la filiation d'office, on peut se demander si cette hypothèse de rechercher la responsabilité du père est encore possible. Par contre, au sujet du centre et de ses praticiens, deux grandes questions peuvent se présenter : la nature de la responsabilité (a) et aux conditions de son engagement (b).

a – La nature de la responsabilité civile susceptible d'être engagée

Traditionnellement, la responsabilité civile peut être contractuelle ou extracontractuelle avec d'ailleurs un régime différent[109] et un principe de

---

d'application attribuent un rôle à l'organe national en charge de l'éthique dans la procédure de sanction.

104 Cf. article 502 alinéa 2.

105 En matière de mandat, par exemple, si tout mandataire répond de toute faute qu'il commet dans l'exécution du mandat, celle du mandataire à titre gratuit est moins sévèrement appréciée.

106 On aurait pu se demander si en cas de transmission d'une maladie génétique ou héréditaire grave dont il était au courant, sa responsabilité ne pourrait pas être recherchée avec celle du centre. Autrement dit, s'il n'y a pas une obligation d'abstention ou de révélation. Mais l'anonymat qui entoure le don ne rendrait-il pas l'initiative vaine ?

107 Il est possible par exemple qu'après le transfert de l'embryon dans l'utérus maternel, un accident causé par tiers soit responsable de l'interruption du processus. Ce cas ne diffère en rien de l'interruption involontaire d'une grossesse contractée naturellement.

108 Le principe de l'anonymat ne permet pas de l'envisager par rapport au donneur.

109 Par exemple, parce que la responsabilité contractuelle ne vise à réparer que les dommages prévus ou prévisibles, les clauses limitatives de responsabilité y sont

non-cumul des deux. Si du fait que l'article 19 de la loi impose l'établissement d'une convention entre les porteurs du projet parental et le centre médical d'assistance médicale à la procréation consulté[110] avant toute démarche médicale relative à la PMA, la responsabilité pourrait être de nature contractuelle, il n'y a pas lieu d'exclure toute possibilité de responsabilité délictuelle. Au-delà même de la question de savoir si les porteurs du projet parental peuvent rechercher la responsabilité délictuelle du centre ou des professionnels malgré l'existence du contrat[111], il suffit de penser, par exemple, au cas où le centre se serait lancé dans une opération de PMA sans avoir préalablement établi avec les porteurs du projet parental une convention comme exigé par l'article 19 et qu'il y ait dommage subi par les porteurs. L'absence de convention situerait la réparation de ce dommage du coup dans l'orbite de la responsabilité extracontractuelle. Par ailleurs, la violation des obligations que la loi impose antérieurement à la conclusion de la convention n'expose-t-elle pas une responsabilité de nature extracontractuelle ? On peut aussi penser à l'hypothèse dans laquelle c'est l'enfant issu de la PMA qui rechercherait la responsabilité du centre. La convention étant conclue entre les porteurs du projet parental et le centre médical d'assistance, la responsabilité délictuelle pourrait bien être admise[112]. En France, depuis la réforme de 2016, la jurisprudence qui admettait qu'un tiers puisse invoquer l'inexécution du contrat par l'une des parties pour engager sa

---

admises alors qu'elles ne le sont pas en matière de responsabilité extracontractuelle qui vise à réparer tout le dommage produit par le fait générateur.

[110] La convention étant conclue entre les porteurs du projet parental et le centre, il n'y a pas de doute qu'en vertu de la responsabilité du commettant ou de la responsabilité contractuelle du fait d'autrui, celui-ci répond du personnel qu'il emploie. De même que si le dommage est causé à l'aide d'un instrument, en tant que gardien de la chose, il en répond en vertu de la responsabilité du fait des choses.

[111] Ce que le principe de non-cumul pourrait interdire. En France, le futur article 1233 envisage de réaffirmer ce principe en disposant que : « En cas d'inexécution d'une obligation contractuelle, ni le débiteur ni le créancier ne peuvent se soustraire à l'application des dispositions propres à la responsabilité contractuelle pour opter en faveur des règles spécifiques à la responsabilité extracontractuelle ». Mais les dommages corporels (hypothèse qui pourrait se présenter dans le cadre de la réalisation d'une PMA) relèveraient de la responsabilité délictuelle en principe, même s'ils sont causés à l'occasion de l'exécution d'un contrat (article 1233-1 alinéa 1), sous réserve de la possibilité pour la victime d'invoquer les stipulations expresses du contrat qui lui sont plus favorables que l'application des règles de la responsabilité extracontractuelle (article 1233-1 alinéa 2).

[112] Sur l'invocation du contrat par les tiers, lire O. ROBIN, « La responsabilité du contractant à l'égard des tiers », *RJO*, 2003-1, pp. 43-103.

responsabilité délictuelle[113] semble avoir été consacrée par le nouvel article 1200 alinéa 2 du code civil qui permet aux tiers de se prévaloir du contrat pour apporter la preuve d'un fait. Et s'il peut y avoir des doutes sur l'interprétation de cette disposition[114], il n'y en aura plus si la future réforme de la responsabilité civile est adoptée. L'article 1234 alinéa 1 serait ainsi rédigé : « lorsque l'inexécution du contrat cause un dommage à un tiers, celui-ci ne peut demander réparation de ses conséquences au débiteur que sur le fondement de la responsabilité extracontractuelle, à charge pour lui de rapporter la preuve de l'un des faits générateurs visés à la section II du chapitre II ». Il y a donc possibilité que l'un et l'autre types de responsabilité civile soient encourus ici.

b – Les conditions d'engagement de la responsabilité civile recherchée

Lorsque c'est la responsabilité contractuelle d'une personne qui est recherchée, il faudrait établir l'existence du contrat valable, son inexécution ou sa mauvaise exécution et le dommage. De même, pour rechercher la responsabilité extracontractuelle, il faudrait établir le dommage, le fait générateur et le lien de causalité entre les deux. Dans l'un et l'autre types de responsabilité, la question ici tournera autour du fait générateur et, surtout, du dommage.

Pour ce qui est du fait générateur, dans la responsabilité contractuelle, il s'agira de l'inexécution du contrat ou de sa mauvaise exécution. *A priori*, l'hypothèse d'une totale inexécution sera rare. Sauf dans le cas où après conclusion de la convention le centre d'assistance médicale à la procréation se rendait compte que l'opération est trop risquée quelle que soit la technique à utiliser, on ne voit pas pourquoi un centre prendrait l'engagement de procéder à la PMA et s'y soustrairait totalement. Par contre, l'hypothèse dans laquelle une mauvaise exécution serait reprochée au centre pourrait être plus fréquente compte tenu de l'existence d'obligations imposées par la loi[115] et de la liberté contractuelle qui autorise aux parties de circonscrire le contenu obligationnel de leur

---

[113] Cf. Cour de Cassation (française)., Assemblée Plénière, 6 octobre 2006, n° 05-13.255, Aff. Boot Shop ; Cour de Cassation (française)., Assemblée Plénière, 13 janvier 2020, n° 17- 19.963

[114] Voir de cet avis, D. MAINGUY, in *Le nouveau droit français des contrats, du régime général et de la preuve des obligations (après l'ordonnance du 10 février 2016*, Dynamiques du droit, Coll. Teutates, consommation et du marché, p. 160.

[115] Certaines obligations pourraient se trouver dans le contrat indépendamment de la volonté des parties car imposées par la loi.

contrat. À ce sujet, quelle sera d'ailleurs l'étendue de cette liberté contractuelle : le centre pourrait-il prendre l'obligation de produire un embryon ayant certaines caractéristiques ? Dans tous les cas, les porteurs du projet parental devront établir en quoi consiste la faute. Autrement dit, quelle est l'obligation qui n'a pas été respectée ou qui a été mal exécutée. En lien avec la difficulté qu'il pourrait y avoir à l'établir, il y a surtout la question de savoir en quoi pourrait constituer le dommage. Tout dommage pourrait-il être admis à la réparation ? Étant donné que dans le droit commun, le principe est que tout type de dommage est réparable, pour les porteurs du projet parental, les dommages dont la réparation pourra être sollicitée seront corporels, matériels ou moraux. Mais les deux premiers seront certainement plus faciles à établir que les troisièmes. La question de l'admission de certains dommages pourrait se poser de manière plus compliquée dans la responsabilité délictuelle : pour l'enfant issu de la PMA, par exemple, pourrait-il essayer d'engager la responsabilité du centre et/ou du praticien pour être né[116] ou pour être « mal né » ? En cas de réponse affirmative, en quoi consisterait la « mauvaise naissance » ?

Pour les dommages dont la réparation est admise, leur preuve suffira-t-elle pour engager la responsabilité du centre ou du praticien ? Autrement dit, quel est le régime de l'obligation qui pèse sur eux ? Appliquera-t-on à cette responsabilité le régime général de la responsabilité des médecins, à savoir l'obligation de moyen ? Probablement que tout dépendra de l'obligation non respectée et du type de dommage subi. Il est aussi probable qu'avec le temps, la pratique donnera lieu à un contentieux civil non négligeable. Qu'en est-il de la responsabilité pénale ?

2 – La responsabilité pénale

De nombreux comportements sont érigés en infractions dans la loi de 2022. Toute la section 2 du chapitre IX, constituée des articles 51 à 61[117], est en effet consacrée aux sanctions pénales. Parmi les faits incriminés, il y a le fait pour celui qui est impliqué dans un processus de PMA de révéler

---

[116] Ce qui rappelle l'affaire Perruche dans laquelle la cour de cassation française a admis la réparation du dommage pour un enfant né handicapé consacrant en quelque sorte ce que certains ont appelé « le préjudice d'être né ». Cette décision a suscité l'adoption d'une loi du 4 mars 2002 qualifiée de « loi anti-perruche » du fait qu'elle refuse l'indemnisation du préjudice d'être né.

[117] Le dernier article prévoyant d'ailleurs l'application du code pénal aux infractions non spécifiquement réprimées par la loi.

un fait confidentiel sans l'autorisation à qui il appartient[118], le fait de concevoir ou d'utiliser des embryons et des gamètes humains à des fins commerciales ou industrielles[119], le fait d'utiliser du matériel reproductif humain dans le but de créer un embryon sans le consentement écrit du donneur fourni conformément à la législation en vigueur ou d'utiliser un embryon *in vitro* sans le consentement écrit du couple fourni conformément à la législation en vigueur[120], le fait de procéder à l'insémination simultanée de gamètes provenant de donneurs différents, de procéder au transfert simultané d'embryons provenant de différents donneurs d'embryons ou de procéder à du mélange de spermes[121], le fait de produire un embryon à la suite d'une stimulation ovarienne dans un but autre que celui d'induire une grossesse ou de conserver un ovule fécondé dans un autre but que celui d'induire une grossesse[122], le fait d'utiliser des gamètes génétiquement modifiées pour l'obtention d'embryons à l'exclusion du cas prévu à l'article 45(4)[123] de la loi[124], le fait de procéder à toute insémination par sperme frais provenant d'un don sans examen préalable[125], le fait de transférer à des fins de gestation des embryons sur lesquels une recherche a été conduite[126] et le fait de procéder à la gestation pour autrui[127]. En plus des faits ci-dessus, selon l'article 60, tout praticien, auteur ou complice de l'une des infractions ci-dessus encourt en plus les peines accessoires suivantes : l'interdiction d'exercer toute activité médicale ou de recherche pour une durée de 5 ans, les déchéances prévues à l'article 30 du code pénal et la confiscation du matériel ayant servi à commettre l'infraction. Au-delà des interrogations qui pourraient être faites par rapport au quantum des infractions, la principale remarque au sujet des infractions instituées par la loi de 2022 concerne l'interdiction de

[118] L'article 51 punit le fait d'un emprisonnement de 3 mois à 3 ans et d'une amende de 200 mille à 2 millions de francs.

[119] L'article 52 punit le fait d'un emprisonnement de 10 à 20 ans et d'une amende de 2 millions à 20 millions de francs.

[120] L'article 53 punit le fait des peines de l'article 52.

[121] L'article 54 prévoit une peine d'emprisonnement de 10 à 20 ans.

[122] L'article 55 prévoit les peines de l'article 52.

[123] Cette disposition exclut de l'interdiction de l'utilisation des gamètes génétiquement modifiées en vue de l'obtention d'embryons le cas où la modification du patrimoine héréditaire est un effet inévitable de la chimiothérapie, de la radiothérapie ou de tout autre traitement médical auquel la personne concernée est soumise.

[124] L'article 56 punit le fait d'un emprisonnement de 5 à 10 ans.

[125] L'article 57 punit le fait d'un emprisonnement de 3 à 10 ans.

[126] L'article 58 le punit des peines de l'article 52.

[127] L'article 59 punit le fait d'un emprisonnement de 6 mois à 5 ans et d'une amende de 100 mille à 1 million de francs.

la GPA. Le texte parlant uniquement de « celui qui procède » à la GPA, qui peut être retenu dans les liens de la prévention : uniquement le centre[128] et les praticiens ou également le couple et la mère porteuse ?

Au total, compte tenu du faible nombre de dispositions de l'avant-projet par rapport à celui de la loi, il n'est pas surprenant qu'il y ait des points que celle-ci aborde et que celui-là n'abordait pas. Mais pour les aspects abordés par les deux textes, s'il y a des différences entre les deux, on peut surtout noter qu'il y a très peu de véritables divergences. Et lorsqu'elles existent, elles consistent assez souvent en une plus grande flexibilité de la loi. C'est le cas, notamment, de l'ouverture du recours à la PMA même à des couples non mariés, à la condition d'une communauté de vie stable, alors que l'avant-projet ne l'ouvrait qu'aux couples mariés et de l'abandon de l'exigence de l'obtention du consentement par devant notaire. Étant donné qu'il y a un écart de plus de 20 ans entre les deux textes, peut-on en déduire une inclinaison de la société camerounaise en faveur de l'accroissement des libertés individuelles et, si oui, jusqu'où peut-elle aller ?

[128] Avec l'admission du principe de la responsabilité pénale des morales, la condamnation pénale du centre est possible.

La protection du fonds de commerce électronique en droit camerounais

Hilarion KONTCHOP

Docteur Ph.D en Droit Privé
Université de Douala

Résumé : La reconnaissance de nos jours du fonds de commerce électronique amène à s'interroger sur les mécanismes de sa protection. Cette étude a pour objectif de montrer d'une part, l'inadaptation des mécanismes classiques de protection du fonds de commerce au fonds du commerce électronique, et d'autre part, de relever la nécessité de recourir aux moyens spécifiques de protection d'un fonds de commerce électronique.

La notion de fonds de commerce s'est dégagée au XIXe siècle sous une double nécessité : d'une part, avec l'émergence du capitalisme, les commerçants cherchaient à protéger leur clientèle contre les attaques des concurrents en leur assurant une plus grande stabilité possible et surtout en protégeant les investissements intellectuels et financiers réalisés[1]. D'autre part, la reconnaissance du fonds de commerce était souhaitée par les créanciers des commerçants, en tant qu'élément patrimonial de ces derniers. En créant le concept de « fonds de commerce », le contrôle des opérations effectuées par le commerçant devenait plus commode, en particulier par la mise en place de règles de publicité[2].

---

[1] M. VERCRUYSSE et E. LAUWERS, *Le fonds de commerce*, Bruxelles, Larcier, 1967, p.8.

[2] G. SADDE, *La notion de fonds de commerce virtuel*, mémoire de D.E.A. Informatique et droit, Université de Montpellier I, 1999-2000, pp. 11 et s. Cité par T. VERBIEST et M. LE BORNE, « Le fonds de commerce virtuel : une réalité juridique ? », *Journal des Tribunaux*, Larcier, 23 février 2002, 121ème année - N° 6044, p. 145.

Malgré l'ancienneté de la notion et son omniprésence dans la vie économique, le fonds de commerce connaît de nos jours une seconde jeunesse avec le développement considérable du commerce électronique[3]. Le commerce électronique est principalement réglementé au Cameroun par la loi n°2010/021 du 21 décembre 2010 régissant l'activité du commerce électronique. L'article 2 de cette loi le définit comme une « activité économique par laquelle une personne effectue ou assure par voie électronique la fourniture de biens et de services ». De plus en plus, plusieurs sociétés n'ont pas de point de vente réel et se limitent à commercialiser leurs marchandises par le biais de l'internet[4]. Un grand nombre d'entreprises ne disposent pas de local commercial et exercent leurs activités commerciales[5] par le biais d'un site Web[6]. D'innombrables entreprises utilisent, exclusivement ou à titre complémentaire de leur établissement physique, un site de e-commerce pour l'exploitation de leur activité.

Cette nouvelle technique de commercialisation amène à s'interroger sur la transposition du régime juridique du fonds de commerce à l'univers électronique. En d'autres termes, l'exploitation d'un commerce en ligne peut-elle s'assimiler à celle d'un fonds de commerce, que l'on dénommerait alors fonds de commerce électronique, par référence à son procédé technique ? La réponse à cette question doit être nuancée compte tenu du caractère dématérialisé du commerce électronique. En effet, ce qui est acquis pour un commerce traditionnel ne l'est pas forcément pour le commerce électronique. Il existe des différences entre les ressources tangibles d'un commerce traditionnel et celles d'un site de commerce virtuel. On note, par exemple, que les locaux et les équipements d'exploitation n'existent pas dans le cas d'un commerce électronique, ou du moins dans d'autres proportions que dans un commerce classique. Le

---

[3] J. MESTRE, Colloque « Le Fonds de Commerce : un centenaire à rajeunir ! » Propos conclusifs, *Gazette du Palais*, 04 juin 2009, n°155.

[4] Ensemble de réseaux mondiaux interconnectés qui permet à des ordinateurs et à des serveurs de communiquer efficacement au moyen d'un protocole de communication commun (IP).

[5] N. IVALDI et C. MANARA, « Vers la société en réseau », *Petites affiches*, 02 juin 2000, n°110.

[6] Un site est l'ensemble des pages web et des ressources inter reliées entre elles par des liens hypertextes, auxquelles l'internaute peut accéder par une adresse web appelée URL.

nom de domaine[7] remplit à la fois la fonction de désignation de l'entreprise et de localisation du commerçant dans le cyberespace.

D'autre part, le commerce électronique ne connaît pas les mêmes contraintes territoriales, ni le même rapport à la clientèle qu'un commerce traditionnel. L'espace sur internet est illimité et l'hébergement[8] du nom de domaine d'un site de commerce virtuel, qui fait office de bail, a un caractère transfrontalier. A l'inverse, le commerce classique est limité à l'espace géographique des locaux dans lesquels l'activité est exercée, ainsi qu'au territoire des marques commerciales qu'il exploite.

Cependant, ces différences ne peuvent constituer des obstacles à la reconnaissance d'un fonds de commerce électronique[9]. En effet, l'article 135 de l'acte uniforme OHADA[10] révisé portant sur le droit commercial général définit le fonds de commerce comme « un ensemble de moyens qui permettent au commerçant d'attirer et de conserver une clientèle ». Cette définition laisse poindre la notion centrale autour de laquelle s'articule le fonds de commerce : la clientèle. Bien plus, lorsqu'on parle des éléments obligatoires d'un fonds de commerce, l'on ne mentionne que les éléments incorporels et plus précisément la clientèle[11]. Ainsi, si la nature du fonds de commerce s'identifie par rapport à la clientèle, élément incorporel le plus important, on peut aisément admettre l'existence d'un fonds de commerce électronique.

Cette définition s'applique tout autant au fonds de commerce traditionnel que celui électronique. Le commerçant, que ce soit à travers le site marchand et le magasin physique a pour ambition de conquérir des clients et de développer son chiffre d'affaires en s'appuyant sur des éléments divers. Même si certains auteurs jugent dépassée[12] la notion unique de clientèle, elle reste pourtant la clé de la définition du fonds de

---

[7] Le nom de domaine est l'adresse du site internet qui permet de le retrouver facilement sur les moteurs de recherche. Il est constitué d'une suite de lettres et/ou de chiffres séparés ou non par un tiret.

[8] Un hébergement web est le processus qui consiste à utiliser un serveur pour héberger un site Web et le rendre accessible à tous sur Internet.

[9] La reconnaissance du fonds de commerce électronique en France a été faite dans un arrêt du 31 mai 1988, la chambre commerciale de la Cour de cassation.

[10] Organisation pour l'Harmonisation en Afrique du Droit des Affaires.

[11] Art. 136 et 148 de l'acte uniforme OHADA portant sur le droit commercial général.

[12] O. SAVARY, « L'avènement d'un véritable fonds du XIème siècle se fera par l'adoption d'une conception unitaire », *Les Petites Affiches*, 30 avril 2009, n°86, p.56.

commerce, quelles que soient les modalités de l'exploitation, quoiqu'au risque de ne plus correspondre à la réalité de l'économie numérique[13].

Une fois admis que le fonds de commerce électronique est bel et bien une réalité qui ne peut être ignorée, par analogie au fonds de commerce classique, on peut s'interroger sur les mécanismes de sa protection. Le régime de protection du fonds de commerce classique peut-il être applicable au fonds de commerce électronique ?

L'étude sur la protection du fonds de commerce électronique n'est pas dénuée d'intérêt. Elle permet de protéger la cyber-entreprise par la reconnaissance de l'existence d'un fonds de commerce électronique. De même, cette étude vise à encourager les entrepreneurs à se livrer au commerce par voie électronique, car le droit assure la protection de leur patrimoine immatériel.

A la lumière de la législation camerounaise, si l'on note une certaine inadaptation des mécanismes classiques de protection du fonds de commerce au fonds de commerce électronique (I), il existe néanmoins des moyens spécifiques pour assurer sa protection (II)

I – L'inadaptation des mécanismes de protection du fonds de commerce classique au fonds de commerce électronique

Le fonds de commerce est constitué par un ensemble de moyens qui permettent au commerçant d'attirer et de conserver une clientèle. La valeur du fonds de commerce dépend de son exploitation, du développement de son activité et de sa clientèle qui en constitue un élément essentiel. Pour cette raison, plusieurs mécanismes existent pour assurer sa protection[14]. Le mécanisme de protection essentiel qui sert à rallier la clientèle consiste dans le droit au bail à usage professionnel[15], qui est le seul garant de la stabilité d'un fonds de commerce. Certains éléments de protection peuvent également être relevés lors de la cession

[13] C. BOUTHIER, *Le droit comme outil de développement du commerce électronique*, Thèse de Doctorat de l'Université de Lyon, 18 octobre 2019, p.278.

[14] Cette protection s'explique par le fait que le fonds de commerce est un bien patrimonial, c'est-à-dire qui a une valeur économique.

[15] Est réputée bail à usage professionnel « toute convention, écrite ou non, entre une personne investie par la loi ou une convention du droit de donner en location tout ou partie d'un immeuble compris dans le champ d'application du présent Titre, et une autre personne physique ou morale, permettant à celle-ci, le preneur, d'exercer dans les lieux avec l'accord de celle-là, le bailleur, une activité commerciale, industrielle, artisanale ou toute autre activité professionnelle » (Article 103 de l'acte uniforme révisé portant sur le droit commercial général).

du fonds de commerce. Cependant, ces mécanismes de protection, propres au fonds de commerce classique, sont d'application très difficile au fonds de commerce électronique. En effet, on note une inadéquation des règles de cession du fonds de commerce au commerce électronique (B) et une impossible application du régime du droit au bail à usage professionnel au fonds de commerce électronique (A).

A – L'impossible application du régime du droit au bail à usage professionnel au fonds de commerce électronique

Au moment où des milliers de « boutiques en ligne » hébergées par des tiers se créent, une question mérite d'être posée. Le locataire, personne physique ou morale d'un espace disque qui héberge son commerce virtuel mérite-t-il la même protection que le preneur d'un bail à usage professionnel « traditionnel »? L'article 101 de l'acte uniforme OHADA portant sur le droit commercial général précise que le bail à usage professionnel s'applique aux locaux ou immeubles à usage commercial, industriel, artisanal ou à tout autre usage professionnel, au locaux accessoires dépendant d'un local ou d'un immeuble ou sur les terrains nus. De toute évidence, l'absence des locaux ou immeubles dans le commerce électronique rend difficile l'application au preneur du régime du droit au bail à usage professionnel (1). Bien plus, une indemnité d'éviction pour non renouvellement du contrat d'hébergement ne saurait être réclamée par le preneur (2).

1 – L'absence des locaux ou immeubles dans un commerce électronique

Le champ d'application du bail à usage professionnel tel que règlementé par le législateur de l'OHADA est déterminé à un double point de vue : l'objet du bail et les parties au contrat de bail[16]. Pour ce qui est de l'objet du bail, il porte naturellement sur un immeuble qui en est l'objet principal ; il peut parfois porter sur des locaux accessoires de l'immeuble et dans certains cas particuliers, sur des terrains nus. Une interrogation demeure quant à l'assimilation du contrat d'hébergement du site internet au contrat de bail à usage professionnel.

---

[16] Il s'agit d'une part, du bailleur qui doit être propriétaire des locaux faisant l'objet du bail ou toute personne investie par la loi ou une convention et d'autre part, du locataire qui n'est plus exclusivement le commerçant au sens de l'article 2 de l'acte uniforme OHADA portant sur le droit commercial général, mais toute personne exerçant une activité commerciale, industrielle, artisanale ou professionnelle.

Aux termes de l'article 101 de l'acte uniforme OHADA portant sur le droit commercial général, le statut des baux à usage professionnel s'applique aux immeubles et locaux dans lesquels une activité commerciale, industrielle, artisanale ou professionnelle est exploitée. Dès lors, peut-on assimiler un fonds de commerce électronique localisé sur l'espace-disque du fournisseur d'hébergement, à un local classique ? En France, la jurisprudence considère que seul un espace clos et couvert, susceptible de recevoir des clients peut bénéficier du statut protecteur des baux commerciaux[17]. Or, il est manifeste qu'un site marchand ne dispose pas d'un lieu physique permettant d'accueillir les clients. Une telle solution nous paraît certainement plus réaliste et devrait être entérinée par la jurisprudence de l'OHADA.

Dans le même sens, un certain nombre de situations envisagées par le statut des baux à usage professionnel semblent inappropriées vis-à-vis du contrat d'hébergement. À titre d'exemple, les prestataires offrant l'hébergement d'un site internet sont nombreux sur le marché, ce qui signifie que la rupture éventuelle du contrat d'hébergement avec l'un de ces derniers n'empêchera pas l'exploitant du site de conclure rapidement un nouveau contrat avec un autre prestataire, sans subir de perte de clientèle. Or, à l'origine, le statut de bail à usage professionnel visait à renforcer et à protéger le fonds de commerce, ainsi que sa clientèle. Il faut donc admettre que le contrat d'hébergement d'un site internet ne peut être assimilé à un local ou immeuble ; ce qui exclut donc l'application du régime du bail à usage professionnel.

Le législateur de l'OHADA à travers le bail à usage professionnel assure en effet la protection de certaines activités commerciales, industrielles, artisanales ou professionnelles. Il considère que ces activités sont étroitement liées aux locaux où elles sont exercées au point que, par exemple, le refus de renouvellement du bail par le propriétaire entraînerait la destruction du fonds de commerce qui y est installé[18] ; le commerçant obligé de délocaliser son fonds de commerce à la suite de la rupture du contrat de bail ou le refus de le renouveler risquant de perdre sa clientèle. Pour cette simple raison, l'application du régime du droit au bail à usage professionnel au e-commerçant serait impossible tout comme le paiement d'une indemnité d'éviction en cas de non renouvellement du contrat d'hébergement.

---

[17] Civ. 3ème, 23 juin 2016, n°14-26.003.

[18] M. VERCRUYSSE et E. LAUWERS, op. cit., p.177.

2 – Le non-paiement d'une indemnité d'éviction en cas de non renouvellement du contrat d'hébergement

Le bailleur peut s'opposer au droit au renouvellement du bail à usage professionnel à durée déterminée ou résilier celui à durée indéterminée en réglant au locataire une indemnité d'éviction[19] à moins que son refus ne soit justifié par un motif légal[20]. Une telle solution ne saurait s'appliquer en cas de non renouvellement d'un contrat d'hébergement d'un site marchand. En effet, le contrat d'hébergement est un contrat passé entre un utilisateur et une entreprise possédant un serveur, par lequel le fournisseur héberge sur ses propres machines le site internet de l'utilisateur. De nos jours, les sites internet de commerce se multiplient sur la toile et la nécessité d'hébergeurs se fait de plus en plus pressante. Il faut savoir que pour un hébergement de site, il faut passer un contrat avec l'hébergeur. Or, sur internet, nul n'a besoin d'une indemnité d'éviction en cas de non renouvellement de son contrat d'hébergement. En effet, il existe des milliers d'hébergeurs. Les données peuvent changer d'emplacement sur le disque de l'hébergeur ou le commerçant peut changer d'hébergeur sans que cela n'entraîne un changement de localisation du site dans l'espace logiciel internet, et sans que cela ne remette en cause la stabilité territoriale et la survivance du fonds de commerce électronique. Dans ces conditions, il est raisonnable d'écarter tout droit à une indemnité d'éviction en cas de non renouvellement d'un contrat d'hébergement d'un site marchand.

Néanmoins, une rupture abusive[21] ou brutale d'un contrat d'hébergement par un hébergeur ne peut être sans conséquences sur le plan juridique. En effet, lorsque l'on est en présence d'un contrat entre un hébergeur et un cybercommerçant, on distingue selon qu'il s'agit d'un contrat à durée déterminée ou d'un contrat à durée indéterminée. Dans la première hypothèse, le non-renouvellement en l'absence de clause de tacite reconduction peut s'exercer sans préavis. Dans la seconde

---

[19] Elle est prévue par l'article 126 de l'acte uniforme OHADA portant sur le droit commercial général. Cette indemnité est destinée à réparer le préjudice que subit le preneur du fait du non renouvellement ou de la résiliation de son bail. Le montant est librement déterminé par les parties et ce n'est qu'en cas de désaccord que le juge sera saisi pour en fixer un en tenant compte de certains éléments tels que le montant du chiffre d'affaires, les investissements réalisés par le locataire, la situation géographique du local.

[20] Inexécution d'une obligation substantielle par le locataire ou si le bailleur envisage de démolir l'immeuble comprenant les lieux loués, et de le reconstruire. Voir article 127 de l'acte uniforme OHADA portant sur le droit commercial général.

[21] Non-respect de préavis ou des obligations contractuelles.

hypothèse, afin de rompre le contrat en dehors de toute notion de faute ou de violation des obligations par l'une des parties, il faut respecter le préavis contractuel s'il a été prévu, et dans le cas contraire, la rupture ouvre droit à des dommages et intérêts et non à une indemnité d'éviction qui obéit à d'autres considérations.

Ainsi, l'exigence d'une indemnité d'éviction pour non renouvellement d'un contrat d'hébergement semble inadaptée pour la protection d'un fonds de commerce électronique.

B – L'inadéquation des règles de protection du fonds de commerce au moment de la cession du fonds de commerce électronique

Un commerçant traditionnel peut s'engager dans divers contrats portant sur le fonds dont il est propriétaire : il peut tirer profit de la vente de cet actif en signant, notamment, un acte de cession de fonds de commerce. La reconnaissance du fonds électronique permet au cybercommerçant, son propriétaire, de le céder en totalité, ou en partie comme un fonds de commerce traditionnel[22]. Qu'on soit en présence d'une cession de fonds de commerce traditionnel ou d'un fonds de commerce électronique, l'acquéreur a besoin d'une protection. Malheureusement, certains mécanismes de protection du fonds de commerce après sa cession demeurent inefficaces dans le cadre d'un commerce électronique. Il s'agit par exemple de la clause de non rétablissement du vendeur du fonds (2.). Bien plus, lors de la cession du fonds de commerce électronique, on note l'absence d'énonciations obligatoires spécifiques (1) censées protéger l'acquéreur.

1 – L'absence d'énonciations obligatoires spécifiques dans l'acte constatant la cession du fonds commerce électronique

Le fonds de commerce étant souvent le seul bien important du commerçant, sa cession peut être dangereuse pour l'acquéreur qui n'est pas à l'abri d'une tromperie sur sa consistance ou sur sa valeur. Les dispositions de l'acte uniforme révisé portant sur le droit commercial général, encadrant la protection de l'acquéreur lors de cession du fonds de commerce, posent, concernant l'activité du cyber-commerçant, de nombreuses questions, notamment celle relative à l'apport de la cession du fonds dans la protection de son patrimoine incorporel.

---

[22] C. BOUTHIER, *Le droit comme outil de développement du commerce électronique*, préc., p.281.

En effet, les énonciations devant figurer dans l'acte constatant la cession du fonds de commerce, gage de sécurité juridique, mises à la charge du vendeur, sont contenues dans l'article 150[23] de l'acte uniforme OHADA portant sur le droit commercial général. Cet article ne contient aucune obligation de mentionner les éléments spécifiques du fonds de commerce électronique ; qu'il s'agisse du nom de domaine, des contrats d'hébergement ou de référencement, des logiciels ou de tout autre élément du site internet, ne figure au sein de cet article. Seules y sont prévues, les modalités de rédaction d'un acte constatant la cession de fonds traditionnel.

Bien plus, l'omission des mentions visées à l'article 150 précité, peut entraîner la nullité de la vente, si l'acquéreur en demande, et s'il prouve que cette omission ou cette inexactitude a substantiellement affecté la consistance du fonds cédé et qu'il en a subi un préjudice. Or, l'absence d'énonciations portant sur les éléments essentiels au commerce électronique, pourtant capitales à notre avis, ne peut être sanctionnée sur la base de l'article précité. Il conviendrait d'étendre certaines mentions obligatoires aux spécificités du commerce électronique afin de protéger davantage le fonds de commerce électronique.

Par ailleurs, les particularités du commerce électronique contribuent à rendre inapplicables certaines règles traditionnelles de cession du fonds de commerce. Il en est ainsi des nombreuses dispositions faisant référence

---

[23] « Tout acte constatant la cession d'un fonds de commerce doit énoncer :
1°) pour les personnes physiques, l'état civil complet du vendeur et de l'acheteur, et, pour les personnes morales, leur nom, leur dénomination sociale, leur forme juridique, l'adresse de leur siège ;
2°) les activités du vendeur et de l'acheteur ;
3°) leurs numéros d'immatriculation au Registre du Commerce et du Crédit Mobilier;
4°) s'il y a lieu, l'origine du fonds au regard du titulaire qui a précédé le vendeur ;
5°) l'état des privilèges, nantissements et inscriptions grevant le fonds ;
6°) le chiffre d'affaires réalisé au cours de chacune des trois dernières années d'exploitation, ou depuis son acquisition si le fonds n'a pas été exploité depuis plus de trois ans ;
7°) les résultats commerciaux réalisés pendant la même période ;
8°) le bail annexé à l'acte avec l'indication, dans l'acte, de sa date, de sa durée, du nom et de l'adresse du bailleur et du cédant s'il y a lieu ;
9°) le prix convenu ;
10°) la situation et les éléments du fonds vendu ;
11°) le nom et l'adresse du notaire ou de l'établissement bancaire désigné en qualité ».

à la « situation du fonds vendu » ou « du lieu d'exploitation[24] », que la vente en ligne ne permet pas d'établir au sens classique du terme.

2 – L'inefficacité de la « clause de non rétablissement » du vendeur du fonds de commerce électronique

La clause de non-rétablissement est celle par laquelle l'acheteur d'un fonds de commerce interdit au vendeur de se réinstaller à proximité du fonds vendu et d'exercer une activité similaire à celle du fonds cédé. Cette clause est prévue à l'article 155 de l'acte uniforme OHADA portant sur le droit commercial général qui dispose que « le vendeur du fonds de commerce doit s'abstenir de tout comportement qui serait de nature à gêner l'acquéreur dans l'exploitation du fonds vendu ». Cette obligation est l'une des plus fondamentales qui s'impose au vendeur de fonds de commerce. Si on permettait au vendeur de se rétablir, il priverait l'acquéreur d'un des éléments essentiels du fonds de commerce, à savoir la clientèle.

Mais le législateur de l'OHADA ne consacre pas l'absolutisme de la clause de non rétablissement, car elle serait contraire au principe de la liberté du commerce et de l'industrie. Ainsi, pour être valable, la clause de non rétablissement devrait être limitée soit dans le temps, soit dans l'espace. Cependant, le cybermarchand qui envisage la cession de son fonds de commerce électronique est-il tenu de respecter la clause de non rétablissement ?

En effet, la clause de non rétablissement apparait comme un autre élément justifiant l'inadaptation au commerce électronique des dispositions de l'acte uniforme révisé relatives à la cession d'un fonds de commerce. Si le législateur de l'OHADA a reconnu la légalité d'une telle clause, à condition qu'elle soit limitée dans le temps ou dans l'espace, cette dernière limitation, appliquée au fonds de commerce en ligne, semble inappropriée. Dans le commerce électronique, le lieu d'implantation physique du cybercommerçant n'a pratiquement aucun intérêt pour le succès de son activité. Ce dernier reçoit et traite des commandes passées à distance, de sorte que ce n'est pas en raison de son lieu d'implantation sur le territoire d'un Etat que sa clientèle s'adresse à

[24] Concernant les règles de publicité du nantissement et du privilège du vendeur du fonds de commerce, l'article 172 de l'acte Uniforme sur les sûretés dispose que « Le bailleur de l'immeuble dans lequel est exploité le fonds doit recevoir notification du bordereau d'inscription ou de la modification de l'inscription initiale ».

lui. Par conséquent, le bénéfice d'une clause de non rétablissement n'a pas d'impact déterminant pour la protection de l'acquéreur d'un fonds de commerce électronique.

De même, l'acte constatant la cession du fonds de commerce doit être publié à la diligence de l'acquéreur, sous forme d'avis, dans un journal habilité à publier des annonces légales et paraissant dans le lieu où le vendeur est inscrit au Registre du Commerce et du Crédit Mobilier[25]. Une telle publicité a une portée limitée dans l'espace et inadaptée au commerce électronique. Si son objectif est d'informer les tiers y compris la clientèle de ce que le fonds de commerce à un nouvel acquéreur et que le vendeur est astreint à une obligation de non rétablissement géographique, un tel objectif reste illusoire compte tenu, d'une part, de la dématérialisation et de l'internationalisation des activités du commerce électronique, et d'autre part, de l'ubiquité du cyber-commerçant. Il n'est pas impossible pour le cyber-commerçant qui a cédé son fonds de commerce virtuel, d'en créer un autre. Il sera alors plus judicieux, afin de protéger l'acquéreur d'une éventuelle concurrence, d'interdire au vendeur la création ou la reprise d'un site similaire à celui du fonds cédé[26].

Ainsi, face à l'inadaptation avérée des mécanismes traditionnels de protection du fonds de commerce à la protection du fonds électronique telle que relevée plus haut, il nous semble judicieux, compte tenu de la spécificité du patrimoine intellectuel de l'entreprise en tant que moteur du e-commerce, de recourir aux moyens plus typiques de protection du fonds de commerce électronique. Parce que la création et l'innovation sont au cœur du fonds de commerce électronique, leur protection s'avère plus indispensable encore par le recours aux moyens spécifiques de la propriété intellectuelle.

II – Le recours à des mécanismes spécifiques de protection du fonds de commerce électronique

Si l'entreprise de vente en ligne se livre avant tout à une activité commerciale, elle utilise néanmoins des outils d'exploitation inédits ou originaux, en tout cas différents de ceux qui servent à l'exploitation commerciale traditionnelle : le site marchand, le nom de domaine. Ce patrimoine incorporel, fruit des technologies de l'information et de la communication, fonde l'existence et le développement de la cyber-

---

[25] Article 153 de l'acte uniforme OHADA portant sur le droit commercial général.

[26] C. BOUTHIER, *Le droit comme outil de développement du commerce électronique*, préc., p. 284.

entreprise : l'accès à toute information, à tout contenu, tout le temps et partout, favorise l'essor du commerce électronique.

Cependant, ce lieu de libre circulation de l'information possède sa face sombre, porteuse de risques pour l'entreprise qui exerce le e-commerce[27]. Le risque recouvre deux formes différentes. D'une part, il devient plus facile pour les concurrents de s'approprier le patrimoine intellectuel d'autrui, la numérisation favorisant cet accaparement à travers la violation des droits intellectuels de l'entreprise[28]. D'autre part, il est aussi possible de commettre des infractions, des attaques contre les systèmes[29].

Ainsi, en dépit des moyens technologiques dont dispose le cyber-commerçant pour protéger son propre patrimoine, ce dernier peut bénéficier d'un environnement juridique relativement protecteur de son fonds de commerce, principalement fondé sur le droit de la propriété intellectuelle (A) et la cybercriminalité (B).

A – Le recours au droit de la propriété intellectuelle

Le recours à la création d'un site est devenu quasiment indispensable pour attirer le plus de clients possibles. Il s'agit, pour de nombreux types d'activités, de la meilleure vitrine pour vendre des produits ou des services. Qu'il s'agisse d'un site de e-commerce ou simplement pour faire de la publicité, il est nécessaire de réserver un nom de domaine. Dès lors que le site internet, marchand ou non, est reconnu comme une œuvre de l'esprit, son titulaire peut intenter des actions en contrefaçon du site (1). Cette protection du fonds de commerce électronique peut également s'étendre au nom du domaine du site. Cependant, d'un point de vue juridique, la simple réservation ne permet pas de protéger un nom de domaine. Il est conseillé, pour bénéficier d'une protection juridique, de recourir au droit de la marque (2).

1 – La protection du fonds de commerce électronique par l'action en contrefaçon du site internet

Il convient de déterminer, au préalable, si un site marchand peut être qualifié d'œuvre de l'esprit (a) avant de préciser les conditions et les modalités de l'application du régime protecteur au site commercial (b).

---

[27] L'achat et la vente de produits et services sur internet.

[28] Par le copiage d'un site, d'un nom de domaine, par telle ou telle contrefaçon.

[29] C. BOUTHIER, *Le droit comme outil de développement du commerce électronique*, préc., p. 286.

a – Le site internet marchand, une œuvre de l'esprit

Les œuvres de l'esprit font l'objet d'une attention particulière du législateur africain [30] depuis de nombreuses années. Lorsqu'elles remplissent certaines conditions, elles sont considérées comme œuvres de l'esprit ; ce qui a pour effet de conférer à son auteur des droits et les moyens juridiques de sa protection.

Qu'entend-t-on par œuvre de l'esprit ? Un site internet commercial peut-il être considéré comme une œuvre de l'esprit et bénéficier d'une protection ? L'Accord de Bangui instituant l'OAPI, Acte du 14 décembre 2015 ne donne aucune définition formelle de l'œuvre de l'esprit. L'article 4 dudit texte énumère sans être exhaustif la liste d'éléments susceptibles d'être qualifiées d'œuvre. L'absence de précision quant au mode, à la forme, à la qualité ou au but de l'œuvre de l'esprit ouvre la protection à une multitude de créations y compris des œuvres issues des technologies de l'information et de la communication. Or, les créateurs du site marchand font appel à du texte, des images, des photographies, des photomontages, des logos, des graphismes, des dessins, des croquis, des séquences audiovisuelles. Chaque élément pris séparément, ou chaque ensemble d'éléments, permettra de distinguer l'entreprise par son site[31]. L'article 4 de l'Accord de Bangui considère comme œuvre bénéficiant d'une protection de l'OAPI, les dessins et les œuvres graphiques. On peut alors dire que le site marchand est une œuvre de l'esprit.

Bien plus, le site internet marchand peut être considéré dans son intégralité, comme une œuvre à part entière, objet d'une protection. Le site internet dans sa globalité est un œuvre multimédia qui rassemble sur un même support plusieurs œuvres. A la différence d'une peinture ou d'un dessin pouvant ne recouvrir qu'un art unique, le site devient multimédia[32] incorporant sur un même support un ou plusieurs des éléments suivants : texte, son, images fixes, images animées, programmes informatiques, dont la structure et l'accès sont régis par un logiciel permettant l'interactivité. Reconnaitre la qualité d'œuvre de l'esprit à un site marchand dans son entièreté, comme à ses éléments pris

[30] Accord de Bangui instituant l'OAPI.

[31] C. BOUTHIER, *Le droit comme outil de développement du commerce électronique,* préc., p. 289.

[32] C. BOUTHIER, *Le droit comme outil de développement du commerce électronique,* préc., p. 292

individuellement, confère des droits à son auteur et lui assure une protection.

b – Le site internet marchand, une œuvre de l'esprit conférant des droits

La contrefaçon apparait comme un véritable fléau sur le plan économique. C'est en vue de promouvoir l'innovation, la création et partant le développement qu'il est accordé aux créateurs et inventeurs, les droits de propriété intellectuelle. Ces droits sont des droits exclusifs dont l'acquisition et la valorisation nécessitent de la part de leurs titulaires divers investissements, notamment intellectuels, matériels et promotionnels. Très souvent ces droits sont parfois édulcorés par la pratique de la contrefaçon[33].

Dès lors qu'une œuvre est originale, elle peut prétendre au qualificatif d'œuvre de l'esprit ; des droits sont alors conférés à son auteur, notamment celui d'agir contre toute contrefaçon. Le titulaire des droits d'auteur sur le site peut, notamment, en autoriser ou en refuser la reproduction, à toute personne et par tout moyen.

Cependant, le principe de la protection de l'œuvre par des droits conférés à son auteur pose certaines interrogations, notamment quant à l'identification dudit auteur. En effet, la création d'un site est complexe et la participation d'intervenants multiples brouille les pistes. Or, l'auteur, et lui seul, bénéficie des deux droits[34], patrimonial et moral, qui composent le droit d'auteur. Dans ce cas, il est difficile pour une personne morale d'être l'auteur d'une création intellectuelle à l'exception de l'œuvre collective. Toutefois, l'entreprise peut être naturellement titulaire des droits d'auteur lorsque le cybercommerçant, personne physique titulaire du site, le réalise par lui-même. Il en est l'auteur et en détient les droits.

La contrefaçon d'un site marchand, ou des éléments qui le composent, se définit comme la violation d'un droit patrimonial, ou moral, de l'auteur. L'infraction est constituée par la copie, la reproduction ou l'édition illicite,

---

[33] H.-B. ZENA NGOUNE, *Les mesures probatoires en matière de contrefaçon des droits de propriété industrielle dans le nouvel Accord de Bangui*, https://www.village-justice.com/articles/les-mesures-probatoires-matiere-contrefacon-des-droits-propriete-industrielle,40420.html.

[34] Voir « Affaire *Orqual/Tridim et autres* : sur la qualité d'auteur d'une personne morale, le principe de personnalisme et l'œuvre collective », A. CHERON, 16 février 2015, disponible https://www.village-justice.com/articles/Affaires-Orqual-Tridimsur-qualite, 18925.html.

quelle qu'en soit la forme, d'une œuvre de l'esprit protégée par le droit d'auteur et sans l'autorisation de l'auteur ou de ses ayants droits ou ayants cause.

Les faits caractérisant la contrefaçon varient suivant la nature de l'œuvre contrefaite : les écrits sont victimes de plagiat, les œuvres multimédia ou musicales de reproduction illégitime, la mise en ligne d'une œuvre d'*uploading*[35]. Concernant cette dernière, peuvent faire l'objet d'une copie le site complet, plusieurs de ses éléments, voire un seul. La reproduction peut être totale ou partielle et son support importe peu : la copie sur papier d'une page d'un site Web est considérée comme une contrefaçon[36]. L'article 70 de l'Accord Révisé de Bangui du 14 décembre 2015 apporte plus de précisions à ce sujet en définissant les faits constitutifs de délit de contrefaçon d'une œuvre de l'esprit comme toute édition, reproduction, représentation, exécution publique ou diffusion par quelque moyen que ce soit, d'un objet protégé ; toute fixation, toute reproduction, toute communication, mise à la disposition du public, à titre onéreux ou gratuit, ou toute télédiffusion d'une œuvre, d'une interprétation ou exécution ou d'une émission, effectuée au mépris des droits protégés.

Dès lors, le titulaire du droit d'auteur ou ses ayants droit disposent contre le contrefacteur d'un site marchand de deux actions : une action civile et une action pénale. Sur le plan pénal, la contrefaçon et les actes assimilés sont punis d'un emprisonnement de trois (03) mois à deux (02) ans d'emprisonnement et d'une amende de1 000 000 à 10 000 000 de francs CFA ou de l'une de ces deux peines seulement sans préjudice de la réparation des dommages subis par les victimes[37].

Sur le plan civil, les titulaires du droit d'auteur d'un site marchand, ont le droit d'obtenir le paiement, par l'auteur de la violation, de dommages-intérêts en réparation du préjudice subi en conséquence de l'acte de violation, ainsi que le paiement des frais occasionnés par l'acte de violation, y compris les frais de justice. Le montant des dommages-intérêts est fixé conformément aux dispositions pertinentes du code civil national, compte tenu de l'importance du préjudice matériel et moral subi

---

[35] M. DUPUY, L. NOWAK, *Le droit de la propriété littéraire et artistique droit d'auteur et droit voisin*, 3ème éd., Enrick B. Editions, coll. Lexifiche, 2018, p. 24.
[36] TGI Paris, 29 mai 2002, *Lamy droit des affaires,* 2002, n°3331.
[37] Article 73 de l'Accord révisé.

par le titulaire du droit, ainsi que de l'importance des gains que l'auteur de la violation a retirés de celle-ci[38].

En somme, dès lors que l'entreprise possède les droits d'auteur sur son site marchand et sur tous ses éléments, le droit de la propriété intellectuelle lui donne les moyens de protéger son patrimoine intellectuel, essentiel à son développement dans l'univers numérique. Cette protection peut s'étendre à d'autres éléments du fonds de commerce électronique tels que le nom de domaine.

2 – La protection du nom du domaine par le droit des marques

Le nom de domaine est sans doute l'élément le plus caractéristique du fonds de commerce électronique. Il s'agit d'un actif du fonds comme le sont, par exemple, l'enseigne et le nom commercial. Pour le e-commerçant et la clientèle, il correspond à deux besoins : il est l'adresse du point de vente en ligne, dans le sens du « lieu » où trouver et acheter les produits et services ; il est aussi le nom du point de vente permettant le ralliement de la clientèle[39]. Le nom de domaine résulte du nom que donnera l'exploitant du site internet à l'adresse IP[40] identifiant le site. Le nom en question devra être unique (deux sites ne pouvant techniquement pas porter le même nom).

Il existe une corrélation entre le nom de domaine et la marque. En effet, la marque est reliée au consommateur par l'adresse où elle s'expose, elle-même matérialisée sur internet par le nom de domaine. Sans le nom de domaine, le consommateur n'atteint pas la marque, qui ne peut dès lors pas diffuser l'innovation de l'entreprise. Marque, innovation et nom de domaine sont donc intimement liés, raison pour laquelle ils doivent faire l'objet d'une protection dans l'intérêt de la cyber-entreprise[41].

Cependant, si la marque bénéficie depuis longtemps d'un encadrement juridique[42], la réservation d'un nom de domaine, par contre, ne confère

---

[38] Article 76 de l'Accord révisé.

[39] T. BOOTHERSTONE, « Cession de tout ou partie de e-business : sécuriser les transactions par la notion de e-fonds de commerce », la propriété intellectuelle et la transformation numérique de l'économie, Regards d'experts, *INPI*, 2010, p. 188.

[40] Une adresse IP (*Internet Protocol*) est un numéro d'identification qui est attribué de façon permanente ou provisoire à chaque périphérique relié à un réseau.

[41] C. BOUTHIER, *Le droit comme outil de développement du commerce électronique,* préc., p. 307.

[42] Annexe III de l'Accord révisé.

aucun droit[43] au titre de la propriété intellectuelle. Ainsi, afin de sécuriser dans les meilleures conditions ces deux éléments, il convient qu'elle traite leur protection concomitamment, en enregistrant un nom de domaine similaire à la marque déposée.

Le nom de domaine, sans ce statut juridique réel qui lui conférerait une protection efficace, « cohabite » avec le droit des marques, lui-même reconnu et harmonisé au sein de l'OAPI. Sans chercher à comparer ces deux notions, il est malgré tout possible d'affirmer que le législateur africain s'est davantage préoccupé de la marque que du nom de domaine, car les signes constitutifs d'une marque sont établis ; les droits conférés par la marque sont déterminés. L'article 6 de l'Annexe III de l'Accord de Bangui prévoit que l'enregistrement d'une marque confère à son titulaire le droit de propriété sur cette marque pour les produits et services qu'il a désignés. Ce droit lui permet d'interdire la reproduction, l'usage ou l'apposition d'une marque, même avec l'adjonction de mots tels que : « formule, façon, système, imitation, genre, méthode », ainsi que l'usage d'une marque reproduite, pour des produits ou services identiques à ceux désignés dans l'enregistrement[44].

Ce principe d'interdiction permet de remédier au risque engendré par l'absence de reconnaissance et de protection du nom de domaine par le droit de la propriété intellectuelle. Ainsi, la marque vient « au secours » du nom de domaine dès lors, notamment, que l'entreprise dépose sa marque concomitamment avec l'enregistrement du nom de domaine qui la reproduit[45]. Si la marque peut être analysée comme un signe distinctif, et le nom de domaine comme une adresse textuelle dirigeant vers un site, ces deux éléments, quoique parfaitement distincts, constituent le socle d'un site marchand. En l'absence d'un encadrement spécifique relatif, soit au nom de domaine, soit aux mots clés facilitant le référencement, l'entreprise peut recourir au principe d'antériorité de la marque pour protéger son adresse virtuelle.

La protection du fonds de commerce électronique à travers le nom de domaine du site marchand peut donc être assurée par le droit de la marque.

---

[43] Même si en France, une jurisprudence tend à accorder au titulaire du nom de domaine un droit « d'antériorité », lui permettant de l'opposer à un tiers ou à une marque non encore déposée. TGI, Nanterre, 4 novembre 2002, n°01/07878, *Sté TEMENIS c/Association Afac*.

[44] Article 6 de l'Annexe III de l'Accord révisé.

[45] C. BOUTHIER, *Le droit comme outil de développement du commerce électronique*, préc., p.312.

Toutefois, le patrimoine immatériel du fonds de commerce électronique peut être sujet à des attaques informatiques[46] qui viendraient perturber la jouissance paisible dudit fonds. Pour y solutionner, la cybercriminalité réprime de nombreuses atteintes à un fonds de commerce électronique.

B – La protection du fonds de commerce électronique contre la cybercriminalité

La cybercriminalité est un ensemble des infractions à la loi pénale liées à l'utilisation du réseau internet. Le développement de ce phénomène a amené le législateur camerounais à adopter la loi n°2010/012 du 21 décembre 2010 relative à la cyber sécurité et à la cybercriminalité.

En effet, les cybercommerçants constituent une cible de choix des pirates informatiques compte tenu du recours aux systèmes informatiques et aux réseaux qu'ils utilisent dans leur activité de commerce électronique, en particulier ceux qui assurent le paiement à distance.

La répression des attaques informatiques d'un fonds de commerce électronique peut se présenter sous plusieurs formes. Il peut s'agit de la répression des atteintes portant sur la confidentialité du site internet marchand (1) ou des atteintes concernant son fonctionnement (2).

1 – La répression des atteintes portant sur la confidentialité des données du site internet marchand

Les systèmes informatiques, lieux virtuels du traitement de l'information, occupent une place stratégique dans le développement du commerce électronique. La législation[47] de la protection des données à caractère personnel, initialement consacrées à la protection aux droits de l'homme et de la vie privée[48], a aujourd'hui une prégnance considérable en matière de protection d'un fonds de commerce électronique.

En effet, l'une des grandes richesses des cyber-entreprises repose sur les données de leurs clients que le cyber délinquant ambitionne d'utiliser pour son propre compte à des fins diverses : revente de fichiers, de cartes

---

[46] Blocage du site internet marchand, vol des données informatiques et personnelles, introduction des logiciels malveillants etc…

[47] Loi n°2010/012 du 21 décembre 2010 relative à la cyber sécurité et à la cybercriminalité.

[48] V. H.-M. TCHABO SONTANG, « Le droit à la vie privée à l'ère des TIC au Cameroun », *La Revue des droits de l'homme*, Revue du Centre de recherches et d'études sur les droits fondamentaux, n°17, 2020.

bancaires, utilisation des données pour des achats en ligne. Encadrer la collecte des données et leur traitement n'est pas une obligation nouvelle, mais la loi n°2010/012 du 21 décembre 2010 relative à la cyber sécurité et à la cybercriminalité est venue la renforcer. Le véritable enjeu de cette loi pour la protection du fonds de commerce électronique tient à l'intérêt majeur de fonder plus solidement, au profit de l'entreprise, le socle de confiance indispensable au développement de ses activités d'une part, et d'autre part, de lutter contre la concurrence déloyale ou l'espionnage industriel.

Toute entreprise a l'obligation de tout faire pour sécuriser ces données et doit pouvoir prouver, à tout moment, qu'elle se conforme à cette obligation. L'article 4 (24) rend désormais responsable celui chargé de maintenir le secret « des informations et des transactions afin de prévenir la divulgation non autorisée d'informations aux non destinataires permettant la lecture, l'écoute, la copie illicite d'origine intentionnelle ou accidentelle durant leur stockage, traitement ou transfert ».

L'objectif du législateur est de garantir la confidentialité des systèmes d'information, préoccupation permanente des cybercommerçants. Les atteintes à la confidentialité des données d'un site marchand peuvent se manifester de plusieurs manières. Ainsi, l'article 4 (1) considère que l'accès illicite comme un accès intentionnel, sans en avoir le droit, à l'ensemble ou tout ou partie d'un réseau de communications téléphoniques, d'un système d'information, constitue une atteinte à la confidentialité.

Bien plus, la loi camerounaise sur la cybercriminalité pénalise l'accès frauduleux et le maintien frauduleux dans un système informatique. Ainsi, « celui qui accède frauduleusement » à un système informatique[49] soit par intrusion, soit par pénétration sans y être autorisé à l'aide de manipulations quelconques porte atteinte à la confidentialité. De même, le maintien frauduleux dans un système est punissable au regard de l'article 68. Cette infraction concerne « celui qui se maintient frauduleusement » ou qui s'étant introduit par hasard ou par erreur dans un système reste sciemment branché au lieu de se déconnecter. Ces atteintes sont punies d'un emprisonnement de cinq (05) à dix (10) ans et d'une amende de 10.000.000 (dix millions) à 50.000.000 (cinquante millions) F CFA ou de l'une de ces deux peines seulement.

[49] Article 68 de la loi de 2010.

2 – La répression des atteintes portant sur le fonctionnement du site internet marchand

Ces atteintes concernent aussi bien l'intégrité que la disponibilité du fonds de commerce électronique. Pour ce qui est de l'intégrité d'une part, elle renvoie à la propriété qui assure que les données n'ont pas été modifiées ou détruites de façon non autorisée lors de leur traitement, conservation ou transmission[50]. Ainsi, la loi punit celui qui aura entravé ou faussé le fonctionnement d'un système informatique. Il s'agit d'entraves au fonctionnement d'un système informatique. Entraver, c'est arrêter, empêcher, freiner, paralyser de manière temporaire ou réversive le fonctionnement[51].

D'autre part, la disponibilité[52] renvoie à l'état de ce qui est disponible, c'est-à-dire qui est libre, ce dont on peut disposer ; ce qui suppose que les éléments du système doivent être laissés à l'usage du maitre du système. Le législateur réprime celui qui introduit frauduleusement des données dans un système informatique. Ainsi, les peines prévues à l'alinéa 1 de l'article 65[53] sont doublées, en cas d'accès illicite portant atteinte à l'intégrité, la disponibilité du réseau de communications électroniques ou du système d'information. Cette infraction concerne également toute personne qui entrainerait la perturbation ou l'interruption du fonctionnement d'un réseau de communications électroniques, en introduisant, transmettant, effaçant, détériorant, ou rendant inaccessibles les données. De plus, toute personne qui introduit sans droit, des données dans un système d'information en vue de supprimer ou de modifier les données qui en sont contenues, porte atteinte à la disponibilité d'un site marchand. Le fonds de commerce électronique peut donc faire l'objet de plusieurs atteintes informatiques portant aussi bien sur les données confidentielles que sur son fonctionnement.

---

[50] L'article 4 (48) de la loi de 2010.

[51] Introduction des virus informatiques dans un système.

[52] Article 4 (36) de la loi de 2010.

[53] Est puni d'un emprisonnement de cinq (05) à dix (10) ans et d'une amende de 5.000.000 (cinq millions) à 10.000.000 (dix millions) F CFA ou de l'une de ces deux peines seulement, celui qui effectue, sans droit ni autorisation, l'interception par des moyens techniques, de données lors des transmissions ou non, à destination, en provenance ou à l'intérieur ou non d'un réseau de communications électroniques, d'un système d'information ou d'un équipement terminal.

Conclusion

Au final, il ne fait pas de doute que la notion de fonds de commerce est susceptible de s'appliquer à un site de commerce électronique. Cependant, ce que nous appelons le fonds de commerce électronique présente des spécificités dont les principales sont l'absence des locaux et le rôle joué par le nom du domaine en tant qu'élément constitutif dudit fonds. Ainsi, à la question de savoir si le régime de protection du fonds de commerce classique peut-il être applicable au fonds de commerce électronique, on relève d'une part que les mécanismes de protection, propres au fonds de commerce classique, sont inappropriés au fonds de commerce électronique ; et d'autre part, parce que la création et l'innovation sont au cœur du fonds de commerce électronique, leur protection s'avère plus indispensable par le recours aux moyens spécifiques de la propriété intellectuelle. Cependant, si le législateur a choisi d'assurer la confiance des acteurs dans le e-commerce en instaurant un contrat électronique, rendant possible leur relation commerciale, il devrait aller plus loin en formalisant la notion de fonds de commerce électronique ainsi que son régime de protection.

Chroniques des professions juridiques

Violences conjugales et compétence juridictionnelle en droit sénégalais, libres propos sur une contrariété de jurisprudences

Youssoupha NDIAYE

Magistrat, ancien Substitut du Procureur près le TGIHC de Dakar
Chef de division à l'Office Nationale de Recouvrement des Avoirs Criminels (ONRAC)
Secrétaire général de l'Union des Magistrats Sénégalais (UMS)

« *A vous aussi, légistes, (....), parce que vous chargez les gens de fardeaux insupportables, alors que vous-mêmes ne touchez pas à ces fardeaux d'un seul de vos doigts* »,

Les Evangiles, LUC XI, 46

Résumé : La protection de l'intégrité physique des personnes s'est traduite, chez le législateur sénégalais, par la répression des violences physiques, avec comme critère de compétence le nombre de jours d'incapacité de travail, tel qu'indiqué par la loi n° 84-20 du 2 février 1984 fixant les attributions des tribunaux départementaux en matière correctionnelle. Dans le même esprit, la réforme majeure amorcée par la loi n° 99-05 du 29 janvier 1999 modifiant le Code pénal, introduisait une disposition nouvelle, l'article 297 bis, incriminant les violences conjugales. L'application de ce texte semble susciter une divergence quant à la juridiction compétente pour connaitre de ce délit. A l'analyse, cette divergence trouve sa source dans une volonté d'aggravation de la peine encourue par une approche légistique discutable. En attendant une réforme législative, l'harmonisation des pratiques judicaires ne sera pas sans intérêt. Il y va, de la sécurité juridique et de la prévisibilité des décisions en la matière.

Le conflit est inhérent à la nature humaine, donc à l'ordre social. Le maintien de cet ordre, comme garantie d'une vie sociale apaisée, exige des mécanismes à même de prévenir ou réprimer tout penchant ou comportement délictueux. Socle, par excellence, d'amour et de protection, la vie conjugale, parce qu'elle relève de cet ordre, peut aussi être source de tension et de violence. Garant de l'intégrité physique des personnes, le législateur n'est pas resté indifférent.

Dans la lutte contre les violences sous toutes leurs formes, les normes répressives occupent une place de choix. A ce titre, dès son accession à la souveraineté internationale, le Sénégal s'est doté d'un cadre normatif en matière pénale[1]. Ainsi, la loi n° 65-50 du 21 juillet 1965 portant Code pénal, a subi, dans le temps, plusieurs modifications. Parmi les réformes majeures dudit code figure la loi n° 99-05 du 29 janvier 1999[2]. La nécessité d'adapter les réponses législatives aux mutations sociales, notamment de la criminalité et de la délinquance, conduisait le législateur sénégalais à amorcer des réformes majeures à la faveur des lois n° 99-05 et 99-06 du 29 janvier 1999 modifiant respectivement les dispositions du Code pénal et du Code de procédure pénale. S'agissant du Code pénal, les travaux des commissions de droit pénal et de procédure pénale s'inspiraient, entre autres principes[3], du « renforcement des droits de la victime et de la protection des personnes vulnérables ». A ce titre, tirant argument des débats de société de l'époque, de l'affirmation de la nécessité de mieux protéger les groupes vulnérables, souvent cibles privilégiées des violences et autres atteintes, le législateur procédait à la modification de l'article 294 du Code pénal à travers ce qu'il indiquait dans l'exposé des motifs du premier texte cité comme étant « une aggravation de la peine encourue lorsque la victime est une personne de sexe féminin ou fait partie des personnes particulièrement vulnérables en raison de leur âge, d'une infirmité, d'une déficience physique ou psychique ou d'un état de grossesse ». Les innovations apportées par la loi de 99-05 tenaient aussi bien à la qualité des victimes qu'aux sanctions prévues contre les auteurs des coups et blessures volontaires et autres violences. Il en était ainsi « lorsque les violences sont exercées par un

---

[1] V° les lois n° 65-50, 65-51 du 21 juillet 1965 et le décret n° 65-557 du 21 juillet 1965 portant respectivement Code Pénal, Code de Procédure Pénale et Code des contraventions modifiées.

[2] Loi n° 99-05 du 29 janvier 1999 modifiant le Code pénal, JO n°5847 du 27 février 1999.

[3] Il s'agit du renforcement de l'indépendance du juge et de sa liberté d'appréciation, de la sauvegarde et du renforcement des droits de la défense et des principes de liberté ainsi que du souci d'une justice plus efficace, V° l'exposé des motifs de la loi n° 99-05 du 29 janvier 1999, précitée.

membre du couple conjugal [4]». A cet effet, un nouvel article, 297 bis, constitue le siège légal de ce qu'il est convenu d'appeler les violences conjugales ou les coups et blessures volontaires à conjoints.

Ce texte dispose « celui qui aura volontairement fait des blessures ou porté des coups ou commis toute autre violence ou voie de fait à son conjoint sera puni d'une peine d'emprisonnement d'un an à cinq ans et d'une amende de 50.000 à 500.000 francs s'il est résulté de ces violences une maladie ou d'une incapacité de travail de plus de vingt jours ». Dans ce texte, le législateur isole les coups et blessures volontaires et les autres violences commises sur l'un des conjoints par l'autre. Ainsi, il réprime les violences conjugales qui peuvent être définies comme l'ensemble des exactions commises entre époux. La violence renvoie à toute contrainte, tout acte de force dont le caractère illégitime tient à la brutalité du procédé employé, physique, corporel ou matériel et à l'effet recherché notamment l'intimidation ou la terreur[5].

Dans le contexte conjugal, quelle qu'en soit la forme, psychologique, économique ou physique, ces violences sont le plus souvent couvertes d'une chape de silence et trouvent leur source dans des relations inégalitaires au sein du couple[6], « Allant de subtiles vexations à un dénigrement systématique, elles suivent un processus d'escalade qui aboutit à des humiliations gratuites en présence de tiers, à des insultes grossières, à des coups qui peuvent être fatals »[7]. Sous ce rapport et au regard de l'impact négatif du phénomène, le législateur, par une disposition nouvelle, insiste sur la qualité de la victime tout en restant muet sur le titre de compétence. Elle est définie comme l'aptitude d'une juridiction déterminée à connaitre d'un procès donné à l'occasion de la commission d'une infraction[8]. En matière pénale, les règles de

[4] V° l'exposé des motifs de la loi n° 99-05 du 29 janvier 1999, JO n° 5847 du 27 février 1999.

[5] G. CORNU, *Vocabulaire juridique*, Association Henry CAPITANT, PUF, 2011.

[6] L'Association des Juristes Sénégalaises (AJS) fait remarquer que sur toutes les formes de violences basées sur le genre (VBG), 51, 70 °/° relèvent des violences conjugales à savoir les violences perpétrées dans le cadre du ménage entre les conjoints, situation des violences basées sur le genre dans le contexte de COVID 19, septembre 2020, p. 13 t s.

[7] V. A. BOAS et J. LAMBERT, « la violence conjugale », avec le concours de la *Revue Trimestrielle des droits de l'Homme*, Bruxelles, Bruyant 2004, p.11 et s.

[8] G. CORNU, *Vocabulaire juridique*, Association Henry CAPITANT, 10e Ed. 213 ; Sur toute cette question, R. MERLE et A. VITU, p. 785, COMPTE et MAISTRE DU CHAMBON, *Procédure pénale*, p. 50 et s. J. PRADEL, *Procédure pénale*, CUJAS,

compétence[9] sont toujours d'ordre public. En conséquence, elles donnent naissance à la réformation ou à la cassation [10] et entrainent des conséquences qui méritent que l'on s'y attarde.

17e éd. p. 82 et s, C. DIAKHOUMPA, *Traité théorique et pratique de procédure pénale*, Tome 2, p. 595 et s.

[9] En la matière, les règles de compétence sont déterminées par les dispositions combinées du Code pénal, du Code de procédure pénale, de la loi n° 84-20 du 2 février 1984 fixant les attributions des tribunaux départementaux, devenus tribunaux d'instance, en matière correctionnelle et de l'article 4 du décret n° 2015-1145 du 3 aout 2015 fixant la compétence des Cours d'appel, des Tribunaux de Grande Instance et des Tribunaux d'instance, abrogeant et remplaçant le décret n° 84-1194 du 22 février 1984.
Ainsi, en vertu de l'article premier du Code pénal « l'infraction que les lois punissent de peines de police est une contravention.
L'infraction que les lois punissent de peinent correctionnelles est un délit.
L'infraction que les lois punissent d'une peine afflictive ou infamante est un crime ».
Relativement à la compétence, aux termes de l'article 218 du CPP « il est institué au sein de chaque tribunal de grande Instance une chambre criminelle qui a la plénitude de juridiction pour juger en premier ressort les personnes renvoyées devant elle soit par une ordonnance du juge d'instruction, soit par un arrêt de la chambre d'accusation pour des infractions qualifiées crimes et toutes autres infractions connexes ». Il résulte par ailleurs de l'article 369 du même code que « les tribunaux d'instance connaissent des délits pour lesquels la loi leur a donné spécialement compétence.
Les tribunaux de grande Instance connaissent de tous les délits autres que ceux qui relèvent de la compétence des tribunaux d'instance.
Tous les délits commis par les mineurs sont de la compétence exclusive des tribunaux pour enfants siégeant au sein des tribunaux de grande instance ». Au titre de cette compétence attributive, l'article 2 de la loi n° 84-20 du 2 février 1984 vise, entre autres délits, les « coups et blessures volontaires n'entrainant pas plus de 20 jours d'incapacité (article 296, 297 et 298 alinéas 1er, 3 et 4) ».

[10] En effet, la décision émanant de la juridiction incompétente encourt la réformation en appel si elle est rendue en première instance et par la cassation par la chambre criminelle s'il s'agit d'une décision rendue en dernier ressort. V. sur cette question, J PRADEL, *Procédure pénale*, CUJAS, 17e éd. p. 118 et s. En droit positif sénégalais, en vertu des articles 483 et 484 du Code de procédure pénale les jugements rendus en matière correctionnelle peuvent être attaqués par la voie de l'appel qui est porté devant la Cour d'appel par le prévenu, la personne civilement responsable, la partie civile, quant à ses intérêts civils seulement, le procureur de la République, les administrations publiques dans les cas où elles exercent l'action publique ou le procureur général. Par ailleurs, relativement au recours en cassation en matière pénale, il résulte de 59 de la loi organique n° 2017-09 du 17 janvier 2017 sur la Cour suprême, modifiée, que lorsque la décision en dernier ressort est rendue contradictoirement, le ministère public et toutes les parties en cause ont six jours, après celui du prononcé, pour se pourvoir en cassation.

D'abord, en vertu de ces règles, toute juridiction doit, au préalable, vérifier sa compétence et se déclarer incompétente, le cas échéant[11]. Ensuite, ni les parties au procès ni les magistrats ne peuvent modifier le jeu des règles de compétence et soustraire l'infraction et son auteur à leurs juges naturels sous réserve de la pratique de la correctionnalisation qui peine à se justifier juridiquement. Enfin, l'incompétence de la juridiction peut être soulevée en tout état de cause et pour la première fois en appel.

De la mise en œuvre de cette nouvelle disposition, l'article 297 bis, issu de la loi n° 99-05 et réprimant les violences conjugales, est née une contrariété de jurisprudences. Cette qualité de la victime est-elle une circonstance aggravante de l'infraction de coups et blessures volontaires ou procède-t-elle de la création, par le législateur, d'une nouvelle infraction ou d'un nouveau critère de compétence ?

De la réponse à cette question dépendait la détermination de la juridiction compétente. Il n'est pas sans intérêt de s'attarder sur ce débat. En effet, les différentes approches que suscite la question de la compétence juridictionnelle en la matière donnent souvent lieu à des conflits négatifs[12]. Il est arrivé à ce titre, que pour les mêmes faits, le Tribunal d'instance et le Tribunal de grande instance se soient tous deux déclarés incompétents[13]. En de pareilles circonstances, on devine aisément que les justiciables soient déboussolés face à la question du juge compétent.

De telles situations, avec les conséquences qu'elles impliquent, rament à contrecourant d'un des enjeux majeurs des temps modernes au plan

---

[11] Crim, 3 janvier 1970, *B.C*, n°4, 3 février 1988, *B.C* n° 55, 4 janvier 1990, *B.C* n° 1. Dans des espèces qui seront rapportées plus loin, le juge sénégalais s'est inscrit dans la même logique.

[12] Il y a conflit négatif de compétence lorsque deux juridictions se déclarent incompétentes pour connaitre d'une même affaire et se la renvoient l'une et l'autre. V° J. PRADEL, *Procédure pénale*, précité p. 118 et s ; F. DESPORTES et L. LAZERGES-COUSQUER, *Traité de procédure pénale*, Economica, 4e éd., p. 573 et s ; R. MERLE et A. VITU, *Traité de droit criminel* précité, p. 829 et s. En pareille situation, la solution qui s'offre aux parties nous semble être le règlement de juges. A ce titre, à la lecture de l'article 647 CPP hors les cas prévus aux articles 645 (saisines simultanées de tribunaux correctionnels, de simple police ou de juges d'instruction) et 646 (décision d'incompétence de la juridiction de jugement sur saisine du juge d'instruction), tous conflits de compétence sont portés devant la Cour suprême.

[13] Dans une affaire ayant opposé le *MP et S. KADAM à M. BOYE*, en mai 2017 ; dans le même sens, entre les TGI et TI de Dakar dans l'affaire *MP et F. BALDE c/ O. DABO* : TGI Dakar, n° 199 du 22 février 2018 et TI Dakar, n° 87 du 9 avril 2019, (inédits).

juridique et judicaire : l'accès à la justice[14], traduit en objectif stratégique dans la politique sectorielle de la justice. Aussi, l'harmonisation des pratiques judiciaires, la sécurité juridique ainsi que la prévisibilité des décisions de justice en subissent-elles un sacré coup. En effet, toute personne a droit à ce que sa cause soit entendue en saisissant la juridiction nationale compétente de tout acte violant ses droits fondamentaux reconnus et garantis par les normes en vigueur, et ce, dans un délai raisonnable[15]. L'analyse de la jurisprudence rapportée, laisse entrevoir que la question n'a pas manqué de diviser les praticiens, du moins, ceux du Tribunal de Grande Instance Hors Classe de Dakar (TGIHCD), juridiction au sein de laquelle le débat est plus persistant.

En effet, d'une part, certaines juridictions voient dans la qualité de conjoint une circonstance aggravante de l'infraction de coups et blessures volontaires en retenant comme critère de compétence le nombre de jour d'incapacité totale de travail (ITT). D'autre part, la qualité de conjoint est perçue comme un élément constitutif d'une infraction autonome (ou nouvelle) impliquant un nouveau critère de compétence au profit de la juridiction de droit commun qu'est le Tribunal de grande instance (TGI).

Il s'en infère une controverse jurisprudentielle autour de la question de compétence (I) qui nous semble trouver sa source, du côté du législateur, dans une volonté d'aggraver le sort du prévenu au moyen d'une approche légistique discutable (II).

I – Une controverse jurisprudentielle autour d'une question de compétence

Au regard des décisions passées en revue la thèse de la circonstance aggravante (A) s'oppose à celle de l'infraction nouvelle (B).

A – La thèse de la circonstance aggravante

Cause d'aggravation de la peine, la circonstance aggravante est un fait prévu par la loi, entrainant de plein droit une augmentation de la peine

---

[14] S. GUINCHARD, C. CHAINAIS et F. FERRAND, *Procédure* civile, *droit interne et droit de l'Union Européenne*, Dalloz, 30e éd., p. 194 et s.

[15] En substance, respectivement, les articles 7 et 6 de la Charte africaine des droits de l'homme et des peuples et de la Convention européenne des droits de l'homme. Faisant application de ce dernier instrument, la Cour européenne des droits de l'homme mettait en exergue « *les diligences que les Etats doivent déployer pour assurer la jouissance effective et non pas théorique ou illusoire des droits garantis* », CEDH, 14 janvier 2010, n°53451/07, *Popovitsi c/. Grèce*, mars 2010, n° 70. Naturellement, le service public de la justice n'échappe pas à ses obligations.

encourue[16]. Elle peut aussi, dans certains cas, modifier automatiquement la nature de l'infraction en cas de substitution d'une peine criminelle à une peine correctionnelle[17].

Le législateur prévoit la peine normalement applicable pour chaque infraction, mais il peut aussi prévoir que si cette infraction a été commise dans certaines circonstances particulières, la peine encourue sera plus élevée.

Les circonstances aggravantes sont, en principe, spéciales, c'est-à-dire propres à telle ou telle infraction. Toutefois, certaines d'entre elles se « retrouvent » dans des infractions différentes : préméditation (pour le meurtre et les coups et blessures volontaires, 280-281, 294-295), la réunion (vol et traite des personnes, article 366 CPP et 2 de la loi n° 2005-06 du 10 mai 2005 relative à la lutte contre la traite des personnes et les pratiques assimilées). Aussi, certaines circonstances aggravantes prises en elles-mêmes, constituent des infractions à part entière (notamment, les tortures et actes de barbarie-295-1 CP- qui sont des circonstances aggravantes de la traite des personnes et des pratiques assimilées (article 1er de la loi n° 2005-06)[18].

Certains acteurs considèrent la qualité de la victime des coups et blessures volontaires à conjoint, sur le fondement de l'article 297 bis du Code pénal comme étant une circonstance aggravante de l'infraction en question. Selon cette lecture, la qualité de la victime, une des innovations majeures de la loi de 1999, ne constitue qu'une circonstance aggravante

---

[16] J. PRADEL, *Droit pénal général,* 18e éd., CUJAS, p. 546 et s ; C. DIAKHOUMPA, *op.cit*., p. 158 et s.

[17] Il en est ainsi notamment de l'infraction de coups et blessures volontaires qui, par nature est un délit (294 CP). Cependant, commis avec préméditation ou guet-apens, si la mort s'en est suivie ou si les violences ont eu pour conséquence la mutilation, l'amputation ou la privation de l'usage d'un membre, la cécité, la perte d'un œil ou d'autres infirmités permanentes, la peine sera celle de la réclusion criminelle de 10 à 20 ans. (V. article 295 CP). Il en est de même des coups et blessures volontaires à un enfant de moins de 15 ans (articles 298-299 alinéa 1er). De même en matière d'excision, si la mort s'en suit, la peine de réclusion criminelle à perpétuité sera applicable (299 bis alinéa 3). En matière de vol, certaines circonstances évoquées à l'article 366 du Code pénal, font de ce délit un crime. Ces circonstances sont : la réunion (deux ou plusieurs personnes), le port d'armes véritables ou factices, l'usage de menaces, violences ou voies de faits ou de véhicule. Ces circonstances portent la peine à dix à vingt ans de réclusion criminelle.

[18] Sur le régime et la typologie des circonstances aggravantes, v. B. BOULOC et H. MATSOPOULOU, *Droit pénal général et procédure pénale,* Dalloz 2018, p. 660 et s.

de l'infraction de coups et blessures volontaires. Selon les tenants de cette thèse, le législateur, loin de créer de nouvelles infractions, a entendu lutter contre les violences faites à ces personnes vulnérables. Il en résulte que le critère de compétence lié au nombre de jours d'incapacité totale de travail (ITT), tel que prévu à l'article 2 de la loi n° 84-20 du 02 février 1984 fixant les attributions des tribunaux départementaux en matière correctionnelle, demeure applicable. C'est dans ce sens que, faisant application de l'article 297 bis du Code pénal, le Tribunal régional de Dakar avait retenu sa compétence dans l'affaire ayant opposé *le Ministère public et B. Amar à S. Fall*[19] avant de condamner le prévenu à une peine d'emprisonnement d'un mois ferme pour des faits de coups et blessures volontaires à conjoint ayant entrainé une incapacité totale de travail de vingt et un jours. On le conçoit aisément même si ladite décision n'a pas fait l'objet d'une motivation. Dans le même esprit et selon le même critère, il a été jugé par la troisième chambre correctionnelle de ladite juridiction qu'a*ux termes de l'article 2 de la loi n° 84-20 fixant les attributions des tribunaux départementaux en matière correctionnelle, le délit de coups et blessures volontaires n'entraînant pas plus de 20 jours d'incapacité, prévu et puni par les articles 296, 297 et 298, alinéas 1er, 3 et 4, est de la compétence du tribunal d'instance. En dépit de toutes les circonstances aggravantes incriminées, dans la lettre comme dans l'esprit du législateur, la compétence* rationae materiae *en matière de coups et blessures volontaires est déterminée en fonction de la durée de l'Incapacité Totale de Travail. La qualité de conjoint n'est pas un élément constitutif d'une nouvelle infraction mais s'analyse plutôt en une circonstance aggravante ayant pour conséquence d'aggraver le sort du prévenu. Dès lors, le délit de coups et blessures volontaires n'ayant pas entraîné une incapacité de plus de vingt jours, quelle que soit la qualité de la victime, demeure de la compétence du tribunal d'instance*[20].

C'est dans ce sillage que le Tribunal départemental de Rufisque a d'abord retenu sa compétence avant de la décliner. En effet, par un jugement rendu le 6 décembre 2006, dans l'affaire ayant opposé *le*

---

[19] TR de Dakar, jugement n° 1621 du 04/05/2010, *MP et B. AMAR c/S. FALL* (inédit). Dans le même sens pour une ITT de trente jours, TGIHCD, jugement n° 340/2018 du 19 janvier 2018, *MP et Fatoumata BALDE c/Alpha Ousmane DEME AW* (inédit).

[20] TGIHC de Dakar, Jugement du 22 aout 2017, *MP et O.N. FAYE c/ M.S. FAYE* (inédit) dans le même sens TGIHC de Dakar, jugement n° 2122 du 24 avril 2017, *MP c/ Souleymane BARRY* et autres (inédit), TGIHCD, Jugement n° 368/2018 du 24 avril 2018, *MP et Mame F. DIALLO c/ A.M. NDIAYE* (inédit).

Ministère public et A. Ndoye à O. Ndiaye[21] pour des faits de coups et blessures volontaires ayant causé une Incapacité Totale de Travail de quinze jours, le Tribunal départemental de Rufisque avait retenu sa compétence et condamné le prévenu à une peine d'emprisonnement d'un mois et une amende de cinquante mille (50.000) Francs CFA. Cette décision a été confirmée en toutes ses dispositions par la Cour d'appel de Dakar[22]. Cependant, les juges du Tribunal départemental de Rufisque ont pris le contrepied de leur jurisprudence alors que ladite juridiction avait été saisie, cette fois-ci, des faits de coups et blessures volontaires ayant entrainé une ITT de dix (10) jours. A cet effet, ils avaient estimé *qu'en vertu de la loi n° 84-20 du 2 février 1984 fixant les attributions des tribunaux d'instance en matière correctionnelle, ces juridictions sont compétentes pour connaitre des coups et blessures volontaires n'ayant pas entrainé plus de vingt (20) jours d'Incapacité Totale de Travail prévus aux articles 296, 297 et 298 alinéas 1er, 3 et 4 du Code pénal. Toutefois, eu égard à la qualité de conjoint des parties en cause, en application de l'article 297 bis dudit code, qui échappe à la compétence de la juridiction de céans, il y a lieu de se déclarer incompétent et renvoyer le Ministère public à mieux se pourvoir*[23].

Cette dernière position du juge d'instance de Rufisque, qui renvoie à une compétence exclusive du Tribunal de grande instance en la matière, constitue l'autre terme de la controverse.

B – La thèse de l'infraction nouvelle

En matière pénale, il existe trois ordres de compétence. En effet, la loi tient compte de la situation personnelle du délinquant (compétence personnelle[24]), de la localisation géographique de l'activité délictueuse

---

[21] TD Rufisque, Jugement du 06 décembre 2006, *A. NDOYE c/ O. NDIAYE*, (inédit).

[22] Voir, CA de Dakar, arrêt n°399 du 06/04/2011, *MP et A. NDOYE c/O. NDIAYE* (inédit).

[23] TI de Rufisque, Jugement n° 153 du 10/05/2017, *MP et S. KADAM c/M.BOYE* (inédit).

[24] Au regard de la personnalité du délinquant ou de son statut, le droit pénal rompt avec le principe d'égalité de tous les individus qui veut que la loi soit la même pour tous, qu'elle protège où qu'elle punisse. Ainsi, sans prétendre à l'exhaustivité, est particulièrement justifiée, la création d'une juridiction spéciale pour les mineurs délinquants. Il y va d'une meilleure prise en charge de l'intérêt de l'enfant, de la nature éducative des mesures prévues, de la nécessité d'une connaissance approfondie de sa personnalité. A ce sujet, aux termes de l'article 566 du Code de procédure pénale « les mineures de dix-huit ans auxquels est imputée une infraction qualifié crime ou délit ne sont pas déférés aux juridictions pénales de droit commun et ne sont justiciables

(compétence territoriale[25]) et de la nature du fait délictueux (compétence matérielle). En droit positif sénégalais, la détermination de la compétence en matière répressive est tributaire de la nature de l'infraction. A ce sujet, la classification des infractions est basée sur leur gravité en tenant compte des peines applicables. Dans cette optique, l'article premier du Code pénal dispose « l'infraction que les lois punissent de peines de police est une contravention. L'infraction que les lois punissent de peines correctionnelles est un délit. L'infraction que les lois puisement de peine afflictive ou infamante est un crime ».

Relativement aux peines, il est d'abord prévu à l'article 7 du même code que les peines en matière criminelle sont la réclusion criminelle à perpétuité, la réclusion criminelle à temps, la détention criminelle à temps et la dégradation civique. Ensuite, en vertu des dispositions combinées des articles 9 et 33 de ce code, les peines en matière correctionnelle sont : l'emprisonnement dans un lieu de correction supérieur à un mois sans dépasser dix ans, l'amende supérieure à 20.000 Francs, l'interdiction à

---

que des tribunaux pour enfant… ». De même, la qualité de militaire est prise en compte pour l'aménagement d'une juridiction ordinaire à formation spéciale pour connaitre des infractions propres en la matière. A cet effet, en vertu de l'article 5 du Code de justice miliaire « la Cour d'appel et le tribunal régional de Dakar (devenu Tribunal de Grande Instance de Dakar) en formation spéciale rendent la justice militaire ». S'adjoignant deux assesseurs militaires ou assimilés, ces juridictions connaissent des crimes, délits et contraventions commis par le personnel militaire et paramilitaire de grades correspondants. (V° les articles 5 et s de la loi n° 94-44 du 27 mai 1994 portant Code de Justice militaire. Dans le même ordre d'idée, compte tenu du statut de l'agent pénal, il faut noter la mise en place de la Haute Cour de Justice. Cette juridiction est chargée de poursuivre et de sanctionner les infractions commises, dans l'exercice de leurs fonctions, par le Président de la République et les membres du gouvernement. Elle est une juridiction à caractère politique instituée par l'article 99 de la Constitution sénégalaise. Son organisation et sa procédure sont régies par la loi n° 2002-10 du 22 février 2002 portant loi organique sur la Haute Cour de Justice (*JORS* n° 6038 du 23 mars 2002, p.1018) modifiée par la loi organique 2008-38 du 20 Aout 2008 (*JORS* n° 6441 du 6 décembre 2008, p.1141 et par la loi 2012- 26 du 28 décembre 2012. C'est aussi tout le sens du privilège de juridiction dont bénéficient les Magistrats (V° articles 25 et suivants de la loi n° 2017-30 du 17 janvier 2017 portant statut des Magistrats). Sur l'ensemble de cette question V° P.A. TOURE, *La réforme de l'organisation judiciaire du Sénégal, commentée et annotée*, Harmattan-CREDILA, 2016, p.170 et s ; M. GUEYE, *Les procédures pénales dérogatoires au Sénégal*, Presses Universitaires de Dakar.

[25] A cet effet, au titre de l'article 370 CPP « sont compétents, le tribunal de grande instance ou le tribunal d'instance du lieu de l'infraction, de la résidence du prévenu, du lieu d'arrestation de ce dernier, même lorsque cette arrestation a été opérée pour une autre cause, et du lieu de détention »

temps de certains droits civiques, civils ou de famille et les peines privatives ou restrictives de droit prévues à l'article 33-1 du code pénal. Enfin, en matière contraventionnelle, aux termes des articles premier et suivant du Code des contraventions[26] les peines de police sont : l'emprisonnement d'au moins un jour sans excéder un mois, l'amende de 200 Francs à 20.000 Francs et la confiscation des objets saisis.

Dans notre contexte de délit de coups et blessures volontaires, il faut s'intéresser notamment à l'article 369 du Code de procédure pénale et à la loi n° 84-20 du 2 février 1984 précitée pour déterminer les règles de compétence.

Selon le premier texte « les tribunaux d'instance connaissent des délits pour lesquels la loi leur a donné spécialement compétence. Les tribunaux de grande instance connaissent de tous délits autres que ceux qui relèvent de la compétence des tribunaux d'instance ». S'agissant spécifiquement de la compétence d'attribution en matière de coups et blessures volontaires, l'article 2 de la loi n° 84-20 du 2 février 1984 fixant les attributions des tribunaux départementaux en matière correctionnelle évoque les « coups et blessures volontaires n'entrainant pas plus de vingt (20) jours d'incapacité Totale de travail (articles 296, 297, et 298 alinéas 1er et 3) ». Il en résulte, pour déterminer la compétence d'attribution des tribunaux d'instance et de grande instance, un critère tenant au nombre de jour d'Incapacité Totale de Travail (ITT). Cependant, à propos des coups et blessures volontaires et autres violences et voies de fait à conjoint, objet de l'article 297 bis du Code pénal, un autre critère de compétence semble être agité.

Certaines juridictions ainsi que certaines formations du Tribunal de grande instance Hors Classe de Dakar semblent avoir perçu cette qualité de la victime comme un critère de compétence du Tribunal de grande instance statuant en matière correctionnelle en ce qu'elle caractérise une infraction nouvelle. Selon cette thèse, le législateur, en modifiant le code pénal par la loi n° 99-05 du 29 Janvier 1999, a introduit dans ledit code de nouvelles incriminations assorties de nouvelles sanctions sans effectuer un renvoi à la loi n° 84-20 du 02 février 1984 attribuant la compétence en la matière au tribunal d'instance. Il s'ensuit que ces nouvelles infractions sont de la compétence du Tribunal de grande instance qui constitue, en la matière, la juridiction de droit commun. Ainsi, le TGIHCD a jugé des faits de coups et blessures volontaires à conjoint et condamné le prévenu à une

---

[26] Loi n° 65-557 du 21 juillet 1965 portant Code des contraventions.

peine d'emprisonnement d'un mois assortie de sursis alors que l'ITT en cause était de quinze (15) jours[27].Dans ces dernières affaires, les juges du TGIHCD ont-ils vu dans la qualité de conjoint des victimes un critère de compétence exclusive de la juridiction de droit commun en la matière, nonobstant le nombre de jours de l'ITT de moins de vingt-et-un (21) jours ? On peut, sans risque de se tromper, répondre par l'affirmative. En tout état de cause, cette position est partagée par les Tribunaux de grande instance de Kaolack[28] et de Kolda[29] .

Cette thèse semble être confortée par des décisions rendues par la Cour d'appel de Dakar à propos des appels interjetés par le Parquet du TGI de Dakar suite à la déclinaison par celui-ci de sa compétence pour connaitre de faits de coups et blessures volontaires à conjoints n'ayant pas entrainé une ITT de vingt et un (21) jours. En effet, les juges d'appel ont considéré que *le législateur sénégalais par le biais de l'article 297 bis du code pénal issu de la loi n° 99-05 du 29 Janvier 1999 a créé une autre catégorie d'infraction en mettant en exergue la qualité de la victime à savoir le conjoint. Dès lors, cette infraction autonome ne peut être considérée comme une simple circonstance aggravante de l'article 294 qui contient en son alinéa 2 une énumération des personnes protégées qui rentrent dans le champ d'application de ce texte. La loi n° 99-05 du 29 Janvier 1999 étant postérieure à la loi n° 84-20 du 20 février 1984, il y a lieu de considérer que la qualité de conjoint est un nouveau critère de compétence en matière de coups et blessures volontaires qui doit relever des attributions du juge du droit commun qu'est le Tribunal de Grande Instance. En conséquence, a violé la loi le Tribunal de Grande Instance qui s'est déclaré incompétent pour connaitre des faits de coups*

[27] TGIHCD, jugement n° 4698 du 22 septembre 2017, *MP et A. FALL c/ M. NDIAYE* (inédit). Dans le même sens, pour une ITT de sept jours, TGIHCD, jugement n° 76/2018 du 5 janvier 2018, *MP et Nd. A. DIA c/ Seydou Nourou TALL* (inédit).

[28] TR de Kaolack, Jugement n° 193/13 du 13 mars 2013, *MP et P. DIALLO c/A. DIALLO,* pour une ITT de 15 jours, (inédit). Jugement n° 398/2017 du 03 mai 2017, *MP c/M. DIENG*, pour des coups et blessures n'ayant pas entrainé de maladie de d'incapacité de travail (inédit).

[29] TGI de Kolda, jugement n° 356/2015 du 25 novembre 2015, *MP et E. BALDE c/ M. Y. dit E. BALDE*, pour une ITT de 30 jours inédit ; jugement n° 286/206 du 20 juillet 2016, *MP et Y. BALDE c/Aliou BALDE* pour une ITT de sept (07) jours, inédit.

et blessures volontaires à conjoint ayant entrainé une Incapacité Totale de Travail (ITT) de sept (07) jours[30].

En outre, ladite Cour semble adopter la même position concernant l'alinéa 2 de l'article 294 issu de la même reforme initiée à travers la loi de 1999. Elle a en effet estimé qu'*en modifiant le Code pénal, en vertu de la loi n° 99-05 du 29 Janvier 1999, par l'introduction de cette infraction dans le but de protéger la victime de sexe féminin et les personnes particulièrement vulnérables sans faire de renvoi à la loi n° 84-20 du 20 février 1984, le législateur donne compétence en la matière au tribunal de droit commun qu'est le tribunal de Grande Instance. Il s'y ajoute qu'en plus de l'interdiction de l'octroi du sursis, les peines prévues par le premier texte sont différentes de celles prévues pour l'infraction classique de coups et blessures portées sur les autres personnes. En conséquence, la qualité de la victime constitue un critère de compétence et non une circonstance aggravante. Dès lors, a méconnu l'article 294 alinéa 2 du Code pénal, le tribunal de Grande Instance qui s'est déclaré incompétent au regard de l'Incapacité Totale de Travail de moins de vingt (20) jours et en considérant la qualité de la victime, de sexe féminin, comme étant une circonstance aggravante*[31].

Cependant, dans un arrêt récemment rendu en la matière, la Cour d'appel de Tambacounda adoptait une position contraire. Selon elle *« ...l'article 297 bis consacre, non pas une nouvelle infraction mais une circonstance aggravante qui n'affecte nullement la répartition des compétences instituées par l'article 2 de la loi 84-20 .... »*[32].

Par requête du 16 juin 2020, le procureur de la République près le Tribunal de grande instance de Dakar, sur le fondement de l'article 647 du Code de procédure pénale, saisissait la Cour suprême aux fins de règlement de juges. Cette saisine faisait suite à deux jugements datés du 22 février 2018[33] et 9 avril 2022[34], respectivement rendus par le Tribunal de grande instance et le Tribunal d'instance de Dakar. Ces deux juridictions, à travers ces décisions, s'étaient déclarées incompétentes,

---

[30] CA de Dakar, arrêt n° 449 du 19 juin 2017, *MP c/ S. BARRY* et autres (inédit). Dans le même sens, CA de Dakar, arrêt n° 78 du 12 février 2018, *MP c/ S. BARRY et autres* (inédit).

[31] C.A de Dakar, arrêt n° 487 du 3 juillet 2017, *MP et D. GUEYE c/K. NIANG (*inédit).

[32] CA de Tambacounda, arrêt n°3 du 6 juillet 2022, *MP et F.SOW contre N.SOW dit M.SOW*, (inédit).

[33] TGI de Dakar, n° 199 du 22 février 2018, *MP c/ O. DABO, (inédit)*.

[34] TI de Dakar, n° 87 du 9 avril 2019, *MP c/ O. DABO, (*inédit).

l'une après l'autre, pour connaitre de la procédure dirigée contre le nommé *O. Dabo* pour des faits de coups et blessures volontaires à conjoint avec une ITT de 10 jours. Par ordonnance rendue le 24 aout 2021, le président de la Chambre criminelle de la Cour suprême, statuant en procédure accélérée[35], déclarait irrecevable ladite « *requête aux fins de règlement de juges* ». Ce faisant, il tirait arguments du réquisitoire versé au dossier et faisait état de ce que, en application de l'article 645 du Code de procédure pénale, la Chambre d'accusation de la Cour d'appel de Dakar avait déjà été saisie de la question par le procureur général près ladite Cour et, avant que cette juridiction ne se prononce, la même requête avait été formulée devant la haute Cour. Il s'ensuit, selon le juge suprême, que cette demande est irrecevable, en ce qu'elle est formulée en violation des dispositions dudit article 645.

L'analyse de cette décision, qui intervient sur la procédure de règlement de juges, appelle une distinction selon le type de conflit de compétence en cause. A cet effet, l'article 645 CPP dispose « lorsque deux tribunaux correctionnels, deux juges d'instruction ou deux tribunaux de simple police appartenant au même ressort de Cour d'appel se trouvent saisis simultanément de la même infraction, il est réglé de juge par la Chambre d'accusation qui statue sur requête présentée par le Ministère public, l'inculpé ou la partie civile. Cette décision est susceptible d'un recours en cassation ». Ce texte fait référence à ce qu'il est convenu d'appeler un conflit positif de compétence. En effet, compte tenu de l'existence de multiples critères de compétence, il peut arriver que deux juridictions soient saisies à la fois des mêmes faits et qu'elles s'estiment toutes compétentes.

En pareille occurrence, il revient à la Chambre d'accusation de régler de juges à la demande d'une partie au procès, sa décision pouvant faire l'objet d'un recours en cassation. Il en est de même, au regard de l'article 646 CPP « lorsqu'après renvoi ordonné par le juge d'instruction devant le tribunal correctionnel ou le tribunal de simple police, cette juridiction de jugement s'est, par décision devenue définitive, déclarée incompétente ».

---

[35] Cette procédure a été instituée par l'article 13 de la loi organique n° 2017-09 du 17 janvier 2017 modifiée, abrogeant et remplaçant la loi n° 2008-35 du 8 aout 2008 sur la Cour suprême. Ce texte dispose « chaque fois que la nature de l'affaire le justifie, notamment pour prononcer des décisions d'irrecevabilité, de déchéance, de non-lieu ou pour donner acte d'un désistement, le président de la chambre saisie statue, après avis du Procureur général, par ordonnance notifiée aux parties par le Greffier en chef dans le délai d'un mois à compter de la signature ».

En outre, inversement, il peut arriver que deux juridictions se déclarent incompétentes et se renvoient une procédure l'une à l'autre. On parle ici de conflit négatif de compétence. En l'espèce, au regard des décisions d'incompétences visées, la question nous semble relever de ce type de conflit. Or, il est précisé à l'article 647CPP « *hors les cas prévus aux articles 645 et 646, tous conflits de compétence sont portés devant la Cour suprême* ». Il en résulte qu'en cas de conflit négatif, il revient à la juridiction suprême de régler de juges. C'est justement ce qui ressort, en l'espèce, de la requête émanant du procureur de la République près le Tribunal de grande instance de Dakar et saisissant « *la Cour suprême pour infirmer le Jugement rendu par le Tribunal de Grande Instance Hors Classe de Dakar et y renvoyer O. Dabo pour être jugé conformément à la loi* ». Dès lors, la saisine de la Chambre d'accusation[36], qui nous parait à tort, ne mettait pas obstacle à ce que la Cour régulatrice se prononce en ce qu'elle a une compétence attributive en la matière en vertu de l'article 647 CPP. D'ailleurs, la Cour de Cassation française a eu l'occasion, sur le fondement de l'article 659 CPP français[37], pendant de l'article 647 de notre CPP, de rappeler cette compétence de principe. Selon elle « la Cour de Cassation est seule compétente pour régler de juge en cas de conflit négatif, même si ce conflit a été créé entre deux juridictions appartenant au même ressort de Cour d'appel [38]». Une doctrine avisée a estimé que le domaine de compétence de la chambre de l'instruction[39] - chambre d'accusation dans notre ordre juridictionnel -, considéré comme une dérogation à la compétence de la juridiction suprême, est cantonné au

---

[36] Cette saisine s'infère d'un réquisitoire versé au dossier et adressé aux « *Président et conseillers composant la Chambre d'accusation de la Cour d'appel de Dakar* ». Cependant, il convient de faire remarquer que ce réquisitoire, daté du 14 aout 2020, n'est pas signé et, à notre connaissance, n'apparait pas dans les registres de la Chambre d'accusation.

[37] Ce texte dispose que « *tous autres conflits de compétence sont portés devant la chambre criminelle de la Cour de Cassation, laquelle est saisie par requête du Ministère public ou des parties* ». Elle fait suite à l'article 658 CPP.

[38] Crim, 13 décembre 1994, *Bull.* n°404.

[39] Ce périmètre est fixé à l'article 658 CPP français selon lequel « lorsque deux tribunaux correctionnels, deux juges d'instruction deux tribunaux de police appartenant au même ressort de cour d'appel se trouvent saisi simultanément de la même infraction, il est réglé de juge par la chambre de l'instruction qui statue sur requête présentée par le Ministère public ou les parties. Cette décision est susceptible de recours en cassation ». Il est aisé de constater les mêmes dispositions avec l'article 645 du CPP Sénégalais.

conflit positif et apprécié de façon stricte[40]. Par voie de conséquence, l'initiative du parquet général de la Cour d'appel de Dakar, qui a transmis ladite requête, aura été une occasion manquée, pour la juridiction suprême, de dégager une position dans la présente controverse.

Cette controverse, source de divergences dans la mise en œuvre du texte incriminateur des violences conjugales, rend nécessaire une interprétation de la volonté du législateur au regard des textes pertinents. A cet effet, la volonté d'aggravation de la peine encourue n'en laisse pas moins entrevoir le moyen d'une approche légistique discutable.

II – Une volonté d'aggravation de la peine au moyen d'une légistique discutable

Une lecture combinée des textes pertinents rend compte, de la part du législateur, d'une volonté d'aggraver le sort du prévenu en érigeant en circonstance aggravante la qualité de la victime (A). Cependant, la démarche légistique à ce titre, nous parait discutable (B).

A – Une volonté d'aggravation de la peine encourue

La persistance du débat, au regard des décisions aussi fort bien motivées que contradictoires, appelle une interprétation de la volonté du législateur au moment de la réforme. A cet égard, la qualité de conjoint, telle que prévue par l'article 297 bis CP, peut être considérée comme une circonstance aggravante pour des raisons liées d'une part à la théorie générale de l'infraction et d'autre part à une interprétation téléologique[41] des textes pertinents que sont la loi n° 99-05 du 29 janvier 1999 portant

[40]Sur toute la question des conflits de compétence, v° F. DESPORTES et L. LAZERGES-COUSQUER, *Traité de procédure pénale,* 4^{e}éd., 2015, p. 575 et s ; J. PRADEL, *Procédure pénale,* 17e éd., CUJAS, p. 120 et s. ; G. BONNET, « Le règlement de juges dans la jurisprudence moderne de la chambre criminelle », *JCP* 1970.1.2319 ; P. CHAUVIN, Règlement de juges, *Rep. Pénal* ; J. GUYENOT, « Le dessaisissement des juridictions dans la procédure pénale française », *RSC* 1963, 481.

[41] Tout en reconnaissant que la lettre de la loi constitue une frontière que l'interprète ne doit pas franchir sans raison grave, la méthode téléologique attribue cependant une importance première au but de la loi en se fondant sur la volonté déclarée ou présumée du législateur qui doit pouvoir l'emporter quand la lettre a trahi l'esprit de la loi. R. MERLE et A. VITU, *Traité de droit criminel, problèmes généraux de la science criminelle, droit pénal général*, CUJAS, 7e éd. 1997, 248 et s. C'est la raison pour laquelle, dans la présente réflexion, l'accent est mis sur les exposés des motifs des textes pertinents.

réforme du Code pénal[42] et la loi n° 84-20 du 2 février 1984 fixant les attributions des tribunaux départementaux en matière correctionnelle[43].

Au regard de la théorie générale de l'infraction, la qualité de la victime ne saurait être perçue comme un élément constitutif d'une infraction. En effet, en dépit de toutes les approches conceptuelles, *l'infraction est la manifestation fautive d'une volonté agissant contre le droit et sanctionnée par la loi*[44]. Cette définition de Jean Roux résume les éléments constitutifs de l'infraction que sont l'élément l'égal, l'élément matériel et l'élément intentionnel. La réunion de ces éléments achève d'asseoir la consommation de l'infraction, indépendamment de la qualité de la victime qui nous parait plutôt relever des circonstances de commission de l'acte répréhensible. Faits légalement prévus et de nature à entrainer de plein droit une augmentation de la peine encourue, les circonstances aggravantes peuvent aussi tenir à la qualité de la personne de l'agent pénal. Sous ce rapport, le législateur tient compte, notamment, de la qualité particulière de la fonction[45] que l'agent pénal exerçait au moment des faits, des circonstances révélatrices de psychologie[46] ou de la nature des relations qui l'unissent à la victime. Les coups et blessures volontaires doivent être rangés dans cette dernière catégorie[47].

Par ailleurs, l'analyse des textes pertinents tant dans leur esprit que dans leur lettre, rend compte d'une claire volonté du législateur. D'abord, à la faveur de la loi n° 84-20 du 02 février 1984, on peut observer que la volonté de rapprocher la justice des justiciables, qui est un enjeu des temps modernes, transparait clairement à la lecture de l'exposé des motifs de la loi n° 84-20 du 02 février 1984 fixant les attributions des tribunaux

[42] *JORS* n° 5847 du 27 février 1999.

[43] *JORS* n° 4992 du 3 mars 1984, pp. 125-127.

[44] J. A. ROUX, *Droit pénal général,* I, p. 88 ; v. dans le même sens, H. DONNEDIEU DE VABRE, *les divers éléments du délit, Traité de droit pénal*, p. 52 et s ; VOUIN et LEAUTE, *droit pénal général*, p. 147 et s.

[45] Notamment, la fonction médicale ou paramédicale qu'exerce l'auteur de l'infraction d'excision ou de l'avortement (articles 299 bis et 305).

[46] Il en ainsi de la préméditation qui, selon l'article 282 CP, constitue le dessein formé, avant l'action, d'attenter à la personne d'un individu déterminé, ou même de celui qui sera trouvé où rencontrer, quand bien même ce dessein serait dépendant de quelque circonstance ou de quelque condition.

[47] R. MERLE et A. VITU, *Traité de droit criminel,* et s., Garraud, *Traité de droit pénal général*, II, p. 804 et s. ; Chavanne, les circonstances aggravantes en droits français, R.I *problèmes généraux de la science criminelle, droit pénal général*, CUJAS, 7e éd. 1997, p. 982. D.P, 1965, p. 527. *Encycl. Dalloz*, Droit pen. Circonstances aggravantes, n° 12 et 13.

départementaux en matière correctionnelle. Il y est évoqué ceci : « pour assurer une bonne défense de l'ordre public, dans l'intérêt des victimes et des délinquants eux-mêmes, il est important que les délits puissent être poursuivis et réprimés dans le cadre du département. Les procédures sont, ainsi, plus rapidement mises en œuvre avec plus de commodités et d'exemplarité...[48] ». S'y ajoute que les violences en question constituent très souvent « des affaires de famille » relevant, par nature, du droit commun de la compétence du Tribunal d'instance. Ensuite, le vœu du législateur est assez clair si l'on en juge l'exposé des motifs de la loi n° 99-05 à propos de l'incrimination en question. En voici la teneur : « ...sont désormais aggravées les peines encourues lorsque les violences ont été exercées par un membre du couple conjugal. Les violences conjugales sont des pratiques qu'il convient de juguler par des dispositions législatives expresses et sévères afin de mieux protéger les victimes de tels faits et d'en prévenir la récidive et ce, dans l'intérêt même de l'équilibre familial [49]».

En outre, si l'incrimination des coups et blessures volontaires à conjoint est nouvelle, compte tenu de la qualité de la victime, il n'en demeure pas moins que l'infraction en cause demeure les coups et blessures et autres violences volontaires. En fait, abstraction faite de cette circonstance liée à la qualité de la victime, ces violences demeurent répréhensibles au titre des articles 294 à 298 CP. Sous ce rapport, à juste titre, la deuxième chambre correctionnelle du TGI de Dakar indiquait récemment qu'« une incrimination nouvelle suppose que les faits qu'elle vise n'aient jamais été érigés auparavant en infraction ni punissables, au risque de violer le principe de la légalité des incriminations et des peines, prévu à l'article 4 du Code pénal (...) la réforme de 1999 avait simplement pour objet entre autres, de prendre en compte une revendication d'une catégorie de couches sociales dont la préoccupation était de lutter contre la recrudescence des violences conjugales ; que voulant y apporter une réponse favorable, le législateur a pensé faire défense au juge d'accorder le sursis en l'espèce (...) une telle innovation introduite dans l'article 297 bis n'est pas synonyme d'incrimination nouvelle en ce sens que les éléments constitutifs de l'infraction de coups et blessures volontaires

---

[48] V. exposé des motifs de la loi n° 84-20 du 2 février 1984 fixant les attributions des tribunaux départementaux en matière correctionnelle, JO n° 4992 du 3 mars 1984, pp. 125-127.

[49] V. exposé des motifs de la loi n° 99-05 du 29 janvier 1999, JO n° 5847 du 27 février 1999.

demeurent toujours et n'ont jamais changé (...) il s'agit plutôt d'une loi nouvelle plus sévère, du moins pour la partie relative à l'interdiction du sursis, en ce qu'elle crée une modalité de durcissement de la répression par le biais de l'interdiction faite au juge d'octroyer le sursis au coupable (...) ; la disposition interdisant le sursis ne remet pas en cause le critère classique de détermination de la compétence en la matière tenant au résultat atteint qui est soit une maladie, soit une ITT ou une conséquence plus grave, la mort ou une infirmité permanente ».

Dans un jugement rendu le 9 février 2022, s'inscrivant dans la même logique, les juges de la troisième chambre correctionnelle du TGIHC soulevaient d'office leur incompétence en estimant « qu'il résulte des dispositions de l'article 2 de la loi n° 84-20 du 2 février 1984 fixant les attributions des tribunaux d'instance en matière correctionnelle, que les coups et blessures volontaires lorsqu'ils n'entraînent pas plus de 20 jours d'incapacité sont de la compétence des tribunaux d'instance (...) Qu'en l'espèce, les coups et blessures, même s'ils sont portés et faits sur conjoint, n'ont pas entrainé une incapacité totale de travail de plus de 20 jours (...) ; Qu'il y a lieu de noter que même si l'incrimination des coups et blessures sur conjoint n'est intervenue qu'en 1999 bien après l'avènement de la loi 1984 fixant la compétence des tribunaux d'instance, il n'en demeure pas moins que la compétence de ces tribunaux, relativement aux coups et blessures, n'est assujettie qu'à la durée de l'incapacité de sorte que la seule exclusion du sursis ne peut changer la nature de l'infraction qui a été consacrée ; Qu'il convient, en conséquence de ce qui précède, se déclarer incompétent (....) »[50]. Dans une autre affaire, jugée à la même date, en adoptant un raisonnement similaire, les mêmes juges confirmaient leur position en décidant qu'en matière de coups et blessures volontaires à conjoint « la compétence des tribunaux d'instance demeure tant que l'incapacité entrainée par les coups et blessures ne dépasse pas 20 jours »[51]. Plus récemment, dans la même optique, procédant à une lecture combinée des articles 4 et 18 du décret n° 2015-1145 du 3 aout 2015[52] et 2 de la loi n° 84-20 du 2 février 1984[53] , le TGIHCD, jugeant

[50] TGIHCD, n° 42 du 9 février 2022, *MP et M. DIOP c/ F. NIANG,* (inédit).

[51] TGIHCD, n° 43 du 9 février 2022, *MP et M.BA c/ D. SENE,* (inédit).

[52] Décret n° 2015-1145 du 3 aout 2015 fixant la composition et la compétence, des Cours d'appel, des tribunaux de Grande Instance et des Tribunaux d'Instance. A propos de ce texte, v° P. A. TOURE, *La réforme de la composition et de la compétence des juridictions au Sénégal,* Abis éd., 2017.

[53] L'article 2 de ce texte dispose « les délits réprimés par le Code pénal dont la connaissance est attribuée aux tribunaux départementaux, sauf dans les cas où ils ont

selon la procédure du flagrant délit, faisait remarquer que « l'article 297 bis du code pénal ne crée pas une nouvelle infraction qui serait, de ce fait, dévolue à la compétence de la juridiction de droit commun qu'est le Tribunal de Grande Instance mais institue plutôt une circonstance aggravante spéciale personnelle puisque tenant compte de la qualité de l'auteur ; Qu'en effet, relativement à la distinction entre ces deux notions, il est admis, d'une part, que les éléments constitutifs sont indispensables à la caractérisation de l'infraction qu'ils définissent et que, d'autre part, la circonstance aggravante est un élément permettant de hiérarchiser le jugement de valeur porté sur une action déjà pénalement répréhensible ; Que cette dernière définition suppose la préexistence d'une infraction susceptible d'aggravation qui, en l'espèce, est celle des coups et blessures volontaires que l'on pourrait qualifier de « simples »; Que par ailleurs, il est également admis que, même le fait pour le législateur d'attribuer une appellation spécifique à l'ensemble constitué de l'infraction de base et de la circonstance aggravante ne saurait suffire à conférer à cette dernière la qualité d'élément constitutif ; Qu'il s'ensuit que l'infraction communément désignée dans la pratique judiciaire sous le vocable de « coups et blessures volontaires à conjoint » ne constitue pas une infraction nouvelle mais renvoie plutôt à l'infraction de base dont les modalités de répression ont été durcies entenant compte de la qualité de l'auteur; (…) »[54].

C'est dans cette même logique que s'est inscrite la Cour d'appel de Tambacounda dans une décision récemment rendue sur la question. Selon les juges d'appel « Considérant que l'article 2 de la loi 84 -20 a expressément visé le délit de coups et blessures volontaires n'entrainant pas une ITT de plus de 20 jours ; Que le renvoi aux articles 296, 297 et 298 du Code pénal n'enlève en rien le caractère général de cette disposition qui laisse apparaitre la volonté du législateur de soumettre au tribunal d'instance le délit de coups et blessures dès lors que le taux d'ITT ne dépasse pas 20 jours ;….que la référence faite à l'article 297 bis au taux d'ITT traduit non seulement un souci d'individualisation de la peine mais aussi la volonté du législateur de s'inscrire dans sa logique, déjà clairement affichée à travers l'article 2 de la loi 84-20, de soumettre ledit délit au tribunal d'instance dès lors que l'ITT n'atteint pas un certain seuil ; que l'article 297 bis consacre, non pas une nouvelle infraction mais

---

été commis par des mineurs de 18 ans, sont ceux qui sont prévus par les articles suivants dudit code (...) ».

[54] TGIHCD, n° 1516 du 19 avril 2022, *MP et O. BALL c/ J.-C. DASYLVA,* (inédit).

une circonstance aggravante qui n'affecte nullement la répartition des compétences instituées par l'article 2 de la loi 84-20 (…) »[55]. Ce faisant, les juges d'appel de Tambacounda infirmaient une décision du tribunal d'instance de la même localité qui, tirant argument de l'interprétation stricte de la loi pénale, en l'occurrence les articles 4[56] et 18[57] du décret n° 2015-1145 du 3 aout 2015 fixant la compétence des tribunaux de grande instance et des tribunaux d'instance, estimait que « …le délit de coups et blessures volontaires, étant consacré postérieurement à la loi 84 -20 , ne figure pas parmi les délits dont peuvent connaitre les tribunaux d'instance ; Que de surcroit, la loi 99-05 du 29 janvier 1999 modifiant certaines dispositions du Code pénal, ne renvoie pas à la loi 84-20 fixant les attributions des tribunaux départementaux en matière correctionnelle ; Que cette loi (de 1999) est venue, à travers le délit de coups et blessures volontaires à conjoint, poser une nouvelle infraction (…) »[58].

Il convient d'observer que l'absence de renvoi par la loi de 1999 à la loi de 1984 se justifie aisément. Celle-là, régissant le droit pénal de fond (incrimination et sanction), n'a pas vocation à régler une compétence d'attribution (procédures applicables).

Enfin, on peut relever une précision faite à l'alinéa premier de l'article 297 bis relativement à la durée d'ITT de plus de vingt et un (21) jours qui conditionne l'application des peines sus évoquées. Ladite précision peut être conçue, de la part du législateur de 1999, comme une mise en relief du critère lié à l'ITT tel que prévu par la loi n° 84-20 du 2 février 1984 sus citée. Dans cette optique, au regard de la politique criminelle en la matière, laisser les coups et blessures volontaires à conjoint à la compétence exclusive du Tribunal de Grande Instance, quel que soit le nombre de jours d'ITT, peut aller à contresens de l'esprit de cette loi.

Toutefois, il faut le reconnaitre, à l'origine de la controverse, on peut noter le caractère malencontreux de l'approche légistique lors de la réforme de 1999.

---

[55] CA de Tambacounda, arrêt n° 3 du 6 juillet 2022, *MP et F.SOW c/ N. SOW dit M. SOW,* (inédit).

[56] Selon cette disposition « les tribunaux d'instance connaissent de tous les faits qualifiés de contravention, commis dans l'étendue de leur ressort. Ils connaissent également des délits pour lesquels la loi leur a donné compétence. ».

[57] Ce texte prévoit « les tribunaux de grande instance connaissent en premier ressort de tous les délits autres que ceux qui sont de la compétence des tribunaux d'instance ».

[58] TI Tambacounda, n° 47/2019 du 20 juin 2019, *MP et F.SOW contre N. SOW dit M. SOW, (inédit)*.

B-Une approche légistique discutable

La légistique peut être définie comme l'ensemble des techniques, des normes et principes relatifs à la préparation, à la rédaction, à l'adoption, à l'entrée en vigueur et à l'évaluation des textes législatifs et réglementaires[59]. C'est une science appliquée de la législation qui cherche à déterminer les meilleures modalités d'élaboration, de rédaction et d'application des normes[60] au sens large du terme[61], couvrant les normes nationales (la Constitution, les lois, décrets et arrêtés), communautaires (Règlements, actes additionnels, actes uniformes, etc.) ou internationales (traités et autres actes internationaux). Il convient de relever que la démarche du législateur à travers le texte incriminateur des CBV à conjoint n'est pas exempte de vice. A l'analyse, l'approche légistique est de nature à conduire le lecteur à voir dans l'article 297 bis une infraction nouvelle (autonome). En fait, à la lecture de l'article 297 bis du Code pénal, on peut être tenté de conclure à la compétence résiduelle du Tribunal de grande instance pour connaitre des coups et blessures volontaires à conjoint quel que soit le nombre de jour d'ITT.

En effet, au plan formel, le choix du législateur d'incriminer ces faits par une nouvelle disposition peut laisser supposer, de sa part, une volonté de créer une nouvelle infraction.

Il s'y ajoute, quant au fond de ladite incrimination, que les peines prévues dans ce nouveau texte, tant dans leur quantum que dans leurs modalités d'exécution, diffèrent de celles attachées aux coups et blessures volontaires « *classiques* » régis par les articles 294 alinéa premier et 296 du même code. Sous ce rapport, les coups et blessures volontaires et autres violences ou voies de fait incriminés à l'article 297 bis sont punis d'une peine d'emprisonnement d'un an à cinq ans et d'une amende de 50.000 à 500.000 Francs CFA. En outre, il ressort de l'alinéa 3 de ce texte que le sursis à l'exécution de la peine ne peut être prononcé. Ce qui constitue

---

[59] P.-A. TOURE, *La légistique, techniques de conception et de rédaction des lois et des actes administratifs*, Harmattan Sénégal, 2019, p. 18.

[60] J. CHEVALLIER, « L'évaluation législative : un enjeu politique », in A. DELCAMP et L AL, *Contrôle parlementaire et évaluation,* Paris, 1995, p.15 également, A-M. LEROYER, « Légistique », in D. ALLAND et S. RIALS *(dir), Dictionnaire de la culture juridique,* Paris, Lamy, PUF, 2003, p.922et s.

[61] Sur la notion de norme, v° E. MILLARD, « Qu'est-ce qu'une norme juridique », in *les cahiers du Conseil constitutionnel*, n° 21, 2006, pp. 87-92 ; D. SY « Normativité et juridicité (brèves réflexions sur la normativité juridique) », *Nouvelles annales africaines*, n° 1, 2009, pp. 11-47

une autre spécificité au regard de l'alinéa premier de l'article 294 qui prévoit des peines principales d'un an à cinq ans d'emprisonnement, d'amende de 20.000 à 200.000 Francs CFA et une peine complémentaire facultative liée à l'interdiction temporaire de l'exercice des droits civiques civils et de famille conformément à l'article 34 du même code. Dès lors, en application de la loi n° 84-20 du 2 février 1984 fixant les attributions des tribunaux départementaux en matière correctionnelle, on peut voir dans cette nouvelle disposition (297 bis CP) qui ne figure pas parmi celles évoquées (296, 297 et 298 CP) à l'article 2 de ladite loi, une infraction autonome qui tombe dans le champ de compétence résiduelle du Tribunal de grande instance.

C'est cette approche qui ressort de l'analyse des décisions sus évoquées de la Cour d'appel de Dakar. Les tenants de cette thèse estiment que le juge ne peut, sans violer le caractère d'ordre public des règles de compétence (d'attribution) en matière pénale, adopter un autre raisonnement. Cependant, il nous semble que le législateur de 1999 n'est cependant pas allé jusqu'au bout de sa logique. Car, une circonstance aggravante est, par nature, une cause d'aggravation de la pénalité encourue indépendamment de ses modalités d'exécution[62]. Or, en la matière, relativement à la peine privative de liberté, le législateur s'est uniquement borné à en durcir les modalités d'exécution en interdisant l'octroi du sursis[63].

En conséquence, l'approche légistique, consistant à recourir à une nouvelle disposition, pour incriminer les violences conjugales, constitue le principal germe de la présente controverse. Elle nous semble, à ce titre, relever, peut-être inconsciemment, d'un « art de mal légiférer »[64], source d'« un malaise dans la délimitation des compétences du tribunal d'instance »[65]. En fait, tel qu'il a été démontré plus haut, dès lors qu'il entendait soumettre la nouvelle incrimination au régime *classique* des coups et blessures volontaires, en aggravant le sort du prévenu, avec

---

[62] J. PRADEL, *Droit pénal général*, 18e éd., CUJAS, p. 546 et s.

[63] Sur la question du sursis, v. E. MICHELET, Chronique jurisprudentielle : la jurisprudence de la Cour suprême du Sénégal en matière pénale, *Annales africaines, Revue de droit, d'économie et de gestion de la Faculté des sciences juridiques et économiques de l'UCAD,* 1989-90-91, p. 293 et s.

[64] L'expression est du professeur Isaac Yankhoba Ndiaye, v° *Revue de l'Association Sénégalaise de Droit Pénal,* 1994, p. 53 s.

[65] P.-A. TOURE, « Clair-obscur autour du périmètre de compétence du tribunal d'instance en matière correctionnelle », *in Lex hebdo n° 1275 du lundi 16 novembre 2015,* p. 10 et s.

comme critère de compétence le nombre de jours d'Incapacité Totale de Travail, le législateur aurait pu tout simplement verser le contenu de l'article 297 bis dans un nouvel alinéa à l'article 294. L'argument est d'autant plus plausible que l'alinéa 2 de ce dernier texte est issu de la même loi que l'article 297 bis, en l'occurrence la loi n° 99-05 du 29 janvier 1999 modifiant certaines dispositions du code pénal.

Conclusion

Face à la divergence jurisprudentielle actuellement notée, une réforme législative nous semble nécessaire en la matière, même si des juges ont pu observer qu'« il s'agit d'une compétence matérielle des juridictions correctionnelles dont le critère par excellence renvoie à la matière c'est-à-dire aux faits et à leur qualification pénale et non au numéro d'une disposition ou d'un article quelconque »[66]. Quoi qu'il en soit, à notre avis, le législateur de 1999 a affiché la volonté d'« aggraver les peines encourues » en évoquant, dans l'article 297 bis, un nombre de jours d'ITT. En conséquence, voir dans la qualité de conjoint un nouveau critère de compétence du Tribunal de grande instance serait en rajouter à la loi. En attendant une réforme législative et en l'absence, au moment où ces lignes sont écrites, d'une position de la juridiction suprême, un pourvoi dans l'intérêt de la loi permettrait à celle-ci de dégager une ligne de conduite.

En vertu de l'alinéa premier de l'article 58 de la loi n° 2017-09 « en toute matière, le procureur général près la Cour suprême pourra, soit d'office, soit à la demande du Ministre de la Justice, sans avoir à observer de délai, se pourvoir en cassation dans l'intérêt de la loi contre un arrêt ou un jugement contre lequel cependant, aucune des parties n'a réclamé dans le délai fixé ou qui a été exécuté. Dans ce cas la Cour suprême statue sans renvoi et sa décision n'a aucun effet entre les parties »[67]. Eu égard aux considérations des uns et des autres, il est aisé de constater que le contentieux des violences conjugales pose un réel problème d'interprétation des textes pertinents.

Dès lors, en l'absence d'un pourvoi dans l'intérêt des parties[68], un pourvoi dans l'intérêt de la loi, sur le fondement du texte susvisé,

---

[66] TGHCD, n° 140 du 25 février 2021, *MP et N.A. DIOUF c/ S. NDIONE*, (inédit).

[67] Article 58 de la loi organique n° 2017-09 du 17 janvier 2017, modifiée, portant sur la Cour suprême.

[68] En matière pénale, les décisions rendues suscitent rarement un intérêt pour les justiciables de former un pourvoi. S'il arrive qu'un pourvoi soit formé, sauf dans de

permettrait à la juridiction suprême, juge de droit de jouer son rôle de régulateur entre des acteurs qui gagneraient à harmoniser leur position pour une meilleure administration de la justice. Le moins qu'on puisse affirmer, sous le prisme des termes de la controverse, c'est que la contrariété de jurisprudence n'a aucune raison d'être dès lors qu'il est fait application du même texte. Elle est de nature à davantage éloigner les normes en cause de leurs véritables destinataires : les parties prenantes aux violences conjugales. Il s'en infère qu'un dialogue des juges est nécessaire pour assurer la prévisibilité des décisions de justice, garante de la sécurité juridique et judiciaire.

C'est le lieu de saluer la réunion d'harmonisation qui a eu lieu, le jeudi 12 mai 2022, au Tribunal de grande instance Hors Classe de Dakar autour de cette question et dont les résultats feront peut-être tache d'huile dans les jours à venir. Osons l'espérer.

---

rares cas, il se heurte à l'aspect formaliste de la procédure devant la juridiction suprême qui empêche à celle-ci de se prononcer sur le fond de l'affaire. Il ressort du rapport annuel de la Cour Suprême de l'année 2020 que sur les 127 affaires jugées en la matière, cette année 81 sont frappés de déchéance et 7 d'irrecevabilité (Rapport annuel de la Cour Suprême, 2020 p.25 et s) ; Dans le même sens E. MICHELET, *Chronique jurisprudentielle : la jurisprudence de la Cour suprême du Sénégal en matière pénale, préc.*

L'utilisation au Sénégal des procurations établies par une autorité publique étrangère

Yacouba SIDIBE

Principal Clerc de Notaire à Dakar VII

Résumé : La reconnaissance d'un acte public étranger est le procédé juridique qui permet à l'acte public émis dans un Etat (nommé « Etat d'origine », à produire ses pleins et entiers effets dans un autre Etat appelé « Etat d'exécution »). En réalité, de nombreux sénégalais résidents dans les pays anglophones et arabophones et des ressortissants étrangers voulant investir au Sénégal, font établir leurs procurations auprès des *scrivener notary*, *notary public*, *sollicitors* et autres. Quelle est la validité de ces procurations devant être annexées à un acte d'affectation hypothécaire, une vente de lot de copropriété, ou une de donation à titre de partage anticipé, portant sur un immeuble sis au Sénégal ? Au regard du droit comparé, il y a une différence fondamentale entre le statut du notaire Sénégalais en ce qui concerne l'*instrumentum* et le *negotium* des procurations qu'il établit et celles préparées par les professionnels de l'univers anglo-saxon et arabophone. De cette différence, résultent les difficultés de l'utilisation au Sénégal des actes publics provenant de ces pays.

De façon évidente, il peut être soutenu que deux grandes méthodes auxquelles le droit international privé a recours sont, d'une part, celle du conflit de lois, et d'autre part, celle du conflit de juridictions. Concrètement, le choix en faveur de l'une ou de l'autre de ces méthodes se fait en fonction du type de norme étrangère face à laquelle l'autorité du for doit se déterminer : soit une règle, soit une décision. La doctrine internationaliste[1] a été édifiée sur cet aspect depuis les travaux de Pierre

[1]V. P. CALLÉ, *L'acte public en droit international privé*, préf. Pierre Mayer, édit. Économica 2004, p. 243.

Mayer, aux termes desquels les règles soulèvent un problème de conflits de lois et les décisions, un problème d'efficacité internationale[2].

Durant de nombreuses années, la doctrine s'est concentrée sur les problèmes soulevés par la reconnaissance de l'efficacité internationale des jugements étrangers à tel point qu'elle a oublié que de la circulation des actes notariés pouvaient surgir des problèmes dans l'État d'exécution, notamment ceux en provenance des pays anglo-saxons[3] et arabophones[4].

Sous cet angle, la question est de savoir, l'utilisation au Sénégal d'une procuration établie dans un autre ordre juridique s'opère-t-elle selon la méthode du conflit de loi ou selon celle de la reconnaissance d'efficacité dont la quintessence est l'effacement de la règle de conflit ?

Si la question se pose ainsi, c'est parce que le choix de l'une ou de l'autre méthode a des implications de droit, notamment pour de nombreux sénégalais résidents dans un pays anglophone ou arabophone ou pour des ressortissants étrangers voulant investir dans le pays de la *téranga*. À vrai dire, la préoccupation fondamentale de ce mandant est la reconnaissance par-delà les frontières, de sa procuration devant produire ses pleins et entiers effets au Sénégal.

On le sait, le législateur sénégalais a maintenu le contrôle conflictuel des actes notariés, à leur circulation internationale. En tout état de cause, il n'acceptera de faire produire des effets substantiels à la procuration établie à l'étranger que si le contenu de l'acte, le *negotium,* a été établi en conformité avec la loi compétente, d'après le règlement sénégalais des conflits de lois[5].

---

[2]V. P. MAYER, *La distinction entre règles et décisions et le droit international privé*, Dalloz, 1973, préface, H. Batiffol.

[3] À vrai dire, concrètement la profession notariale au Sénégal défend avec force l'acte authentique. La difficulté réside, au regard, du droit international privé dans la qualification de cet acte authentique des notaires anglais ou des actes dressés par eux où, la plupart du temps, on essaie de trouver une équivalence sur le problème d'« authenticité ».

[4] Nous avons volontairement écarté du champ de notre réflexion certains États membres de l'Union européenne qui ne connaissent pas la notion d'actes authentiques, la force probante supérieure se rattachant aux actes authentiques. Il s'agit de la Suède, de la Finlande et de Chypre. Pour une présentation complète, voyez Patrick Wautelet, le périmètre de l'acceptation des actes publics dans la circulation internationale, séminaire à l'Inafon en 2021.

5 Cf. les dispositions de l'article 793 du Code de procédure civile du Sénégal.

Sur ces fondements, que faut-il conseiller au candidat à l'apport d'un immeuble en société, à une donation, à titre de partage anticipé, portant sur des lots d'un immeuble soumis au règlement de copropriété ou encore à la vente d'un actif immobilier au Sénégal ?

Le plus simple, pour lui, serait de faire établir une procuration authentique[6] auprès des autorités de son lieu de résidence[7]. Le notaire prête son ministère à des personnes privées soucieuses de parfaire leur acte juridique, d'en assurer la pérennité et la mémoire. L'acte notarié, c'est l'acte authentique par excellence. D'une part, l'acte authentique est exigé comme condition d'opposabilité d'un acte. Dans ce contexte, il s'agit de prévenir et de protéger les tiers, en leur garantissant la certitude de l'existence et de la date de cet acte. D'autre part, l'acte authentique est une condition de validité de l'acte, généralement dans l'intérêt des parties. À ce titre, il faut préserver leur réflexion et attirer leur attention sur les conséquences juridiques du contrat qu'elles projettent de conclure.

Conséquemment, le parallélisme des formes exige de soumettre aux mêmes conditions que l'acte principal, la procuration devant être utilisée au Sénégal dans le cadre de cette opération[8]. Dès lors, au cœur de la

---

[6]En réalité, les fondements de la notion sont d'origine grecque. Authentes veut dire « qui agit de lui-même ». Le terme a deux composantes, d'une part *otos*, soi-même et d'autre part, *entos*, au dedans, intérieur : en d'autres termes, qui agit de sa propre autorité. De là découle la définition retenue, l'acte authentique est celui qui a été reçu par l'officier public ayant le droit d'instrumenter dans le lieu où l'acte a été rédigé, et avec la solennité requise. En effet, sans la présence effective, lors de la lecture et de la signature de l'officier public délégataire de puissance publique, l'acte serait dépourvu de toute valeur juridique spécifique. Pour plus de détails, cf. M. GORE, « L'acte authentique en droit international privé », *Travaux du Comité français de droit international privé*, année 2001, pp. 23-48.

[7] La possibilité existe de se faire établir une procuration au consulat, en vertu des dispositions du décret n°65/214 du 31 mars 1965. Car les actes reçus par les agents consulaires exerçant les fonctions notariales sont entièrement assimilables quant à leurs effets, à ceux établis au Sénégal par les notaires. Ils ont force probante et la même force exécutoire.

[8] Au Sénégal le vendeur-promoteur est tenu, dans le cadre de la signature d'une vente en l'état futur d'achèvement, connue sous l'abréviation vefa, de livrer à l'acquéreur des biens et droits immobiliers conformes à ce qui est mentionné dans le contrat. Cette obligation du vendeur trouve son fondement dans son obligation de délivrance, à laquelle il tenu par les dispositions de l'article 277 du code des obligations civiles et commerciales. Appliquée à la vefa, cette obligation se décline en conformités qualitative (le bien doit correspondre aux qualités spécifiquement prévues au contrat) et quantitative (plus particulièrement la surface du bien immobilier livré). Compte

procuration authentique, la réception par l'auteur ne limite pas son intervention à un rôle passif. Il exerce un véritable rôle de conseil dans l'établissement de cette procuration. En se portant garant de l'acte, il lui confère une valeur juridique incontestable.

Pour certains auteurs, l'acte notarié même à distance, comme c'est le cas en France, permet d'assurer une plus grande sécurité juridique aux parties en comparaison de la procuration sous signatures privées qui fragilise considérablement la chaine de l'authenticité dont il constitue le « maillon faible »[9]. Pour les actes notariés à distance, au regard du droit international privé, il importe de préciser qu'il peut y avoir un franchissement de frontière lorsque la signature est à l'étranger, caractérisant ainsi un élément d'extranéité. Toutefois, la compétence du notaire est déterminée en fonction du lieu de réception de l'acte authentique, et non de l'émission du consentement consigné dans cet acte[10].

Plus précisément, la question est de savoir si la force d'une procuration authentique se vérifie lorsqu'il s'agit de produire ses effets dans un autre ordre juridique, quelle est sa valeur juridique ?

Il est aujourd'hui communément admis que tous les systèmes juridiques sont plus ou moins favorables à l'entrée d'actes et de documents provenant d'un autre ordre juridique. L'existence pratiquement universelle de la règle *locus regit actum*[11] et les conventions

---

tenu de toutes les exigences de ce montage, la procuration pour intervenir dans une telle opération doit se faire avec la sécurité juridique qui sied.

[9] À dire vrai, même si la procuration est signée à distance par le client, le notaire doit lui délivrer les mêmes informations, s'assurer de son consentement éclairé et de la compréhension de l'acte pour les besoins duquel la procuration est établie. Pour plus de détails V. M. GRIMALDI, C. GIJSBERTS et B. REYNIS, « Le décret du 3 avril 2020 sur l'acte notarié à distance », *Defrénois* 9 avril 2020, n°1592, p. 20.

[10] Cf. C. NOURISSAT, « Acte authentique reçu par un notaire à distance des parties : aspects de droit international privé », sol. Not. 30 sept. 2021, n°30.

[11] Au Sénégal lorsque la loi exige, pour conclure un contrat de forme particulière, la procuration de passer ce contrat doit être donnée au représentant dans la même forme. V. art. 49 du Code des Obligations civiles et commerciales. C'est à ce titre, qu'il a été jugé que la procuration pour vendre un immeuble doit être notariée dans le sens de l'article 383 du Code des obligations civiles et commerciales. Pour une présentation plus approfondie, v. C.S n°1 du 8 juin 1988. Sur ce terrain est frappé de nullité absolue l'acte de vente d'un immeuble immatriculé qui n'est pas passé par devant le notaire, v. CA de Dakar, n°91 du 25 février 1983, cette décision a été confirmée par la C.S. dans l'arrêt n°1 du 8 janvier 1986. Dans le même prolongement la C.S a soutenu dans son arrêt du 5 janvier 1994 que la bonne foi ne peut être retenue pour justifier

internationales bilatérales et multilatérales qui imposent de soumettre les actes destinés à circuler d'un État à un autre à la formalité de légalisation ou autre mesures analogues, prouvent à elles seules qu'il s'agit, d'une question qui implique les règles du droit international privé.

Toutefois, il convient d'apporter une précision. Le phénomène de la circulation internationale d'actes est régi, avant tout, par les règles de conflit d'ordre général dans les systèmes de droit international privé de chaque pays et qui identifient la loi applicable au rapport juridique tant sous les aspects matériels que formels.

Cela étant, il y a souvent lieu à équivoque quant à la circulation des actes notariés, certainement sujets aux règles de conflit pour ce qui relève de leur contenu de négociation (*negotium)*, mais tout autant assujettis également au respect d'autres règles (par exemple la légalisation ou l'apostille[12]) dans la mesure où ils sont destinés à constituer la preuve privilégiée d'un fait ou à être inscrits dans les registres publics.

Il s'ensuit que pour étudier le mécanisme de circulation des actes notariés, il faut recourir non seulement à des règles générales de conflit de lois présentes dans les systèmes de droit international privé. Mais il faut également tenter d'identifier à quelles conditions un système juridique donné permet à un document provenant de l'étranger de se substituer à un document national homologué ou, tout au moins, de produire ses effets particuliers (de preuve privilégiée) dans un système différent de celui du lieu d'État d'origine.

De façon claire, pour les actes notariés, en effet, ne sont pas seulement importantes la validité et l'efficacité des déclarations rendues ou des accords conclus entre parties privées. Mais il importe de tenir compte

---

l'acquisition d'un terrain immatriculé par acte sous signatures privées, pour plus de détails, v. C.S. 5 janvier 1994 n°27/RG84, *Talla Mbengue/ Moustapha Ndiaye*, Bulletin des arrêts de la Cour de cassation n°31, p.35.

[12] En fait, la procuration peut revêtir la formalité de l'Apostille selon la convention de la Haye du 5 octobre 1961 applicable dans les États adhérents dont le Sénégal. En Angleterre et au Pays de Galles, les formalités de légalisation continuent à s'appliquer. L'Apostille est délivrée par le *Foreign Office and Commonweath Office* (ministère des Affaires Étrangères) selon une procédure spécifique et pour un droit de timbre qui varie de 30 à 75 livres sterlings selon l'urgence. Il faut parfois avoir recours à des organismes accrédités auprès du *Foreign Office and Commonwealth Office* pour obtenir l'apostille. Il convient de rappeler que l'apostille ne donne pas un caractère authentique au sens du droit sénégalais à l'acte authentique. Il s'agit simplement d'une procédure administrative de légalisation simplifiée qui justifie de l'authenticité de la signature du *notary public* qui a légalisé le document.

également de la valeur qu'ajoute à ceux-ci l'intervention du notaire, délégataire de pouvoirs publics et, donc, expression de la souveraineté de l'État.

Ce qui fait la force d'un acte authentique, c'est sa nature juridique, le statut de celui qui établit l'acte. L'acte authentique est délivré au nom de l'État, par une autorité publique comme le notaire[13]. C'est la garantie de son authenticité. C'est surtout une sécurité juridique qui est offerte à la personne qui sollicite cet acte[14].

Sur ces fondements, notre réflexion va s'articuler autour de deux axes : l'intervention d'une autorité publique étrangère en matière de procuration (I), ensuite, il conviendra de s'interroger sur l'attitude des autorités judiciaires sénégalaises face aux procurations provenant de l'étranger (II).

I – L 'intervention d'une autorité publique étrangère en matière de procuration

Il est possible sur ce sujet d'être succinct et de se limiter aux explications qui revêtent un intérêt, relativement à la fonction de l'auteur de l'acte dans les pays anglo-saxons et dans le monde musulman (A). Après, notre réflexion va porter sur les effets attachés au contenu de cet acte au regard de l'État d'exécution (B).

A – Le statut de l'auteur de l'acte

De nombreuses difficultés peuvent surgir lorsque le notaire chargé d'effectuer une opération sur un immeuble a sous la main une procuration établie, suite à l'intervention d'une autorité publique étrangère, notamment dans les pays anglo-saxons ou dans le monde musulman. Plus concrètement, il s'agit d'apprécier le statut de l'auteur de la procuration émise dans l'État d'origine.

Sous cet angle, toute analyse sur le statut de l'auteur d'une procuration établie dans l'univers anglo-saxon aboutit à une hétérogénéité des

---

[13] Selon Pierre Callé, toute intervention d'une autorité publique, dans un rapport individuel de droit privé, constitue un acte public. Pour plus de détails v. P. CALLE, *L'acte public en droit international privé*, *op.cit*, p. 3.

[14] Aujourd'hui et de plus en plus, nous constatons que le notaire est à la fois, le premier professeur de droit, l'expert immobilier, l'expert fiscal, l'expert juridique, maitrisant le droit des contrats, le droit de l'immobilier et du financement, le droit des sociétés, le droit fiscal, le droit international privé, le droit des régimes matrimoniaux, le droit des libéralités et le droit des successions. Pour plus de détails, Cf. Me Alexandre Thurel, notaire à Lyon, Rapporteur général du 118ème Congrès des notaires de France, Marseille 2022, propos introductifs, p. LXIII.

systèmes. En réalité, le système juridique des Iles britanniques n'est pas unifié. Dans quatre États on trouve un système basé uniquement sur la *Common Law*. Il s'agit de l'Angleterre, du Pays de Galles, de l'Irlande du Nord et de la République d'Irlande ou Eire. Il peut simplement être précisé qu'en Angleterre et au Pays de Galles, le même droit communément désigné sous le vocable « droit anglais » est appliqué. En Irlande du Nord, il est appliqué un droit très proche du droit anglais. En République d'Irlande, la base est très similaire mais, on note quelques différences. Par contre, le système écossais est différent. Il s'agit d'un système mixte de droit civil et de *Common Law.*

Souligner l'originalité du système anglais dans ce domaine consiste à démontrer qu'en Angleterre, il importe de distinguer les *scrivener notary* (notaire écrivain)[15], qui identifie et atteste la capacité des personnes physiques comparaissant devant lui, et qui dresse et authentifie les actes juridiques destinés à être utilisés à l'étranger. Au contraire, le *notary public* à une prestation qui se cantonne à recevoir un acte en attestant simplement l'identité des parties concernées et sa date.

Dans le même cadre, il est permis de s'interroger sur le statut du *solicitor* qui est un professionnel du droit. Il exerce la plupart des fonctions notariales. Mais, le *scrivener notary* partage un grand nombre des fonctions des *solicitors*. Et la majorité des *notaries public* sont en même temps *solicitors*.

La question qui se pose, c'est de savoir si le *scrivener notary* ou le *notary public* peut établir une procuration pour vendre un bien immobilier, intervenir dans une affectation hypothécaire ou une donation entre vifs, portant sur un lot de copropriété devant être utilisée dans un État francophone d'Afrique noire, plus particulièrement au Sénégal. Existe-il pour autant une équivalence avec celle établie par le notaire du for, État d'exécution ?

Sur ce terrain, selon une doctrine faisant autorité en la matière, l'intervention d'un *scrivener notary* peut à première vue, compte tenu de sa qualité d'officier public, ses connaissances en matière juridique et son travail dans l'établissement constituer une énorme sécurité juridique[16].

---

[15] Pour une présentation approfondie, voyez R.A.D. URQUHART, *Scriviner notary* à Londres, *Les notaires en Angleterre*, octobre 2007 et A. CLAUDET, Rapport national d'Angleterre, *Notarius International* 2/2002.

[16] En ce sens, M. GORÉ, « L'acte authentique en droit international privé », *Trav. Com, fr, dr, int, pr*. 1998-2000, p. 23, spéc. p. 27 et s.

Par contre, si cet acte est reçu par un *notary public*, l'équivalence semble difficile à accepter, d'autant plus que des incertitudes peuvent apparaître quant à sa valeur au plan de la sécurité juridique, au niveau du *negotium*. En réalité, si sa qualité d'officier public, de toute évidence, pourrait permettre d'obtenir la sécurité juridique, toutefois, sa fonction de conseil risque d'être insuffisante, du fait que son rôle se cantonne à recevoir l'acte sans aucune participation à son élaboration.

En revanche, cet acte pourrait être accepté du fait qu'il offre une grande sécurité juridique lorsque le *notary public* est en même temps *solicitor* et que l'acte a été dressé par devant lui[17]. Dans ce cas précis, les connaissances juridiques dont il dispose, ainsi que sa présence lors de son élaboration garantissent la bonne exécution de la fonction de conseil qui lui est accordée. L'équivalence pourrait-elle être admise ici pour des raisons pratiques permettant à de nombreux sénégalais résidents à l'étranger ainsi que des ressortissants d'autres pays voulant investir au Sénégal ? Les praticiens du droit, notamment les notaires, les banquiers et autres professionnels, ne veulent pas prendre le risque d'une telle initiative.

Plus fondamentalement, en droit anglais il existe des documents publics, mais ils ne concernent que des affaires officielles des agences publiques ou autres fonctionnaires publics. En aucun cas, elles concernent les déclarations faites par des parties privées, comme dans le système du notariat latin. Simplement une révision récente des règles de procédure anglaise, « *Civil Procedure Rules* », dote la signature du « *general notary* » d'une force probante pour certifier les documents privés et non leur octroyer le statut d'un acte authentique. Quoi qu'il en soit, ce notaire anglais a essentiellement une fonction d'attestation concernant la date et l'identité des signataires mais il n'assume pas la responsabilité du contenu.

Par ailleurs, il est permis d'ajouter que la *Common Law* ignore totalement le concept du titre exécutoire basé sur un acte notarié. Le passage par une décision de justice est obligatoire pour toute procédure d'exécution civile en faveur d'une partie privée. Le « *general notary* »

---

[17] En Ecosse, tout notaire doit être en même temps solicitor. Il exerce ainsi la double fonction qui peut être distinguée en droit anglais.

n'est pas habilité à créer un document exécutoire à l'égard d'un débiteur sans avoir au préalable effectué une action auprès des tribunaux[18].

De surcroît, deux types d'actes du droit britannique méritent d'être retenus. En effet, comme il a été précisé ci-dessus, le droit britannique ne connaît pas la notion d'acte authentique. Toutefois, il existe une espèce de formalisme des actes : l'écrit, la présence des témoins et l'enregistrement. À vrai dire, dans la pratique professionnelle, on distingue deux types d'actes en fonction des exigences du formalisme contractuel, en droit anglo-gallois :

Cette distinction des actes laisse apparaître, ceux appelés « *deed* »[19] qui ont une forme solennelle. Eu égard à ces exigences, il est incontestable que les actes de transfert de propriété, d'emprunt, de constitution d'hypothèque, de cession de bail, de cession de clientèle nécessitent un « *deed* ». D'autre part en sens inverse, nous retrouvons, ceux qui sont appelés « *under hand* ». Ils ont un formalisme modéré. La simple signature apposée sur le document permet de le certifier, d'identifier, le nom des parties et de les engager. Un tel document suffit pour de nombreuses transactions : transferts, reconnaissance de titres, statuts de sociétés.

Il importe de préciser que la solennité de l'acte exige la présence d'un témoin à la signature et pour certains documents, par exemple pour un acte d'ouverture de crédit, l'établissement dispensateur de crédit peut exiger un témoin de qualité comme un « *solicitor* » ou un « *public notary* ».

Pour conclure sur cette présentation du régime des actes du droit britannique, notons qu'aussi bien dans le « *deed* » que dans le « *under hand* », lorsqu'un acte est exigé en la forme authentique pour produire ses pleins et entiers effets à l'étranger, les « *scriveners notaries* » vont s'adapter et rédiger l'acte en la forme requise. C'est exactement l'hypothèse d'une procuration pour une donation entre vifs, une vente ou un apport en société d'un bien immobilier.

Ainsi donc, lorsqu'une personne veut établir une procuration devant avoir ses effets dans un pays du notariat latin, elle doit s'adresser

---

[18] En ce sens, R.A.D URQUHART, « Notaire à Londres », communication non publiée, Colloque IRENE, octobre 1997, Patrimoine et anticipation successorale. Aspects civils et fiscaux, Angleterre et Pays de Galles.

[19] Pour une classification en ce sens, voyez Nathalie Trousset-Fawcett, Notary public à Londres, Présentation du « deed » en Angleterre et au Pays de Galles, juin 2011.

à un *scrivener notary* qui établira cet acte, en langue étrangère, destiné à l'étranger[20].

Contrairement, au statut du *scrivener notary* anglais, aux Etats-Unis, la fonction de notaire est exercée par les *lawyers attorneys*, et non par les *notaries public. Ces derniers* ne sont pas juristes. En réalité, leur travail dans ce domaine se limite à attester qu'un acte privé a été signé à telle date devant eux, par certaines personnes, éventuellement en présence de témoins. Le principe tient en une affirmation fort simple. Ils restent complètement étrangers au contenu de l'acte.

On s'aperçoit que les *notaries public* américains ne peuvent exercer aucune fonction de conseil, en raison de leur manque de connaissances juridiques[21]. Par conséquent, l'acte qu'ils établissent ne peut être considéré comme l'équivalent de celui établi par le notaire sénégalais.

Toutefois, si l'acte a été dressé à l'aide d'un *lawyer*, puis certifié par un *notary public*, ou bien si l'acte a été établi par un *notary public* lui-même *lawyer*, l'acte pourrait être tenu pour l'équivalent à un acte d'un État francophone d'Afrique Noire, notamment celui du Sénégal[22].

Le constat est clair. L'Angleterre et les pays du *Common Law* ignorent le concept d'acte authentique qui est la base d'une justice préventive dans les pays de droit civil. Ainsi, le système juridique de la *Common Law* ne prévoit aucun instrument certifié publiquement et émis par un officier neutre octroyant une force probante pleine et entière à son contenu et exécutoire sans autre examen juridique[23].

---

[20] P. CALLÉ, *L'acte public en droit international privé*, *op.cit.* p.203.

[21] M. DROZ, dans ses réflexions avancent très clairement que « dans certains drugstores et grands magasins américains, le notaire public est remplacé parfois par une machine à timbrer dans laquelle on introduit des feuillets qui ressortent assortis d'un timbre donnant la référence de la commission du notaire, la date d'expiration de celle-ci, la date et l'heure de la certification. Il suffit de prendre un jeton à la caisse » Pour plus de détails, V. « Regards sur le droit international privé comparé. Cours général de droit international privé », *Rec. Acad. La Haye* 1991, IV, t. 229, p. spéc. n° 403. P. 372, note 723.

[22] G.A.L. DROZ, « Problèmes soulevés par l'établissement en Angleterre ou aux Etats-Unis d'un mandat d'hypothéquer un immeuble français », *in Mélanges en hommage à André Breton et Fernand Derrida*, Paris, Dalloz, 1991, p. 93, spéc. p. 94.

[23] La difficulté est ici de déterminer quelles procurations sont susceptibles d'être utilisées dans les États francophones d'Afrique noire, notamment au Sénégal. En effet, il faut une authenticité minimale. Le problème se pose surtout à l'égard des droits qui ne connaissent pas les actes authentique, lesquels sont spécifiques aux pays du notariat

Toujours dans le même esprit, dans le monde musulman, la fonction notariale est accomplie par les *adoul*, témoins rédacteurs officiels attachés au prétoire du cadi dont ils sont l'auxiliaire. Plus précisément, « c'est la conjonction entre l'activité des *adoul* et celle du cadi qui représente la fonction notariale »[24]

Les intéressés dans leur rapport contractuel expliquent leur engagement aux *adoul*, qui prennent acte de leur déclaration et dressent une attestation, *adllya*. Quant au cadi, il homologue l'acte *adoulaire* en lui conférant le caractère authentique par la mention « *khitab* ».

Si leur qualité d'officier public paraît suffisante pour garantir, la sécurité des livres publics au bureau de la conservation de la propriété et des droits fonciers, on peut douter que leur intervention assure au constituant de l'hypothèque sur un actif immobilier une juste information sur la gravité de son engagement. Car si le cadi dispose de connaissances juridiques, celui-ci ne fait qu'homologuer l'acte sans pourvoir exercer une quelconque influence sur son contenu. Or, ils n'ont aucune connaissance juridique pour éclairer le mandant, notamment lui expliquer la portée de son engagement.

Il est donc évident, qu'il y a une différence en termes d'équivalence entre les actes *adoulaires*, même homologués par le cadi, et les actes issus du système des États francophones d'Afrique noire, issu du système du notariat latin, pour l'établissement d'une procuration contenant affectation hypothécaire, vente d'un actif immobilier ou une donation entre vifs d'immeuble.

B – Les effets attachés au contenu de l'acte

À vrai dire, l'authenticité d'un acte résulte du strict respect des solennités[25] requises, quel que soit l'acte en concerné : minute, expédition ou copie exécutoire. Une fois admis ce qui constitue l'acte notarié, soit l'acte et ses annexes, la question est de savoir ce qui constitue une copie authentique ou expédition puis une copie exécutoire. La doctrine en la matière aborde dans le même sens, les copies exécutoires sont identiques

latin. Pour une présentation approfondie, Chloé Enkaoua, « *Notary vs Notaire : le choc des cultures* », Droit et patrimoine n°219 novembre 2012.

[24] V. L. MILLIOT et F.-P. BLANC, *Introduction à l'étude du droit musulman*, Paris, Sirey, 2ème éd., 1987, n°758, p. 570 et s. ; rééd. ; Paris, Dalloz 2ème éd. 2001, n°758, p. 570 et s. ; G. A. L. DROZ, « l'activité notariale internationale », *Rec. Acad. La Haye* 1999, t. 280, p. 9, spéc. n°24, p.40.

[25] Cf. art. 17 COCC.

aux copies authentiques. Seulement la copie exécutoire comme son nom l'indique est la reproduction intégrale de la minute, soit l'acte et ses annexes, avec la formule exécutoire[26]. Ainsi selon Philippe Delebecque, la copie exécutoire de l'acte de prêt doit contenir la reproduction intégrale de la convention et de ses annexes. En particulier, s'agissant de ces dernières pièces, la copie exécutoire doit en principe comporter leur copie littérale.[27]

Les sanctions applicables en la matière sont prévues les dispositions de l'article 17 du Code des obligations civiles et commerciales. L'acte perd sa quintessence. Autrement posé, toute irrégularité formelle affectant un acte authentique entraine une disqualification de l'acte. La portée de cette disqualification varie selon les hypothèses. À ce titre, l'analyse de Philippe Malinvaud est révélatrice lorsqu'il soutient qu' « en cas d'irrégularité, l'acte authentique est nul en tant qu'acte authentique, mais il peut alors valoir comme acte sous seing privé, s'il en remplit par ailleurs les conditions. En pratique, la sanction de l'irrégularité aura une portée différente suivant que l'acte constaté dans l'écrit était ou non solennel : si l'acte était soumis à la forme authentique comme condition de validité, la nullité de l'*instrumentum* entraine la nullité de l'acte juridique lui-même ; dans le cas contraire, c'est à-dire, si le recours à la forme authentique n'était pas obligé, l'acte notarié se trouve seulement disqualifié en acte sous seing privé, mais il perd alors son principal intérêt »[28]. Ce raisonnement est transposable au fonctionnement du système sénégalais. Plus fondamentalement, si l'authenticité est exigée à titre de validité du *negotium*, comme condition de validité de l'opération juridique elle-même, la disqualification opérée par les dispositions de l'article 17 alinéa 2 du Code des obligations civiles et commerciales, en acte sous seing privé, entraine la nullité du *negotium*, dans le cadre d'opération portant sur un bien immeuble. À l'inverse, si l'authenticité n'est requise *ad validatem,* comme pour la cession de fonds de commerce, le nantissement de matériel professionnel, la disqualification n'affecte pas la validité du *negotium* contenu à l'acte. Dans ce cas, ce sont seulement les attributs liés

---

[26] Cf. art.66 et 67 du décret n°2020-1524 du 17 juillet fixant statut des notaires.

[27] V. P. DELEBECQUE, « L'acte authentique imparfait, Observations sur le défaut d'annexion des procurations dans un acte notarié », *PCP*. G. 2012 doct. 263.

[28] V. Force probante, force exécutoire, Ph. MALINVAUD, *Introduction au droit*, Lexis Nexis, 10ème éd. 2004, n°578, V. aussi, F. TERRÉ, *Introduction générale du droit*, Dalloz, 4ème éd. 1998, n°520 ; F. FERRAND, v° *Preuve*, Rép. proc. Civ ;, Dalloz, 2010, n° 496.

à l'authenticité, force probante et force exécutoire[29]- qui tombent comme des feuilles d'automne.

Ainsi pour permettre au créancier, à titre d'exemple, de poursuivre le recouvrement de sa créance, le notaire établit une copie exécutoire, qui rapporte les termes de l'acte authentique qu'il a dressé. Il la certifie conforme à la minute et la revêt de la formule exécutoire.

Dans ce contexte, cet acte accessoire qui a été établi par une autorité publique étrangère, notamment, le *notary public*, le *solicitor* ou le *adel* doit être annexé à l'acte principal devant être reçu par le notaire du for. La question de l'annexion de cette procuration à cet acte d'ouverture de crédit avec affectation hypothécaire, de vente des lots de copropriété ou de donation entre vifs, suscite des interrogations auprès de nombreux professionnels du droit donc pousse à réfléchir sur les conséquences dommageables d'une telle opération[30].

Se pose la question de savoir, plus exactement, si la copie exécutoire qui a été remise à la banque suite à la procuration annexée à la minute, pourrait lui permettre d'entamer la procédure de vente par adjudication, au prix offrant au dernier enchérisseur, du bien hypothéqué, en cas de défaillance du débiteur ou du tiers garant. La même interrogation peut être faite pour l'expédition déposée au bureau de la conservation de la propriété et des droits fonciers, pour l'obtention dans un premier temps d'un état de droits réels et dans un deuxième temps, un certificat d'inscription matérialisant la validité et l'efficacité de l'hypothèque de la banque.

D'une parfaite cohérence avec le système du notariat latin, aux termes de l'article 59 du Décret n°2020-1524 du 17 juillet 2020 fixant statut des notaires du Sénégal, les pièces annexées à l'acte sont revêtues d'une

---

[29] La force exécutoire apparaît comme un attribut formel de l'acte public, et plus particulièrement de *l'instrumentum public*, lié au fait que l'acte émane d'un officier public de l'État de l'établissement de l'acte principal. V. Ch. PAMBOUKIS, *l'acte public étranger en droit international privé*, Paris LGDJ, 1993, préface P. Lagarde, n°443.

[30] À la vérité, le notaire doit faire une évaluation du rapport juridique, de la loi applicable, de l'observation des conditions de fonds et de forme des procédures administratives et judiciaires de l'authenticité de l'acte, avant de reconnaître, les effets juridiques d'une procuration provenant de l'intervention d'une autorité publique étrangère, même authentique, parce que ce n'est qu'un acte valablement établi et qualifié d'être authentique dans l'État d'origine qui peut jouir d'effets extraterritoriaux.

mention constatant cette annexe et signées par le notaire instrumentaire. Les pouvoirs sont annexés à l'acte à moins qu'ils soient déposés au rang des minutes d'un notaire. Dans ce cas, il est fait mention de l'acte de dépôt dans ledit acte.

De surcroît, en droit le présent de l'indicatif vaut impératif. Cette disposition n'a certainement pas été adoptée sans fondement. L'acte notarié doit être en cohérence avec ses annexes et la procuration est l'annexe à laquelle il faut se référer pour apprécier l'origine et l'étendue des pouvoirs qui ont été conférés par le mandant au mandataire. À quoi, il est possible d'ajouter que l'acte notarié résulte de la volonté des parties et la représentation des parties lors de la réception par l'officier public pour la signature de l'acte principal rend obligatoire l'annexion des procurations. Or, si cette procuration ne répond pas aux normes exigées pour sa validité et son efficacité dans l'État d'exécution, le doute plane sur l'opération.

Dans le même cadre, la procuration peut être établie en brevet[31] et ce brevet original est remis par l'auteur de la procuration à l'intéressé ou à son représentant pour les besoins de la cause. C'est l'hypothèse où il s'agit d'une seule et unique opération. Par contre, si la procuration est destinée à plusieurs opérations, le notaire établira cet acte en minute. Il le conserve dans son minutieux et délivrera copies authentiques ou expéditions chaque fois que la demande lui est faite par une partie intéressée.

Dès lors, il n'y a pas de doute que la procuration pour intervenir dans un acte d'affectation hypothécaire, de vente immobilière, d'apport en société d'un immeuble doit être reçue par un auteur ayant le même statut que celui chargé d'établir l'acte principal auquel elle doit nécessairement être annexée tant si bien qu'ils formeront un tout qui a la vertu d'une copie authentique ou d'une copie exécutoire. À défaut, l'opération est privée, à notre sens, de sa validité du fait que l'auteur n'est pas celui qui est habilité par la loi.

II – Les autorités judiciaires sénégalaises face aux procurations établies à l'étranger

Nous avons précisé dans nos développements antérieurs que le contenu de l'acte peut être remis en cause en considération du contrôle de la conformité conflictuelle. L'acte public étranger produit, en tant qu'*instrumentum*, ses effets procéduraux. En effet, l'intervention d'une

[31] Cf, art.64 du décret n°2020-1524 du 17 juillet 2020 *op. cit.*

autorité publique lors de la confection d'un acte public confère à ce dernier des vertus particulières, notamment probatoires. Cette efficacité de l'acte public se limite cependant, à l'*instrumentum* et ne préjudicie en rien la validité du contenu de l'acte, le *negotium.*

La réalisation de ces effets est néanmoins soumise à des conditions pour les actes publics étrangers. C'est la loi du for qui est exclusivement compétente pour déterminer ces effets.

Sur ces fondements, deux points retiendront notre attention, la substitution (A) et le juge de l'exequatur pour la vérification du *negotium* et de l'*instrumentum, (B).*

A – La substitution

Le problème de la substitution est soulevé quand les règles de conflits, dans un contexte ayant des éléments d'extranéité, ont déjà déterminé la loi substantielle applicable. Cette loi présuppose, à titre d'exemple, l'intervention d'un notaire pour toute opération immobilière, comme le cas du Sénégal. La question est de savoir si le notaire de l'État de réception de la procuration peut se substituer au notaire de l'État où est localisé l'immeuble objet de la transaction. Évidemment, il n'y aura aucun obstacle pour cette substitution si le notaire du lieu de réception exerce sa profession d'une manière équivalente à celle du notaire de l'État d'exécution.

Et pourtant, la Cour de cassation italienne n'a pas reconnu une procuration faite devant un notaire français parce qu'il manquait une procédure notariale équivalente à celle de la loi italienne applicable comme loi du for régissant la procédure[32].

En revanche, la Première chambre civile de la Cour de cassation en France, dans un arrêt du 23 mai 2006, dans le cadre de la substitution d'autorités a accepté le principe de la substitution. Il s'agissait d'époux dont le régime matrimonial était soumis à la loi française et qui divorcent à New York : la liquidation du régime se fait par un accord entre les époux devant un *public notary* et en présence d'un avocat. La Cour de cassation estime qu'il s'agit là d'une forme équivalente à la forme notariée française et accepte donc l'effet de cette liquidation[33].

---

[32] Cass. civ., 12.7.2004. n°1282. *Il Corriere giuridico* 2005, p.233 (il manquait-selon la Cour- en droit français une institution juridique équivalente à « l'*autenticazione* » du droit italien).

[33] V. D. 2006, JCP 2006 éd. G. IV.2313.

Dans un tel contexte quelle sera l'attitude des autorités judiciaires sénégalaises face à une procuration, préparée à Dakar envoyée au notaire étranger pour recueillir la signature du mandant. C'est après l'accomplissement des formalités fiscales et administratives que cette procuration sera adressée au notaire sénégalais pour être annexée à l'acte principal.

Pour apprécier dans quelle mesure la procuration provenant de l'étranger a force probante au Sénégal, il convient de comparer cette dernière aux exigences du for. Pour cette procuration, se pose la question de savoir si la loi du for, comme loi applicable à la procédure civile, admet ou non la substitution au notaire du pays d'exécution, d'un notaire du pays d'origine.

Elle ne pourra être considérée comme authentique que si elle a été passée devant une autorité équivalente à un officier public sénégalais. Pour admettre l'équivalence, l'on doit s'interroger sur l'intérêt que vise à protéger l'exigence d'une authenticité en matière de force probante pour vérifier que l'intervention de l'autorité étrangère suffit à le protéger.

Très concrètement la force probante attachée aux actes publics sénégalais est aussi reconnue aux actes publics provenant d'un autre ordre juridique, dès l'instant qu'ils présentent les mêmes garanties. Encore faut-il s'assurer que l'acte public étranger a été instrumenté dans des conditions qui justifient qu'une force probante lui soit reconnue dans l'État du for (contrôle d'équivalence). Ainsi, un acte public étranger fait foi dès lors qu'il présente des garanties équivalentes à celles prévues et organisées par l'article 17 du Code des obligations civiles et commerciales qui définit en droit interne l'acte authentique comme « Celui qui a été reçu par officiers publics ayant le droit d'instrumenter dans le lieu où l'acte a été rédigé, et avec les solennités requises ».

En revenant sur la question de l'équivalence des *notaries public* anglais et américains ou bien des notaires du monde musulman avec un notaire d'un État francophone d'Afrique noire, c'est la véracité des énonciations de l'acte qui est prise en compte. Il s'agit essentiellement de la désignation du bien, de sa superficie, du numéro du titre foncier et surtout des charges et conditions de la vente. En tout état de cause, l'intervention d'un *scrivener notary*, comme d'un *notary public*, anglais devra être considérée comme suffisante en raison de leur qualité d'officier public et indépendamment du fait que le *notary public* n'a pas toujours de connaissances juridiques.

Dans le même prolongement, selon une doctrine bien autorisée, le *notary public* du droit américain n'est pas considéré comme l'équivalent du notaire de type latin[34], bien que non juriste, son intervention doit être considérée comme équivalente à celle d'un notaire d'un État francophone d'Afrique noire au regard de la force probante de ses actes. Sa qualité d'officier public, la responsabilité qu'il encourt en cas de faux, ne doivent pas faire douter de la véracité des constatations qu'il relate.

Sous le même angle, dans les pays musulmans, la procuration établie par un *adel* puis certifiée par un *cadi*, tous deux officiers publics, peut prétendre à l'équivalence avec un acte authentique de ces pays africains, relativement à la force probante.

Manifestement, l'intervention d'un notaire dans une procuration de constitution d'hypothèque a un double rôle : prévenir comme nous l'avons précisé ci-devant le constituant, l'affectant ou le tiers garant[35], de la gravité de l'opération et préserver les registres de la conservation de la propriété et des droits fonciers. Pour que ce double rôle soit réellement accompli par l'officier public étranger, celui-ci doit être juriste et présenter des garanties de sérieux. En revanche, pour la force probante, seules importent les garanties de sérieux que présente l'officier étranger. Sa qualité de juriste n'a que peu d'importance, car aucune mission de conseil n'est exigée de lui pour attribuer force probante à ses constatations.

En réalité, il s'agit de produire un acte régulier en la forme. Cette régularité de la procuration sera appréciée, non par rapport à des conditions de régularité posées par l'ordre juridique du pays d'exécution, mais par rapport à *lex auctoris.*

C'est la *lex auctoris* qui déterminera si l'autorité « agit dans les limites de son ressort et si elle a respecté les solennités que lui impose son statut, en sorte que l'acte puisse être considéré comme authentique » au sens du notariat sénégalais. Alors, si l'acte est dressé par une autorité étrangère

---

[34] Voir A.-A. EHRENZWEIG et E. JAYME, *Private International Law*, vol. III, Leyden 1977, pp.51-52.

[35] En fait, selon les dispositions de l'article 4 al.4 de l'acte uniforme portant organisation des sûretés, un immeuble peut être donné en garantie par le débiteur lui-même ou par une autre personne désignée comme tiers garant. Alors ce tiers garant qui donne procuration pour affecter et hypothéquer son titre foncier, il doit être informé de la portée de son engagement et sur les conséquences pouvant résulter du non-respect par le débiteur de ses engagements auprès de la banque. Dans cette hypothèse, son immeuble serait saisi et vendu à la barre du tribunal aux enchères.

dépourvue du pouvoir de dresser pareil acte, ou bien agissant hors de son ressort territorial, il ne pourra aucunement prétendre à l'équivalence avec un acte au Sénégal comme dans de nombreux États francophones d'Afrique noire.

En tout état de cause, il apparaît difficile de nier la distinction entre la validité du *negotium* d'une part, et l'efficacité de l'*instrumentum*, d'autre part. Notons d'ailleurs qu'elle est présente en droit interne, lorsque la procuration a été établie par un notaire sénégalais : l'utilisation de cette procuration dans un acte de vente, une affectation hypothécaire n'interdit pas de remettre en cause ce contrat-au fond-lorsque les conditions posées par la loi sénégalaise n'auront pas été respectées. Certes, dans une telle hypothèse, purement interne, l'applicabilité au fond de la loi sénégalaise ne surprendra pas les parties. En revanche, dans une situation affectée d'un élément d'extranéité, l'exigence que la procuration établie à l'étranger satisfasse les conditions de fond de la loi désignée par la règle sénégalaise de conflit de lois est davantage susceptible de troubler leurs prévisions légitimes.

Au demeurant, sans remettre en cause la distinction de l'*instrumentum* et du *negotium*, ni même renoncer à la possibilité d'agir en nullité de la procuration établie à l'étranger en contravention avec le droit compétent (désigné soit par la règle de conflit du Sénégal, soit par la règle de conflit de l'État d'origine du *notary public*, du *solicitor* ou du *adel*, selon le choix opéré par le système juridique concerné), une tendance doctrinale récente suggère d'étendre la méthode de reconnaissance au contenu de l'acte, donc, à sa validité au fond[36]. Cette dernière resterait alors acquise jusqu'à l'obtention d'une décision de justice passée en force de chose jugée auprès du juge compétent.

B – Le juge de l'exéquatur pour la vérification du *negotium*[37] et de l'*instrumentum*

[36] V. en ce sens C. NOURISSAT, P. CALLÉ, P. PASQUALIS, P. WAUTELET, « Pour la reconnaissance des actes authentique au sein de l'espace de liberté, de sécurité et de justice », *Petites affiches*, 2012 n°68, p.6.

[37] Le contrôle pourra porter sur le ***negotium***, le contenu de l'acte : un acte public étranger, par lequel le mandant donne pouvoir au mandataire à l'effet de vendre un immeuble à sa femme. Les conséquences d'une telle opération peuvent se voir opposer l'exception d'ordre public au Sénégal, du fait que l'art. 272 du Code des obligations civiles et commerciales interdit la vente d'immeuble entre époux. La reconnaissance de l'acte sera donc refusée.

Dans le domaine qui nous intéresse ici, nous savons que relativement au système de conflits de lois, les actes authentiques sont soumis à la loi du lieu de confection, plus exactement c'est l'hypothèse d'une procuration établie par une autorité publique étrangère. L'article 793 du Code de procédure civile prévoit que « les actes authentiques, notamment les actes notariés, exécutoires dans un État, sont déclarés exécutoires au Sénégal par le président du tribunal de grande instance du lieu où l'exécution doit être poursuivie.

Le président du tribunal vérifie seulement si les actes réunissent les conditions nécessaires à leur authenticité dans l'État où ils ont été reçus et si les dispositions dont l'exécution est poursuivie n'ont rien de contraires à l'ordre public ou aux principes de droit public applicable »[38].

Ce texte laisse apparaître une intransigeance[39] du législateur sénégalais en matière de circulation des actes établis par les autorités publiques étrangères. Il exige deux conditions cumulatives. Selon l'approche retenue par le législateur, il faut convenir que l'exequatur, au sens large du terme, répond à une double demande : la reconnaissance du (*negotium*), le contenu qui ne doit pas être contraire à l'ordre public et respecte les contraintes de droit public au Sénégal, d'une part et l'autorité publique étrangère compétente doit avoir agi (l'*instrumentum*), d'autre part. Sur ce dernier point, pour qualifier un acte étranger comme ayant le caractère d'acte authentique, il faudra prendre en compte les normes de l'État d'origine.

Force est donc de constater que l'ordre juridique sénégalais ne pourrait reconnaître un acte public étranger que si l'autorité qui l'a établi disposait de ce pouvoir au regard de son propre ordre juridique.

Une fois que le président du tribunal a fait ces vérifications que l'acte réunit les conditions nécessaires, pour sa reconnaissance, donc son utilisation au Sénégal, il rend une ordonnance à pied de requête pour déclarer la procuration exécutoire au Sénégal. Exécutoire ici a le sens de

---

[38] À vrai dire, la procédure d'exequatur est destinée à obtenir un titre sénégalais qui permet de vaincre la méfiance à l'égard d'un ***instrumentum*** étranger. Cet usage de l'exequatur présente une utilité pour vaincre à l'avance la résistance des tiers intéressés à l'opération.

[39] Certains professionnels pensent que le système sénégalais est lourd du fait que le contrôle porte non seulement sur l'***instrumentum*** mais aussi et surtout sur le ***negotium***.

« utilisable », car cette ordonnance qui est délivrée par le magistrat ne contient pas la formule exécutoire, selon le modèle ci-après :

ORDONNANCE N°

Nous,…………

Président du Tribunal de grande Instance de,

Vu les dispositions de l'article 793 du Code de procédure civile ;

Vu la Requête qui précède et l'ensemble des pièces à l'appui ;

DÉCLARONS exécutoire sur le territoire de la République du Sénégal, la procuration, en date du 17 avril 2023, reçue par Me, notaire à Clermont-Ferrand.

Fait à Dakar,
AU PALAIS DE JUSTICE LE….

C'est la raison pour laquelle, on pourrait estimer que, par la reconnaissance d'une procuration établie par une autorité publique étrangère, on entend le procédé juridique qui permet à cet acte de produire ses effets dans l'État d'exécution.

En scrutant bien les dispositions de ce texte, il est évident que si le rapport juridique pour la naissance, la constitution ou l'extinction duquel est dressé l'acte authentique présente des éléments d'extranéité, en vue de la reconnaissance, sera appréciée la validité de fond et de forme de l'acte authentique en conformité avec la loi applicable, désignée par les normes du droit international privé. Autrement dit, la reconnaissance est liée aux effets de l'acte juridique dans le sens du *negotitum* et de l'*instrumentum* qui circule, faisant que les effets de l'opération juridique dont il revêt la forme se produisent en dehors des frontières de l'État où il a été établi.

Avec la prise en considération, on se contente de constater qu'une règle exige un acte authentique et le juge sénégalais, à ce titre, vérifie si l'acte étranger correspond bien au présupposé de cette règle. Si l'efficacité substantielle s'étendait au *negotium*, la totalité de l'acte serait considérée comme reconnue en tant que telle et donc on ne pourrait plus contester le *negotium*. Alors que tout de même, que ce soit, la procuration contenant affectation hypothécaire, une vente d'immeuble ou une donation entre vifs avec réserve d'usufruit ou de droit d'usage et d'habitation, il reste toujours le fond du droit, l'existence d'un consentement éclairé[40], la sincérité de l'engagement qui peuvent être remises en cause.

Outre la valeur pédagogique d'une telle distinction, la reconnaissance de l'acte authentique ne doit pas être confondue à la nécessité de légalisation ou de l'apposition de l'apostille, selon le cas. En fait, celles-ci ne sont que des formalités administratives censées assurer la libre circulation des actes authentiques. La doctrine semble unanime que toute forme de légalisation rend les actes plus efficaces, mais, étant une simple formalité administrative, ne saurait donner, d'une part, ni un caractère authentique à un acte qui n'a pas cette qualité, ni la validité à un acte authentique nul pour l'inaccomplissement des conditions de fond ou de forme[41].

Sur ces fondements, toute forme de légalisation, même celle qui se retrouve dans la procédure simplifiée de l'apostille, n'est qu'une confirmation de l'authenticité de l'acte sur lequel celle-ci a été apposée, dans le sens de garantir sa provenance et sa signature par la personne qualifiée de l'État d'origine. Il pourra être ajouté que l'apostille n'a pas l'aptitude de qualifier un acte comme étant authentique et son apposition ne se limite pas aux actes notariaux, mais concerne également des actes établis par d'autres autorités, actes dressés par un fonctionnaire ou des documents administratifs.

En raison de l'exigence de conformité de la loi appliquée au règlement sénégalais du conflit de lois, doit être refusée la procuration contenant affectation hypothécaire d'un titre foncier, sis à Dakar, reçue par un *notary public* américain ou australien, sur laquelle est apposée l'apostille et devant être annexée à un acte d'ouverture de crédit, établi par un notaire sénégalais. Une telle procuration ne procède, à l'évidence, pas de la loi désignée par la règle de conflit sénégalaise relative aux conditions de forme de la procuration pour une opération immobilière, en l'occurrence,

---

[40] Selon Jean Pierre Tosi, il n'y a pas de contrat sans consentement. L'absence de consentement empêche la formation du contrat. Le problème posé ici est plus l'existence du contrat que de sa validité. Sur ces fondements, l'exequatur peut être accordé du fait qu'on a un *instrumentum* valable. Par contre, quelques mois après, la démarche pour l'obtention de la nullité de l'opération n'est pas à écarter. Pour plus de détails v. J.-P. TOSI, *le droit des obligations au Sénégal*, LGDJ, Tome XXXVI,1981, p. 68.

[41] L'acte nul est l'acte qui ne peut produire d'effet juridique parce que la loi s'oppose à son efficacité, du fait de son irrégularité. C'est le moyen le plus efficace de sanctionner l'inobservation des règles de validité des actes juridiques, V. article 84 du Code des obligations civiles et commerciales.

un acte authentique, laquelle n'admet *ad validatem* que des actes authentiques

En conséquence, aucune procuration ne peut être annexée à un acte d'ouverture de crédit avec affectation hypothécaire d'un titre foncier, si elle n'a pas été reçue par l'autorité publique étrangère, l'équivalent du notaire sénégalais.

Dans ces conditions, peut-on penser à une extension de la méthode de reconnaissance[42] aux contrats ? Rien n'est moins sûr. À vrai dire, l'acte public individuel est une décision qui devrait relever de la méthode de la reconnaissance, dès lors qu'il est pourvu d'un caractère normatif, alors que les actes purement privés, tels les actes relevant de la vie des affaires resteraient soumis à la méthode du conflit de lois.

Si rationnelle que soit l'analyse faite sur le statut de ces différents auteurs de la procuration. Sur le plan de l'équivalence[43], elle n'a pas la

---

[42] Cette méthode repose sur l'idée qu'une décision individuelle étant l'expression d'une volonté émanant d'une autorité publique, elle est dotée d'un caractère normatif complet qui a pour effet d'effacer le conflit de lois. En outre, la décision de justice suscite de la part des parties des prévisions légitimes sur la base desquelles elles fixent leur position. Or, une pertinente gestion des rapports internationaux commande le respect de ces prévisions, au nom particulièrement d'une exigence de continuité. Au total, il s'agit de la continuité des situations juridiques internationales, c'est-à-dire des situations juridiques nées et cristallisées dans un autre ordre juridique. Comme c'est le cas en droit de la famille. Un mariage régulièrement célébré à Dakar, produit ses pleins et entiers effets à Paris. Il en est de même pour une adoption plénière régulièrement établie à Saint-Louis qui produit ses pleins et entiers effets à New York. Toutefois, une procuration établie par le *notary public* new yorkais ne peut être annexée à un acte d'affectation hypothécaire d'un immeuble sis au Sénégal. Du reste, nous pensons qu'au droit de la famille, revient la prévalence de la méthode de la reconnaissance et dans le domaine contractuel, c'est celle la méthode des conflits de lois.

[43] À la vérité cette faculté de substitution dans le cadre du droit international privé nous apparaît peu orthodoxe et ne milite pas dans le sens classique et rigoureux de la notion d'authenticité et de sécurité juridique dans les États francophones d'Afrique noire. L'authenticité de la procuration ne saurait s'accommoder ni à un arrangement, ni à un sentimentalisme pour enlever à la notion sa quintessence. C'est d'ailleurs pourquoi Michel Grimaldi a soutenu que « Enfin, le notaire auquel la loi confie le soin de la forme, peut bien alerter le législateur des insuffisances ou des excès du formalisme, mais il ne lui appartient pas de s'en affranchir *proprio motu*. Et puisse-t-il ne pas oublier qu'une critique du formalisme, de son rythme et de son coût, est aussi peu ou prou une contestation de sa raison d'être. Gare à ne pas scier la branche sur laquelle on est assis… ni à se tirer une balle dans le pied… » Pour une présentation complète, V. M. GRIMALDI, « La scie ou la balle », *la Gazette du Palais*, 25 avril 2006 n°115, p.25.

même valeur juridique que celle établie dans les États francophones d'Afrique noire. Pour s'en convaincre, il suffit de savoir que dans un arrêt rendu par la Cour de cassation en France, en date du 14 avril 2016, il s'agissait d'un *notary public* australien qui ne comprenait pas le français et n'était pas en mesure d'expliquer clairement le contenu de la procuration aux intéressées. Son rôle s'était limité au contrôle de leur identité. Ce qui, en substance, ne suffisait pas pour respecter la nature de l'engagement du mandant, qui en l'espèce s'était porté caution hypothécaire d'une société auprès d'une banque. La haute juridiction, dans un motif lapidaire a écarté toute idée de solennité d'une procuration établie par un notaire français, puis reçue et apostillée par un *notary public* australien et en a déduit que cet acte ne revêtait pas les caractéristiques en France pour un acte authentique[44].

[44] V. Cour de cassation, chambre civile 1, 14 avril 2016, 15-18157.

Le capital social des SARL au Sénégal : la création de société mort-née

Mahmoudou Aly TOURÉ

Notaire
Président Honoraire de la Chambre des Notaires du Sénégal (CDNS)

L'enfer est pavé de bonnes intentions

Le capital social est un des éléments constitutifs de la société. On lui prête, parmi ses fonctions celle d'être le gage des créanciers sociaux. Mais mon ancien professeur, Michel Cabrillac[1], nous prévenait avec son air débonnaire, en cours magistral de Droit des sociétés commerciales que : « le capital social n'est qu'un miroir aux alouettes ». Depuis l'avènement de l'Organisation pour l'Harmonisation en Afrique du Droit des Affaires (OHADA), le Sénégal tout comme les différents autres Etats membres de cette organisation, ont laissé l'initiative à cet organisme supranational pour toute règlementation relative au Droit des Sociétés. Les dispositions de l'Acte Uniforme relatif au Droit des Sociétés Commerciales et du Groupement d'Intérêt Economique (AUSC-GIE) sont presque toutes d'ordre public, donc ne laissant pas trop de choix aux rédacteurs des statuts.

A dose homéopathique, le législateur communautaire donne de temps en temps une liberté de mouvements aux entrepreneurs. Ainsi, par la modification de l'AUSC-GIE en date du trente janvier deux mille quatorze, le corset est devenu moins serré pour les Etats parties quant à la détermination du capital minimum des Sociétés à Responsabilité Limitée (SARL). En effet, l'article 311 dudit Acte Uniforme a été remanié comme suit : « Sauf dispositions nationales contraires, le capital social doit être d'un million (1.000.000) de francs CFA au moins. II est divisé en parts sociales égales dont la valeur nominale ne peut être inférieure à cinq mille (5.000) francs CFA ».

---

[1] Michel CABRILLAC (1929-2014), Professeur émérite à la Faculté de Droit de Montpellier, commercialiste réputé.

Fort de cette faculté, le législateur sénégalais qui avait perdu la main s'est engouffré dans la brèche en n'exigeant quasiment plus de capital social pour les SARL (I), mais à l'épreuve de la pratique les limites de la réforme surgissent rapidement (II).

I – D'une volonté exprimée…

Dans un premier temps, le législateur sénégalais a, par la loi n° 2014-20 du 24 avril 2014, décidé d'utiliser cette disposition pour réduire le capital minimal des SARL à CENT MILLE (100.000) FRANCS CFA. L'exposé des motifs de ladite loi énonce de manière incantatoire : « A la place de l'opérateur économique personne physique qui, pendant longtemps, a exercé seul son activité, s'impose, de plus en plus, l'idée d'exercer "l'activité économique en général, l'activité commerciale en particulier sous forme de groupements dont les plus connus sont les sociétés commerciales. La décision de créer une société commerciale constitue généralement une réponse à d'impératifs besoins financiers. Les avantages escomptés sont d'ordre juridique, financier, social et fiscal…….

Parmi elles, la forme sociale la plus utilisée est celle de société à responsabilité limitée. Après plusieurs années d'application de l'Acte uniforme relatif au droit des sociétés commerciales et du groupement d'intérêt économique (AUSC-GIE) de l'Organisation pour l'Harmonisation en Afrique du Droit des Affaires (OHADA) dudit Acte uniforme, il a paru nécessaire de modifier le dispositif législatif dans le sens d'une amélioration de l'environnement des sociétés commerciales. C'est dans ce cadre que l'Acte uniforme a fait l'objet d'une révision par le Conseil des Ministres de l'OHADA adoptée le 30 janvier 2014. Afin de s'assurer de l'adaptation de la réglementation au tissu économique de chaque Etat partie, le législateur communautaire, outre les aménagements prévus directement dans l'Acte uniforme, offre la possibilité à chaque Etat partie de tenir compte de son environnement propre pour une meilleure attractivité des sociétés commerciales. Pour prendre en compte cet objectif, l'article 311 de l'AUSC-GIE révisé donne la possibilité à chaque Etat partie de fixer un capital social minimum pour la SARL différent de celui qu'il prévoit. En application de cette dernière disposition, l'Etat du Sénégal a décidé de faire passer le capital social minimum de la société à responsabilité limitée d'un million (1.000.000) de francs CFA à cent mille (100.000) francs CFA

Non content de cette mesure, il a décidé par la loi 2015- 07 du 09 avril 2015, de ne plus exiger de minimum pour le capital d'une SARL. En termes clairs, c'est dire que, désormais au Sénégal avec un (1) franc CFA de capital une SARL peut être créée. Ce qui semblait être, pour l'Etat sénégalais, un frein à la création de SARL a été levé avec ces deux réformes successives.

Le bébé est né vivant, mais est-il viable ?

II – ... aux limites de son application

Une chose est de mettre sur pied une société, mais une autre, et pas la moindre, est de la faire fonctionner. Il est des décisions qui ont des conséquences non envisagées par l'instigateur, car le législateur Sénégalais, en permettant une constitution de SARL dans ces conditions semblait avoir oublié l'article 371 du même Acte Uniforme qui dispose : « Si, du fait des pertes constatées dans les états financiers de synthèse, les capitaux propres de la société deviennent inférieurs à la moitié du capital social, le gérant ou, le cas échéant, le commissaire aux comptes, doit dans les quatre (4) mois qui suivent l'approbation des comptes ayant fait apparaître cette perte, consulter les associés sur l'opportunité de prononcer la dissolution anticipée de la société.»

Il apparaît, à la lecture de ce texte que les sociétés à capital presque inexistant sont dans une situation sursitaire du fait de la loi nationale sénégalaise. En effet, il faudra remarquer que l'Etat n'a agi, excepté sa renonciation au droit de timbre qui est de deux mille francs CFA par feuille, que sur un levier (les émoluments du Notaire, qui, soit dit en passant, jusqu'à cinq millions de francs CFA de capital, étaient forfaitairement taxés à cent mille francs CFA). Quelle que soit la modicité du capital, au moment de l'entrée en vigueur de la réforme, le Code Général des Impôts disposait en son article 471. II. :

« Sont enregistrés au droit fixe de VINGT CINQ MILLE FRANCS CFA :

……… 2. les actes de formation et de prorogation de sociétés ou de GIE qui ne contiennent ni obligation, ni libération, ni transmission de biens meubles ou immeubles entre les associés ou autres personnes, lorsque le capital est au plus égal à cent (100) millions. »

La loi 2019-17 du 20 décembre 2019 portant loi de finances pour l'année 2020 a modifié l'article 471 en abaissant les droits d'enregistrement des sociétés à capital inférieur ou égal à cent (100) millions de vingt-cinq mille francs CFA à dix mille francs CFA. Mais, *in fine*, cela ne change rien car une société au capital de cent (100) francs CFA payerait à l'Etat les mêmes frais qu'une, au capital d'un million (1.000.000) de francs CFA. Les frais d'immatriculation seraient aussi identiques, à savoir trente mille quatre-vingt-dix (30.090) francs CFA. Il ne faudra pas, non plus, occulter le fait que les initiateurs et dirigeants de telles sociétés pourraient voir leur responsabilité attraite pour insuffisance de capital.

J'emprunterai cette formule aux professeurs Cozian, Viandier et Deboissy : « Ainsi, le législateur est bien naïf qui, sous couvert de bons sentiments, autorise la création de sociétés de presse avec un capital symbolique. Forts de cette tolérance législative, des esprits rêveurs créent ainsi une SARL au capital insignifiant. Faute de fonds propres suffisants, la société doit rapidement déposer le bilan. Les animateurs sont poursuivis pour avoir créé une entreprise au capital insuffisant ».[2]

Leurs propos sont étayés par ces applications jurisprudentielles : Voici la leçon de gestion qui leur a été infligée par les magistrats d'appel : « Attendu qu'il apparaît à l'évidence que l'extrême modicité du capital social portait en elle-même les germes des difficultés qui allaient être révélées aux associés dès leur première assemblée générale... ; que la mise en fonctionnement de la société dans de telles conditions témoigne d'une légèreté certaine ; que l'audace à entreprendre, louable en soi, devient imprudence fautive si elle n'est pas suivie par de rigoureuses qualités de gestion appliquées à un minimum de moyens.»[3]

Dans une autre affaire, un entrepreneur intrépide avait créé une SARL, au capital manifestement insuffisant ; la société ayant dû déposer le bilan deux mois et dix jours après sa constitution, il a été jugé que la création dans de telles conditions aventureuses d'une société inévitablement vouée à l'échec constituait une faute de gestion justifiant la condamnation du gérant à combler le passif social.[4]

Nous sommes au regret de constater qu'outre le fait de désorganiser un ensemble cohérent, le législateur sénégalais n'a pas tiré toutes les conséquences de sa volonté exprimée de permettre une création de SARL au coût le plus bas possible. Il aurait pu ainsi, pour l'enregistrement des statuts le faire gratis ou au plus réclamer le minimum de perception qui est de cinq (5.000) francs CFA. Un abaissement substantiel pourrait être

---

[2] *Manuel Droit des sociétés*, 21ème édition, Litec, p. 119.
[3] CA Rouen, 20 oct. 1983, *D.* 1983, p. 163, note J.-J. Daigre.
[4] CA Aix-en-Provence, 16 mai 2001, *BRDA* 3/2002, n°7.

également opéré sur les frais d'immatriculation. Naguère, sous l'empire du Code des Obligations Civiles et Commerciales (COCC), l'article 1085 conférait aux notaires sénégalais des attributions monopolistiques en ce qui concernait les constitutions de sociétés commerciales et leurs modifications statutaires. Ces dispositions ont été reconduites par l'AUSC-GIE dans sa version originelle, sauf le bémol y inséré et qui offre la possibilité aux entrepreneurs de faire des actes sous seings privés mais toujours soumis à la lecture rigoureuse, pointilleuse et sourcilleuse du notaire avant leurs dépôts avec reconnaissance d'écriture et de signatures au rang de ses minutes. La position n'est pas fortuite et traduit l'intérêt que les législateurs sénégalais (celui du COCC) tout comme communautaire avaient porté à ce personnage du landerneau juridique qu'est le notaire. Ils lui reconnaissent, en matière de droit des sociétés, une expertise avérée. Mais à coups de « sauf dispositions nationales contraires » introduits dans la révision de l'AUSC-GIE, cet Acte risque de n'avoir d'uniforme que le nom.

L'expérience capitalisée par une pratique notariale sénégalaise plus que bicentenaire (les premiers actes notariés répertoriés à Dakar remontent à avril 1817) devrait pouvoir être mise à profit par une forte sollicitation et implication des instances du notariat sénégalais pour toute décision touchant le droit des sociétés, le foncier ou le droit patrimonial de la famille (régimes matrimoniaux, libéralités et successions).

Telle est notre ambition pour cette belle et noble profession, vers qui Dieu nous adresse.[5]

[5] Coran : sourate 2, verset 282 : « Ô les croyants ! Quand vous contractez une dette à échéance déterminée, mettez-la en écrit ; et qu'un scribe l'écrive, entre vous, en toute justice ; un scribe n'a pas à refuser d'écrire selon ce qu'Allah lui a enseigné ; qu'il écrive donc, et que dicte le débiteur : qu'il craigne Allah son Seigneur, et se garde d'en rien diminuer. Si le débiteur est gaspilleur ou faible, ou incapable de dicter lui-même, que son représentant dicte alors en toute justice. Faites-en témoigner par deux témoins d'entre vos hommes ; et à défaut de deux hommes, un homme et deux femmes d'entre ceux que vous agréez comme témoins, en sorte que si l'une d'elles s'égare, l'autre puisse lui rappeler. Et que les témoins ne refusent pas quand ils sont appelés. Ne vous lassez pas d'écrire la dette, ainsi que son terme, qu'elle soit petite ou grande : cest plus équitable auprès d'Allah, et plus droit pour le témoignage, et plus susceptible d'écarter les doutes. Mais s'il s'agit d'une marchandise présente que vous négociez entre vous : dans ce cas, il n'y a pas de péché à ne pas l'écrire. Mais prenez des témoins lorsque vous faites une transaction entre vous ; et qu'on ne fasse aucun tort à aucun scribe ni à aucun témoin. Si vous le faisiez, cela serait une perversité en vous. Et craignez Allah. Alors Allah vous enseigne et Allah est Omniscient ». (Traduction du Saint Coran). Ce SCRIBE visé dans le verset le plus long du Coran renvoie au NOTAIRE.

L'abus de biens sociaux : entre l'audace du législateur OHADA et la prudence de la Cour suprême du Sénégal

Mouhamadou Bassirou Baldé

Avocat à la Cour

Dans son ambition de protéger les investissements au sein de son espace en général et le patrimoine de la société en particulier, le législateur OHADA[1] a opté, concernant la mise en place du droit pénal des affaires, pour un dualisme législatif. S'il conserve la compétence de déterminer les incriminations pénales, il laisse cependant aux États-membres le soin de prévoir et d'organiser les répressions applicables auxdites incriminations. Les agissements des dirigeants sociaux contraires à l'intérêt social n'ont pas échappé à la vigilance du législateur OHADA qui a, ainsi, prévu l'incrimination du délit d'abus de biens sociaux. Cette infraction sanctionne les dirigeants qui seront amenés à détourner, directement ou indirectement, les biens ou le crédit de la société pour leur intérêt personnel, directement ou indirectement. En effet, il n'est pas exclu que les dirigeants sociaux, investis de pouvoir de représentation, puissent utiliser les biens ou le crédit de la société à des fins personnelles au détriment de l'intérêt social ou encore confondre le patrimoine social à leur patrimoine personnel. Dès lors, agissement de ces représentants sociaux tomberaient sous le coup du délit d'abus de biens sociaux.

A cet égard, suivant les dispositions de l'article 891 de l'Acte uniforme relatif au droit des sociétés commerciales et du groupement d'intérêt économique (AUSCGIE) :

« Encourent une sanction pénale le gérant de la société à responsabilité limitée, les administrateurs, le président directeur général, le directeur

[1] L'Organisation pour l'Harmonisation en Afrique du Droit des Affaires (OHADA) a été instituée par le Traité du même nom adopté à Port-Louis le 17 octobre 1993 et modifié le 17 octobre 2008 au Québec. Il compte aujourd'hui 17 États-membres (Bénin, Burkina Faso, Cameroun, Comores, Congo, Côte d'Ivoire, Gabon, Guinée, Guinée Bissau, Guinée Équatoriale, Mali, Niger, Sénégal, Tchad, Togo, République Centre Afrique, République Démocratique du Congo).

général, le directeur général adjoint, le président de la société par actions simplifiée, l'administrateur général ou l'administrateur général adjoint qui, de mauvaise foi, font des biens ou du crédit de la société, un usage qu'ils savent contraire à l'intérêt de celle-ci, à des fins personnelles, matérielles ou morales, ou pour favoriser une autre personne morale dans laquelle ils sont intéressés, directement ou indirectement ».

Il ressort de ce texte que l'abus de biens sociaux ne peut être recherché que dans certaines formes de sociétés qui sont la société à responsabilité limitée[2], la société anonyme[3] et la société par actions simplifiée[4]. Autrement dit, les dirigeants des sociétés en nom collectif, en commandite simple, de fait ou créées de fait, ne peuvent être poursuivis du délit d'abus de biens sociaux. Pour autant, ils n'échappent pas à toutes sanctions pénales, puisqu'ils peuvent être poursuivis notamment pour abus de confiance.

Par ailleurs, l'appréciation des éléments constitutifs de l'abus de biens sociaux reste soumise au contrôle des juridictions nationales et plus précisément des juridictions supérieures. A cet effet, la Cour suprême demeure, particulièrement en matière pénale et à travers sa riche jurisprudence, la gardienne de la bonne application des règles de droit, notamment par l'appréciation des éléments constitutifs du délit d'abus de biens.

C'est ainsi que la Cour suprême du Sénégal a eu l'occasion, à travers trois (3) principales décisions, qui retiendront notre analyse, de se prononcer, de manière prudente, sur les éléments constitutifs du délit d'abus de biens sociaux prévu par l'article 891 de l'AUSCGIE (II). Même si elle tire sa

---

[2] Définie par l'article 309 de l'AUSCGIE, la société à responsabilité (SARL) est une société dans laquelle les associés ne sont responsables des dettes sociales qu'à concurrence de leurs apports et dont les droits sont représentés par des parts sociales. Elle est gérée par une ou plusieurs personnes physiques (appelées gérants), associés ou non.

[3] La société anonyme (SA) est une société dans laquelle les actionnaires ne sont responsables des dettes sociales qu'à concurrence de leurs apports et dont les droits sont représentés par des actions (article 385). Elle est administrée soit par un Conseil d'administration (et dans ce cas, elle est dirigée par un président-directeur général ou par un président du conseil d'administration et un directeur général), soit par un administrateur général.

[4] La société par actions simplifiée (SAS) est la dernière société née de l'espace OHADA. Elle a été instituée lors de la révision de l'AUSCGIE en 2014. C'est une société créée par une ou plusieurs personnes et dans laquelle les associés ne sont responsables des dettes sociales qu'à concurrence de leurs apports et dont les droits sont représentés par des actions (article 853-1 de l'AUSCGIE). Elle est obligatoirement représentée auprès des tiers par un président.

compétence du choix audacieux opéré par le législateur OHADA, la Cour Suprême semble privilégier la prudence dans sa démarche, en matière pénale (I).

I – L'audace du législateur OHADA dans la réglementation de l'abus de biens sociaux

Tout d'abord, le législateur OHADA a opté pour un dualisme législatif en ce qui concerne la matière pénale, en général, et le délit d'abus de biens sociaux en particulier. Mieux, pour l'application des sanctions pénales, l'OHADA admet la compétence des juridictions nationales supérieures[5]. Si le choix du législateur OHADA est jugé audacieux, quant à la méthode de l'éclatement de l'élément légal de l'infraction (A), il ne l'est pas moins quant à la compétence pénale des juridictions nationales (B).

A – Le choix audacieux du législateur OHADA sur l'éclatement de l'élément légal des infractions

Il n'y a pas d'infraction, ni de peine sans un texte légal qui les prévoit. Une infraction suppose l'existence légale d'une incrimination et d'une sanction. Pas d'infraction sans la combinaison de ces deux éléments. D'habitude, les incriminations et les répressions sont prévues dans un seul texte. C'est ce que nous observons sur le plan national.

Par ailleurs, guidé par un besoin de protection des intérêts économique et individuel des investisseurs, le législateur OHADA a prôné une harmonisation hardie des infractions « d'affaires » dans l'espace OHADA, par l'adoption d'une méthode assez subtile qui consacre l'éclatement de l'élément légal desdites infractions. Le législateur OHADA établit un concours de compétences normatives.

Pour ce faire, il s'est appuyé sur les dispositions de l'article 5 alinéa 2 du Traité OHADA. Aux termes de cet article, les Actes uniformes peuvent inclure des dispositions d'incrimination pénale et les États-Parties s'engagent à déterminer les sanctions pénales qui s'appliquent à ces infractions. Ainsi, par un renvoi opéré, l'OHADA a transféré aux États-membres la compétence de prévoir les sanctions applicables aux incriminations contenues dans les Actes uniformes qu'il adopte.

Autrement dit, si l'incrimination relève du droit OHADA, la répression reste de la compétence exclusive du droit national. En effet, chaque État-membre de l'OHADA est tenu de légiférer sur la répression des incriminations prévues par les textes de l'OHADA. C'est le cas

[5] Article 14 alinéa 2 du Traité OHADA modifié.

notamment de l'abus de biens sociaux dont l'incrimination est prévue par l'article 891 de l'AUSCGIE.
Au Sénégal, la peine applicable à l'incrimination d'abus de biens sociaux est prévue par l'article 35 de la loi n°2018-13 du 27 avril 2018 relative à la répression des infractions prévues par les Actes uniformes adoptés en application du Traité OHADA[6].
En référence à cet article, l'auteur du délit d'abus de biens sociaux sera puni d'une peine d'emprisonnement d'un (1) an à cinq (5) ans et d'une amende comprise entre cinq cent mille (500.000) et cinq millions (5.000.000) de francs CFA.
L'élément légal suppose, pour suffire à qualifier un fait ou une situation d'infraction, la réunion concomitante de l'incrimination dudit fait et sa répression. Nous comprenons par cette démarche la prudence adoptée par le législateur OHADA afin de ne pas bouleverser la souveraineté des États-membres, particulièrement en ce qui concerne l'élaboration de la politique pénale.
Tout de même, ce choix bien que salutaire, n'est pas sans soulever quelques appréhensions.
En effet, en permettant aux États-membres de prévoir les sanctions pénales encourues, le risque d'une concurrence législative sur le plan national qui peut conduire à une disparité des sanctions prévues par les différentes législations nationales n'est pas à écarter. Le cas de l'abus de biens sociaux permet de relever cette dysharmonie dans l'espace OHADA. Pour illustrer cette « désharmonisation des sanctions pénales », il suffit de souligner que si au Sénégal l'amende est comprise entre 500.000 à 5.000.000 de francs CFA, les peines prévues au Cameroun pour la même infraction (amende de 2.000.000 à 20.000.000 de francs CFA[7]) et au Tchad (amende de 3.000.000 à 30.000.000 de francs CFA[8]) sont de loin plus sévères.
Cette disparité des sanctions fait courir le risque d'existence, au sein de l'espace OHADA, de « paradis pénaux », suivant le caractère sévère ou doux des répressions prévues par les différents États-membres.
Pour l'application des sanctions pénales, le législateur OHADA reconnait la compétence des juridictions nationales.

---

[6] Journal Officiel de la République du Sénégal (JORS) n°7090 du 27 avril 2018.
[7] Article 9 de la loi 2003-008 du 10 juillet 2003 relative à la répression des infractions contenues dans certains actes uniformes OHADA (Cameroun).
[8] Article 483 de la loi 001/PR/2017 du 08 mai 2017 portant Code Pénal (Tchad).

B – La compétence matérielle reconnue aux juridictions nationales

En principe, lorsqu'une juridiction nationale a statué en dernier ressort sur une question relevant de l'application d'un texte de l'OHADA (Actes uniformes et règlements), le contrôle de cette décision, en cassation, relève de la compétence de la Cour Commune de Justice et d'Arbitrage (CCJA).

Cependant, il en est autrement en ce qui concerne la matière pénale. Ainsi, il convient de relever, sur le fondement des dispositions de l'article 14 alinéa 3 du Traité instituant l'OHADA, que les questions relatives à l'application des sanctions pénales échappent à la compétence de la CCJA. Celles-ci doivent être prononcées, exclusivement, par les juridictions nationales.

C'est d'ailleurs dans ce sens que la Cour suprême du Sénégal a retenu sa compétence, en admettant que « le pourvoi en cassation en matière pénale relève de la compétence des juridictions nationales »[9] .

La CCJA est allée plus loin, en estimant que « même si une décision soulève des questions relatives à l'application des Actes uniformes et des Règlements prévus au Traité OHADA (...), elle ne peut ressortir de la compétence de la CCJA dès l'instant où elle applique des sanctions pénales »[10].

Avec le choix de l'éclatement de l'élément légal des infractions, se pose la question de savoir s'il est pertinent de reconnaître la compétence matérielle des juridictions nationales de cassation au détriment de la CCJA ?

Il n'est pas interdit de penser que la compétence matérielle réservée aux juridictions nationales de cassation entame sérieusement l'unification de l'interprétation et l'application des textes de l'OHADA.

A notre avis, il serait judicieux, tirant prétexte de l'éclatement de l'élément légal des infractions prévues par le législateur OHADA, que la CCJA conserve sa compétence en ce qui concerne l'application des dispositions relatives aux incriminations avec la possibilité de renvoyer auprès des juridictions nationales pour la détermination de la répression.

---

9 Cour suprême, ch. crim, arrêt n°56 du 1er août 2013, *Ah A et Guillaume Jacques NATAF c/ Ministère public*, https://juricaf.org/arret/SENEGAL-COURSUPREME-20130801-56

10 CCJA, arrêt n°143/2016 du 14 juillet 2016, *Ibrahima Aboukhalil c/ État du Sénégal et Ministère public*, http://biblio.ohada.org/pmb/opac_css/doc_num.php?explnum_id=3049

La faculté offerte aux juridictions nationales de cassation de pouvoir se prononcer sur tous les éléments de l'infraction induit que l'on se retrouve avec des positions variées et divergentes, d'une juridiction nationale de cassation à une autre. Légitimement, l'on se demande si ces juridictions nationales de cassation pourront avoir la même appréciation notamment sur les éléments constitutifs de l'abus de biens sociaux ? Aucune certitude. Pour l'heure, la Cour suprême du Sénégal a eu l'occasion de se prononcer sur les éléments constitutifs de l'abus de biens sociaux.

II – L'appréciation prudente des éléments caractéristiques du délit d'abus de biens sociaux par la Cour suprême du Sénégal

Il ressort de l'article 891 de l'AUSCGIE que le délit d'abus de biens sociaux nécessite, tel que rappelé par la Cour suprême du Sénégal, la réunion obligatoire de certains éléments relatifs notamment à l'obligation, pour le contrevenant, d'avoir la qualité de dirigeant (A) et de faire des biens ou du crédit de la société un usage qu'il savait contraire à l'intérêt social (B).

A – La qualité de dirigeant dans le délit d'abus de biens sociaux

L'abus de biens sociaux est un délit personnalisé[11]. Il ne peut être retenu que contre une personne ayant le statut de dirigeant social. Même si le terme n'est pas défini par le législateur OHADA, le dirigeant social peut être considéré comme une personne ayant les pouvoirs de direction, d'administration et/ou de gestion d'une société. C'est elle qui peut engager, par ses actes, la société.

Pour la caractérisation de l'abus de biens sociaux, les dirigeants visés sont expressément listés par l'article 891 de l'AUSCGIE. Il s'agit du gérant d'une SARL, de l'Administrateur, du Président-directeur général, du Directeur général, du Directeur général adjoint, de l'Administrateur général, de l'Administrateur général adjoint d'une SA ou du Président d'une SAS.

A contrario, dès lors que la personne visée n'a pas la qualité de dirigeant dans l'une des formes de sociétés visées ci-dessus, la Cour suprême du Sénégal semble écarter le délit d'abus de biens sociaux. En conséquence, la Haute juridiction nationale a cassé l'arrêt de la Cour d'appel de Dakar (arrêt n° 704 du 25 juin 2012) qui a retenu que les prévenus exerçaient au

---

[11] B. BOULOC, « Abus de biens sociaux », *Répertoire droit des sociétés, Dalloz*, juin 2019.

sein de la société les fonctions respectives de directeur technique et de directeur administratif et financier, sans que les juges d'appel établissent *la qualité de gérant de droit ou de fait des prévenus*[12].

Ainsi, pour retenir l'abus de biens sociaux, encore faut-il, *ab initio,* établir que la personne poursuivie est un dirigeant social, peu importe qu'il soit un dirigeant de droit ou de fait.

Le dirigeant de droit demeure la personne qui dispose, par effet de la loi ou par la prévision des statuts, voire en vertu d'un mandat social ou d'une nomination par acte séparé pris par l'organe compétent de la société, le pouvoir de diriger une société. Il exerce son mandat au vu et au su de tous. Le dirigeant de droit représente la société envers les tiers et dispose à cet effet de la qualité à agir au nom et pour le compte de la société qu'il représente.

Le dirigeant de fait, quant à lui, exerce un pouvoir de décision sans que cela ne soit établi par un acte de nomination, sans autorisation délivrée par l'organe compétent (Conseil d'Administration, Assemblée générale des actionnaires ou associés), sans être investi par un mandat. Autrement dit, il exerce les prérogatives du dirigeant de droit, sans avoir la qualité pour agir. Le dirigeant de fait ne peut pas représenter légalement la société ; sa direction est officieuse et, dans la plupart des cas, frauduleuse.

A ce titre, le dirigeant de fait fautif peut être condamné pour abus de biens sociaux dès lors qu'il a posé un acte que seul un dirigeant de droit est habilité à poser. A ce propos, la Cour suprême a estimé, dans une affaire, que la Cour d'appel a fait une exacte application des dispositions de l'article 891 de l'Acte uniforme précité en condamnant les prévenus du chef d'abus de biens sociaux, dès lors qu'ils ont posé des actes que seul un gérant pouvait prendre[13].

Il appert que la qualité de dirigeant, à elle seule, ne suffit pas pour caractériser le délit d'abus de biens sociaux. Encore faudrait-il que les actes posés par les dirigeants soient contraires à l'intérêt social.

B – L'usage des biens ou du crédit de la société dans un but contraire à l'intérêt social

[12] Cour suprême du Sénégal, Ch. crim, arrêt n°56 du 01er août 2013, *Ah A et Guillaume Jacques Nataf c/ Ministère Public et État du Sénégal*, in https://juricaf.org/arret/SENEGAL-COURSUPREME-20130801-56

[13] Cour suprême du Sénégal, Ch. crim, arrêt n°07 du 26 mars 2019, *Af Ab et Kristel Yasmina c/ Ministère public*, in https://juricaf.org/arret/SENEGAL-COURSUPREME-20190326-07.

L'acte du dirigeant est considéré comme contraire à l'intérêt social dès lors qu'il sert un intérêt autre que celui de la société, porte un préjudice à la société ou représente pour la société un risque sans contrepartie.
La Cour suprême du Sénégal n'a pas hésité à retenir le délit d'abus de biens sociaux toutes les fois où le dirigeant social a fait un usage des biens (ou du crédit) de la société à des fins personnelles et contraires à l'objet social. C'est dans ce sens qu'elle a retenu, en réponse à un pourvoi, que les dirigeants de fait « ont fait usage des fonds de la société en dehors de l'objet social de celle-ci et pour des activités dont ils ont personnellement tiré profit »[14].
Toutefois, l'abus de biens sociaux peut se trouver écarté dès lors que l'acte posé par le dirigeant n'est pas contraire à l'intérêt de la société. D'ailleurs, il a été jugé par la Cour suprême sénégalaise qu'une Cour d'appel ne justifie pas sa décision, pour avoir condamné un Directeur général du chef d'abus de biens sociaux, en retenant que « les avantages dont le prévenu a bénéficié sont indus pour n'avoir pas été autorisés par le Conseil d'administration, alors que d'une part, tous les avantages relevés sont liés à l'exercice des responsabilités de Directeur de la société et, d'autre part, qu'il n'est pas démontré que les dépenses effectuées et reprochées au Directeur général sont contraires à l'intérêt de la société »[15].
A l'analyse, il ressort des deux dernières décisions ci-dessus mentionnées que la Cour suprême sénégalaise ne semble pas distinguer les notions « d'objet social » et « d'intérêt social ». A tout le moins, cette Haute juridiction nationale admet le délit d'abus de biens sociaux à partir du moment où l'acte posé par le dirigeant social est en dehors de l'objet de la société.
Plus concrètement, que recouvrent ces deux notions ? L'objet social se confond-t-il avec l'intérêt social ?
Suivant l'AUSCGIE, l'objet social, devant être obligatoirement indiqué dans les statuts, n'est rien d'autre que l'activité que projette d'exercer la société. En effet, aux termes de l'article 19 de l'Acte uniforme susmentionné, relevons que « toute société à un objet qui est constitué par l'activité qu'elle entreprend et qui doit être déterminée et décrite dans les statuts ». L'objet social est alors la ou les activités de la société.
Quant à l'intérêt social, au moment où ces lignes sont écrites, nous n'avons pas connaissance d'une définition légale qui lui est consacrée par

---

[14] Arrêt précité.
[15] Cour suprême du Sénégal, Ch. crim, arrêt n°131 du 16 septembre 2010, *X C B c/ Ministère public et Atépa Technologies SA*, in https://juricaf.org/arret/SENEGAL-COURSUPREME-20100916-131

le législateur de l'OHADA. Il s'y ajoute que la notion d'intérêt social ne connaît pas non plus une définition unanime. Son acception est sujette à controverse notamment dans la doctrine[16].

En prenant appui sur l'article 4 de l'AUSCGIE, nous pouvons être tentés d'avancer que l'intérêt social est « l'intérêt commun des associés ». Ce texte, définissant la notion de « société », prévoit que cette dernière doit être « créée dans l'intérêt commun des associés ». Cette définition est acceptable dès lors que la société est considérée comme un contrat.

Toutefois, la société étant parallèlement une institution et bénéficiant, de ce fait, d'une protection particulière, l'intérêt social peut aussi être appréhendé comme représentant « l'intérêt de la société, distinct de l'intérêt commun des associés »[17]. L'intérêt de la société, l'intérêt de l'entreprise transcende l'intérêt commun des associés. En effet, partageant la position du professeur Cheikh Abdou Wakhab Ndiaye, nous estimons que l'intérêt de l'entreprise englobe l'intérêt de toutes les personnes qui composent l'entité, ainsi que celles étant en relation avec celle-ci[18].

Dans le cadre du délit d'abus de biens sociaux, nous retiendrons l'intérêt social comme étant l'intérêt de la société.

Par conséquent, nous pouvons convenir qu'un acte pris par un dirigeant peut être conforme à l'objet social mais contraire à l'intérêt de la société qu'il représente. D'ailleurs, c'est cette orientation qui a été partagée, semble-t-il, par la chambre commerciale de la Cour de cassation française qui a retenu que *n'est pas valide la sûreté accordée par une société civile en garantie de la dette d'un associé dès lors qu'étant de nature à compromettre l'existence même de la société, elle est contraire à l'intérêt social ; qu'il en est ainsi de même dans le cas où un tel acte entre dans son objet statutaire (...)*[19].

Par ailleurs, un acte pris en dehors de l'objet social est-il nécessairement contraire à l'intérêt social ?

La réponse à cette question serait négative, s'il s'avère que l'acte posé n'appauvrit en rien la société, ne porte pas atteinte à son image et/ou si le

---

[16] C.-A.-W. NDIAYE, *Droit des sociétés de capitaux*, L'Harmattan Sénégal, 2019, p. 263.

[17] J. PAILLUSSEAU, « Le fondement du droit moderne des sociétés », *JCP E* 1986, n°14684, cité par B. BOULOC, « Abus de biens sociaux », *Répertoire droit des sociétés,* Dalloz, juin 2019.

[18] Op.cit.

[19] Cour cassation française, ch.com, arrêt n°13-17.347 du 23 septembre 2014, in https://www.legifrance.gouv.fr/juri/id/JURITEXT000029510233/

dirigeant n'y tire aucun profit personnel. Dans le cas contraire, l'acte pourrait être qualifié d'abus de biens sociaux.
Nous pouvons alors relever que la violation de l'intérêt social, exigée au titre du délit de l'abus de biens sociaux, est caractérisée, non seulement lorsque le dirigeant occasionne un préjudice à la société, mais aussi lorsque, à travers l'exercice de son mandat de droit ou de fait, il fait courir à la société un risque anormal résultant d'opérations ruineuses ou simplement désavantageuses[20].
Il faut tout de même souligner que l'acte contraire à l'intérêt social ne suffit pas pour caractériser le délit d'abus de biens sociaux. Encore faudrait-il que le dirigeant social ait agi « à des fins personnelles, matérielles ou morales », ou « pour favoriser une autre personne morale dans laquelle il est intéressé directement ou indirectement ».

[20] A. LEPAGE et *alii*, *Droit pénal des affaires*, 6ème édition, LexisNexis, page 354.

Structures éditoriales du groupe L'Harmattan

L'Harmattan Italie
Via degli Artisti, 15
10124 Torino
harmattan.italia@gmail.com

L'Harmattan Hongrie
Kossuth l. u. 14-16.
1053 Budapest
harmattan@harmattan.hu

L'Harmattan Sénégal
10 VDN en face Mermoz
BP 45034 Dakar-Fann
senharmattan@gmail.com

L'Harmattan Cameroun
TSINGA/FECAFOOT
BP 11486 Yaoundé
inkoukam@gmail.com

L'Harmattan Burkina Faso
Achille Somé – tengnule@hotmail.fr

L'Harmattan Guinée
Almamya, rue KA 028 OKB Agency
BP 3470 Conakry
harmattanguinee@yahoo.fr

L'Harmattan RDC
185, avenue Nyangwe
Commune de Lingwala – Kinshasa
matangilamusadila@yahoo.fr

L'Harmattan Congo
219, avenue Nelson Mandela
BP 2874 Brazzaville
harmattan.congo@yahoo.fr

L'Harmattan Mali
ACI 2000 - Immeuble Mgr Jean Marie Cisse
Bureau 10
BP 145 Bamako-Mali
mali@harmattan.fr

L'Harmattan Togo
Djidjole – Lomé
Maison Amela
face EPP BATOME
ddamela@aol.com

L'Harmattan Côte d'Ivoire
Résidence Karl – Cité des Arts
Abidjan-Cocody
03 BP 1588 Abidjan
espace_harmattan.ci@hotmail.fr

Nos librairies en France

Librairie internationale
16, rue des Écoles
75005 Paris
librairie.internationale@harmattan.fr
01 40 46 79 11
www.librairieharmattan.com

Librairie des savoirs
21, rue des Écoles
75005 Paris
librairie.sh@harmattan.fr
01 46 34 13 71
www.librairieharmattansh.com

Librairie Le Lucernaire
53, rue Notre-Dame-des-Champs
75006 Paris
librairie@lucernaire.fr
01 42 22 67 13

www.ingramcontent.com/pod-product-compliance
Lightning Source LLC
LaVergne TN
LVHW011144061026
849535LV00003B/589
* 9 7 8 2 3 3 6 4 0 7 2 6 5 *